근대 탈근대 정치의 이해

근대 탈근대 정치의 이해

백창재 편

인간사랑

| 책머리에 |

정치학 개론서들 대부분은 정치의 개념을 규정하면서 시작한다. "정치란 무엇인가?" 많은 교과서들이 애용하는 정의는 반세기도 전에 이스턴(David Easton)이 규정한 "사회적 가치의 권위적 배분"(authoritative allocation of values for a society)이다. 이스턴의 정의는 사회과학의 핵심 개념들로 구성되어 있지만 무언가 모자란다. 이론적 편향도 문제이고, 분배가 정치의 모두도 아닐뿐더러 정당성을 당연시하고 있는 가치편향도 깔려 있다. 무엇보다도 정치에 대한 상식적이고 직관적인 이해를 담아내지 못한다.

일반적으로 정치는 서로 다른 두 가지 시각에서 이해되어 왔다. 하나는 정치의 본질을 권력 현상에서 찾는다. 정치란 권력을 추구, 획득, 행사, 유지하는 모든 현상인 것이다. 반면 다른 하나의 시각은 사회적 동물인 인간이 공동체 안에서 자신의 개체성을 구성하고 표현하는 과정으로 정치를 이해한다. 전자가 마키아벨리와 홉스로부터 현대 국제정치학자들로 이어지는 현실주의의 입장이라면, 후자는 고대 그리스로부터 아렌트(Hannah Arendt)와 현대 참여민주주의자들로 이어지는 전통이다.

정치가 지닌 이러한 양면성을 모두 담고 있는 정의는 샷슈나이더(E. E. Schattschneider)에서 발견할 수 있다. 벤틀리(Arthur Bentley)의 혁신주의 정치학 전통을 이어 받은 샷슈나이더는 "정치는 싸움과 같다"(Politics is like a fight)고 규정한다.[1] 전형적인 현실주의자의 단순한 정의 같지만 그가 말하는 싸움은 화장실 싸움이 아니라 길거리 싸움이다. 은폐된 공간에서 벌어지는 싸움이 아니라 구경꾼이 둘러싸고 있는 공개된 싸움이다. 길거리 싸움에서 구경꾼은 언제든지 싸움에 가담하여 패싸움이 벌어질 수 있다. 따라서 단순히 당사자 간의 힘의 차이에 따라 승패가 결정되는 화장실 싸움과 달리, 길거리 싸움에서 싸움 당사자들에게 중요한 것은 자신의 입장을 정당화하고 이를 구경꾼들에게 제대로 알려서 자기편의 지지를 확보하는 것이다. 이에 의해 패싸움의 결과는 달라질 수 있다.

정치의 본질을 길거리 패싸움에 비유한 샷슈나이더의 정의는 앞의 두 가지 입장을 절묘하게 조화시킨다. 정치의 핵심적 속성은 권력 투쟁이지만 여기에는 목적이 있으며, 이 투쟁과정은 정당화와 소통과 동원으로 구성된다. 이는 모든 것을 힘으로만 설명하려는 비관주의적 단순함이나 그 결과까지도 받아들이려는 다원주의와는 차원이 다른 진정한 현실주의이자, 이상주의적 당위론을 떠나서 그 구현방안까지도 고민한 진정한 규범론으로 평가할 수 있다. 그 자신이 『반주권적 인민』의 부제를 "한 현실주의자의 시각"이라고 한 이유가

---

1 E. E. Schattschneider, *The Semi–Sovereign People : A Realist's View of Democracy in America*(Holt, Rinehart and Winston, 1960), p. 3.

여기에 있을 것이다.

샤슈나이더가 구성한 정치세계에서는 강자일수록 은밀한 싸움을 선호하고 약자일수록 더 많은 구경꾼이 몰릴 수 있는 공개된 싸움을 원한다. 따라서 더 공개적이고 더 많은 대중이 참여할 수 있는 정치를 만들어가는 것이 곧 민주주의이며 민주주의의 심화이다. 이렇게 되면 보다 다양한 가치를 둘러싸고 갈등이 벌어지게 되고, 보다 많은 행위자들이 참여하는 새로운 형태의 과정을 통해 이전과 다른 결과가 산출될 수 있다. 현대 정치는 이처럼 근대 민주주의가 급속히 확대 · 심화 · 변형되는 과정에 있는 듯하다.

이 책은 이러한 시각에서 기획되었다. 이 책의 시작은 2003년 출판된 『현대 정치의 이해』인데,[2] 이후 서울대학교 BK 사업단인 〈근대 탈근대 중첩의 패러다임 연구단〉의 연구성과를 반영하여 새로운 책으로 거듭나게 되었다. 모든 장들이 대폭 수정되었고 많은 장들이 새로운 필자에 의해 새로 쓰여졌다. 약속을 훨씬 넘겨버린 집필기한을 묵묵히 참아준 출판사에 미안한 마음을 전하며 교정작업에 애써준 서울대학교 정치학 석사과정 명재석 군에게 감사를 표한다.

2012년 7월

필진을 대신하여

백창재

---

2 김세균 · 백창재 · 임경훈 편, 『현대 정치의 이해』(인간사랑, 2003).

UNDERSTANDING POLITICS OF
MODERNITY AND POSTMODERNITY

{contents}

{contents}

1장 / 현대 사회의 특징과 정치의 역할

유홍림

1. 현대 사회의 특징 : 근대와 탈근대의 중첩

현대 사회에는 단절과 연속의 복합적인 과정과 사건들이 공존하고, 상이한 가치와 목적들이 경합하고 있다. 즉 전통(공동체적 유대, 민속과 풍습, 문화 및 종교 전통 등), 근대(자유와 평등의 가치, 법치, 민족주의, 진보에 대한 신념, 산업화와 경제제일주의, 물질주의, 도구적 합리성 등), 그리고 탈근대(환경, 삶의 질, 다문화주의, 탈물질주의, 차이의 정치와 신사회운동, 창조적 개인성 등)의 측면들이 상호작용하고 있다. 그리고 20세기 후반 이후 가시화된 급격한 변화의 물결은 사회적 삶의 모든 측면에 영향을 미치고 있다.

현대 세계에는 상반된 현상들이 공존한다. 통신기술의 획기적 발달에 따라 전 세계가 '벽'(Wall)을 넘어 하나의 '그물망'(Web)으로 얽혀지는가 하면 개인들 사이의 고립이 심화되기도 한다. 기술문명이 야만의 상태를 초래하기도 하고, 고급문화와 상업주의적 상품문화의 구분이 모호해지기도 한다. 또한 진보에 대한 신념과 함께 인류문명에 대한 회의도 확산되고 있다. 한편으로 현대의 변화양상은 지구화와 탈산업화, 정보사회화, 탈근대화라는 첨단적인 거대담론으로 표현되기도 하지만, 대부분의 제3세계 현실 속에서는 물질적 궁핍으로부터 벗어나기 위한 근대화가 당면목표로서 여전히 영향력을 행사하고 있다. 현대 사회의 변화는 복합적이고 포괄적이며, 따라서 불확실성의 개념이 공적 담론에서 부각되는 것은 우연이 아니다. 물론 인간의 삶은 항상 불확실성을 내포한다. 그러나 현대의 인류는 부단한 계획과 실천을 통해 이른바 "제조된 불확실성"(manufactured uncertainty)을 극대화시켜 왔다.

이러한 불확실성은 대표적으로 지구화의 추세에서 발견된다. 지구화는 한편으로 무한경쟁의 상황에 능동적으로 대응하기 위한 국가중심의 전략적 노력을 촉구한다. 그러나 다른 한편 지구화에 따라 개인과 사회집단, 국제기구에 이르기까지 다양화된 초국적 행위자들의 교류가 정치 · 경제 · 사회 문화의 모든 영역에서 급속히 증대되고, 정보혁명과 통신기술의 발전에 의해 행위자의 일상적 경험의 폭이 전 세계로 확대되고 있다. 이러한 지구화 현상의 배후에는 주로 정치경제적 이해관계와 연관된 현실적 동기와 함께 인류 보편의 가치와 세계 시민문화의 형성이라는 규범성의 차원이 혼재한다. 또한 지구화는 국지화의 추세와 동시에 전개되고 있으며, 동질성과 차별성, 보편성과 특수성의 상호작용을 통해 전 세계를 수평 및 수직적으로 통합시키고 있다. 그리고 그 결과에 대한 평가에 있어서도 애매하고 때로는 상반된 입장들이 경합하고 있는 것이 현실이다.

현대 사회의 변화에 대한 관심은 탈산업화론, 탈근대화론, 정보사회화론 등으로 다양하게 이론화되어 나타난다. 일반적으로 산업화 이후 사회의 모습은 정보사회로 묘사된다. 정보사회에서는 지식과 정보가 생산의 중심요소로서 일의 개념을 근본적으로 변화시킨다. 자본과 노동의 계급갈등이 무대의 전면에서 후퇴하고, 제3의 기술혁명은 사회갈등의 양상을 새로운 차원으로 전이시킨다. 이른바 후기산업사회는 지식 또는 정보를 기축원리로 하는 새로운 형태의 사회로서 기술-경제적 변화가 정치 그리고 문화적 변화를 유발하고, 이러한 동반적 변화가 복합적으로 상호 연계되어 있는 사회이다.[1] 산업사회가 경제성장을 위한 상품생산에 의해 주도되고 재화의 양에 의해 생활수준이 결정되는 사회라면, 후기산업사회는 서비스의 교환이 경제의 주축이 되고 삶의 질에 의해 생활수준이 규정되는 사회이다. 후기산업사회에서는 지식 테크놀로지를 중심으로 사회가 조직되고, 사회적 변화와 분화의 속도가 매우 빠르고 복잡한 양상을 띤다.

탈산업화와 관련하여 '제3물결'은 근대 산업사회 문명의 전반

---

1 Daniel Bell, *The Coming of the Post-Industrial Society*(New York : Basic Books, 1973).

적인 변화를 상징한다.[2] 제3물결에 따른 새로운 생활양식은 다양하고 재생 가능한 에너지 자원 및 새로운 생산방식과 제도에 기초하여 등장한다. 탈산업화의 문명은 새로운 행동규범을 제시하며, '제2물결'에 의해 도입된 표준화와 중앙집권화를 극복하는 과정을 포함한다. 그리고 이 과정에서 관료체제와 국민국가의 역할이 축소되는 경향이 나타난다. 산업혁명에 의해 초래된 제2물결의 문명규범은 표준화, 전문화, 동시화, 집중화, 극대화, 중앙집권화라는 여섯 가지 원리로 집약될 수 있다. 이 원리들은 제2물결 시대의 모든 사회적 삶과 행동의 영역을 규제하는 "숨겨진 코드"이다. 이에 비해 제3물결 시대의 문명규범은 모든 영역에 있어서의 탈집중화, 분권화, 다원화 등으로 대변된다. 이러한 새로운 문명규범의 원리들은 산업주의 문명규범의 역논리로서 그동안의 지배적인 추세였던 집중과 규제로부터 벗어나 보다 자유롭고 민주적인 삶의 형태를 지향하려는 열망을 반영한다. 즉 정치, 경제, 사회 모든 영역에 걸쳐 조직과 정보체계의 분산과 다양화가 진행되는 경우 다양성과 개성을 토대로 하는 자율성이 보장되며, 보다 민주적인 생활양태가 자리 잡게 된다는 것이다.

탈근대화는 문화와 가치관의 변화를 포함한다. 또한 사회구성원들의 가치관과 세계관의 변화는 사회현실의 변화를 촉진한다. 제2차 세계대전 이후 서구 산업사회가 경험한 가치관의 변화는 물질주의적 가치관으로부터 탈물질주의적 가치관으로의 전환으로 설명된

2 Alvin Toffler, *The Third Wave*(New York : Morrow, 1980).

다.[3] 전통적 · 종교적 권위가 법적－합리적 · 국가적 권위에 의해 대체되고, 업적과 성장을 강조하는 세속적 가치관이 보편화되는 현상은 근대화를 추진하는 사회의 일반적 특징이다. 물질적 궁핍으로부터의 탈피는 근대화를 추진하는 근본적 동기이며, 이에 따라 사회적 가치관도 큰 변화를 겪는다. 그러나 근대화가 어느 수준에 이르게 되면, 즉 복지국가가 출현하고 산업화가 고도화되면 또 다른 가치관의 변화가 나타난다.

탈물질주의적 가치관은 사회적 차원에서 환경과 다양성에 대한 관심의 고조로 나타나며, 개인적 차원에서는 자기 표현과 의미 있는 삶의 질에 대한 강조로 표출된다. 이러한 탈물질주의적 가치관은 세대교체에 의해 전 사회적으로 확산되며, 정치경제적 발전의 방향에 심대한 영향을 미친다. 기존의 정치제도와 이익표출 방식에 대한 거부감이 확산되고, 정치적 관심의 형성에도 경제적 가치나 계급적 이해의 영향력이 격감하는 현상은 모두 탈근대화의 징후에 속한다. 또한 일반적으로 지적되듯이 근대화가 민주주의 정치체제의 수립으로 귀결된다는 주장은 실증적 타당성이 약하지만, 탈근대화와 탈물질주의적 가치관의 확산이 사회의 민주화와 강한 상관성을 갖는다는 사실은 경험적으로 관찰 가능하다.

---

3 Ronald Inglehart, *Culture Shift in Advanced Industrial Society*(Princeton : Princeton University Press, 1990) ; Ronald Inglehart, *Modernization and Postmodernization : Cultural, Economic, and Political Change in 43 Societies*(Princeton : Princeton University Press, 1997).

이러한 사회구조적 · 문화규범적 변화는 다양한 형태의 새로운 사회운동의 등장과 연관된다. 새로운 사회운동은 노동운동, 계급운동, 정당운동 등을 중심으로 하는 근대의 전형적인 사회운동과 구별된다. 새로운 사회운동의 두드러진 특징 중 하나는 관심의 다양성이다. 생태계보호운동, 환경운동, 여성운동, 소수인종운동, 동성연애자운동, 공동체운동, 반핵평화운동, 난민보호운동, 대안운동 등을 포괄하는 새로운 사회운동은 그 관심과 성격, 참여자, 행동양식 등에 있어 다양성을 보인다. 해방적이고 급진적인 관심을 표출하는가 하면 낭만적이고 회피적인 성격을 보이는 운동들이 혼재한다. 그러나 일반적으로 새로운 사회운동은 근대성의 위기에 대한 인식과 기존의 매개적 중간조직이 가지는 중앙집권적 · 관료적 특성에 대한 불신, 개인적 삶과 개체성에 대한 새로운 각성 등의 문제의식을 어느 정도 공유한다.

또한 새로운 사회운동은 갈등의 장소와 쟁점이 물질적 영역에서 문화적 영역으로 이전되고 있음을 분명히 보여준다. '문화우위의 시대'에서는 물질적 가치나 성장과 분배의 문제보다는 삶의 질과 방식, 삶의 안전과 자율성, 그리고 자아실현의 문제가 일차적인 관심의 대상이 된다. 그리고 이러한 관심을 표명함에 있어서도 개방적 토론과 항의의 정치에 호소하며, 운동에의 참여가 어떤 이념적 목표를 달성하기 위한 수단이 되기보다는 그 자체가 목적으로서의 의미를 갖는다.

새로운 사회운동은 현대 사회의 모든 위기적 징후가 부분적 · 국지적 영향력을 갖는다기보다는 전 세계적 · 전 지구적 차원에서의 문제라는 인식에서 출발한다. 한 예로 오존층의 파괴, 사막화 현상, 지구온난화, 열대림 파괴 등 지구적 차원에서의 생태계 파괴현상과 이에 대한 위기의식은 생태학적 담론을 등장시켰고, 이러한 담론에서는 체제 또는 국가 간의 차별성보다는 현대 산업문명 자체가 문제시된다. 또한 기술관료제의 폐해는 어느 특정 국가 내지 체제의 문제로 인식되기보다는 현대 사회 전반에 걸친 위기의 한 양상으로 이해된다. 이러한 관심의 전 세계화는 정치 · 경제 · 사회 문화적 영역에서 지속적으로 진행되어 온 지구화의 추세를 반영하는 현상이라 할 수 있다.

2. 현대 사회에서의 정치의 역할

현대 사회는 '제조된 불확실성'의 극대화뿐만 아니라 이에 대응하는 '사회적 성찰성'의 증대라는 변화도 경험했다. 즉 다양한 공적 담론체계의 발달에 의해 그동안 인류의 경험에 대한 자기 성찰의 메커니즘이 다변화되고 증폭되어 온 것도 사실이다. 사회적 성찰성의 증대는 '제조된 불확실성'이 고조됨에 따른 당연한 귀결일지도 모른다. 탈산업화 시대의 문화변용과 함께 등장한 새로운 사회운동도 사회적 성찰성 증대의 한 예이다.

'제조된 불확실성'의 시대를 적극적으로 헤쳐나가기 위해서는 정치영역의 활성화를 통한 집단적 대응이 필요하다. 아울러 현대에 요구되는 사회적 성찰성은 '지식'이나 '정보'가 아닌 '실천적 지혜'를 기초로 해야 한다. 현대적 상황에서 실천을 통해 얻을 수 있는 '지혜'는, 개인뿐만 아니라 공동체 차원에서의 삶과 죽음의 문제는 '지식'으로 해결될 수 없다는 각성이다. 지식과 기술의 증대에 의해 초래된 불확실성이 가지는 위험성을 자각하고 그에 대한 신중한 대응을 모색하는 활동이 사회적 성찰성의 구체적 표현이다. 물론 복잡하고 불가해한 현실 속에서 '사회적 성찰성'을 적극적으로 발휘하려는 노력은 많은 시련과 좌절에 직면한다. 그럼에도 불구하고 관료제와 권력정치로 얼룩진 '정치'(politics)를 대체할 수 있는 '정치적인 것'(the political)의 영역을 확보하려는 노력은 지속되어야 한다. 기득권과 기존의 관행에 예속되어 있는 '행정권력'을 견제하고 권력행사의 목적과 방향을 재정립해 줄 수 있는 공론의 장을 통해 자발적으로 형성되는 '의사소통적 권력'을 확보하는 과제가 무엇보다 중요하다. 현대의 위기에 대응하여 많은 이론가들이 '정치적인 것'의 영역 확보와 그 역할에 대해 관심을 표명하는 것은 우연이 아니다. 사회 전체의 운명을 결정하는 장이 정치적 공론장이며, 사회적 성찰성의 실천은 정치적 행위를 통해 이루어지기 때문이다.

불확실성이 증대할수록 정치의 역할은 더욱 중요해진다. 한 정치이론가가 지적하듯이 "확실한 판단기준이 없는 상황에서 절박한 필요에 의해 어느 정도 합리적이라고 판단되는 공적 선택행위를 해야 하는 상황"이 '정치의 조건'이라면 오늘날은 바로 '정치의 조건'이 극대화된 상황이다. 이러한 상황에 대응하는 정치는 "지속적인 자기 입법에의 참여과정과 의존적이고 사적인 개인들을 자유로운 시민으로, 또 부분적이고 사적인 이해관계들을 공공선으로 변형시킬 수 있는 정치공동체의 창출을 통해 갈등이 해결되는 참여적 형태의 정치"로 정의된다.[4] 정치질서는 '주어진' 질서라기보다는 '만들어지는' 질서이며, 정치공동체는 인간의 행위(praxis)를 토대로 형성되는 집단적 삶의 형태이다. 따라서 정치에 대한 냉소주의와 정치행위자들에게서 나타나는 실천적 지혜의 결여를 극복하는 것은 현대 정치의 과제이다. 이하에서는 현대 사회에서의 정치의 역할과 관련하여 (1) 시민형성의 정치, (2) 토의정치의 활성화, (3) 다문화주의와 차이의 정치, (4) 탈근대주의와 새로운 정치의 가능성 등의 문제들을 살펴보고자 한다.

(1) 시민형성의 정치

고대로부터 현대에 이르기까지 정치는 정치활동의 주체인 시민의 자질과 덕의 함양이라는 주제와 관련하여 논의되어 왔다. 정치공동체가 형성 · 유지되기 위해서는 '사적 개인'이 '시민'(공민)으로서의 정체성을 습득해야 한다. 시민의 덕과 공공정신, 나아가 공공영역으로서의 정치세계는 '만들어진다.' 현대 사회에서의 가장 심각한

---

4 Benjamin Barber, *Strong Democracy : Participatory Politics for a New Age*(Berkeley : University of California Press, 1984), p. 132.

정치적 위기는 "공민의 상실"(The Eclipse of the Public)이다.[5] "증기와 전기에 의해 형성된 위대한 사회"(Great Society)는 "위대한 공동체"(Great Community)를 생성시키지 못하고 이전의 작은 공동체들을 침해하고 와해시켜 버렸다. 정치는 이제 또 다른 하나의 '사업'으로 전락하고, 공직은 자기 이익에 봉사하는 조직으로 변질되었다. 현대 사회의 급격한 유동성과 원격적 인간관계는 공동체 속에서 형성되는 '애착'을 희석시키고, 이는 결과적으로 정체성의 위기를 낳는다. 이러한 상황을 극복하기 위해서는 '커뮤니케이션'을 통해 형성되는 정치공동체가 필수적으로 요구된다.[6] 민주주의의 병폐들을 해결하기 위한 치료책은 '보다 많은 민주주의'이며, 그것은 커뮤니케이션을 필수조건으로 요구한다.

개인주의는 "각각의 시민으로 하여금 자신을 동료 시민들로부터 고립시키고, 가족과 친구들로 구성되는 좁은 사회로 후퇴하도록 만드는 냉정한 감성"이다.[7] 이러한 성향이 점차로 고조되면 "점점

---

5 John Dewey, *The Public and Its Problems*(Athens : Swallow Press, 1927), pp. 110–42.

6 "상호작용하는 사람들을 한데 묶는 유대는 … 비가시적이고 무형적이다. 현대인들은 이전 시대와 달리 소통의 물리적 도구들을 소유하고 있다. 그러나 그에 상응하는 사고와 열망은 소통되지 않고, 따라서 공통적이지 않다. 그러한 소통이 없는 한 공민은 그림자와 같이 무형의 상태에 머무르면서 발작적으로 스스로를 찾으려 하지만 실체가 아닌 그림자만을 붙잡게 될 것이다. '위대한 사회'가 '위대한 공동체'로 변화될 때까지 공민은 사라진 상태에 있을 것이다. 커뮤니케이션만이 위대한 공동체를 만들 수 있다." 위의 책, p. 142.

7 Alexis de Tocqueville, *Democracy in America*(Garden City : Doubleday Anchor, 1969), p.

많은 사람들이 타인을 지배할 만큼의 재력이나 권력을 가지지 못하더라도 자신의 필요를 충족시키기에는 충분한 부와 지적 능력을 가지게 된다. 이들은 아무에게도 의지하지 않고 또한 아무것도 타인으로부터 기대하지 않는다. 그들은 스스로를 고립된 존재로 생각하는 습관을 형성하게 되고, 그들의 운명은 자신들의 손에 달려 있는 것으로 생각한다."[8] 이들은 결국 "그들의 조상을 잊어버리고" 이내 동시대인들의 존재도 망각하게 된다. 이러한 개인의 고립과 소외는 자유를 위협한다. 왜냐하면 이러한 소외의 형태는 전제정치가 조장하는 개인들 간의 소외와 같은 것이기 때문이다.

공적 관심과 참여는 개인주의적 고립이 초래하는 폐해를 막는 최선의 방책이다. 공공의 일에 참여해야 하는 시민은 사적 이해로부터 관심을 돌려야 하고, 자신 이외의 것에 눈을 돌려야 한다. 따라서 "관습"(mores)이 중요하다. 민주적 참여의 관행을 통해 시민들은 개인의 세계를 초월하는 시야를 함양할 수 있으며, 다양한 자발적·비자발적 조직들은 개인주의를 억제하는 기능을 수행한다. 아울러 학교와 같은 공적 제도들은 시민들로 하여금 공공의 일에 관심을 가지도록 훈육하는 기능을 수행한다. 또한 이 제도들은 그 다양성으로 인해 공적 생활이 전체주의화되는 것을 막아주기도 한다.

모든 개인은 공동체 구성원으로서 존재하며, 개인의 자유도 상호의존적인 공동체의 틀을 벗어나서는 유지될 수 없다. 또한 공

506.

8 위의 책, p. 508.

동체는 그 구성원들의 관심과 헌신적 기여 없이는 유지될 수 없다. "민주주의는 관심을 기울임을 의미한다"(Democracy Means Paying Attention).[9] 배타적인 사리의 추구는 사회적 관계망을 침해하며 '민주적 자치'에 해악을 끼친다. 개인의 자유는 '시민사회의 제도들'을 적극적으로 유지하려는 노력에 의해 보장될 수 있다. 시민들은 시민사회 속에서 상호 존중의 가치를 배우고, 자신과 타인의 권리에 대한 인식뿐만 아니라 개인적·시민적 책무에 대한 인식도 함양하게 된다. 또한 시민들은 제도를 통해 자치의 기술과 습관을 개발하고, 타인에 대해 봉사하는 것도 배우게 된다. 물론 공동체는 그 구성원들의 요구에 민감하게 대응해야 하며, 구성원들의 참여와 토론의 활성화를 보장해야 할 의무를 갖는다. 나아가 다양한 공동체들은 도덕 재건의 자원이 된다. 도덕과 규범의 영역은 개인의 임의적 선택이나 정부의 통제에 의해 형성되지 않으며, 시민들의 이성적 판단과 실천의 능력에 의해 현실화된다.

현대의 다양한 위기는 정치공동체 형성의 기반인 시민의 참여가 제한됨으로써 나타나는 정당성의 위기와 직결된다. 따라서 자치의 실현을 위한 정치적 참여를 강조하는 '공화주의적 자유'(republican freedom)의 관념은 현대의 위기를 극복하고자 하는 노력에 많은 시사점을 제공한다. 시민 또는 공민의 형성을 위해서는 개인이 자신의 목적을 "선택"하고 추구한다는 의미에서의 자유 개념이 아닌 공적인

---

9 Robert N. Bellah, et. al., *The Good Society*(New York : Alfred A. Knopf, 1991), p. 254.

일에 대한 관심과 "참여"를 통해 자치를 실현한다는 의미에서의 자유 개념이 요구된다. 이론적 차원에서 자유주의는 한 개인이 가치에 대한 자유로운 선택을 통해 독립적 자아를 형성해 간다고 전제한다. 그러나 우리는 공동체에 대한 충성심과 연대의식을 공통적으로 인식하고 있으며, 개인의 선택은 이러한 정치 및 도덕적 의무와의 연관 속에서 이루어진다. 또한 자아의 정체성을 형성함에 있어서도 개인의 선택을 넘어선 가족과 국가, 문화와 전통의 영향으로부터 자유로울 수 없다.

정치참여는 인간 생활의 필수적 요건이다. 자치에의 참여는 공공선과 공동체의 방향성에 대한 동료 시민들과의 토의를 의미하며, 이를 위해서는 개인 차원에서의 선택능력과 타인의 권리에 대한 존중을 넘어서는 보다 포괄적인 능력의 함양이 요구된다. 따라서 '공화주의적 자유'의 실현은 "공공의 일에 대한 지식과 귀속감, 전체에 대한 관심, 공동체와의 도덕적 유대를 필요로 한다."[10] 이러한 능력과 자질이 이른바 '시민적 덕목'을 구성하며, '공화주의적 자유'는 이러한 시민적 덕목을 함양시키는 '인격형성의 정치'(a formative politics)를 필요로 한다. 정치적 무력감과 시민생활의 궁핍화를 극복하기 위해서는 민주적 자치를 가능케 하는 공공영역의 활성화와 시민적 덕목의 함양에 의한 자유의 실현이 강조되어야 한다.

"강한 민주주의"(strong democracy)는 현대적 형태의 참여민주주의

10 Michael Sandel, *Democracy's Discontent*(Cambridge, MA : Harvard University Press, 1996), p. 5.

모델이다. 강한 민주주의는 정치를 "살아가는 방식"으로 이해하며, 사적인 것을 공적인 것으로, 의존성을 상호의존성으로, 갈등을 협력으로, 강제를 자유로 "변형"시키려 한다.[11] 강한 민주주의는 대중민주주의의 수동성을 지양하고, 시민들의 적극적인 참여활동을 정치의 주요 덕목으로 강조한다. 강한 민주주의는 원자적 개인들이 무에서 사회적 유대를 창출한다는 허구를 거부하며, 동시에 개인에 우선한 추상적 공동체로부터 개인들의 존재의의와 목적을 도출하는 집단주의도 반대한다. 강한 민주주의는 공동체, 공공선, 시민정신을 민주주의적 순환과정의 상호의존적인 세 축으로 확립시키기 위해 합리적인 공적 토의와 결정과정에 참여할 수 있는 '시민들의 집합'인 공민을 창출하고자 한다.

강한 민주주의는 이해의 갈등과 의견의 대립을 해결할 수 있는 독립적 근거가 없다는 전제를 정치의 조건으로 상정하기 때문에 정치적 논쟁의 개념들—자유, 평등, 정의, 권리 등—이 가지는 역사성과 사회성을 강조한다. 강한 민주주의의 중심적 가치는 자율성이며, 참여적 정치과정에 외적 기준이나 선험적 관점을 도입하지 않는다. 아울러 약한 민주주의가 갈등을 제거하거나 억압하고 또는 방치하는 데 비해 강한 민주주의는 공적 분쟁과 이해의 갈등을 공적 토론과 참여를 통해 그 형태와 성격을 변형시킨다. 따라서 참여정치는 시민들의 교육의 장이며, 자유를 실현하기 위한 필수적인 조건이다. 또한 논쟁가능성이 정치의 조건이고 인식론보다 시민정신이 가치

11 Barber, 앞의 책, pp. 117ff.

와 목적에 대한 갈등해결의 열쇠가 된다고 할 때, 민주적 참여를 통한 '정치적 판단력'의 함양은 건전한 민주주의의 실현을 위한 조건이다.

(2) 토의정치의 활성화

근대 이후의 역사발전 속에서 형성된 공공의 가치관은 자유, 평등, 개인의 권리와 존엄성, 유대, 정의, 상호 존중, 법치주의, 정당한 절차, 다원주의, 토론을 통한 정치 등을 내용으로 한다. 물론 이 가치들은 유기적으로 연관되어 있기 때문에 각각의 경계를 엄밀하게 구분짓는 것은 용이하지 않다. 나아가 이들 간의 관계는 민주정치의 운영과 관련하여 상보적이고 상호친화적인 경우가 많지만 때로는 긴장과 갈등의 관계에 놓이기도 한다. 따라서 바람직한 민주정치는 다양한 가치들 간의 '균형'을 통해 실현될 수 있다. 가치들 간의 균형의 필요성은 현대 국가가 추구하는 대표적인 공공재들—정당성, 경제적 복지, 그리고 집단적 정체성—사이의 관계를 통해서도 알 수 있다. 이들 공공재들은 서로 긴장관계를 형성한다. 즉 이들 중 하나의 목표가 과도하게 추구되는 경우 다른 공공재의 실현이 희생되기도 한다. 따라서 성숙한 정치사회는 공공적 가치들 사이의 일종의 균형을 추구하며, 그 균형은 '토의정치'(deliberative politics)를 통해 이루어진다.

민주정치는 의견의 불일치 상황에서 정치적 결사체를 구성하고 공존과 안정을 유지할 수 있는 조건을 요구한다. 합리적 대화와 상호 존중은 민주주의를 지탱하는 최소한의 원리로서 사회구성원 모두가 수용할 수 있는 규범이다. 합리적 대화와 평등한 존중의 규범에 따라 이루어지는 공적 토론은 현대 정치의 이념적 기초이다.

민주주의는 '포럼' 중심의 정치형태이다. 이른바 '토의민주주의' 이념은 "자유롭고 평등한 시민들 간의 토론을 통한 의사결정"이라는 관념을 핵심으로 한다.[12] 토의민주주의는 개인들이 가지고 있는 이해와 선호의 단순한 "집약"(aggregation)보다는 "변형"(transformation)을 추구한다. 정치적 선택이 정당성을 인정받기 위해서는 그것이 자유롭고 평등한 합리적 행위자들 사이에 이루어지는 토의의 결과여야 한다. 물론 자유롭고 평등한 개인들에 의한 공적 의사결정의 형태가 토의만이 있는 것은 아니다. 일반적으로 근대 사회에서 공적인 합의와 결정에 이르는 방법은 "논쟁(arguing)과 타협(bargaining), 그리고 투표"(voting)가 있으며, 여기에서 논쟁과 타협은 투표와 달리 '의사소통' 또는 언어행위의 형태들이다. 이들 중 '논쟁'의 특징은 목적 자체 및 목적과 수단의 관계에 대한 '선호와 신념의 변형'을 목적으로 한다는 점이다. 그리고 토의정치는 이러한 '논쟁'의 특징을 공공영역에서 최대한 확보하려는 시도라 할 수 있다.

의사소통을 통한 공동의 의사형성 과정이자 제도인 공론장은 토의정치의 기반으로서 '정당성'에 대한 정치적 관심을 고양시킨다. 공론장이 정치의 중심으로 자리 잡으면 의사소통의 정도가 정치의

---

12 Jon Elster, ed., *Deliberative Democracy*(Cambridge : Cambridge Univ. Press, 1998).

척도가 된다. 즉 공론장의 활성화 및 제도화 정도는 현실정치의 왜곡을 측정할 수 있는 기준이 된다. 공론장은 참정권과 언론 및 집회의 자유에 기초하며, 또한 국가의 형태로 조직화되는 지배구조에 대한 공식적 · 비공식적 비판을 통해 형성된다. 공론장은 무엇보다도 여론이 형성될 수 있는 사회적 삶의 영역을 의미한다. 그리고 모든 시민들은 공론장에 참여할 권리를 보장받는다. 사적인 개인들이 모여 하나의 공동체를 형성하는 모든 대화의 형태 속에 공론장의 한 부분이 발생하여 존재하게 된다.

공론장은 사회적 차별과 특권을 개입시키지 않고 합리적 대화를 추구하는 개인들로 구성되며, 참여자들이 합리적 대화를 가능케 하는 기준을 존중함에 의해 참여자의 평등성과 보편적 접근가능성이 보장되는 영역이다. 공론장은 합리적 합의와 법, 그리고 계몽된 여론을 연결시키는 기반으로서 권력의 자의적 행사를 막는 기능을 담당한다. 그러나 정당성에 대한 관심이 도외시되고 시장의 논리와 도구적 합리성의 기준이 전 사회영역으로 침윤되면 의사소통의 구조는 왜곡되고 사회구성원들의 의사소통 능력은 제약된다. 공공영역의 확장에 의해 공론장의 응집성이 약화되고 사적 영역에서의 갈등이 공론의 영역으로 침투하게 되는 상황에서 공론장은 더 이상 '합리적 권위'의 산실이 아니라 갈등하는 이해들의 각축장으로 변모하게 된다.

민주정치는 사적 이익을 추구하는 개인과 소극적 권리에만 근거해서 규정될 수 없다. 민주적 정치과정은 사회의 다양한 이익의 수렴과 공적인 행정기구를 통한 중재에 국한되지 않는다. 공론의 장과 의회에서의 의사형성 과정이 권력의 획득과 유지를 위해 전략적으로 행동하는 집단들 간의 경쟁으로 나타난다면 민주정치 본연의 의미는 상실된다. 시민들의 지위와 정치적 권리는 그들이 사적 개인으로서 주장할 수 있는 소극적 자유에 의해 규정된다기보다는 정치적 참여와 의사소통의 권리를 포함하는 적극적 자유에 의해 규정된다. 이러한 정치적 권리는 외적 강제로부터 자유를 보장하는 것이 아니라 공동의 실천에 참여할 수 있는 가능성을 보장한다. 이에 따라 공론장과 의회에서의 정치적 의사형성은 시장의 원리와 구조가 아니라, 상호 이해를 지향하는 공적 의사소통에 내재하는 원리와 구조를 기반으로 해야 한다.

토의정치는 정치적 의사형성이 이루어지는 공론장을 민주주의의 중심 무대로 설정한다. 그러나 토의정치는 입헌주의 원리들을 민주주의적 의사형성에 요구되는 의사소통 형태의 제도화라는 차원에서 중요시한다. 즉 토의정치는 집단적으로 행동하는 시민에 의해서가 아니라, 의사소통의 절차와 조건의 제도화에 의해 그 성공 여부가 좌우된다. 특히 정치적 공론장의 연계망에 기초한 민주주의는 '탈중심화된 사회'와 친화력을 가지며, 따라서 국가를 중심으로 하는 목적지향적 거대주체를 필요로 하지 않는다. 토의정치의 관점은 의회와 비공식적 공론장의 연계망 모두를 관류하는 의사소통 과정의 '상호주관성'을 강조한다. 즉 상호주관적 의사소통 형식들은 공식/비공식적 공론장에서 어느 정도 합리적인 의사형성의 가능성을 확보해 준다. 그 구체적인 과정을 살펴보면 우선 비공식적 여론형성은 '영향력'을 산출하며, 이 영향력은 법적으로 제도화된 의사형성의 채널을 통해 '의사소통적 권력'으로 변형되고, 이 권력은 다시 입법을 통해 '행정권력'으로 변형된다. 민주주의적 절차를 통해 의사소통적 권력으로 변형되는 공론은 스스로 지배할 수 없고, 행정권력의 사용에 있어 특정한 방향성을 부여하는 기능을 담당하게 된다.

건전한 민주주의를 위해 '국가'와 '사회' 간의 경계는 존중되어야 하며, 시민사회는 경제체계와 행정체계로부터 구별되는 자율적인 공론장의 사회적 토대로 기능해야 한다. 현대 사회에서 사회통합의 필요를 충족시키기 위해 사용되는 화폐, 행정권력, 연대(solidarity)라는 세 가지 자원들 중 연대가 사회통합의 다른 두 메커니즘인 화폐와 행정권력을 견제함으로써 이들 간의 균형이 유지되어야 한다. 여기에서 연대의 사회통합 능력은 공유하는 문화적 전통과 윤리적 합의에만 의존하는 것이 아니라 오히려 폭넓게 확장되고 분화된 공론장을 통해, 그리고 법적으로 제도화된 민주적 토론과 의사결정의 제도적 절차를 통해 형성·발전되어야 한다. 물론 공적 토론과 일상적 언어의 사용은 이데올로기에 의해 왜곡될 수 있다. 그러나 기저의 차원에서는 완전한 상호성과 자율성, 그리고 연대가 보장되는 '이상적 대화상황'이 전제되고 기대될 수 있다.

현대 사회는 "자발적으로 생성된" 합리적 규범을 필요로 한다.[13] 이러한 규범의 수립을 통해 민주주의는 지속적인 자기 개혁을 수행할 수 있다. 하나의 정치공동체가 '부패'와 그로 인한 '위기'를 극복

---

13 Francis Fukuyama, *The Great Disruption : Human Nature and the Reconstitution of Social Order*(New York : Simon & Schuster, Inc., 1999), chapters 8 & 11 참조.

하기 위해서는 현실문제를 비판적으로 파악할 수 있게 하는 규범이 사회적으로 생성 · 공유되고, 이에 기초한 개혁의 가능성이 항상 보장되어야 한다. 자발적 개혁이 불가능한 체제는 유지 불가능한 타락한 정치체제이다. 그리고 자발적 규범의 생성과 자체 개혁은 무엇보다 건전한 공론장의 활성화에 의해 가능하다. 토의정치를 통해 형성되는 공공의식과 규범은 민주주의를 지탱하고 정치공동체를 유지시키는 집단적 역량이다.

(3) 다문화주의와 차이의 정치

현대 세계에는 동질화와 차별화, 통합과 분화, 집중과 탈집중 등 복합적이고 상호갈등적인 추세들이 혼재한다. 이러한 상황에 대응하는 민주정치는 다원주의적 관용과 개방적 사유를 요구한다. 타자성, 복수성, 이질성은 사회적 삶의 조건이다. 따라서 정치질서의 수립과 관련하여 이질성과 복수성은 항상 논의의 중요한 주제가 되어왔다. 민주정치는 진리의 획일성이 강조되고 나아가 진리가 독점되는 상황에서 형성될 수 없다. 진리와 의견의 구분이 사회적으로 절대화되는 경우, 한편으로 강자의 논리가 진리의 형태로 정당화되면서 다른 의견들을 억압할 가능성이 높아진다. 동질성과 획일성이 강조되면 이질적인 '타자'(the Other)의 주장은 소외된다. 근대의 역사과정에 의해 주변화되고 억압된 '타자'의 양태는 지역, 인종, 계급, 문화, 성별 등의 차원에 걸쳐 다양하다. 어떤 개인이나 집단이 사회적으로 인정받지 못하는 것은 실제적인 해악이며 억압의 한 형태이다.[14] 바람직한 민주정치는 주변화된 타자를 포용하는, 나아가 주변화의 메커니즘 자체를 거부하는 개방적 사유를 필요로 한다.

정치사회의 민주적 통합은 다원적 사회구성을 전제로 한다. 이질성과 다양성을 부정하는 동화정책은 진정한 의미의 통합을 불가능하게 만든다. 다원주의적 통합을 지향하는 다문화주의는 다문화적 현실에 대한 설명이면서 동시에 규범적 주장을 내포한다. 다문화주의 담론은 타문화와 이질적 문화들의 주변화를 통해 형성되는 단일문화주의에 대한 비판으로부터 시작되었다. 단일문화주의는 문화적 동질성과 중심 문화의 수립이 정치공동체 형성과 통합의 필수조건이라고 전제한다. 정치적 이데올로기이자 제도적 관행으로서의 단일문화주의는 동질성을 인간의 자연적 조건으로 해석하고, 나아가 동질성이 실현된 사회를 이상형의 사회로 개념화한다.

한 사회 내에서 단일문화주의가 강조되고 세력화되는 과정은 근대 민족국가의 형성과 밀접한 연관성을 갖는다. 정치공동체로서 근대 국가의 수립에 필요한 조건은 정치적 · 경제적 · 문화적 이질성을 극복하고 동질성을 확보하는 것이다. 그리고 그 과정은 서구의 경우 절대주의 시기 이후 지속된 과정이며, 특히 18-19세기에 걸쳐 '정신적 · 문화적 통일체'라는 인식이 민족주의의 영향 하에 보편화되기에 이르렀다. 아울러 이러한 인식이 교육과 사회화 과정을 통

14 Charles Taylor, *Multiculturalism and "The Politics of Recognition"*(Princeton : Princeton University Press, 1992).

해 널리 보급되면서 단일문화주의의 지배력은 확대되었다. 따라서 단일문화주의의 역사는 문화가 정치적 목적에 종속되어 도구화되어 가는 과정이라고 할 수 있다. 단일문화주의의 역사는 필연적으로 중심화와 주변화의 과정을 내포하며, 동화와 통합을 둘러싼 한 국가 내의 집단적 갈등과 국가들 간의 대립을 수반하게 된다.

단일문화주의가 정치적 갈등의 산물이며 헤게모니와 관련된 정치적 동기를 배경으로 하는 것과 마찬가지로 다문화주의는 기존의 단일문화주의에 대한 정치적 대응으로서의 성격을 갖는다. 따라서 다문화주의 담론의 등장 배후에는 패권적 단일문화주의에 대한 비판, 1960년대의 반문화운동과 인권운동의 영향, 탈근대주의의 대두에 따른 근대적 획일성과 동질화에 대한 도전과 타자성에 대한 관심의 고조, 지구화에 따른 국제적 문화교류의 활성화 등의 요인들이 존재한다. 다문화주의는 기존의 사회구성과 운영의 원리에 대한 비판적 시각과 연결되어 권력과 헤게모니를 둘러싼 정치적 담론의 성격을 강하게 띤다.

다문화주의와 '차이의 정치'(the politics of difference) 담론은 문화를 주제로 하지만 본질적으로는 정치적 · 윤리적 성격을 갖는다. 한 사회의 문화전통을 어떻게 이해하는가 하는 문제는 그 사회의 구성과 운영의 원리가 어떻게 규정되어야 하는가라는 규범적 문제와 직결된다. 한 예로 다문화주의자들에 대한 보수주의자들의 비판은 다문화주의적 주장의 득세가 사회질서의 와해를 반영하는 현상이라는 그들의 정치적 판단을 기반으로 한다. 보수주의자들에 따르면 질서는 반드시 중심을 요구하며, 그 중심원리에 따라 그리고 사회 각 부분이 중심세력과 유기적인 관계를 맺으면서 사회질서와 통합이 형성·유지될 수 있다. 그러나 보수주의에 비판적인 다문화주의의 시각에서는 위계적 서열화와 우위성의 문제는 '본질적'인 문제라기보다는 특수한 맥락과 용도의 문제로 이해된다. 중심화와 주변화를 내포하는 문화발전 과정의 역동성은 권력관계의 변화와 맞물려 현실화된다. 따라서 현대의 다문화주의 담론은 현대 사회의 변화하는 권력관계를 반영한다.

다문화주의 담론은 단일문화주의의 역사성과 한계에 대한 인식을 보편화시키는 데 기여한다. 다문화주의에 의해 문화적 보수주의에 대한 비판이 보다 설득력을 확보하게 되고, 주변화된 타자에 대한 관심과 이질성의 긍정적 기능을 정당화하는 논리와 주장이 강하게 대두되고 있다. 현대와 같은 다문화적 상황에서 문화적 창조성을 유지하기 위해서는 타문화에 대한 개방과 그들과의 교류가 요구된다. 그러나 보다 우선적인 과제는 자기정체성에 대한 새로운 이해방식을 획득하는 것이다. 즉 자기정체성이 어떻게 형성되었으며, 그 형성과정에 내적 다원성과 이질적 타자와의 관계가 어떠한 영향을 미쳐왔는가에 대한 비판적 고찰과 반성이 먼저 필요하다.

다문화주의는 한 사회 내의 다양한 이질적 요소들에 대한 관심을 촉구한다. 하나의 정점을 중심으로 동질성을 강조하는 '소용돌이'(vortex) 문화의 등장은 성숙한 문화적 기반의 와해를 의미한다. 동질성을 강조하는 단일문화주의는 인류 문화발전의 역사적 경험에도 배치되며, 현대의 다문화적 상황에 대한 대응으로서의 설득력을 가지기도 어렵다. 단일성과 동질성은 정치적 목적에 의한 억압을 내포하며, 부자연스러운 인간 삶의 조건이다. 물론 이질성을 내포하는 다문화적 상황은 문화적 창조력의 증대라는 긍정적 가능성과 더불어 사회통합의 붕괴라는 위험성을 모두 내포한다. 그리고 이질성을 억압하지 않으면서 그 가능성을 극대화하는 작업은 성공의 보장이 없는 부단한 노력을 요구한다. 그러나 이러한 노력을 통해서 형성되는 전통에 의해서만 진정한 의미의 통합이 가능하다. '전통의 합리성'은 대내외적인 이질성과 다원성을 수용하고 내재화함으로써 수립될 수 있다.

(4) 탈근대주의와 새로운 정치의 가능성

탈근대주의는 새로운 사회운동 및 가치관의 출현과 밀접한 연관성을 갖는다. 현대 사회의 탈물질주의적 가치관은 근대적 생산주의와 물질주의에 기초한 사회운동 및 이데올로기에 대항하는 새로운 정치 · 사회 운동과 문제의식을 활성화시켰다. 이론과 현실의 영역에서 몇 세기에 걸쳐 영향력을 행사해 온 근대성에 대한 회의의 물결은 탈근대주의라는 시대적 조류의 형태를 띠고 인문사회과학 및 예술, 사회활동 전반에 걸쳐 나타났다. 따라서 넓은 의미의 탈근대주의는 학문과 예술의 영역을 넘어 사회의식과 문화 및 정치활동의 영역도 포괄한다. 현대 세계의 복합적이고 상호갈등적인 추세들에 직간접적으로 관심을 표명하는 탈근대 이론가들은 근대성에 대한 태도에 있어 극단적 회의주의로부터 건설적 대안의 모색에 이르기까지 다양한 입장으로 갈라진다. 그러나 탈근대 담론의 특징적 관점은 기존의 패러다임과 가치관, 세계관에 대한 회의주의와 비관주의라고 볼 수 있다. 즉 근대적 이성과 합리성에 기초한 사회현실과 이론 및 인식 틀, 문화적 관념 모두를 근본적인 회의의 대상으로 삼는 것이 탈근대 담론의 기저에 깔린 일반적 특성이라 할 수 있다.

탈근대 이론가들은 근대성의 산물인 합리화, 산업화, 도시화, 기술의 발전 등을 모두 비판하며 근대 사회에서 중시되는 가치들(직업, 자유민주주의, 휴머니즘, 평등주의, 중립성, 합리성 등)에 도전한다. 탈근대주의는 근대 과학의 가치와 학문의 경계 구분에 이의를 제기하며 논증과 엄밀성, 객관성, 보편성 등 논리중심적 사고체계 전반에 대해 회의적인 태도를 보인다. 또한 보편성이 아닌 특수성, 근대가 아닌 전근대 또는 탈근대, 논리가 아닌 비논리, 구성이 아닌 비구성의 영역이 가지는 가치를 복구하려 한다.

인간의 이성에 대한 신뢰는 이제 허구가 되어버리고 기술문명과 과학은 핵, 빈곤, 환경파괴, 문명의 충돌 등 오늘의 근본적인 난제와 인류 공통의 고민에 아무런 해답을 주지 못할 뿐만 아니라, 바로 그 근대의 업적들이 현대 위기의 근원이라는 인식이 탈근대 담론의 등장과 영향력 확대의 배경에 존재한다. 요컨대 탈근대주의는 "거대설화에 대한 회의"를 의미한다. 여기에서 거대설화는 근대 과학기술 및 정치적 과업을 정당화하기 위한 해석적 틀로서 신이나 자연, 진보, 해방 등의 이념을 통해 근대적 삶의 주축을 정당화하는 기능을 수행하며, 구체적으로는 합리주의 철학, 자유민주주의, 사회주의 등의 이데올로기 내지 철학적 세계관의 형태로 나타난다. 근대성의 기초를 정당화하는 거대설화에 대한 신념의 와해는 사회 및 정치적 문제들에 대한 인식과 비판의 시각을 보다 첨예화하는 데 기여한다.

현대의 탈근대 이론가들은 현대 사회의 구성 및 운영의 원리에 대한 철저한 재검토와 해부를 요구한다. 탈근대 이론가들은 근대적 거대설화의 기초를 이루는 진보적 역사관 및 단선적 시간 개념, 그리고 근대적 지역 공간 개념의 해체와 재구성을 주장한다. 그들은 역사의 연속성과 단절, 진보와 역사적 사건의 추이 및 기원에 대한 근대적 거대설화의 전제가 근본적으로 근대성의 산물이라고 본다. 헤겔의 정신사적 역사관이나 맑스의 유물변증법적 역사관, 꽁트의 진보적 역사관 등은 모두 근대적 시간관과 역사관의 전형적 형태로서 암암리에 모든 형태의 근대적 이념에 걸쳐 무조건적 전제로 자리 잡아 왔다는 것이다.

역사에 내재하는, 그리고 역사를 통해 구현되는 진리에 대한 신념은 한편으로 다양한 인간 해방(계몽과 자연에 대한 지배)의 이데올로기와 신화를 창출했고, 다른 한편으로는 근대에 대한 찬미를 기반으로 하는 문화적 · 인종적 우월주의를 낳게 되었다. 따라서 탈근대 이론가들은 맑시즘과 나치즘이 모두 동일한 근대성의 논리에 근거해서 나타난 것으로 이해하며, 근대성의 부정은 바로 이러한 형태의 폭력에 대한 저항의 성격을 띤다고 주장한다. 또한 근대적 공간 개념은 유럽과 비유럽, 서양과 동양 등의 거시문화적 지역 구분과 민족국가의 경계를 주어진 공간구조로 수용하는데, 이러한 지리적 공간 개념에 반대하여 탈근대 이론가들은 초공간(hyper-space) 개념을 제시하면서 전통적인 공간 개념조차도 해체하고자 한다. 그들은 중심과 주변의 구분 및 모든 형태의 인위적 지역 구분이 절대화되어 고착된 현실로 인식되는 상황이 근대적 시공 개념에 의해 초래되었다고 보고 자유로운 상상력의 장으로서 제한된 현실성을 초월하는 탈근대적 시공간의 확장을 요구한다.

탈근대 이론가들은 '근대적 주체' 개념의 해체를 주장한다. 이데올로기적 구성물로서의 근대적 주체는 목적합리성의 원칙에 따라 행위하며, 개인의 자율과 자유의지를 존중하고, 과학적 지식의 주체로서 객관적 진리에 의거한 인간 해방의 정치적 목표를 추구하는 인간으로 묘사된다. 모든 근대적 가치관 및 이데올로기는 근대적 주체 개념을 기초로 하며, 그 주체 개념은 계몽주의 철학과 합리주의의 소산이다. 개인, 집단, 계급, 국가 등의 모든 근대적 범주들은 근대적 주체라는 개념을 전제로 성립되었기 때문에 이 개념을 부정하는 경우 근대 세계의 사상적 기틀이 와해된다.

탈근대 이론가들은 근대적 주체의 대안으로서 '탈근대적 개인'이라는 개념을 제안한다. 탈근대적 개인은 감정을 가지고 문화적 맥락 속에서 살아 숨쉬는 유동적 개인이다. 탈근대주의에 내재하는 개인주의적 성향을 반영하는 탈근대적 개인은 집단적 정체성을 거부하며 공동체적 의무와 유대로부터 자유로운 개인이다. 개인의 자아실현을 최고의 가치로 여기고 프라이버시에 위협이 되는 외부로부터의 간섭을 회피하려는 경향을 보이는 탈근대적 개인은 사회적 의무와 책임, 그리고 공동체적 기획의 주체로 상정되는 '근대적 주체'와는 사뭇 상이한 특성을 갖는다. 물론 탈근대적 개인들이 모여

하나의 공동체를 이룰 수 있지만, 이러한 공동체는 "통일성이 결여된 공동체"(community without unity)여야 한다.

또한 탈근대적 개인은 정체성의 다원화를 긍정적으로 수용하며, 그 중 하나와 강한 동질화를 추구함으로써 자신의 정체성을 단일화하려 하지 않는다. 자아의식의 완전한 달성을 추구하지 않으며, 파편화의 과정을 끊임없이 경험하는 개인이 탈근대적 개인의 특성이다. 탈근대적 개인은 획일적 규범이나 체계적 이론 자체에 대해 부정적이며, 하나의 신념(가치)체계가 타자에 비해 우월함을 입증할 수 있는 가능성에 회의적인 가치상대주의적 태도를 갖는다. 탈근대적 개인은 정치적 관심보다는 푸코가 말하는 "자아의 기술"(technologies of the self) 또는 "실존의 미학"(aesthetics of existence) 차원에서 중요시되는 개인적 관심을 갖는다. 이러한 탈근대적 개인의 역사적 등장은 경험적으로도 확인된다.

탈근대의 정치는 근대 민주주의에 대한 비관주의와 진정한 민주주의의 실현을 위한 노력이라는 양면성을 특징으로 한다. 니체와 하이데거의 영향을 받은 비관주의적 탈근대 이론가들은 근대성 비판을 극단화시켜 정치적으로 대의제 민주주의를 대체하는 개인주의적 무정부주의에 암묵적으로 동조하게 된다. 탈근대주의의 반민주주의 정서에 주목해 볼 때 그들의 정치적 입장이 신보수주의의 입장과 상통하는 면이 있다는 지적도 대두된다. 그러나 보다 건설적인 탈근대 이론가들이 제시하는 정치적 비전은 탈근대의 정치가 가지는 가능성과 적실성을 보여준다. 근대를 넘어선 새로운 지평을 추구하는 건설적 탈근대주의의 조류는 '정치적 자기 결정과 자유'의 가치가 가지는 중요성을 강조하면서 근대성의 한계는 바로 진정한 민주주의의 실현에 실패했다는 사실에서 드러난다고 주장한다. 그들은 자치를 위한 직접민주주의의 형태와 '민주주의의 심화'를 통한 참여의 확대를 지지한다. 또한 이들은 선택의 자유와 개방성, 관용, 자율, 개인주의를 옹호하면서 이러한 가치들과 협동적 참여민주주의의 제도가 상충되지 않는다고 보며, 나아가 국가권력의 매개를 배제하는 자율적 공간으로서의 공공영역의 확대를 주장한다.

한편으로 근대 민주주의의 이론과 제도를 부정하면서 다른 한편으로는 진정한 민주주의의 실현을 추구하는 상이한 정향들이 공존하는 까닭에 탈근대의 정치가 가지는 성격에 대한 논의는 다양한 갈래로 나뉘어진다. 어느 측면을 강조하는가에 따라 탈근대주의는 보수주의의 이데올로기로, 또는 급진적 운동세력의 이론적 무기로 이해되기도 한다. 비관주의적 탈근대주의는 제도의 정치가 가지는 한계를 강조하면서 대안에 대한 논의 자체를 회피하는가 하면 건설적 탈근대주의는 세계 평화, 빈곤, 환경, 성차별, 인종문제, 제3세계주의 등과 관련된 신정치운동에 동조하면서 정치의 새로운 지평을 개척하는 데 적극적인 태도를 보인다. 물론 건설적 탈근대주의의 경우에도 내부적으로 다양한 입장과 관심영역에 따른 분파가 존재함에 따라 획일적인 성격규정을 내리기는 어렵다. 그러나 일반적으로 건설적 탈근대주의 이론가들은 근대 과학 및 기술문명을 비판하고 근대적인 진보관념이나 정치적 이데올로기의 구분에 대해 이의를 제기한다. 또한 자신들의 정치적 견해와 입장이 근대적 개념 틀에 의해 규정되는 것을 거부한다. 이에 따라 탈근대주의는 보수주의도 진보주의도 아닌 탈사회주의, 탈경제주의, 탈자유주의, 탈분배주의적 성격을 갖는다는 주장이 제기된다.

일견 탈근대 담론은 진보적 사조로서 이론과 실천에 있어 새로운 가능성을 제시하는 듯하면서도 고도산업사회의 개인주의적 문제의식과 사회현실을 반영하는 보수성의 이념으로 작용하기도 한다. 탈근대의 문제의식에 동감하거나 전환기의 혼돈 속에서 새로운 이념적 기초로서 탈근대주의의 가능성에 주목하는 연구자들은 탈근대 담론을 사회비평과 현실인식에 기여하는 혁신적 관점으로 이해하고 수용한다. 획일적 주체관념을 부정하고 다원적 세계관을 주창하는 탈근대주의는 사회 내의 다양한 요구에 정당성을 부여하며, 이에 따라 정치의 영역을 넘어서는 보다 근본적인 사회문화적 영역에서의 민주화에 기여하는 중요한 이론적 자원으로 인식될 수 있다. 그러나 다른 한편 탈근대주의적 '해체'가 사회적 인식의 와해와 '무책임의 정치'를 조장하는 경향이 있다는 비판도 설득력 있게 제시되며, 이러한 혼돈은 탈근대주의 자체가 가지는 양면성과 다원성, 그리고 모호성에 기인한다.

탈근대주의는 20세기 후반에 등장한 가장 괄목할 만한 지성사적 사조임에 틀림없다. 그러나 현실적으로 전개되는 범세계적인 민주화와 개방화, 시장경제화의 추세를 감안해 볼 때 근대성의 종말을 주장하는 탈근대주의의 비관주의는 적실성이 적어 보인다. 또한 대부분의 비서구 개발도상국가들은 산업화와 근대화를 여전히 지상의 목표로 설정하고 추구하면서 고도산업사회의 기술과 자본을 보다 적극적으로 수용하고자 노력하는 것이 현실이다. 따라서 이들 국가에 있어서는 서구적 합리성과 근대성이 극복과 비판의 대상이 아니라 모방의 대상이다.

그러나 현실세계에서 나타나는 또 다른 현상들은 근대적 이념과 제도가 점차로 붕괴되고 탈근대주의의 영향력이 지속적으로 증대될 것이라는 전망을 가능케 한다. 즉 탈냉전의 새로운 국제적 변화와 환경문제의 심각화, 인간의 통제를 벗어난 급속한 기술의 발전, 문화의 충돌, 획일화와 다원화의 복합적 추세 등의 현상은 현실 자체의 모습과 성격을 더욱 복잡하고 난해하게 만든다. 따라서 기존의 제도와 관심영역의 한계에 대한 인식과 그 한계를 극복하려는 노력은 계속적으로 유지되어야 한다. 나아가 탈근대주의의 문제의식에 직·간접적으로 동조하여 등장한 새로운 형태의 정치·사회 운동이 앞으로도 더 한층 활성화되고 그에 대한 사회적 인식이 확산될 가능성도 높다. 이에 따라 새로운 정치·사회 운동에 이념적 근거를 제공해 온 탈근대주의는 자유주의와 민주주의에 대한 기존 담론의 변화를 자극하는 촉매 역할뿐만 아니라 새로운 인식과 실천의 기반을 마련하는 역할도 담당하게 될 것이다.

2장 / 대의민주주의의 원리와 대안

임경훈

현대 민주주의 체제는 그 이념적 지향이나 제도적 특징들에 있어서 매우 다양한 모습을 보이고 있다. 자유민주주의와 사회민주주의, 대통령제와 의원내각제, 양당제적 다수결주의와 다당제 및 비례대표적 협의주의 등은 그 다양한 형태들을 분류하는 대표적 예들이다. 그런데 이러한 변형들 모두는 그 근간에 있어서 대의민주주의라는 큰 틀 안에 있다. 대의민주주는 내적 모순과 긴장을 지니고 있는, 완벽하지 못한 공동체 운영 원리이다. 특히 오늘날에는 세계화, 정보화, NGO들의 폭발적 성장과 같은 변화들이 대의민주주의 제도에 중대한 변화를 요구하고 있다. 이러한 배경에서 이 글은 오늘날의 대의민주주의 체제가 지닌 복합적 속성, 그 장점과 한계, 대안들을 소개하고, 현대 사회의 변화가 대의민주주의와 관련하여 갖는 함의에 대해서 살펴보고자 한다.

1. 직접민주주의

민주주의는 말 그대로 '인민의 지배'(demos+kratia)를 의미한다. 이러한 정치체제를 구현하고자 하는 이유는 인민 개인의 자율성을 보장하기 위함이다. 현명하고 덕망 있는 군주나 소수 엘리트에 의한 지배가 인민의 삶을 풍요롭게 만들 수도 있을 것이다. 그럼에도 불구하고 그러한 체제가 타인에 의한 지배인 한, 인민 개인은 언제라도 자신의 의지와 상관없이 억압적 상황에 처할 수 있다. 이런 점에서 인민의 자유가 보장되기 위해서는 반드시 평등한 권력관계가 전제되어야 하는데, 민주주의는 이를 위해 지배자와 피지배자를 일치시켜 공동체를 운영하는 원리이다.

그런데 오늘날의 대의민주주의는 고대 그리스의 직접민주주의와 매우 다르다. 고대 아테네에서는 표결뿐만 아니라 토의과정에 시민들이 실질적으로 참여하는 민주주의가 이루어졌다. 시민은 최고 권력기구인 민회, 즉 아고라(agora)에서 벌어지는 토론에 의한 의사결정 과정에 직접적이고 평등하게 참여했다. 이러한 정치세계는 지혜와 동의의 결합을 추구하는 '포럼'(Forum)의 형태를 띤 것이었다.

그런데 아테네 시민이 민회를 통해서만 직접적으로 권력을 행사한 것만은 아니다. 민회에 의해 수행되지 않는 많은 공적 업무들은 '추첨'에 의해 선출된 일반 시민에게 맡겨졌다(일부 특별한 재능이 필요한 공직, 예를 들어 전쟁 사령관의 임명과 같은 것은 선출에 의해 이루어졌다). 그리고 공직자들은 다양한 제도적 장치에 의해 상시적으로 감시를 받았고, 그들이 공직에서 물러날 때는 업무평가를 받아 잘못이 발견되면 법적 처벌까지도 감수해야만 했다.[1] 이렇게 볼 때 아테네 민주주의의 '직접성'은 단순히 인민과 민회와의 동일성만이 아니라 추첨에 의한 공직자 선출방식, 공직 교대(rotation)의 원칙, 엄격한 투명성 및 책임성 확보 등을 통해 제도화되었던 것이라고 할 수 있다.

이러한 직접민주주의를 통해 아테네 시민들은 자유롭고 평등한 시민의 자치를 구현했다. 비록 아테네의 시민권은 편협하게 규정된 것이었지만 시민들의 삶 자체는 개인 관심사에만 함몰되지 않는, 국가의 공적 업무에 봉사하는 것이었다. "우리는 사적인 일에 관심을 가질 뿐만 아니라 공적 문제들에 대해서도 관여한다. 자신의 일에만 주로 몰두해 있는 사람들조차도 정치적 사안들에 대해 소상히 알고 있다. 우리는 공적 생활에 참여하지 않는 사람을 자기 일에만 몰두하는 사람이라고 말하지 않는다. 우리는 그를 전혀 쓸모없는 사람이라고 말한다"라는 페리클레스(Pericles)의 연설은 아테네인들의 삶이 어떠한 것이었는지를 웅변적으로 보여준다. 바보, 천치라는 단어의

---

1 Jon Elster, "Accountability in Athenian Politics," in Adam Przeworski, Susan Stokes and Bernard Manin, eds., *Democracy, Accountability and Representation* (Cambridge : Cambridge Univ. Press, 1999).

어원인 idiotes는 시민(citizen)의 반대어로서 공적 영역에서 행동하려고 하지 않거나 할 능력이 없는, 순전히 개인사에만 매달리는 인간형을 지칭하는 말이었다. 사적 삶과 공적 삶을 결합하는 것이 '선한 생활'이라는 도덕적 규범을 믿고 이를 실현하기 위한 권리와 의무를 제도화한 것이 바로 아테네의 직접민주주의였던 것이다.

그러나 고대 아테네 민주정이 이러한 이상적 모습만을 지닌 것은 아니다. 인민의 지배는 인민들 사이의 이해나 입장의 차이로 인해 현실적으로 다수의 지배를 의미하였고, 그 다수란 계급적으로 '무지하고 가난한 자들'이었다. 민주주의가 덕성과 자질을 갖춘 시민들에 의해 지혜롭게 운영되지 못하고 이른바 '다수의 전제'(tyranny of majority), 즉 다수의 횡포, 중우정치, 선동가의 출현을 초래한 예는 이미 이 시기에서부터 찾아볼 수 있다.

2. 대표와 선거

직접민주주의와 비교할 때 대의민주주의는 대의정부(representative government)를 통해 공동체를 운영하는 간접민주주의이다. 고대 아테네에서와 같은 직접민주주의가 더 이상 가능하지 않게 되면서부터, 특히 광활한 영토와 막대한 인구를 기반으로 하는 근대 국가에서는 인민들이 법이나 정책의 심의 및 결정과정에 직접 참여하지 않고 대표자를 선거에 의해 선출하여 그들에게 인민의 권한을 위임함으로써 정치적 결정을 내리도록 하고 있다.

문제는 이러한 대표행위가 민주주의와 필연적 관계를 맺고 있지 않다는 데 있다. '대의' 개념은 고대에는 없던 개념이다. 그것은 근대 국가의 규모에 따른 불가피성뿐만 아니라 '빈자', '무지한 자들'의 전제를 막기 위해 고안된 것이다. 사실 다수의 전제에 대한 우려로 말미암아 역사적으로 민주주의에 대한 평가는 좋은 형태들 가운데 최악이거나 나쁜 형태들 가운데 최선이라는 정도에 머물렀고, 적어도 프랑스 혁명 전까지의 근대 정치사상가들 대부분은 군주제를 더 옹호했다.[2] 그리고 민주주의를 도입하고자 하는 경우에는 어떻게 하면 다수의 전제 가능성을 완화할 것인가가 주된 관심이었다. 그리하여 권력을 비인격화하는 법치의 원칙 아래 귀족정 요소와 민주정 요소를 결합하는, 즉 대중의 동의와 현명하고 덕성 있는 자들의 통치, 다수의 지배와 지혜로운 토론을 결합하는 방식들이 고안되었다.

---

2 사실 민주주의에 대한 평가는 역사의 아이러니를 보여주는 듯하다. 서구에서도 민주주의가 긍정적 평가를 받게 된 것은 그리 오래된 일이 아니다. 그것은 지난 세기 초 이후 대부분의 시민에게 참정권이 부여되고 인민의 중산층화가 진전되면서 민주주의에 대한 계급적 우려가 약화된 덕분이었다. 그러나 이러한 긍정적 평가로의 전환은 인민의 직접적인 자기 지배라는 본래 이상과는 오히려 멀어지면서 이루어진 것이었다. 다른 한편 비서구 국가들 대부분에서는 권위주의 독재가 국가건설과 경제발전에 일시적으로는 더 유용할 것이라는 명분 하에 민주주의가 유보되었다. 지난 세기 말 '민주화의 제3의 물결' 이후에야 민주주의는 비로소 전 세계적으로 보편적 정당성과 실현 가능성을 인정받게 되었다. 그러나 민주주의가 승리의 나팔을 부는 바로 그 순간 현대 민주주의 체제가 시민들의 요구나 시대변화에 적절히 부응하지 못한다는 비판은 더욱 거세지고 있었다.

근대 대의민주주의의 전범으로 간주되는 미국 헌법은 바로 이러한 의도에서 민주 공화정을 제도화한 것이다.

'대표' 개념은 매우 모호하고 복합적인 의미를 지니며, 경우에 따라서는 민주주의와 상충되는 의미로 사용되기도 한다.[3] 가장 일반적인 정치적 용례는 그것이 타인(의 이익)을 위한 행위로 이해될 때이다. 대리인, 수탁자(trustee), 보호자(guardian), 변호인, 국회의원 등의 행위가 이러한 예들이다. 이들은 '대신해서', '타인의 이익을 위해서', '타인의 종복으로서' 등의 다양한 의미를 지닌다. 피보호자와 상의도 하지 않고 피보호자의 이름으로 행동하면서 그 행위결과가 피보호자에게 구속력을 갖게 되는 경우에도 대표 개념을 사용하기도 하고, 그 반대로 누군가의 지시에 따라서만 행동하는 경우를 대표라

3 대표라는 용어는 반드시 정치적인 의미로만 사용되는 것은 아니다. 사전적 의미로 먼저 생각해 볼 수 있는 것은 기술적 · 비례적 의미에서의 대표 개념이다. 지도나 초상화는 이러한 예이다. 이러한 의미에서는 원본과의 유사성이 중요하다. 지도나 초상화 같은 것들은 매우 비정치적인 사례이지만, 실제 정치에서의 비례대표 선거제도는 바로 이러한 취지에서 시행되고 있는 경우이다. 만일 국민들이 기술적 · 비례적 의미의 대표 개념이 가장 중요하다고 결정한다면 우리의 정부형태는 의원내각제로 바꾸어야 하고, 의회 선출도 직종, 연령, 성별, 지역 등의 각종 기준들에 맞추어 그 원본인 국민 구성과 가장 유사하게 만들어야 한다. 대표의 또 다른 예는 상징으로서의 대표 개념이다. 십자가, 국기, 대외적 상징으로서의 국가원수의 역할 등은 바로 이러한 예이다. 상징으로서의 대표 개념이 지나치게 확장될 경우 파시스트 지도자 같은 경우도 대표로 지칭되는 심각한 문제를 일으킬 수 있다. 대표 개념에 관한 연구로는 Hanna Fenichel Pitkin, *The Concept of Representation*(Berkeley : Univ. of California Press, 1967) 참조.

고도 한다. 그리고 대표자는 어떻게 행동해야 하는가, 대표자는 과연 그리고 어떻게 통제되어야 하는지, 한번 선거에 의해 위임을 받으면 대표자는 마음대로 행동해도 되는 것인지, 대표자의 행동에 대한 책임은 대표자가 지는지 또는 유권자가 지는지, 유권자의 객관적 이익은 과연 존재하는 것인지, 존재한다면 누가 그 이익 여부를 최종적으로 판단할 것인지 등에 관해서도 매우 다양한 해석들이 가능하다.

예를 들자면 홉스(Thomas Hobbes)에게 있어서 최고주권자는 인민의 대표이지만 그의 행위에 대해서 인민은 이의를 제기할 수도 없고, 그 최고주권자는 책임을 지지 않아도 된다. 즉 여기서 대표행위는 민주성과 아무런 관련이 없다. 또 다른 예로 버크(Edmund Burke)에 따르면, 대표자란 자신을 선출해 준 지역구 유권자의 이익에 봉사하는 것이 아니라 국민 전체의 이익에 봉사하는 존재이고, 그 객관적이고 장기적인 이익 여부에 대해서도 유권자나 국민이 아니라 대표자 자신이 독자적으로 판단해야 한다. 이러한 경우와 반대로, 만일 우리가 대표자들이 유권자들의 지시만을 충실히 반영하는 존재이고 유권자의 이익은 유권자 자신들만이 가장 잘 파악할 수 있다고 가정한다면 우리는 단지 대리인만 필요할 뿐이며, 대리인에게 그 어떠한 정치적 책임도 물을 수 없다.

이와 같이 대표 개념은 민주주의와 반드시 결부되지 않을 뿐만 아니라, 우리가 어떻게 규정하느냐에 따라 정치 현실에서 다양한 함의를 지닌다. 실제로 우리들은 대표자에 대해서 복합적이거나 모순된 기대를 갖기도 한다. 한편으로는 대표자가 인민의 이익이나 희망을 정확히 반영해 줄 것을 바라면서도, 다른 한편에서는 대표자가 근시안적일 수도 있는 일반 시민들보다 현명하고 장기적 안목에서 공무를 처리해 주기를 기대한다. 일반적으로 우리는 대표행위를 유권자의 이익을 위하는 행위로 이해하고 대표자에게 상당한 재량권을 허용하는데, 그 재량권의 내용이나 범위가 명확히 확정되어 있지는 않다.

대의민주주의의 또 다른 문제점은 대표를 뽑을 때 사용되는 선거라는 방식 자체에 내재해 있다. 물론 선거방식이 세습제나 강압에 의해 대표자를 결정하는 것보다는 민주적이라고 할 수 있다. 그러나 그것은 추첨이나 순번에 의해 대표자를 결정하는 것보다는 분명히 비민주적이다. 왜냐하면 선거는 아무나가 아니라 특별한 재능을 가진 자를 뽑는 행위이기 때문이다. 예를 들어 유권자가 모든 면에서 자신과 닮은 사람을 뽑고 싶어할 경우에도 결국은 후보자들 중에서 '가장' 자신과 유사하다고 생각되는 사람에게 투표할 것이기 때문에 선거는 결국 특정한 기준에서 '가장' 우월한 자를 뽑는 행위가 된다.[4] 즉 그것은 엘리트주의적 속성을 지닌다. 다만, 보통선거권이 확대되고 유권자들 스스로가 무엇이 특별한 재능인가를 자유롭고 다양하게 결정함에 따라 그 엘리트주의적 속성이 완화되었을 뿐이다.

---

4 선거제도의 역사와 엘리트주의적 속성에 관해서는 Bernard Manin, *The Principles of Representative Government*(Cambridge : Cambridge Univ. Press, 1997).

3. 대의민주주의에서의 책임성

선거는 두 측면에서 유권자와 대표자 간의 관계를 형성한다. 선거는 전망적(prospective) 차원에서 유권자가 대표자에게 권한을 위임하는 기제이며, 회고적(retrospective) 차원에서는 유권자가 대표자의 업적을 평가하고 책임을 묻는 기제이다. 그런데 시민들은 불확실성과 정보의 부족으로 인해 대표자들에게 구체적 위임을 하지 못하며 굳이 그것을 원하지 않는 경우도 많다. 선거는 정당이나 후보자 또는 그들이 제시하는 정책 패키지에 대한 선호를 표출하는 것이지, 정책들에 대한 세세한 위임행위가 되지는 못한다. 따라서 대표자는 자신을 지지한 유권자로부터 일정한 독자성을 지니고 행동한다.

이렇게 어느 정도의 자유재량을 부여받은 통치권력을 전제로 할 때 제기되는 것이 책임성(accountability) 문제이다.[5] 인민의 지배가

---

5 민주적 책임성(accountability) 개념은 회계분야에서의 장부, 석명(account) 개념과 그 어원을 같이하는데, 이는 역사적으로 영국 국왕이 조세를 부과하려 할 때 그 사용 내역을 밝히도록 한 데서 유래한다. 오늘날에는 이 개념이 더욱 확장되어 정치적 결정과 실행 전반에 걸쳐 적용되고 있으며, 해명의 책임(answerability)과 그에 따른 보상/처벌의 집행(enforcement)이라는 두 차원 모두를 포괄하는 의미로 사용된다. 그리고 민주적 책임성은 "누구에게 책임을 지다"라는 의미(accountability to)가 내재되어 있다는 점에서 단순히 "무엇에 대해서 책임이 있다"라는 의미로만 사용되는 책임성(responsibility for)과는 구분된다. Andreas Schedler, "Conceptualizing Accountability," in Andreas Schedler, Larry Diamond, and Marc F. Plattner, eds., *The Self-Restraining State : Power and Accountability in*

간접적으로 실현되려면 사후적으로라도 대표자들로 하여금 인민의 의사와 선호에 충실히 복무하도록 만들어야만 한다. 그러기 위해서는 인민이 정보와 사실을 정확히 파악하고, 그에 따라 보상과 처벌을 효과적으로 집행할 수 있어야 한다. 즉 인민이 책임 소재를 파악할 수 있도록 대표자가 정보를 투명하게 공개하고, 자신의 결정과 업무수행을 정당화할 수 있어야 하며, 잘못이 발견될 경우 처벌을 받도록 해야만 한다.

그러나 정보의 제약, 대표자를 감시하는 비용 그리고 많은 우연적 요인들로 인해 사후에라도 대표자의 의도나 행동을 분명히 알아내기란 거의 불가능하다. 정치인이 유권자들이 원래 기대했던 바를 달성했다고 하더라도 그가 보다 좋은 성과를 낼 수 있었음에도 불구하고 유권자의 당초 기대만 충족시키고는 더 노력하지 않았는지도 모르는 일이다. 이와 반대로 유권자와의 약속을 지키지 못했더라도 취임 이후 발생한 상황변화를 감안하면 그 대표자는 최선을 다한 것일 수도 있다. 이와 같이 인민은 사전에 또는 사후에 모든 정보를 완벽하게 가질 수 없고, 더구나 대표자가 유권자들보다 훨씬 많은 정보를 가지고 있는 '정보의 비대칭성' 문제로 인해 책임에 따른 보상/처벌을 효과적으로 집행하기는 매우 어렵다. 그리고 대표자가 특별히 범법행위를 저지르지 않는 한, 유권자는 경쟁적인 자유 선거의 주기적 반복을 통해서만 대표자에게 보상과 처벌을 할 수 있다. 물론 처벌이라고 해봐야 그를 다시 뽑아주지 않는 것뿐이다.

New Democracies(Boulder : Lynne Rienner Publishers), pp. 17–19.

이런 한계로 말미암아 대의민주주의에서 대표자들이 인민에 의해 항상 통제되거나 시민 다수의 희망에 항상 부응하는 정책을 펼친다는 보장이 없다. 공직자들이 재선을 위해 책임성 있게 행동할 유인을 갖게되며, 선거 승리를 위해서는 대다수 시민에 반하는 정책을 오랫동안 추구하기 어려울 따름이다. 물론 선거가 이러한 사후적 · 소극적 역할이라도 제대로 수행한다면 대표자들에게 사전경고의 효과를 충분히 발휘할 수 있을 것이다. 그러나 대표자가 재선을 추구하지 않거나 연임이 제한되면, 또는 정당의 지속성이 결여되어 있거나 집권연합이 수시로 바뀐다면 유권자들은 정치인이나 정당에 대해 책임성을 물을 기회조차 박탈당하게 된다.

그러나 선거만이 대의민주주의 하에서 유일한 책임성 확보 기제는 아니다. 공간적 비유를 들자면, 대의민주주의에는 선거와 같은 유권자와 대표자 간의 수직적(vertical) 책임성 기제뿐만 아니라 권력분립을 통한 견제와 균형과 같은 수평적(horizontal) · 간접적 책임성 기제들이 있다. 언론, 사회단체들을 통한 감시는 더욱 확대된 수평적 책임성 기제라고 할 수 있다. 많은 신생민주주의에서 문제가 되어 온 위임민주주의(delegative democracy)란 주기적 선거에 의한 책임성만 확보되었을 뿐, 이러한 수평적 책임성은 거의 무시된 경우이다.[6]

---

6 이들 나라들에서는 주기적 선거만 제도화되었을 뿐, 국가권력의 자의적 행사를 막는 법의 지배는 확립되어 있지 않다. 제왕적 대통령들은 선거 승리를 인민으로부터의 완전한 위임으로 간주하여 의회나 사법부, 여론으로부터의 견제와 감독을 거추장스럽게 여긴다. 정책 결정도 투명한 공적 심의가 아닌 비공식적, 사인화된 네트워크를 통해 이루어진다. 결국 위임민주주의는 자유주의적 · 공

민주주의의 질적 발전을 위해서는 대표자들을 상시적 · 다층적으로 감시하는 이러한 수평적 책임성 기제들이 더욱 활성화되어야 한다.

4. 참여 제약과 투표의 불완전성

대의민주주의는 직접민주주의와 매우 다른 정치세계를 구성한다. 후자의 정치세계가 면대면 심의를 통해 공공선을 발견하려는 광장(Forum)이라면, 전자의 경우는 다양하고 상충되는 선호와 이해가 경쟁하는 시장(Market)에 비유될 수 있다. 이러한 대의민주주의에서 개인이나 집단의 정치참여는 공적 이성의 발휘를 통해 선한 삶을 추구하기 위한 것이 아니라 사적 이익을 실현하기 위한 수단이다. 이러한 정치세계에서는 이해갈등이 협상이나 타협을 통해 봉합되기도 하지만 표결이 가장 중요한 갈등해결 기제로 작동한다.

이러한 정치세계에서는 다수결 만능주의나 시민들의 참여 제약과 같은 부정적 결과가 나타난다. 물론 대의제 하에서도 심의는 존재하며, 민주주의가 잘되는 나라일수록 다양한 수준에서 공적 토론

화주의적 전통 모두가 약한 나라들에서 민주적 다수결주의가 일종의 선거 독재를 초래한 경우라 할 수 있다. Guillermo O'Donnell, "Horizontal Accountability in New Democracies," in Andreas Schedler, Larry Diamond, and Marc F. Plattner, eds., *The Self-Restraining State*(Boulder : Lynne Rienner Publishers, 1999).

이 활성화되어 있다. 의회, 대법원, 각종 위원회, 사회단체, 언론 등을 통한 공적 심의는 그 대표적 예들이다. 그러나 일반 시민 대부분의 정치참여는 정부를 선출하거나 행정부 수반을 뽑을 기구를 선출하는 일에 국한된다. 대표자들이 선거에서 표출된 선호를 정책에 충실히 반영한다 해도 시민들이 공공 이성을 발휘함으로써 공공선을 스스로 발견하는 과정이 생략되는 중대한 결함이 남게 되는 것이다. 대의제 하에서 대부분의 시민은 아리스토텔레스가 말한 '정치적 존재'가 아니다. 그는 정치라는 시장에서 소비자이거나 정치인, 정당, 사회단체나 언론 등이 주도하는 청중민주주의(audience democracy)라는 극장의 객석에 앉아 있을 뿐이다.

더구나 투표가 집단적 결정을 내리는 데 불완전한 기제라는 사실은 대의민주제에 대한 근본적 회의를 불러일으킨다. 투표는 개인들이 가진 선호의 강도를 반영하지 못한다. 투표권은 평등하게 1인 1표씩, 즉 어떠한 사안을 생사의 문제로 생각하는 사람에게도 1표, 특별한 선호가 없는 사람에게도 1표가 부여된다. 후자의 표들이 소수파에 비해 다수파에 많이 포함될 경우, 다수의 이름으로 강렬한 선호를 지닌 소수를 억압하는 불행한 결과가 초래될 수 있다. 제시된 그 어떠한 대안들도 유권자에게 호소력을 갖지 못하여 기권자가 유효득표 다수파보다도 많을 경우, 그 투표 결과 역시 대표성을 확보하지 못한다. 그리고 유권자가 자신의 진정한 선호에 따라 투표하지 않는 전략적 투표(strategic voting)를 할 경우에도 투표는 개인 선호들을 취합하여 합리적인 집단적 결정으로 전환시키는 데 실패한다.

더욱 심각한 문제는 다수결에 의해서 분명한 결정에 도달할 수 없는 경우마저 발생한다는 점이다. 이른바 투표의 역설(paradox of voting)이 그 대표적인 예인데, 만일 유권자들의 선호 배열이 갑의 경우 a 〉 b 〉 c, 을의 경우 b 〉 c 〉 a, 병의 경우 c 〉 a 〉 b이라면 순환적 다수(cyclical majority)가 형성되어 분명한 사회적 선택을 할 수 없다. 또 다른 예는 애로우(Kenneth Arrow)의 불가능성 정리(impossibility theorem)가 잘 보여주고 있는데, 이에 따르면 유권자가 3인 이상이고 선택 대안이 3개 이상일 경우 비교적 합당한 조건들을 모두 충족시키는 표결규칙이란 아예 존재하지도 않는다.[7]

이와 같이 대의민주주의는 다수결주의의 위험도 지니고 있지만 그 다수결주의로써도 분명한 결과를 산출하지 못하는 형식논리상의 중대한 모순을 지니고 있다. 물론 다수결주의도 특정한 조건들에서,

7 애로우 자신은 이를 '일반 가능성 정리'라고 불렀다. 애로우는 각 개인의 선호가 완전하고 전이적(transitive)일 것과 함께 다음과 같은 조건들을 열거했다. 1) 무제한의 영역(unrestricted domain) : 모든 대안들에 대해 논리적으로 가능한 모든 선호순서 중에서 개인들이 자유로이 선택할 수 있어야 함, 2) 파레토 최적(Pareto optimality) : 주어진 두 대안에 대해 만일 모든 유권자의 선호가 x > y이면 사회적 결정도 x > y이어야 함, 따라서 선택된 사회적 순위의 변화도 개인적 가치 변화를 긍정적으로 수용하거나 적어도 반대방향으로 변화하지 않아야 됨(positive association of social and individual values), 3) 독립의 조건(independence) : 무관한 선택 대상 이외의 것에 대한 개인의 욕구와는 독립적으로 사회적 결정이 내려질 것(independence of irrelevant alternatives), 4) 인민주권(citizen's sovereignty) : 사회적 결정이 외생적으로 부과되지 않을 것, 5) 비독재성(non-dictatorship) : 특정 개인의 선호가 다른 모든 사람들의 선호와 다름에도 불구하고 그 개인의 선호가 사회적 선호로 결정되어서는 안 됨. Kenneth J. Arrow, *Social Choice and Individual Values*(New York : Wiley, 1951).

예를 들어 두 개의 대안만이 있거나 유권자들의 선호가 단봉(single peak)의 분포를 보일 경우에는 제대로 작동할 수 있다. 그러나 어떠한 투표제도를 사용하느냐에 따라, 그리고 대안들 간에 표결이 부쳐지는 순서에 따라 결과가 다르게 나타난다는 것은 표결을 통해서 공정하고 합리적인 선택을 내릴 수 없다는 것을 의미한다. 표결 자체가 지닌 이러한 불안정성과 애매성을 감안하면 인민들이 스스로를 다스리는 것이 아니라 특정한 제도가 인민을 지배하는 셈이다. 투표결과에 대한 승복은 그 투표제도의 보편적인 공정성이나 합리성이 아니라 그것을 존중하는 사회적 합의에 기인한다.

5. 대의민주주의의 장점

이상에서는 대의민주주의의 속성과 함께 그 한계에 대해 주로 설명하였다. 요컨대 대의민주주의 자체가 합리성, 대표성, 책임성, 물질적 풍요나 실질적 평등 등의 중요한 가치들을 반드시 실현하는 것은 아니다. 오히려 대의민주주의 제도와 절차는 엘리트주의, 시민의 참여 제약과 심의 부족, 책임성 확보의 한계, 선호취합적 정치, 표결만능주의, 실질적 평등의 요원함 등을 이유로 많은 비판을 받아왔다. 그럼에도 불구하고 대의민주주의는 나름대로의 효율성과 정당성을 지니고 있는 인류의 위대한 발명 중 하나이기도 하다.

우리가 의사결정 방식을 선택할 때에는 특히 두 가지 사항을 고려해야 할 것이다. 첫째는 결정에 도달하는 데 드는 비용이다. 둘째는 결정기구와 결정의 적용 대상 집단이 다를 경우 후자가 감수해야 하는 외부 위험의 정도이다. 만일 국왕 1인이 모든 것을 결정한다면 그 결정 비용은 최소화되지만 일반 국민들의 외부 위험에 대한 노출은 극대화될 것이다. 모든 국민이 참여하여 만장일치로 결정하는 것은 이와 정반대의 경우이다. 즉 결정에 참여하는 사람들 수의 증가는 외부 위험을 완화해 주지만 의사결정 비용을 증가시킨다. 선거에 의한 대의제는 의사결정 비용을 그다지 증가시키지 않고도 외부적 위험부담을 급격히 감소시키는 장점을 지니고 있다.

다수결주의는 제한되어야 하는 것이지 제거되어야 하는 것은 아니다. 보통선거권과 그에 기초한 실질적 선거경쟁, 그리고 다수결주의는 절차적 평등이 보장된 공정한 제도이다. 일견 전원합의제가 민주적인 것으로 보일 수도 있지만, 그것은 오히려 현상유지를 선호하는 '소수의 독재'를 허용할 위험이 있다. 즉 99명이 찬성하는 일이 1명의 반대로 좌절될 수 있는 것이다.[8] 투표가 불완전한 것이기는

---

8 의사결정 방식에는 많은 방법들이 있지만 크게 전원합의제와 다수결제도로 나눌 수 있다. 대의민주주의 하에서도 강렬한 선호를 갖고 있는 소수를 보호하기 위해 사안에 따라 다양한 다수결 규칙(2/3 다수제, 과반수제, 최다수제 등)이 적용되며, 전원합의제를 의사결정 규칙으로 하는 다양한 위원회들도 운영된다. 위원회의 특징은 심의과정이 선호의 불균등한 치열성을 반영하고, 구성원들 간의 반복되는 상호작용 속에서 제로-섬이 아닌 포지티브-섬 게임이 구성되어 서로에게 '지연된 상호 보상'을 할 수 있다는 점이다. 이 덕분에 위원회 조직들에서는 전원합의제가 상대적으로 작동하기 쉽다. Giovanni Sartori, *The Theory of Democracy Revisited*(Chatham : Chatham House Publishers, 1987), vol. 1, Chapter 8

하지만, 민주주의를 효용 극대화나 선호 취합의 관점에서가 아니라 평등한 권력배분의 문제로 파악할 때 그것은 정당한 것이다.[9]

그런데 표결이나 선거가 공정하고 경쟁적이기 위해서는 사전에 그 결과가 확정되어 있지 않아야 한다. 이러한 불확실성은 이번에 패한 정치세력도 다음에는 자신이 승리할 수도 있다는 기대를 가질 수 있게 만들어서 투표결과에 자발적으로 순응토록 한다. 즉 실질적 경쟁을 수반한 선거가 제도화되면 한때 다수파에 속했던 자가 소수파가 될 수 있고, 그 반대의 경우도 가능한 것이다. 바로 이러한 변환성을 통해서 간접적이기는 하지만 소수파 인민이 배제되지 않는 제한된 다수로서의 인민의 지배가 가능해진다. 우리가 정부를 평화로이 교체할 수 있고, 중대한 견해 차이를 총칼이 아니라 투표 용지로써 해소할 수 있는 것은 대의민주주의 절차가 지닌 이러한 장점 덕분이다.[10]

참조.

9 Thomas Christiano, *The Rule of the Many : Fundamental Issues in Democratic Theory* (Boulder : Westview Press, 1996), 특히 Chapter 2 참조.

10 이에 따라 오늘날에는 자유롭고 공정한, 그리고 실질적인 선거경쟁의 제도화 여부를 민주주의 성립의 관건으로 삼고 있다. 민주주의에 관한 형식적 · 절차주의적 정의는 바로 이러한 관점에서 i) 공직자 선출, ii) 자유 공정 선거, iii) 보통선거권, iv) 공직출마권, v) 표현의 자유, vi) 대안적 정보, vii) 결사체의 자율성 등을 강조한다. 절차적 민주주의는 높은 수준의 사회경제적 평등을 실현한 실질적(substantive) 민주주의나 투표 참가 이상의 보다 참여가 보편화된 참여민주주의 수준에는 못 미치는 것이다. 그럼에도 불구하고 이러한 정의가 널리 쓰이는 이유는 그러한 정도의 민주주의이면 충분하다는 취지에서가 아니라 그것이

6. 대의민주주의의 제도적 모델 : 다수결주의와 협의주의

지금까지는 대의민주주의의 원리와 장단점들을 설명하였다. 현실 대의민주주의 체제들은 이러한 기본 속성들을 공유하면서도 구체적인 정치제도들에 따라 다채로운 모습을 하고 있다. 이들을 분류하는 방식에는 여러 가지가 있지만 책임성, 대표성, 반응성 등의 민주적 이상들이 제도적 조합을 통해 구현되는 패턴은 크게 두 가지 모델, 즉 다수결주의적 모델(Majoritarianism/Westminster Model)과 비례대표적/협의주의적 모델(Proportionalism/Consensus Model)로 나누어 살펴볼 수 있다.[11] 이 두 대안적 모델은 경쟁적 선거나 인민에 대하여 서로 다른 의미를 부여한다. 그리고 이러한 차이로 인해 두 모델은 "누가 통치를 책임지는가?", "인민들 사이에 의견과 선호의 불일치가 있을 때 정부는 과연 누구의 의사나 희망에 반응해야 하는가?" 등의 문제

대의민주주의의 장점, 작동조건과 한계 등 실제 현실을 비교적 잘 반영하고 있기 때문이다. 절차적 민주주의 개념에 대한 옹호로는 Adam Przeworski, "Minimalist Conception of Democracy : A Defense," in Ian Shapiro and Casiano Hacker-Cordon, eds., *Democracy's Values*(Cambridge : Cambridge Univ. Press, 1999) 참조.

11 G. Bingham Powell, Jr., *Elections as Instruments of Democracy : Majoritarian and Proportional Visions*(New Haven : Yale Univ. Press, 2000) ; Arend Lijphart, *Patterns of Democracy : Government Forms and Performance in Thirty-Six Countries*(New Haven : Yale Univ. Press, 1999).

에 대해서도 상반된 견해를 보인다.

다수결주의 모델에서 선거는 인민이 대표자들과 정책결정에 직접적으로 영향을 미치는 결정적 수단이며, 대표자는 자율적이기보다 다수파에 의해 통제되는 존재이다. 즉 선거로 확인된 다수파 인민이 소수파에 대해 절대 우위를 점하게 하기 위해 선출된 대표자에게 권력이 집중되도록 하며, 그 대표로 하여금 다수파 유권자에게 전적으로 책임을 지도록 한다.

책임성(accountability)과 위임명령(mandates)은 다수결주의라는 한 동전의 양면이다. 앞에서도 지적했듯이 선거는 정책결정자들을 바꿀 수 있는 기회를 주기적으로 제공함으로써 시민들이 현재의 정부를 평가하고 책임을 물을 수 있도록 하는 기제인데, 선거가 이러한 역할을 하기 위해서는 유권자들이 "누가 책임 있는지"에 대해 분명히 알 수 있어야 한다. 동시에 선거가 차기 정부를 선택하여 정책결정을 위임한다는 전망적 역할을 제대로 하기 위해서는 투표 시 유권자들이 가능한 대안 정부(alternative governments)들을 충분히 파악할 수 있어야 하며, 선거 승리 정당이나 연합이 선거 이후의 정책결정 과정을 명실상부하게 지배해야 한다.

선거를 이러한 의미로 규정할 때 권력집중은 바람직한 것이다. 만일 하나의 단합된 정당이 모든 정책결정을 통제하고 있다면 유권자가 국정운영의 책임 소재를 파악하기 쉬울 것이다. 이에 반해 정책결정권이 여러 정당이나 집단들에 의해 공유 · 분산되어 있거나 정책결정 연합이 사안에 따라 자주 바뀐다면 선거를 책임성 확보 기제로써 사용하기 어려워진다. 다른 한편 선거 이후에 승자가 패자와 일정한 협상을 해야만 한다면 유권자의 정부 선택권이 갖는 의미는 약화될 수밖에 없다. 이러한 이유 때문에 다수결주의는 선거와 권력 집중 그리고 정책결정 사이를 직접적이고도 분명하게 연결하려 하는 것이다. 양당제적 경쟁구도는 유권자에게 책임 소재 및 차기 대안 정부에 대한 파악을 용이하게 해주는 이러한 모델의 전형적인 예이다.

다수결주의와 달리 비례대표주의 및 협의주의는 다수파의 전횡을 우려하여 다양한 방식들을 통해 권력을 분산 · 제한하려 한다. 민주주의에서는 선거에서 패배한 소수파라 할지라도 어디까지나 인민이기 때문에 가능한 한 많은 인민이 정책결정에 참여하고 영향력을 미칠 수 있어야 한다는 것이다. 따라서 선거는 단순히 다수파를 발견하고 권력화 하는 것이 아니라, 사회의 모든 분파들의 선호가 정책결정 영역에서 일정하게 대표되게끔 하는 기능을 해야 한다. 그러기 위해서는 각 유권자 그룹들이 자신들의 견해를 잘 반영할 후보자나 정당을 찾을 수 있어야 하고, 각 그룹의 규모에 비례하여 대표자가 선출되고 영향력이 행사되어야 한다. 그리고 다수결주의 모델은 선출된 대표들이 다수파의 의사를 충실히 추구하지 않을 가능성을 우려하지만, 협의주의 모델은 선거 이후에 연합이나 협상문제를 유연하게 처리할 자율적 권한을 대표자들에게 허용한다. 즉 이 모델에서 선거와 정책결정과의 관계는 간접적일 뿐이다. 다당제와 비례대표제는 이러한 권력 공유를 제도화하는 것들이다.

이 두 모델은 매우 다양한 제도적 변수들—예를 들어 정부형태, 연립정부 구성 여부, 의회와 행정부의 관계, 정당의 수와 경쟁구도와 같은 정당체계의 특징 및 정당 내 기율, 선거제도, 양원제 여부, 연방제 여부, 의회의 의사결정 규칙, 사법부의 위헌심사권 보유 여부, 이익대표 체계의 특성—의 조합이다. 대체로 서유럽 대륙의 민주주의 국가들은 협의주의적 모델을 취하고 있고, 영미권 국가들은 다수결주의적 특징을 보이고 있다. 미국의 민주주의는 승자독식의 대통령제를 채택하고 있지만 연방제, 양원제, 대법원의 위헌심사권 등에 의해 다수결주의적 성격이 많이 약화된 혼합형이다. 영국의 경우는 의원내각제이면서도 양당제 및 의회주권의 전통으로 인해 가장 다수결주의적 성격을 보인다. 헌정제도만 가지고 볼 때 한국의 경우에는 미국보다는 강하고 영국보다는 약한 다수결주의적 헌정제도를 가지고 있는 것으로 판단되지만, 실제 정치 현실은 공식적 제도뿐만 비공식적인 제도나 관행에 의해서도 크게 좌우된다는 점을 고려해야 한다. 그리고 전반적으로는 다수결주의적 제도를 지닌 나라라도 선거결과에 따라서는 다수결주의가 완화된 혼합형의 모습을 보이기도 하는데, 프랑스의 경우가 이런 예에 속한다.

민주주의의 이상 구현이라는 관점에서 볼 때 이 두 모델 사이에는 서로 장단점이 교차한다. 일반적으로 책임성과 위임명령의 문제와 관련해서는 다수결주의적 모델이, 대표성 및 반응성 문제와 관련해서는 협의주의적 모델이 보다 우월한 것으로 보인다. 그러나 이것은 어디까지나 상대적 차이이지 민주주의의 이상 중 일부를 완전히 포기하는 것을 의미하지는 않는다. 실제로 대부분의 민주주의 국가들은 어느 한 방향으로 지나치게 치우치지 않는 혼합형의 모습을 보이고 있다. 그리고 동일한 모델에 속한 나라들이라도 그 모델이 구현하려고 하는 주요 목표를 달성하는 정도에 있어서는 서로 차이를 보인다.

대의민주주의의 제도적 개선을 추진할 때 두 모델 사이에 상대적 장단점이 서로 맞교환되는(trade-off) 경향에 주목할 필요가 있다. 즉 우리가 정치체제의 대표성 측면을 강화하는 제도적 개선 조치(예를 들어 비례대표제 강화 및 다당제 도입)를 취한다면 그것은 책임성 측면에서의 약화를 초래할 수 있으며, 그 역의 경우도 발생할 수 있다. 그러므로 헌정공학적 개혁은 사회적 맥락과 합의에 기초하고 공식적 · 비공식적 제도의 조합들이 지닌 장단점과 복합성을 신중히 고려하면서 실천에 옮겨져야 한다.

7. 대의민주주의의 대안

민주주의의 질적 발전을 위한 노력은 기존의 대의제도들을 정비하고 개혁하는 방향에서도 전개되어 왔지만 대의제 자체가 지닌 근본적 한계를 극복하기 위한 대안 모색으로도 나타났다. 심의민주주의, 결사체 민주주의, 전자민주주의 등에 관한 다양한 논의들은 그 대표적 노력들이다.

심의민주주의(deliberative democracy)의 주창자들은 '평등한 시민들의 자유롭고 이성적인 토론'에 의해 정치적 결정이 이루어져야 한다고 주장한다. 구성원들이 서로 다른 선호나 이해를 지닐 때 우리가 민주적 결정에 도달할 수 있는 방법은 논쟁, 협상, 표결 등을 통해서이다. 표결과 달리 논쟁이나 협상은 의사소통(communication 또는 speech acts)을 통해서 이루어진다. 특히 심의(deliberation)는 의사소통을 통해 참여자들의 선호를 '변환'(transform)시키는 과정이다. 심의는 이해와 선호를 단순히 취합하거나 선호는 바뀌지 않은 채 흥정을 하는 것과 구분된다. 심의는 상대방을 설득하고 상호간의 이해를 높이는 논쟁을 통해 전개되며, 논쟁은 사익이나 열정이 아니라 이성(reason)에 기초한 주장들의 교환으로 구성된다. 심의과정에서는 사익을 도모하는 참여자들조차 상대방 또는 청중이 수용할 수 있도록 이성적이고 불편부당한 가치들에 호소하는 주장을 펼쳐야 한다.[12]

이상적인 논쟁과 심의가 이루어지기 위해서는 참여자들이 자유롭게 자신들의 정체성, 선호, 목표를 지닐 수 있어야 한다. 그리고 합의는 심의 이외의 관행이나 외부 권위로부터 도출되어서는 안 되며, 심의 자체로부터 내생적으로 이루어져야 한다. 그리고 시민들은 단지 기회의 평등이 아니라 공적 능력(capability)의 측면에서 실질적으로 평등해야 하며,[13] 심의과정에서도 개개인의 합리성이 평등하게

---

12 Jon Elster, "Introduction," in Jon Elster eds., *Deliberative Democracy*(Cambridge : Cambridge Univ. Press, 1998) ; 유홍림, "정치사상(서양편)," 서울대학교 정치학과 교수 공저, 『정치학의 이해』(서울 : 박영사, 2002), 특히 pp. 74–77 ; 심의민주주의에 관한 다양한 논의는 James Bohman and William Regh, eds., *Deliberative Democracy*(Cambridge : MIT Press, 1997) 참조.

13 James Bohman, "Deliberative Democracy and Effective Social Freedom : Capabilities, Resources, and Opportunities," and Jack Knight and James Johnson, "What

존중되어야 한다.

시민들은 공적 심의에 직접 참여함으로써 다양한 관점과 정보에 접할 수 있다. 그리고 시민들은 다른 성원의 견해뿐만 아니라 자신들의 선호도 더욱 정확히 파악할 수 있고 또 자신들의 견해도 교정할 수 있다. 이러한 과정은 정치적 결정의 질과 정당성을 높일 것으로 기대된다. 그리고 심의 참여를 통해 시민들은 단순히 사익이 아니라 공공선의 관점에서 행동하는 시민적 덕성과 연대감을 함양하게 된다. 세부사항들에 관해서는 많은 이견들이 있지만 심의민주주의론자들은 이러한 공적 논쟁과 심의를 현대적 맥락에서 가능한 한 심화 · 확장시켜 이른바 광장의 정치를 복원하고자 한다.

그러나 심의민주주의의 이상이 실현되기에는 많은 이론적 · 현실적 난관들이 있다. 먼저 심의가 과연 어떠한 의의를 지니는가에 대해서부터 문제가 제기될 수 있다. 정치적 심의란 인식론적 차원에서 필연적이고 보편적인 진리를 발견하기 위한 것이 아니다. 심의를 통해 보다 나은 결정에 도달한다는 것도 개연성은 높다하더라도 보장된 것은 아니다. 따라서 심의는 그 결과에 의해서가 아니라 인민의 의지를 형성하는 과정으로서만 그 정당성을 지닌 것일 수 있다.[14]

물론 우리가 심의를 통해 전원 합의(unanimity)에 도달할 수 있다

Sort of Equality Does Deliberative Democracy Require?" both in James Bohman and William Regh, eds., *ibid*.

14 Bernard Manin, "On Legitimacy and Political Deliberation," *Political Theory*, vol. 15, no. 3(1987), pp. 338–368.

면 그 결정은 객관적 진리성 문제와 별개로 정치적으로 정당화된다. 그러나 분열되고 복잡한 현대 사회에서 전원 합의를 이루기란 사실상 불가능하다. 이런 상황에서 심의의 목표를 합의 창출에 두고 그것으로부터만 정치적 정당성을 도출할 경우 개인 선호나 차이의 자유가 오히려 침해될 소지가 있다. 그리고 집단의 규모가 커질수록 심의비용은 기하급수적으로 늘어난다는 점도 고려해야 한다. 정치적 결정과정에서 시간이라는 변수는 매우 중요한데, 시급한 결정을 내려야 하는 상황에서 합의를 목표로 심의만을 계속할 수는 없는 일이다. 심의를 통해서도 합의가 이루어지지 않을 경우 우리는 다시 다수결이라는 결정방식을 사용하게 된다. 결국 결정에 도달케 하는 것은 합당성이 아니라 수의 힘인 셈이다.

심의민주주의가 현실화되기 어려운 또 다른 이유는 그것이 물질적 측면에서의 공평한 배분뿐만 아니라 지적 능력, 정치적 영향력 면에서의 격차 해소를 전제로 하기 때문이다. 이러한 불평등과 격차가 해소되지 않는 한 공적 심의는 교육수준이 높고, 감성보다는 이성적 능력이 뛰어나며, 특정한 언술방식을 사용하고, 사회적·문화적으로 특권을 지닌 사람들에 의해 지배될 것이다. 오늘날에도 다양한 공적 토론들이 자유로운 개인들에 의해 주도되지 않고 정치인, 정당, 언론매체, 이익집단들에 의해 조작되는 경우가 많은 것은 바로 이러한 문제가 해결되지 않고 있기 때문이다. 이러한 이유들 때문에 심의가 평등, 시민적 덕성, 참여, 공적 이성 등을 제고하는 매우 중요한 '수단적 가치'를 지니지만 정치적 정당화나 결정기제로서 다수결보다 반드시 우월하다고 할 수 없다는 주장도 제기되

고 있다.[15]

대의제의 한계를 극복하고 보완하려는 또 다른 시도 중 하나는 결사체 민주주의(associative democracy)에 관한 담론이다.[16] 결사체 민주주의론자들은 사회집단을 구성원들의 이익만을 도모하는 '파벌'(faction)로만 보지 않고 현대 사회에서 공화주의적 가치와 효과적인 거버넌스(governance)를 접목시킬 수 있는 매개체로 이해한다. 사회집단은 정책결정자들에게 다양한 양질의 정보를 수집·제공하는 긍정적 기능을 한다. 사회집단은 사회적 신뢰를 증진하고, 이를 바탕으로 이해갈등을 해소하는 데 드는 거래비용도 줄여줄 수 있다. 또한 사회집단은 민주적 평등을 증진하는 데에도 기여한다. 자원이 빈약한 일반 시민들도 집단으로 조직되면 정치적 영향력을 행사할 수 있으며, 다수결제도에 의해서는 적절히 반영되지 못하는 관점이나 이익도 이러한 집단들을 통해 표출된다. 그리고 사회집단들은 시민의식을 함양하는 '민주주의 학교'이기도 하다.

사회집단의 이러한 긍정성을 적극적으로 구현하는 결사체 민주주의는 기존의 다원주의적 또는 조합주의적 이익대표 체계의 성격을 넘어서는 것이다. 여기에서 결사체들은 사적 이익만을 기초로 조

15 이러한 문제점들에 관해서는 Iris Marion Young, "Communication and the Other : Beyond Deliberative Democracy," and Thomas Christiano, "The Significance of Public Deliberation," both in Seyla Benhabib ed., *op. cit.* ; Susan C. Stokes, "Pathologies of Deliberation," in Jon Elster ed., *op. cit.*

16 결사체 민주주의에 관한 다양한 논의는 Erik Olin Wright ed., *Associations and Democracy*(London : Verso, 1995).

직되는 것이 아니라 영역별, 쟁점별로 개인이나 사회집단들에 의해 자발적으로 조직되며, 국가로부터 일부 권한을 위임받아 준공공적(quasi-public)인 기능들을 직접 수행한다. 국가의 일정한 감독과 중재 아래 결사체들은 조언자가 아닌 문제해결자, 즉 정책 형성, 조정, 집행의 주체가 된다. 이렇게 되면 관료주의의 폐해가 축소되고 정책의 전문성과 실행 가능성이 높아질 수 있다. 동시에 국가권력은 분권화되며, 국가는 과도한 부담으로부터 벗어날 수 있게 된다. 시민이나 집단들은 이러한 결사체들을 통하여 공적 심의에 능동적으로 참여할 수 있게 되며, 결사체들은 기존의 선거나 의회 중심의 대표 체계를 보완하여 국가와 시민사회의 연결성을 높일 것으로 기대된다.[17]

이러한 결사체 민주주의론은 '국가 아니면 시장'이라는 식의 이분법적 통치기제 논리를 극복하고 사회 속에 배태되어 있는 자발적 거버넌스 기제를 적극 제도화하려는 시도이다. 그러나 사회집단들이 지닌 파벌로서의 폐해나 상대적으로 잘 조직된 집단에 의한 지대추구 위험은 늘 상존해 왔다. 그리고 결사체 민주주의가 그 이상을 실현하기 위해서는 국가가 사회집단들의 성장을 장려하고 또 그들을 평등화시켜 나가야 한다. 즉 결사체 민주주의는 국가의 수준 높은 공작(crafting)을 요구한다. 그러나 국가의 이러한 역할은 사회집단이나 결사체들을 활성화시키면서도 동시에 국가에 의존적이게 만드

17 안승국, "결사체 민주주의와 정치공동체 : 국가-시민사회 관계의 대전환 모색," 『한국정치학회보』, 31집 3호(1997) 참조.

는 의도하지 않은 결과를 초래할 수 있다.[18] 국가와 시민사회 사이에 협조적이면서도 건강한 긴장관계를 과연 어떻게 구축할 수 있을 것인가의 문제는 여전히 남아 있다.

다른 한편 급속한 디지털 혁명과 인터넷의 발전은 대의정부의 투명성, 반응성, 대표성, 책임성을 강화하고 시민의 정치참여를 활성화시킬 수 있을 것으로 기대되고 있다. 정보화가 진전되면 전자투표와 같은 일종의 직접민주주의가 가능할 것이라는 주장은 꽤 일찍부터 제기된 바 있다. 그러나 민주주의가 표결뿐만 아니라 양질의 공적 토론을 필요로 한다는 점에서 그 한계가 지적되곤 하였다. 그런데 현재 진행되고 있는 디지털 혁명은 이러한 한계도 극복할 가능성을 보여준다.[19]

컴퓨터를 매개로 하는 의사소통 방식(computer-mediated communication)은 그 속도나 쌍방향성의 측면에서 직접민주주의를 불가능하게 했던 시공의 물리적 제약을 해체한다. 이제 일반 시민들은 과거에는 정부나 엘리트들에 의해 독점되었을 많은 정보들에 접근할 수 있다. 정보의 생산과 유통이라는 면에서 일반 시민은 더 이상

---

18 Paul Q. Hirst, "Can Secondary Associations Enhance Democratic Governance?" in Erik Olin Wright ed., *op. cit.*

19 전자민주주의에 관한 논의는 박동진, 『전자민주주의가 오고 있다』(서울 : 책세상, 2000) ; 강정인, "정보기술과 원격민주주의," 『세계화, 정보화 그리고 민주주의』(문학과 지성사, 1998), pp. 215-241 ; Barry N. Hague and Brian Loader, eds., *Digital Democracy : Discourse and Decision Making in the Information Age*(London : Routledge, 1999) 참조.

수동적 존재가 아니다. 기존의 매체와 비교할 때 사이버 공간은 누구나 정보를 생산하고 유통시킬 수 있다는 점에서 탈중심적 · 개방적 · 수평적 관계망을 형성한다. 전자공간 상에서는 시민 상호간의, 시민과 정치인들 사이에 보다 직접적인 의사소통이 이루어지고, 다양한 결사체와 공론장도 활발히 형성되고 있다. 디지털 혁명은 시민을 능동적인 행위자로 변화시키고 있으며, 직접민주주의 또는 심의민주주의의 실현 가능성을 높이고 있다.

그러나 전자민주주의의 미래가 반드시 장밋빛인 것만은 아니다. 사이버 공간에서는 여과되지 않은 정보가 과잉 유통되고 대중영합적인 언동이 난무할 수도 있다. 따라서 시민들의 신중한 정보 판단 능력이 함께 제고되어야 한다. 아울러 국가나 시장, 특정 집단이 첨단기술을 이용하여 개인이나 공론장의 자율성을 더 쉽게 침해할 수 있다. 과학기술 개발 및 이용이 사실상 국가나 상업적 이익에 의해 주도되고 있는데, 이 과정에서 어떻게 민주적 책임성을 확보할 것인지도 매우 어려운 숙제이다. 아울러 디지털 시대는 정보 격차에 의한 새로운 균열(digital divide)을 가져오며, 이러한 균열은 전통적 균열구조와 맞물려 사회적 분열을 더 악화시킬 수 있다. 이러한 부정적 효과들을 최소화하는 방향에서 전자민주주의가 어떻게 제도화되거나 대의민주주의와 접목되어야 하는지에 관해 많은 연구와 실험이 필요하다. 그리고 사이버 공간의 민주적 잠재력도 오프 라인 상에서의 민주적 토양을 성숙시키려는 노력과 결부되어야 극대화될 수 있을 것이다.

요약하자면 심의민주주의, 결사체 민주주의 그리고 전자민주주의는 대의제 하에서 약화된 공화주의적 · 직접민주주의적 이상들을 현대적 맥락에서 구현하려고 하는 대안들이다. 이러한 대안들과 대의민주주의 사이의 상대적 정당성과 효율성에 관해서 많은 이견이 있고, 전자가 후자를 대체하기에는 아직 현실적 난점과 불확실성들이 놓여 있다. 그러나 이러한 대안들은 현재의 대의제에 대한 자기 성찰적 결과이자 그 보완책이 도출되는 이상적 거울이다. 이러한 대안들이 작동하기 위한 전제조건이라는 것들도 이들을 진지하게 실천함으로써 성숙될 수 있다. 아직은 극히 부분적으로만 이루어지고 있는 이러한 실험들이 더욱 확대될 필요가 바로 여기에 있다.

8. 세계화의 도전

대의민주주의는 그 내적 모순으로부터 뿐만 아니라 역사적 환경의 급격한 변화로부터도 도전받고 있다. 오늘날 지구적 상호 연결성은 인류 역사의 어느 시기보다 강화되고 있다. 세계화의 원인, 전개양상, 그 효과와 전망 등에 관해서 치열한 논쟁들이 전개되고 있지만 인간의 조직 및 활동의 공간적 형태가 국가나 대륙의 경계를 넘어서는 유형들로 매우 빠르게 전화되고 있는 것만은 분명하다.[20]

---

20 세계화에 관한 다양한 논의들은 David Held and Anthony McGrew, eds., *The Global Transformations Reader*(Cambridge : Polity Press, 2000) ; David Held et al.,

그리고 세계화는 생산과 금융 등 경제적 차원뿐 아니라 정치, 문화, 환경, 더 나아가 정보 · 군사 · 범죄 영역에까지 이르는 매우 광범위한 영역들에 걸쳐 다양한 속도로 전개되고 있다.

세계화가 민주주의에 중대한 도전을 던져주는 이유는 무엇보다도 그것이 대의민주주의를 담는 그릇인 근대 국민국가의 경계와 그 대내외적 위상을 크게 변화시키고 있기 때문이다. 분명하게 경계가 확정된 영토국가는 1648년 베스트팔리아(Westphalia) 조약 이후 근대 세계질서의 중심적 행위자였다. 그 속에서 동질화된 시민으로 구성된 국민적 운명공동체(national community of fate)를 운영하는 대내적 원리로서 발전해 온 것이 바로 대의민주주의이다. 세계화는 이러한 근대 국가의 경계를 점차 희미하고 침투 가능한 것으로 만들고 있고, 국가는 더 이상 자신의 영토에서 일어나는 일들에 대한 통제권을 배타적으로 독점하지 못한다. 이러한 변화 속에서 대의정부가 과연 인민주권을 실행할 정도의 충분한 자율성을 가지는가에 대해 회의가 일고 있다.[21]

사실 오늘날 신자유주의의 세계적 확산은 인민주권의 의미를 많이 퇴색시키고 있다. 국제 금융자본이나 기구, 초국적 기업 등은

Global Transformations : Politics, Economics and Culture(Stanford : Stanford Univ. Press, 1999) ; Anthony McGrew ed., *The Transformation of Democracy? : Globalization and Territorial Democracy*(Cambridge : Polity Press, 1997) 참조.

21 세계화 시대의 국가 자율성과 관련된 논의로는 손호철, "세계화와 민족국가의 향방," 『근대와 탈근대의 정치학』(서울 : 문학과 과학사, 2002), pp. 207-247 참조.

영토성에 기초한 민주적 대표 및 책임성 제도와 아무런 관련이 없다. 그럼에도 불구하고 이들은 각 나라 인민들의 삶에 직접적이고도 심대한 영향력을 미친다. 각국의 인민은 원하지 않더라도 이들이 만들어내는 규칙과 표준에 맞추어야 하고, 민주적으로 선출된 정치인들도 이러한 초국적 행위자들 앞에 무력하기 일쑤이다. 이는 간접적으로나마 인민의 자기 지배에 근접한다고 자임하던 대의민주주의의 근간을 뒤흔드는 일이다. 요컨대 세계화는 근대 국민국가와 대의민주주의 간의 역사적·논리적 조응관계를 약화시키고 자치, 인민, 동의, 대표, 주권 등 민주주의의 핵심어들의 적실성에도 문제를 일으키고 있다.

그리고 세계화는 선진국과 개발도상국들 사이에서만 급속하게 전개되고 있고, 이들과 빈곤국과의 격차는 더욱 벌어지고 있다. 세계화가 진행되고 있는 사회에서도 그 혜택은 계층에 따라 불평등하게 배분되고 있다. 이러한 경향은 실질적 민주주의의 약화를 초래할 것으로 우려된다. 또한 세계화는 이질적 사회들의 제도나 관행들을 수렴시키는 효과도 발휘하지만 서구적 세계화에 대한 반발을 초래하는 이중적 모습을 보인다. 이런 이유로 세계화가 평화를 정착시키지 못하고 오히려 민족, 종교, 문화 간의 충돌을 야기한다는 비판이 제기되고 있다.

물론 세계화의 정치적 결과가 부정적인 것만은 아니다. 세계화는 민주적 가치의 확산에 기여하고 있다. 냉전 및 근대화 시기 때와 달리 선진국들이 안보나 경제적 이유로 독재정권을 지원하거나 인권탄압을 묵인하는 경우는 줄고 있다. 정치 후진국들의 국민들도 각종 통신수단과 세계적 미디어 네트워크를 통해 민주주의에 대한 각종 정보에 접근할 수 있고, 실제로 전시효과에 의해 민주화가 더욱 확산되어 왔다. 세계화는 이른바 세계적 시민사회(global civil society)의 등장 가능성도 높이고 있다. 다양한 사회운동들의 지구적 네트워크가 형성되고 있으며, 이들 국제적 비정부기구(INGO)들은 국가들이 보다 책임성 있게 행동하도록 견제하고 인류의 보편적 가치들을 함양하는 한편 세계화의 부정적 효과를 줄이는 노력도 하고 있다.

세계화는 이러한 복합적 효과들을 초래함과 동시에 정치적 세계 자체를 변화시키고 있다. 많은 행위들이 국가의 경계를 넘어서는 지구적 함의를 띠는 경향이 있고, 초국적 상호관계가 점차 심화됨에 따라 국내적 문제와 국제적 문제를 명확히 구분하기가 힘들어지고 있다. 또 개별 국가 수준에서는 해결할 수 없는 문제들이 양산되고 있다. 이제는 군사력 동원 등과 같이 자국 이익만을 우선하는 과거의 분쟁해결 방식으로는 이러한 문제들을 적절히 처리하기 어렵다. 이러한 세계에서 정치적 운명공동체라는 개념은 더 이상 개별 국가의 범위에 한정되지 않는다. 이제 우리는 하나의 경계 안에만 위치해 있는 것이 아니라 교차하는 여러 운명공동체들에 속해 있다. 더 나아가 지구온난화나 오존층 파괴와 같은 환경문제가 일깨워 주듯이 우리는 전 지구적 운명공동체 속에서 살고 있으며, 이러한 문제들은 국민국가 수준에서의 대의제로는 적절한 해법을 찾기 어렵다. 이에 따라 여러 수준에서 국제적 협력기제들이 형성되고 있고, 여기에는 국가뿐 아니라 다양한 행위자들이 정치권력을 공유하며 참여하고 있다.

이와 같이 세계화는 국가뿐만 아니라 다양한 층위에서 다양한 행위자들에 의해 구성되는 '전 지구적 정치세계'를 구성해 가고 있다. 이러한 변화에 부응하기 위해서는 전통적인 인민의 의미가 재구성될 필요가 있다. 근대 국가가 동질적 시민을 전제로 하는 정치공동체였다면, 지구적 운명공동체는 이질적 시민들에게도 권리와 의무를 부여하는, 국경을 넘어서는 시민권 개념을 발견해야 한다. 그리고 지구적 수준에서 민주적 거버넌스(governance)가 제도화되어야 한다. 권한이 제약되어 있고 국력을 중시하는 비민주적 의사결정 구조를 지닌 현재의 국제기구들은 보다 민주적인 형태로 바뀌어야 한다. 이와 같이 세계화 시대에는 국내적 차원뿐 아니라 지구적 차원으로 민주적 실천을 확장하는 노력이 절실하다. 세계화의 전개양상이나 결과는 이미 확정된 것이 아니며, 우리의 민주적 실천 여하에 따라 상당히 다르게 나타날 것이다.

***

우리는 민주주의를 통해 '좋은 정부'(good government)를 구현하려고 한다. 지금까지 살펴본 바와 같이 대의민주주의는 근대 영토국가라는 조건 속에서 나름대로의 효율성과 정당성 그리고 실현 가능성 등의 장점을 지니는 제도지만 좋은 정부를 실현시키기에는 부족하다. 그런데 민주주의의 발전이란 이러한 결핍에 대한 자각과 이를 극복하기 위한 부단한 실천을 통해 쟁취되어 왔다. 오늘날에도 세계화, 정보화, NGO 시대의 도래와 같은 변화가 대의민주주의 자체에 심각한 도전이 되기도 하지만 그 취약점을 극복할 기회도 제공하고 있다. 대의민주주의의 제도적 개선과 역사적 상상력을 동원한 대안 탐색이 서로 배타적인 것은 아니며, 이 두 차원 모두에서 민주적 실천이 이루어질 때 우리는 '좋은 정부'에 한발 더 다가갈 수 있을 것이다.

3장 / 계급과 정치

정병기

현대 사회를 자본주의 사회라고 규정하는 것에 대해 이의를 제기할 사람은 없다. 자본주의 사회를 자본이 근간이 되는 사회라는 느슨한 의미에서 이해한다 하더라도 그 개념에는 이미 자본이 지배하는 사회라는 뜻이 담겨 있다. 그리고 계급이라는 말은 특정 사회의 근간이나 지배수단을 소유한 집단과 소유하지 못한 집단을 구분하는 개념으로 사용된다. 따라서 아무리 '초계급적 정치'나 '국민의 보편적 이익을 위한 정치'를 내세우는 사회라 할지라도 그 계급성을 완전히 탈피할 수는 없다. 거꾸로 사회의 계급적 성격을 고찰할 때 비로소 그 사회의 지배수단과 근간을 파악할 수 있다.

정치와 관련해 사회의 계급적 성격을 파악할 때 그것을 계급정치의 관점이라고 부른다. 여기에서 계급정치는 계급관계에 따라 이루어지는 정치를 말하며, 그 구체적인 모습은 계급관계의 유지와 재생산 및 변화와 혁신을 둘러싸고 일어나는 인간과 집단의 행위로 나타난다. 자본주의적 생산관계의 유지와 재생산을 추구하는 정치를 '자본의 정치'로 부를 수 있고, 자본주의적 생산관계를 변화하고 혁신하려는 정치를 '노동의 정치'로 부를 수 있다. 또한 계급지배의 관계에서 볼 때 자본가계급의 지배를 지속시키려는 자본의 정치는 '부르주아 계급정치'로, 그리고 자본가계급의 지배를 타파하고 노동자계급의 해방을 지향하는 '노동의 정치'를 '프롤레타리아 계급정치'라고 부를 수 있다.

한편 현대 사회에서는 중간층의 의미가 많이 강조되고 있는데, 중간층을 중심으로 하는 정치를 '시민정치'로 부르기도 한다. 그러나 이 시민정치를 계급정치의 관점에서 볼 때에는 자본주의 사회를 변혁하려는 것이 아니라 이 체제 안에서 개선하려는 것이므로 역시 핵심적으로는 '부르주아'적 성격을 띠고 있기 때문에 '쁘띠부르주아 정치'라고 할 수 있다.

이 장에서 우리는 부르주아 계급정치, 프롤레타리아 계급정치, 쁘띠부르주아 계급정치라는 구분을 통해 현대 사회를 계급정치적 관점에서 이해하려고 시도한다. 그러기 위해서 우선 현대 사회의 계급 논의를 살펴보아 계급의 개념을 파악할 것이다. 그 후 계급정치의 세 가지 유형을 고찰하고, 더 나아가 비계급정치의 의미와 가능성을 논하며, 계급정치와 비계급정치의 관계에 대해서도 살펴본다. 그러나 상술한 것처럼 쁘띠부르주아 정치는 부르주아 정치의 핵심을 유지하고 있으므로 부르주아 정치의 장에서 함께 고찰할 것이다.

1. 자본주의 사회의 계급과 계급론

(1) 맑스주의 전통의 계급론

맑스주의 전통에 따른 계급 논의는 칼 맑스(Karl Marx)에서 촉발되어[1] 신맑스주의의 풀란차스(Nicos Poulantzas)와 라이트(Eric Olin Wright)로 이어졌다.[2] 이 계급론의 특징은 계급 간의 알력과 지배관계 같은 관계적 측면에 초점을 둔다는 것이다.

맑스의 계급 개념은 현실적 구성요소로서의 존재를 지칭함과 동시에 사회를 변혁하는 행위자로서의 존재를 의미한다. 역사적 현실로서 존재하는 계급은 '즉자적 계급'(卽自的 階級, Klasse an sich)이며, 자기정체성에 대한 의식과 사회변혁의 힘을 소유한 사회세력으로서의 계급은 '대자적 계급'(對自的 階級, Klasse für sich)이다. 즉자적 계급이 생산조직체 내에서 공통된 위치에 놓여 있는 구성원들을 지칭한

---

1 맑스의 계급론은『자본』제3권의 마지막에 두 페이지로 중단된 글에서 시도되었다. Karl Marx, *Das Kapital*, Bd. III, Aufl. 29(Berlin : Dietz Verlag, 1988), pp. 892-893.

2 계급론에 대한 상세한 내용은 정병기, "계급과 사회갈등," 한국정치학회 편,『정치학 이해의 길잡이 : 정치경제』제4권 (법문사, 2008), pp. 226-257 참조.

다면 대자적 계급은 이 구성원들이 점차 자신들의 공동체적 이해를 인식하게 됨으로써 형성되는 것이다.

맑스의 계급이론은 기본적으로 계급분류이론이 아니라 계급투쟁이론, 다시 말해 계급투쟁을 통한 공산주의로의 이행의 이론이다.[3] 맑스에게 있어 기본적인 사회갈등은 계급갈등이며, 그것은 자본주의 사회에 고유한 것이 아니라 모든 사회구성체에 공통된 것이다. 이때 계급과 계급관계는 각 사회의 생산수단 소유 여부에 따라 규정된다. 따라서 자본주의 사회에서 기본적인 계급은 자본이라는 생산수단을 소유한 부르주아지와 소유하지 못한 프롤레타리아트로 구성되며, 전체적으로 사회는 점점 더 직접적으로 맞서고 있는 부르주아지와 프롤레타리아트라는 커다란 두 개의 적대적 진영으로 나뉘고 있다고 본다.[4]

지배집단이자 착취계급인 부르주아지[5]는 반드시 다른 계급(프롤

---

3 서관모, "계급이론과 역사유물론,"『경제와 사회』제59호(2003), pp. 8-31.

4 Karl Marx und Friedrich Engels, "Manifest der Kommunistischen Partei," *Marx Engels Werke*, Bd. 4(Berlin : Dietz Verlag, 1982), pp. 459-493. 맑스는 부르주아지를 토지 · 금융 · 산업 자본가로 나누고, 프롤레타리아트를 일반 프롤레타리아와 룸펜프롤레타리아 및 노동귀족으로 구분하며, 과도 계급으로서 쁘띠부르주아지와 농민계급에 대해서도 언급하였다. 또한 군대, 대학, 교회, 법조계, 학계, 언론계에서의 고위층들을 중간계급(쁘띠부르주아지를 포함하기도 함)으로 지칭하기도 했다. 그러나 이 집단들은 어디까지나 계급이라기보다 계급분파로 간주된다. Karl Marx, "Der achtzehnte Brumaire des Louis Bonaparte," *Marx Engels Werke*, Bd. 4, Aufl. 8(Berlin : Dietz Verlag, 1988), pp. 111-207.

5 맑스는 비록 분명하게 정의하지는 않았지만 자신의 저작 곳곳에서 프롤레타리

레타리아트)의 존재를 필요로 하지만 피착취계급이자 피억압계급인 프롤레타리아트는 다른 계급(부르주아지)의 존재를 필요로 하지 않는다. 오히려 프롤레타리아트에게 부르주아지는 착취와 억압의 고리일 뿐이다. 더 나아가 노동을 인간 존재의 핵심적인 요소로 보는 맑스에게 노동을 착취하는 것은 '인간성의 소외'와 직결된다. 곧 프롤레타리아트가 받는 고통은 보편적인 것이기 때문에 보편적 성격을 가지며, 그들이 당하는 수난은 특수한 수난이 아니라 일반적인 수난이므로 특수한 해결을 요구하지 않는다. 따라서 부르주아지는 이기적인 특수한 계급인 반면 프롤레타리아트는 인간 해방을 추구하는 보편적인 계급으로서 모든 계급의 해체로서의 계급이다. 이러한 맥락에서 노동자의 소외는 인간성의 총체적 소외이고 자본주의 질서에서 노동자 착취는 인간 비자유의 전형이므로 프롤레타리아트의 해방은 인간성 자체의 해방이 되는 것이다.

풀란차스는 이러한 맑스의 입장을 수용하여 확장했다. 풀란차스에게 있어서도 계급이란 주로 생산과정, 즉 "경제영역에서 사람들이 차지하고 있는 위치에 의해 규정된 사회적 행위자들의 집합"이다.[6] 그렇지만 그는 경제적 위치가 계급을 결정하는 데 충분하다고

아(Proletarier)와 프롤레타리아트(Proletariat), 그리고 부르주아(Bourgeois)와 부르주아지(Bourgeoisie)를 각기 구별해서 사용했다. 특히 프랑스어를 독일식으로 변형하여 사용한 것은 엄밀한 목적의식적 어휘 사용으로 보인다. 프롤레타리아와 부르주아가 각각 개인으로서의 노동자와 자본가를 말한다면 프롤레타리아트와 부르주아지는 각각 계급으로서의 노동자와 자본가를 의미한다.

6 Nicos Poulantzas, "구조주의적 계급이론," 한상진 편, 『계급이론과 계층이론』

보지는 않았으며, 정치적 · 이데올로기적인 부문, 즉 상부구조의 역할도 매우 중요하다고 보았다. 그에게 있어 계급의 결정은 근본적으로 노동의 사회적 분화 안에서 사람들이 차지하고 있는 객관적 위치에 의해 이루어진다. 이 위치들은 사람들의 의지와 무관하게 유물론적 토대의 규정을 받지만 이 규정은 다시 정치적 · 이데올로기적 구조로부터도 영향을 받는다. 이런 의미에서 풀란차스의 계급은 "노동의 사회적 분화 안에 설치된 구조의 효과를 지칭하는 개념"으로서 "구조적 결정"의 결과물이다.[7]

라이트는 맑스주의의 개념적 전통 속에서 '모순적 계급 위치'라는 새로운 개념으로 중간계급 분석을 발전시켜 맑스의 계급이론을 완성하고자 했다. 그에게 있어 계급구조가 계급들 간의 사회적 관계라면 계급형성은 계급들 내에서의 사회적 관계이다.[8] 그는 현대에 와서 맑스의 예상과 달리 발전해 가는 계급구조, 특히 신중간계급의 팽창에 대해 관심을 가졌다. 라이트가 볼 때 중간계급들은 "기본 계급에 기반해 파생된 것"으로서 "복수의 계급적 성격을 가진 것"으로 이해되며, 이러한 의미에서 '계급관계 내 모순적 위치'로 개념화되었다.[9] 특히 이 중간계급에게 있어서는 노동의 복잡한 기술적 분업을

(문학과 지성사), 1984, p. 60. 원전은 Nicos Poulantzas, *Classes in Contemporary Capitalism*(London : New Left Books, 1975) 참조.

7 Poulantzas(1984), pp. 60–61.

8 Eric Olin Wright, *Classes*(London : Verso, 19850), p. 8.

9 Wright(1985), p. 43.

보장하는 의사결정 참여권을 말하는 조직 자산과 희소한 기술, 특히 학위 혹은 자격이 부여되는 능력의 보유를 의미하는 기술/자격 자산이 중요하다.

이러한 관점에서 라이트는 계급투쟁 전망도 새롭게 구성했다.[10] 다른 계급들도 혁명과업의 수행자로서 프롤레타리아트를 대체할 수 있다는 것이다. 따라서 라이트의 혁명전략은 적어도 생산수단의 사적 소유와 조직 자산의 위계적이고 권위주의적인 통제를 동시에 종결시키는 급진적 민주주의이다. 이러한 혁명전략에서 필요한 것은 계급형성 과정을 계급동맹의 문제로 파악해야 한다는 것이다. 곧 모순적 계급 위치의 사람들을 동맹에 끌어들여 사적 소비 이외의 이익들, 즉 삶의 질, 진정한 자유의 확장, 폭력감소 등의 측면에서 사회주의를 지지하는 논의를 펼쳐야 한다는 주장이다.

(2) 베버주의 전통의 계급론

베버주의 전통의 계급 논의는 막스 베버(Max Weber)에서 비롯되어 신베버주의자들인 다렌도르프(Ralf Dahrendorf)와 골드소프(John H. Goldthorpe)로 이어졌다. 계급이 집단행위의 기반이 된다고 인식한 점에서 베버주의 전통은 맑스주의 전통과 같다고 할 수 있다. 그러나 베버주의는 계급을 사회갈등 요소의 하나로 본다는 점에서 맑스주

10 Wright(1985), pp. 117–118, 287–289.

의와 다르며, 자본주의와 계급의 관계를 보는 시각에서도 두 전통은 대조적이다. 무엇보다 베버는 계급 이외의 다른 계층형식, 특히 지위와 인종에 주목했다. 그에게 계급은 다양한 사회갈등 요소들 중의 하나에 불과했던 것이다.

베버가 본 계급은 "동일한 계급상황에 처한 사람들의 집단"[11]이다. 이러한 정의에 근거하여 베버는 모든 계급을 주로 재산에 따라 계급상황이 규정되는 재산계급(Besitzklasse)과 주로 재화를 통한 시장에서의 이윤기회에 따라 계급상황이 결정되는 상업계급(Erwerbklasse)으로 구분하고, 이들을 다시 긍정적(positiv) 집단과 부정적(negativ) 집단 및 중간집단으로 재분류했다.[12] 긍정적 재산계급은 토지 · 건물 · 사람 · 설비 · 선박 소유자, 가축 · 곡식 · 금전 채권자, 증권 소유자를 포함하는 재산 소유자를 말하고, 부정적 재산계급은 봉건시대 신분(Stand)의 의미에서 예속된 처지에 있는 사람들과 몰락한 사람 및 채무자와 빈민을 포괄하는 재산 무소유자를 의미한다. 상업계급은 자본주의의 특성을 반영한 분류로서 상업 · 해운업 · 산업 · 농경 부문의 기업가들과 금융업자 및 변호사 · 의사 · 예술가 등의 전문가를 통칭하는 기업가를 지칭하며, 부정적 상업계급은 숙련 · 반숙련 · 미숙련 노동자를 총칭하는 노동자계급을 말한다.

그리고 각 유형에는 다시 중간적 계급이 존재하는데, 재산계급

---

11 Max Weber, *Wirtschaft und Gesellschaft : Grundriss der verstehenden Soziologie*, Aufl. 5(Tübingen : J. C. B. Mohr, 1972), p. 177.

12 Weber(1972), pp. 177–179.

의 중간적 계급은 중간층계급(Mittelstandklasse)이라고 칭하고 상업계급은 중간계급(Mittelklasse)이라고 부르면서 구별하였다. 구중간계급과 신중간계급에 해당하는 표현이라 할 수 있다. 중간적 재산계급인 중간층계급은 소규모 재산을 소유하거나 학력을 통한 자격을 소유한 사람들을 의미하며, 중간적 상업계급인 중간계급은 농민과 수공업자, 그리고 처분하거나 경영할 자산이나 권력을 소유한 사람들을 의미한다. 재산계급 분류에서 중간적 계급에 속했던 학력(자격) 소유자의 일부인 전문가들이 상업계급에서는 긍정적 계급으로 상향 이동한 점이 특징적이다.

베버는 여기에서 분석적 개념으로서 다양한 계층들을 '계급'으로 분류한 후 '사회계급'(soziale Klasse)이라는 개념을 추가하여 특정한 계급상황의 구성체로 논의한다. 베버의 '사회계급'은 '그 안에서 이동이 쉽고 전형적인 계급상황의 총체'를 의미하는 것으로서 재산 소유자 · 학력 특권층 계급, 전문가 계급, 쁘띠부르주아지, 프롤레타리아트라는 네 가지 계급으로 구성된다.[13]

또한 베버에게 있어 공통 이익과 연관된 계급상황이 존재한다고 해서 계급이 집합적 행위자나 통일된 사회세력으로 기능한다고 규정하는 것은 무리였기 때문에 사회발전을 계급투쟁의 역사로 파악하는 것은 올바른 것이 아니었다.[14] 이와 같은 관점에서 베버는 자본주의에 대한 맑스의 비판과는 달리 자본주의의 합리성을 인정하

---

13 Weber(1972), pp. 177–179.

14 Weber(1972), p. 167 참조.

고 사회주의에 반대했다.

이러한 베버의 전통에 따라 자본주의 사회에서는 소유와 경영이 분리되고 중간계급이 팽창한다고 주장한 학자가 다렌도르프이다. 신베버주의자인 다렌도르프에게 있어 현대 사회를 인식하는 가장 중요한 요인은 생산수단이 아니라 권위였다.[15] 이때 권위란 베버의 규정에 따라 "특정한 내용을 가진 하나의 명령에 특정 집단의 성원들이 복종하게 되는 개연성"으로 이해된다.[16] 다시 말해 베버와 다렌도르프의 권위는 직접적으로 사회적 지위나 역할에 관련되어 있다. 다렌도르프의 계급이론도 이러한 토대에서 시작되는데, 계급은 곧 일정한 지위와 연관된 합법적 권력에 있어서의 차이, 즉 권위 기대에 관련된 사회적 역할들의 구조에 기초하며, 권위의 행사과정에 직접 연관된 이익집단(interest group)과 그것에서 배제된 이익집단의 구조적 현상이다. 계급갈등도 궁극적으로 사회조직체 내에서의 이러한 권위의 분배에서 비롯되며, 잠재적 이해관계가 특수한 상황을 맞아 의식적인 목표로 전환되어 현재적 이해관계로 현상할 때 발생한다.[17]

신베버주의 계급론의 최근 대표자로 알려진 골드소프는 시장과

---

15 Ralf Dahrendorf, *Class and Class Conflict in Industrial Society*(London and Henley : Routledge & Kegan Paul, 1959).

16 Weber(1972), pp. 122–123 ; Dahrendorf(1959), p. 166.

17 Dahrendorf(1959), p. 148, 178.

직업의 지위척도에 의해 계급을 구분하였다.[18] 곧 서비스 계급, 중간 계급, 노동계급이라는 기본 계급집단 아래 다시 여러 개의 하부 계급집단들을 배치하고 각각의 하부 계급집단들에 종사상 지위(직업)를 나열하였다. 이러한 등급적 계급의 정의에 따른 골드소프의 직업 도식들은 부르주아지의 강력한 존재를 부인하며, 계급갈등에 따른 사회변동에 대한 관심이 거의 없다는 특징을 갖고 있다.

(3) 계급론과 계급정치

계급이라는 말은 고대 로마에서 재정적 · 군사적 목적으로 인구를 재산에 따라 구분한 데에서 기원한다.[19] 이후 중세에까지 이 개념은 태어나면서부터 정해지는 신분과 같은 말로 이해되었다. 반면 자본주의 사회에서 계급은 더 이상 신분의 의미가 아니라 생산수단의 소유와 그에 따른 사회적 지위를 포괄하는 정치경제적 의미로 사용되고 있으며, 산업이 발전할수록 그 개념에 대한 논의도 꾸준히 변해 왔다. 그리고 그 논의는 위와 같이 크게 맑스주의 전통과 베버주의 전통으로 나눌 수 있다.[20]

---

18 John H. Goldthorpe, *Social Mobility and Class Structure in Modern Britain*, revised edition(Oxford : Clarendon Press, 1987).

19 Stephen Edgell, 신행철 역, 『계급사회학』(한울 아카데미, 2001), p. 21.

20 계급 문제에 대한 논의를 맑스주의와 베버주의로 구분해서 설명하는 것에 반

맑스주의 전통과 베버주의 전통의 차이점을 정리하면 다음과 같다. 첫째, 맑스주의 전통의 계급이 관계적 개념을 중시하여 생산관계 내의 착취와 지배라는 계급관계에 근거하고 있는 반면, 베버주의 전통은 시장에서의 상이한 '생활기회'를 반영하고 직업상의 구분을 중시하는 등급적 정의를 중시한다.[21] 둘째, 맑스주의 전통이 계급을 역사유물론에 입각해 생산수단의 소유 여하에 따라 구분함과 동시에 사회변혁을 추동하는 핵심 사회세력 혹은 동맹의 핵심 세력으로 인식하는 것과 달리, 베버주의 전통은 계급을 신분이나 지위보다 중시하지만 계급 역시 사회갈등 요소의 하나에 불과하다고 본다. 셋째, 맑스주의 전통이 사회경제적 관계를 정치적 갈등과 분리되지 않는 것으로 본 반면, 베버주의 전통은 정치적 갈등을 다른 특수한 차원의 것으로 분리해서 고찰한다. 넷째, 맑스주의 전통이 자본주의 사회의 비판에 초점을 두고 사회주의적 변혁을 요구하는 반면, 베버

대하는 입장도 없지 않지만[Nicholas Arbercrombie and John Urry, *Capital, Labour and the Middle Classes*(London : Allen and Unwin, 1983), p. 11 참조], 페미니즘 이론처럼 전혀 다른 측면에서 접근하는 경우가 아니라면 자본주의 사회의 계급에 대한 분석은 양대 흐름을 통해 전개된 것이 사실이며 또 그럴 수밖에 없을 것이다. 왜냐하면 자본주의 사회를 분석하는 양대 조류가 자본주의 체제의 옹호 혹은 극복을 두고 전개되어 왔을 뿐만 아니라, 특히 극복을 주장하는 측은 자본주의 사회의 불평등을 체제적 속성으로 보고 그 근본적 원인을 계급의 존재와 계급 간 대립과 착취로 보기 때문이다. 따라서 옹호하는 측은 계급 문제를 아예 무시하지 않는다면 그에 반대되는 논리와 시각을 가질 수밖에 없을 것이다.

21 Rosemary Crompton, 정태환 · 한상근 역, 『현대의 계급론』(한울 아카데미, 1995), p. 52.

주의 전통은 사회주의를 부정하며 자본주의 질서 내의 계급 구분에 머문다.

앞에서 언급한 것처럼 계급정치는 계급 간의 관계가 정치적으로 작동하는 사회적 실천의 문제이다. 이때 '정치적'이란 국가권력의 측면을 포함한 이데올로기적 · 실천적 지배관계를 의미한다. 이러한 의미에서 베버주의 전통은 계급은 설명할 수 있지만 계급정치를 설명하기에는 무리가 있다. 따라서 아래에서는 맑스주의 전통에 입각해 계급을 구분하고 계급정치를 설명한다.

2. 부르주아 계급정치

(1) 부르주아 권력의 구성요소

자본주의 사회의 유지와 재생산은 크든 작든 끊임없이 일어나는 계급갈등 속에서도 노동에 대한 자본의 경제적 · 정치적 · 이데올로기적(문화적) 지배가 관철되는 과정이다. 이 과정을 지속시키는 부르주아지의 계급적 힘의 총체를 '부르주아 권력'이라고 할 때, 그 요소는 경제적 권력과 정치적 권력 및 이데올로기적 권력으로 나눌 수 있다.

우선 경제적 권력은 자본의 경제적 지배를 통해 자본의 축적과 확대재생산을 가능하게 하는 권력으로서 경제적 의미의 '자본권력'이다. 이 자본권력은 (1) 생산수단으로부터 노동을 분리시키고,

이렇게 분리된 생산수단을 자본으로 집중시키며, (2) 노동력을 상품화하고, (3) 노동과정에서 자본이 임노동을 지휘 · 통제해 잉여가치를 생산하고 전유하는 권한에 기초한다.

잉여가치 생산은 절대적 노동시간을 연장하는 것을 의미하는 '절대적 잉여가치 생산'과 기술혁신 등을 통해 이루어지는 노동강도의 강화를 의미하는 '상대적 잉여가치 생산'을 통해 이루어진다.[22] 따라서 발전된 자본주의 사회일수록 상대적 잉여가치 생산에 더 많이 의존할 것이며, 그렇게 될수록 자본권력 역시 그만큼 강화된다.

자본주의적 생산은 근본적으로 상품화폐 관계 내지 시장경제 메커니즘에 의해 매개된다. 따라서 상품 유통과정에서 자본권력은 언제나 '화폐권력'의 형태로 나타난다. 때문에 '상품화'가 진척될수록 화폐권력은 그만큼 더 강화되며, 화폐권력이 강화될수록 자본권력도 그만큼 강화된다.

부르주아 권력의 두 번째 구성요소는 임노동에 대한 자본의 지배를 공권력을 통해 보장해 주는 정치적 권력이다. 부르주아지의 정치적 권력은 강권력을 합법적으로 독점하면서 '사회의 곁과 위에 세워진 특수한 공적 권력체'로서 경제적 자본권력으로부터 상대적으로 자율적이면서도 총체적으로는 그 자본권력에 의해 규정된다.[23] 이러한 현상을 '국가의 형태 특수화'라고 하는데, 이 특수화 현상으로 인

---

22 Karl Marx, 『자본』 제1권 상(개역판, 비봉출판사, 1994), 제3편과 제4편 참조.

23 김세균, "'시민사회론'의 이데올로기적 함의 비판," 유팔무 · 김호기 편, 『시민사회와 시민운동』(한울, 2001), pp. 155-156.

해 자본주의 사회의 국가는 많든 적든 '계급갈등의 장'으로 기능한다. 따라서 정치적 민주화가 진척될수록 계급갈등의 장으로서 국가의 기능은 더욱 중요해지고 정당화되지만 궁극적으로는 경제적 자본권력의 정치적 표현, 즉 자본주의 국가 내지는 부르주아 국가로 작용한다.

대개 자본주의적 시장경제란 공권력의 직접적인 사용을 배제하는 경제체제의 성격을 띠며, 그에 따라 자본주의 사회는 정치와 경제의 분리를 특징으로 한다고 이야기된다. 사실 형태상으로 국가와 시장은 분리되며, 정치와 경제도 분리된 것으로 보인다. 그러나 이것은 피상적인 수준이나 '상대적 자율성'의 차원에서만 가능한 얘기다. 실제 자본주의 사회가 발전할수록 입법부, 사법부, 행정부는 다른 어떤 부문보다 경제부문에서 더욱 많은 규제와 정책을 내놓고 있다.

또한 자본주의 국가의 형태 특수화는 민주주의 방식에서도 중요한 영향을 미친다. 정치와 경제가 형태적으로 분리된 자본주의 사회에서 실현 가능한 민주주의 형태는 기본적으로 '간접민주주의'일 따름이다. 인민들이 정치를 직접 전유할 수 있는 직접민주주의는 자본과 임노동 간의 지배와 피지배 관계를 전복할 수 있는 위험성을 내포하고 있기 때문이다. 따라서 인민들의 강력한 요구에 의해 직접민주주의가 도입될지라도 그 도입은 간접민주주의를 보완하는 수준 이상의 것이 될 수 없다.

부르주아 권력의 세 번째 구성요소는 부르주아 이데올로기를 지배 이데올로기로 재생산함으로써 노동에 대한 자본의 이데올로기적 지배를 관철시키는 힘인 '부르주아지의 이데올로기적 권력'이다.

국가가 대변하는 '국가 이데올로기'가 모두 지배 이데올로기인 것은 아니지만 국가 이데올로기가 되지 않고는 지배 이데올로기가 될 수 없다. 따라서 자본주의 사회의 국가는 궁극적으로 부르주아지의 정치적 권력체인 동시에 부르주아지 최고의 이데올로기적 권력체이기도 하다.

부르주아 지배 이데올로기의 재생산은 부르주아 언론 같은 이른바 '시민사회'의 이데올로기적 지배장치로부터도 뒷받침된다. 이 점에서 제반 이데올로기적 지배장치가 강력히 뿌리내릴수록 부르주아지의 이데올로기적 지배력은 강화된다. 물론 시민사회의 제반 장치 중에는 직접적으로 부르주아지의 이데올로기적 지배장치로 기능하는 장치들도 있지만 그 성격이 간접적이고 우회적인 장치들도 존재한다.

이데올로기적 지배는 피지배층의 자발적 동의의 획득을 목표로 한다. 따라서 지배 이데올로기의 재생산은 강권적 권력체보다는 시민사회의 제반 이데올로기적 지배장치를 통해 더욱 효율적으로 이루어질 수 있다. 이로 인해 자본주의 사회에서 정치적 민주화가 진척될수록 부르주아 지배 이데올로기의 재생산은 더욱 강화되며, 이때 시민사회의 지배장치들의 역할이 더 커진다.

(2) 부르주아 지배블록과 자본의 정치

자본주의 사회를 유지하고 재생산하는 주된 힘인 부르주아 권력은 기본적으로 자본주의적 생산관계에서 작용하는 경제적 권력과 국가장치에서 작용하는 정치적 권력, 그리고 시민사회의 이데올로기적 지배장치에서 작용하는 이데올로기적 권력으로 구성되는 총체적인 '구조적 권력'이다. 이 부르주아적 정치 · 경제 · 사회적 세력들의 총체 내지 부르주아 권력의 담당자층 전체를 자본주의 사회의 '지배블록' 혹은 풀란차스의 용어를 빌린다면 '권력블록'(power bloc)[24]으로 규정할 수 있다.

지배블록은 경제적 수준에서는 핵심적인 자본분파를 중심으로 구성되며, 정치적 수준에서는 정권을 담당하는 집권세력을 주축으로 하는 통치블록(ruling bloc)을 중심으로 구성된다. 이때 집권세력 중심의 통치블록은 지배블록의 핵심적인 정치적 분파로 기능하면서 지배블록의 운동에 일정한 통일성과 방향성을 부여하고, 그 구성분자들을 하나의 단합된 계급적 힘으로 만들어 나가는 데에 주도적인 역할을 수행한다. 그 밖에 자본주의 사회의 지배블록과 이들에 의한 자본의 정치는 다음과 같은 성격을 갖는다.

첫째, 자본주의 사회의 지배블록은 부르주아적 지배블록이다. 독점자본주의 시대에는 독점부르주아적 지배블록이 형성되며 중소자본가들과 그 이익을 대변하는 정치세력을 지배블록에서 배제하거나 그 하층으로 편입시킨다. 또한 국가 정치질서가 민주적 형태인가 비민주적 형태인가, 혹은 사민주의 체제인가 자유주의 체제인가에

24 Nicos Poulantzas, *Political Power and Social Classes*(London : New Left Books, Sheed and Ward, 1973) 참조.

따라 지배블록의 구체적인 성격은 달리 나타난다.

둘째, 부르주아 국가의 민주주의 정치는 원칙적으로 자본주의 사회의 변혁을 추구하는 정치세력에게도 집권의 가능성을 열어준다. 자본주의 사회의 정치원리는 언론과 표현의 자유 및 집회와 결사의 자유를 보장하는 자유민주주의로 불린다. 그러나 변혁세력의 집권과 같은 예외적인 상황을 제외하면 집권세력은 항상 지배블록 내의 특정 세력 혹은 지배블록으로 편입된 특정 세력으로부터 충당될 뿐이다. 근본적으로 자본주의 체제를 전복하려는 세력은 비록 강압적이지는 않을지라도 각종 제도적 · 이데올로기적 장치를 통해 차단하는 것이다. 이러한 의미에서 자유민주주의는 부르주아 민주주의이다.

셋째, 정당정치적 차원에서 위와 같은 예외적인 상황을 제외하면 부르주아 지배블록의 정당들은 이른바 체제정당 혹은 국가정당의 성격을 띠며 초계급적 논리를 내세우는 국민정당(Volkspartei)이다. 이때 국민정당이란 당원과 지지자의 사회구조적 성격이 사회 전체의 계층구조와 상당할 정도로 일치하고, 수평적 · 수직적 당 조직구조에서 사회의 이해관계 다원성이 실질적으로 보장되고 이해관계의 균형과 갈등의 해소가 민주적으로 규정 · 운영되며, 당의 정책은 국민 일반의 공동선을 실현하는 것을 목적으로 한다고 표방하는 정당이다.[25] 다시 말해 국민정당은 계급화해와 국민통합에 기여하는 정당으로서 자본주의 질서를 부정하지 않는다. 그러나 사실상 온전한

---

25 Alf Mintzel, *Die Volkspartei : Typus und Wirklichkeit. Ein Lehrbuch*(Opladen : Westdeutscher Verlag, 1984), p. 24 참조.

의미에서 이러한 정당은 존재하지 않으며, 모든 정당은 많건 적건 계급정치적 성격을 띤다. 그리고 강령적 · 실천적 · 조직적으로 프롤레타리아 계급성을 표출하는 정당은 지배블록으로부터 배제된다.

넷째, 지배블록은 일괴암적인 조직이 아니라 사회적 실천의 다양한 영역에서 서로 상대적 자율성을 가지고 활동하는 세력들의 집합체이며, 서로 협력하면서도 싸우는 다양한 세력들의 모순적인 집합체이다. 그러나 그런 가운데에서도 지배블록의 성원과 제 분파들은 상대적으로 보다 결속된 사회적 · 정치적 힘으로 등장할 수 있다. 특히 그것은 제 분파들에 의해 다양하게 제출되는 '국가발전 프로젝트'나 '총체적 사회발전 전략'들 중 특정 프로젝트가 지배블록 내 다수의 지지를 얻어 헤게모니를 장악할 때 그러하다. 그리고 이 프로젝트는 지배블록 내부의 헤게모니를 장악할 뿐만 아니라, 더 나아가 사회체제 전체의 상대적인 안정성을 보장할 수준의 국민통합에 성공적인 국가 프로젝트로 평가받을 때 '헤게모니적 국가 프로젝트'로 발전한다. 반대로 자본주의 사회의 기본 질서가 크게 위협받는 사태에 직면하게 되면 이 지배블록의 성원들은 하나의 단결된 계급적 힘으로 등장한다.

다섯째, 지배블록은 사회의 '권력 엘리트층'으로 불리기도 하는 '경제적 · 정치적 · 이데올로기적(문화적) 지배층 전체'와 유사한 개념이다. 그러나 '권력 엘리트층' 개념을 통해 사회를 설명하는 엘리트적 사회이론은 예를 들어 노동자 운동의 지도층 역시 권력 엘리트층의 한 부분으로 간주함으로써 사회의 계급적 대립을 은폐한다는 문제점을 지닌다. 그러한 파악과는 달리 노동자 운동의 지도층은 그 지도층이 지배층의 코포라티즘적 협조세력이 아닌 한, 노동자계급과 피지배 대중의 한 부분 내지 상층부분으로 보는 것이 바람직하다. 노동자계급의 지도층이 코포라티즘적 협조세력이 되면 이 층은 지배블록의 동맹 지지층이 되거나 지배블록의 한 분파로 편입된 것이다.

여섯째, 자본의 정치는 시민정치와 같은 쁘띠부르주아 정치에 의해 뒷받침되며, 때로는 쁘띠부르주아 정치를 전면에 내세우기도 한다. 쁘띠부르주아 정치는 대개 중간층에 기반을 두면서 이른바 '제3의 세력'을 표방하면서 공공선이나 사회정의를 내세우는 민주주의 운동들과 함께한다. 이들이 이해하는 민주주의는 대개 자유민주주의의 여러 갈래라고 할 수 있다. 특히 탈질주의적 가치에 기반한 반권위주의 운동은 계급정치의 범주를 발전적으로 초월한 것처럼 보이기도 한다. 그러나 그 갈래들은 대개의 경우 부르주아 정치의 이념적 기반인 자유민주주의를 벗어나지 않으며, 반권위주의 운동도 계급정치적 관점을 간과할 경우 부르주아 정치에 이용당할 가능성이 높다. 따라서 이러한 쁘띠부르주아 정치는 부르주아 계급정치의 위기를 모면하거나 부르주아 계급정치를 뒷받침하는 기반으로 작용한다.

3. 프롤레타리아 계급정치

(1) 자본주의 사회의 노동자 피규정성

자본주의 사회에서 프롤레타리아 계급정치가 어떻게 전개되는가를 고찰하려면 먼저 자본주의적 관계 속에서 노동자들이 자본에 의해 규정당하고 있다는 사실을 인식하고 그 피규정성의 성격을 이해할 필요가 있다. 자유민주주의 질서에서 노동자들은 자본가와 마찬가지로 자유롭고 평등한 상품 소유자 내지 등가물의 소유자로서 자기 이익의 극대화를 추구하는 동등한 경쟁자로 이해된다. 그러나 이러한 피상적인 이해는 생산과정과 노동시장 및 분배과정에서 실제로 나타나는 노동자들의 피규정성과 그에 따른 계급갈등을 은폐하고 있다.

우선 생산과정에서 노동자들은 자본의 지휘와 통제 아래에서 노동하며, 노동자들의 노동을 통해 생산된 생산물은 자본의 것이 된다. 맑스주의자들이 볼 때 이 관계는 착취와 피착취의 관계로서 인간성 자체로부터의 소외로 귀결된다.[26] 즉 노동자들은 자신의 생산물로부터 소외됨으로써 많이 생산할수록 더욱 많이 빼앗기게 되며,

---

26 생산물, 생산과정 및 인간으로부터의 소외에 대해서는 Karl Marx, "1844년의 경제학 철학 초고,"『맑스 엥겔스 저작 선집』제1권(박종철출판사, 2001), pp. 76–80 참조.

자본에 의해 강제된 노동에 종사함으로써 생산활동 자체로부터 소외되어 노동할 때 자신을 느끼지 못하고 노동을 벗어났을 때에야 비로소 자신을 되찾고 편안해질 수 있다. 또한 이러한 노동은 자기 실현 수단이 아니라 먹이 획득을 위한 수단으로 전락함으로써 노동자는 사물을 대상화할 수 있는 유(類)적 존재로서의 인간의 본질로부터 소외되어 동물적 차원으로 전락한다. 그에 따라 결국 노동자라는 인간은 다른 인간과 대립하게 됨으로써 인간성 자체로부터 소외된다.

노동시장과 분배과정에서 노동자들은 노동력 구매자 층인 자본가계급과 구분되는 노동력 판매자 층으로서, 그리고 자본과 구분되는 노동이라는 소득원천을 가진 노동 소득원천 소유자 층으로서 노동자계급의 구성원으로 등장한다. 이때 노동자와 자본가는 노동력의 매매가 이루어지는 노동시장에서 노동력의 재생산비용과 관련하여 '무엇이 등가교환인가'를 두고 대립하며, 분배과정에서 생산에의 기여도에 비추어 '무엇이 정당한 분배인가'를 둘러싸고 대립한다.

이 수준의 계급갈등에서 노동자계급은 자신의 유일한 상품인 노동력의 사용가치와 교환가치를 보호하기 위해 임금, 노동조건 및 주택, 의료, 교육, 실업급여 등에 있어서 상품 소유자 내지 노동소득원천자로서 자신의 권리를 주장한다. 반면 자본가계급은 자본의 증식을 위해 가능한 한 노동시간의 연장, 노동강도와 노동착취율의 제고, 주택 · 의료 · 교육 · 실업급여 등 사회적 부수비용의 최대 절약을 추구한다. 때문에 노동력의 정상적 재생산 문제 및 공정분배의 문제는 자본주의 사회에서 모든 형태의 노사 간 계급갈등의 기본 소재가 된다.

이와 같이 생산 · 분배 과정 및 노동시장에서 나타나는 노동자들의 소외와 피규정성이라는 측면에서 맑스주의자들이 보는 자본주의적 관계는 기본적으로 적대적이다. 또한 이 적대성으로 인해 자본주의적 관계는 이 적대를 극복하는 새로운 사회적 관계에 의해 대체되지 않는 한 항상 계급갈등을 겪지 않을 수 없고, 타협이 이루어지더라도 그 타협은 일시적인 것에 불과한 것으로 이해된다.

(2) 프롤레타리아 계급과 노동의 정치

자본주의 사회에서 현실정치를 규정하고 자본주의 질서를 유지 · 재생산하는 지배적인 정치는 자본의 정치이다. 반면 노동의 정치는 자본주의 질서가 유지 · 재생산되는 가운데에서도 자본주의 사회를 변화 · 변형시키는 가장 중요한 힘으로 기능하며 노동운동의 형태로 전개된다. 노동의 정치는 대개 노동력 판매과정과 분배과정이 파생시키는 문제의 해결을 추구하는 정치로 나타나지만 때로는 자본주의적 관계를 폐지하는 방향으로 발전하기도 한다. 이러한 발전적인 노동의 정치는 다음과 같은 성격을 띠고 주장을 전개해 나간다.

첫째, 생존권의 확보와 근로조건의 개선 등을 위한 경제투쟁으로 출발하지만 경제와 정치의 분리를 넘어 경제투쟁과 정치투쟁을 결합하는 방향으로 나아간다. 둘째, 노동현장에 기반하고 비제도적이고 비국가적인 운동정치와 대중정치로 전개되면서 제도권 정치와 국가적 정치로 확산된다. 셋째, 빈농과 도시빈민 등과 민중적 연대를 추구하며 그들의 프롤레타리아성과 진보성을 결합시켜 나간다. 넷째, 직접적인 계급 문제의 해결을 추구하면서 계급 문제로 환원되지 않는 다른 사회문제들 내지 생활상에서 제기되는 간접적인 계급 문제의 해결을 함께 추구하는 운동으로 확대해 나간다. 다섯째, 부르주아 국가권력의 노동자(민중) 권력으로의 전화와 국가권력의 대중권력으로의 전환을 추구하며, 노동과 유기적으로 결합하는 정치, 경제, 사회, 문화의 전면적인 발전을 추구한다. 이러한 정치는 사회를 '각인의 자유로운 발전이 사회구성원 모두의 자유로운 발전의 조건이 되는 생산대중의 연대적 사회'[27]로 만들어 나가는 원동력이 된다.

그러나 노동의 정치에 내재해 있는 이러한 잠재적 성격은 현실세계에서 그대로 발현되지는 않는다. 특히 지배층의 사회통합 능력이 커질수록 그 잠재력의 발현은 저지될 가능성이 높아지며 다음과 같은 경향이 나타날 수 있다.

첫째, 자본은 항상 노동자들을 분열시키고 상호 경쟁시키는 기제를 발전시키는데, 이로 인해 노동자들이 하나의 계급으로 단결하는 것이 저해된다. 둘째, 부르주아 지배층의 사회통합 능력이 증대됨과 더불어 노동운동이 '노동력 상품 판매자 혹은 노동 소득원천 소유자로서의 노동자계급'의 운동으로 축소되는 현상이 나타난다. 이때 노동운동은 노조 수준의 운동 이상으로 발전하지 못하고, 노동자계급 또는 노동자 · 민중의 독자적 정치세력화를 추진하기보다는

27 Marx und Engels(1982), p. 482.

정치를 지배하는 부르주아 정당들에게 자신을 위탁하여 사회경제적 요구들을 실현하려는 이익집단 수준의 운동으로 한정되기도 한다. 셋째, 노동조합은 노동자의 권익을 신장시키는 대중조직이라기보다 자본과 국가권력의 노동자 통제기구로서 기능하게 되며, 노동자 정당은 노동자 권익을 위한 변혁정당이라기보다 제도화된 의회주의 정당이 될 가능성이 높아진다. 이 경우에는 특히 노동의 정치가 자본의 제도권 정치에 흡수됨으로써 노동의 정치가 정치를 직접 재전유하는 것을 어렵게 만든다. 넷째, 노동의 정치가 기층민중과의 연대보다는 중간층과의 연대를 중시하는 경향이 나타나고, 다른 근로대중의 보수성 등에 영합하는 경향이 대두한다. 다섯째, 노사협조주의 혹은 계급타협주의적 경향이 대두하여 노동의 정치는 사민주의적 코포라티즘 정치의 수준에서 자본주의적 관계에 안주하게 된다.

현실 속에서 프롤레타리아 계급정치는 상호 모순되는 이러한 두 경향성이 때로는 대립하면서 또 때로는 통일되는 모습으로 전개된다. 그것은 부르주아 계급정치가 한편으로는 노동자들이 하나의 계급으로 단결하는 것을 촉진하면서도 다른 한편으로는 그 단결을 어렵게 만들고 있기 때문이다. 따라서 노동자들의 계급적 단결과 노동자계급의 변혁주체화 문제는 프롤레타리아 계급정치의 전개과정에서 항상 핵심적인 중요성을 지닌다. 나아가 노동자계급을 비롯한 기층민중이 단순한 피지배층으로 머무는 것이 아니라, 부르주아 지배블록을 대체할 수 있는 새로운 '저항적 피지배블록'을 형성 · 발전시키는 것이 프롤레타리아 계급정치의 핵심적 문제가 된다.

4. 계급정치와 비계급정치

현대 사회에서는 비계급적 문제에 속하는 제반 사회문제들의 해결을 위한 이른바 '신사회운동'도 사회 수준에서 전개되는 정치의 주요 부분으로 등장했다. 사실 모든 사회적 문제들은 처음부터 떼려야 뗄 수 없는 상호 반영과 침투의 관계에 있다. 그러므로 사회에서는 순수하게 계급 문제로만 나타나는 계급적 문제는 없으며, 마찬가지로 계급 문제와 연관을 맺지 않는 비계급적 문제도 없다. 다시 말해 계급 문제는 동시에 간접적으로는 언제나 비계급적 문제이며, 비계급 문제는 간접적으로는 언제나 계급적 문제이기도 하다.

그러나 자본주의 사회에서 비계급 문제들은 그 기원과 해결에서 계급 문제와 차이를 갖는다. 다만 현실사회에서 이 문제들은 이미 처음부터 계급 문제와 뗄 수 없이 결합되어 있기 때문에 그 문제의 해결을 지향하는 이념과 운동노선 등에는 특정한 계급적 입장이 표시되지 않을 수 있다. 실제로 오늘날 우리 사회에서는 환경운동, 여성운동, 인권운동, 교육운동 등이 '시민운동의 일환'으로 이해되고 있다. 그러나 이 운동들은 일괄적으로 시민운동으로만 파악할 것이 아니라, 운동의 주체와 그 계급적 성격을 고찰한 후에 그에 따라 노동자 · 민중 운동의 일환인지 시민운동의 일환인지를 규정할 필요가 있다.

예를 들어 환경문제의 해결을 추구하는 운동이념에는 (1) 시장개량주의, (2) 반산업문명주의, (3) 반자본주의 등의 노선들로 구분된다. 이때 (1)의 노선이 환경문제 해결을 위한 부르주아적 입장을 대변한다면 (2)의 노선은 탈물질적 가치를 중시하는 급진주의적인 신중간층적 환경운동을 대변한다. 그리고 (3)의 노선은 프롤레타리아의 관점에서 계급운동의 일환으로 환경운동을 추진한다는 입장이다.

여성문제와 관련해서는 (1) 남녀 간의 형식적 평등을 중시하는 자유주의 입장, (2) 가부장적 질서의 극복만을 특권화하거나 여성계급론을 제창하면서 자매애에 기초한 모든 여성들의 대동단결을 주장하는 입장, (3) 자본주의에 의한 성차별과 여성문제의 계급적 성격에 주목하는 입장 등이 있다. 이때 (1)의 입장이 여성문제 해결을 위한 부르주아적 관점을 대변한다면, (2)의 입장은 계급적 억압 착취관계에서 일정하게 벗어나 있는 급진주의적인 신중간층적 여성운동관을 대변한다. 그리고 (3)의 입장은 프롤레타리아 계급정치적 관점에서 여성문제를 자본주의적 계급 문제의 하나로 파악한다.

환경운동이나 여성운동 같은 신사회운동에서는 계급정치적 입장의 차이를 넘어 하나의 운동진영으로의 단결을 추구하는 경향이 강하게 나타나고 있고, 그런 가운데 오늘날 한국에서는 부르주아적 입장과 중간층적 입장이 운동의 헤게모니를 장악하고 있다. 그러한 의미에서 이 운동들은 노동자 · 민중 운동의 일환이라기보다 시민운동의 일환으로 전개되고 있다고 평가할 수 있다.

계급 문제가 간접적으로는 항상 비계급적 문제이고 비계급 문제도 간접적으로는 언제나 계급적 문제라는 점에서 계급정치와 비계급정치가 '적대와 차별의 폐기를 위한 모든 운동들 간의 차이를 인정하는 연대'의 원칙에 따라 서로 연대하는 것이 사회관계를 진보적으로 변화시키는 데 있어 매우 중요하다. 이러한 연대를 위해서는 프롤레타리아 계급정치가 비계급정치의 문제의식을 진지하게 수용하고 그 문제의 해결을 위해 적극 협력하고 노력해야 할 뿐만 아니라, 비계급정치도 이 문제들의 계급정치적 성격을 파악하고 프롤레타리아 계급정치적 해결을 위해 적극 노력하고 협력해야 할 것이다.

4장 / 지구화 시대의 시민권*

김남국

1. 서론 : 시민권과 경계의 의미

톰 행크스가 주연하고 스티븐 스필버그 감독이 만든 영화 〈터미널〉의 실제 주인공인 메르한 카리미 나세리(62)는 프랑스 파리의 드골 공항에서 19년째 살고 있다. 이란인 아버지와 영국인 어머니 사이에서 태어난 그는 1970년대 영국 유학시절 이란 왕정 반대 데

* 이 장은 계간『한국과 국제정치』(2005)에 실린 필자의 논문 "경계와 시민"을 수정 보완하여 재수록한 것이다.

모에 참가한 것이 문제가 되어 1976년 이란으로부터 추방당했다. 그 후 나세리는 영국으로 돌아가서 정치적 망명을 요청했으나 거절당했고, 이어 독일, 네덜란드, 벨기에 등지에서도 정치적 망명을 신청했지만 모두 거절당했다. 1980년대 중반 영국으로부터 가까스로 난민 확인증을 받은 그는 안타깝게도 히드로 공항에서 이를 분실한 이후 1988년부터 파리 공항에서 체류하기 시작했다. 나세리는 프랑스 정부의 선의로 더 이상 공항으로부터 내쫓기지는 않았지만 사실상 경계의 어디에도 속하지 않는 중간지대에 16년째 머무르고 있는 셈이다.

우리나라의 인천공항에도 20–30여 명의 사람들이 짧게는 1–2주일에서 길게는 4달까지 출국대기실(detention room)에서 머무르고 있다. 이 가운데 아프리카 출신의 한 사람은 스위스에 도착해 스스로 여권을 찢고 아프리카 본국의 내전상황을 이유로 들며 난민신청을 했지만 거절당했다. 그는 곧바로 이전 경유지인 한국으로 보내졌고, 인천공항에서도 난민신청을 원했지만 여권이 없기 때문에 본인 확인이 안 되었다. 이 사람은 일본에 있는 본인의 출신국 대사관에 신원을 확인하는 동안 분명히 한국의 공항구내에 있지만 공식적으로는 국내에 입국하지 못한 상태에서 경계의 어디에도 속하지 않는 지역에 벌써 4달째 머무르고 있다.[1]

유엔고등난민판무관실(UNHCR)의 통계에 따르면 2004년 1월

---

1 동아일보, 2004. 8. 10.

현재 전 세계에 약 1천 7백만여 명의 난민이 존재하는 것으로 추정되고 있다. 이 가운데 전쟁이나 정치적 억압을 이유로 본국을 떠난 피난민이 970만여 명, 정치적 망명 신청자가 98만여 명으로 집계된다. 1998년 통계에 따르면 65만여 명이 정치적 망명을 신청했고, 26% 정도인 17만여 명이 망명을 허용받았다.[2]

한국은 1992년 유엔 난민의 지위에 관한 협약(1951)과 난민의 지위에 관한 의정서(1967)에 가입했다. 그 이후 1994년부터 난민신청을 받기 시작하여 2001년에 국내 최초로 이디오피아인 데구(Degu)가 난민지위를 인정받았고, 2008년 6월 현재까지 1951명이 한국에 난민신청을 하여 76명이 난민지위를 부여받았다. 우리나라에 입국하기를 희망하는 난민이 있었던 반면에 우리나라를 떠난 사람들도 있었다. 한국에서는 2002년 한 해 동안 약 1만 1천여 명의 사람들이 외국으로 이민을 떠났고, 2001년에는 1만 2천여 명, 2000년에는 1만 5천여 명 등 해마다 비슷한 숫자의 사람들이 꾸준히 한국을 떠났다.

이들은 모두 자의에 의해서든 아니면 어쩔 수 없는 선택이었든 자신의 나라를 떠나서 새로운 나라에 정착하고자 하는 사람들이다. 다시 말하자면 출생으로 인해 자동으로 그 구성원이 되었던 본래의 정치공동체를 탈퇴하고 새로운 공동체에 가입하기를 원하는 경우이다. 그러나 이들이 가입하기를 희망하는 나라들은 쉽게 국경을 열지 않는다. 오늘날 세계의 모든 국민국가는 자국의 시민이 될 수 있는 자격을 제한하고 있고, 신청자에 대한 엄격한 심사를 통해 매우

2 www.unhcr.org

적은 수의 가입만을 허용한다. 나아가서 세계의 모든 나라는 자국에 입국하려는 사람들 가운데 불법적인 방법으로 들어오는 경우를 막기 위해 물리력을 동원하여 국경을 감시하고 통제한다. 이와 같은 현실은 하나의 정치공동체가 그 경계를 통제할 수 있는 배타적인 권한을 갖고 있고, 공동체의 구성원이 될 수 있는 자격을 규정할 권한 역시 갖고 있다고 당연하게 전제하고 있다.[3]

오늘날 국민국가가 갖는 이러한 현실적인 힘에 대해 의문을 제기하기는 쉽지 않다. 그러나 국민국가가 설정하는 배타적인 경계는 종종 열악한 상황에 처한 난민들의 보편적인 인권과 충돌한다. 예컨

---

3 이러한 현상은 지구화 시대의 국민국가 쇠퇴와 강화, 그리고 전환이라는 세 가지 논의와 연관지어 생각해 볼 수 있다. 세계적인 국경통제의 흐름은 위의 세 가지 논의 가운데 국민국가가 그 기능을 더욱 강화해 나가거나 또는 기능의 전환을 통해 국가 차원의 국제경쟁력 재고에 모든 자원을 동원하는 '국민적 경쟁국가', '탈국민적 자본유치국가'로 변화해 가는 경향을 반영한 것으로 해석할 수 있다. 국민국가의 쇠퇴와 관련하여 Omae Kenichi, *The End of the Nation State*(New York : Free Press, 1995) ; Susan Strange, *The Retreat of the State*(Cambridge : Cambridge University Press, 1996), 국민국가의 강화와 관련하여 Michael Mann, *The Rise of Decline of the Nation State*(Oxford : Blackwell, 1990) ; Linda Weiss, *The Myth of Powerless State*(Ithaca : Cornell University Press, 1998), 국민국가의 전환과 관련하여 Eric Hobsbawm, "The Future of the State," *Development and Change* Vol. 27, No. 3, 1996, 국민적 경쟁국가와 관련하여 Joachim Hirsch, *Der Nationale Wettbewerbsstaat : Staat, Demokratie und Politik im Globalen Kapitalismus*(Berlin : Edition ID-Archiv, 1995), 탈국민적 자본유치국가와 관련하여 John Holloway, "global Capital and the Nation State," *Capital and Class* No. 52, 1994를 각각 참고할 것.

대 우리가 선처를 호소하는 난민들을 국경 밖으로 돌려세울 때 그들의 처지는 훨씬 더 나빠지거나 위험해진다. 이 경우에 우리의 행위는 어떤 이론적 근거에 의해 정당화될 수 있을까? 이곳은 우리들의 땅이라는 사실을 암묵적으로 전제하고 있는 국민국가의 국경통제는 과연 정당한 것일까?

이 글에서는 기존 정치공동체로부터 탈퇴하기를 원하거나 새로운 공동체에 가입하기를 원하는 사람들에 대해, 또는 이들의 이전을 규제하고자 하는 국민국가의 정책에 대해 어떤 이론적 정당화가 가능한지를 세 가지 정치사상의 전통, 즉 자유주의와 자유방임주의, 그리고 공화주의 전통의 관점에서 살펴보기로 한다. 국경통제를 정당화하는 논리적 근거를 국가개입의 범위, 사회의 책임, 그리고 개인의 자유라는 세 가지 차원에서 비교했을 때 자유주의와 자유방임주의, 공화주의는 각각의 범주에 대해 가장 뚜렷한 차이를 보여주는 이념형으로서 의미를 지닌다.

국민국가의 경계가 갖는 의미에 대한 해석은 한 정치공동체의 시민이 된다는 것이 무엇을 의미하는지에 대한 규정과 밀접히 연관되어 있다. 다시 말하자면 시민으로서의 의무와 권리는 무엇이어야 하는지에 대한 입장과 그로부터 유추할 수 있는 국경통제의 정당성, 그리고 이민 또는 난민에 대한 이론적 입장들은 일정한 상관성을 갖고 있다.

시민권과 국민국가는 프랑스 혁명 이후에 보편화된 개념들이다. 1789년 프랑스 혁명에서 공화주의 이념은 두 가지 의미에서 혁명적이었다. 첫째는 모든 프랑스 국민들을 종교와 신분, 가족, 지역에 상관없이 하나의 범주로 묶을 수 있는 시민이라는 새로운 개념을 만들어냈다는 점이고, 둘째는 절대왕정으로 상징되는 과거의 지배체제를 파괴하고 공화국이라는 새로운 형식의 국민국가를 탄생시켰다는 점이다. 프랑스 혁명을 기점으로 프랑스 국경 안의 모든 사람들은 시민이라는 하나의 신분으로 통일되었다. 혁명 이전까지 시민의 상대되는 개념이 주로 노예였다면, 혁명 이후부터 시민의 상대되는 개념은 프랑스 국경 밖의 외국인을 지칭하게 되었다. 양도할 수 없는 천부의 권리를 지닌 시민과 이들의 동의에 기초한 공화국의 개념은 나폴레옹의 군대와 민법체계를 통해 유럽으로 퍼져나갔고, 20세기에 이르러 전 세계가 받아들이는 보편적인 개념이 되었다.[4]

적어도 20세기 말에 이르기까지 국민국가는 동질적인 문화를 지닌 시민들과 이들이 공유하는 역사적 경험을 바탕으로 대내적인

---

4 물론 프랑스 혁명의 인권선언, 즉 주권의 소재가 하나의 전체로서 국민에게 있다는 원칙은 그 이상이 실현되기까지 오랜 시간이 걸렸다. 실제 1848년에서야 프랑스의 모든 남자들은 보통선거권을 갖게 되었고, 1944년에 비로소 여자들에게까지 보통선거권이 확대되었다. 시민의 개념은 고대 그리스의 공동체(polis)와 로마의 공화국(res publica)에서도 찾아볼 수 있다. 그러나 고대의 시민 개념은 기본적으로 신분의 차이와 세습을 당연하게 생각하고 노예의 노동력과 여성의 희생에 기반한 성인 남자만을 대상으로 했다는 점에서 배타적이고 제한적이었다. 그리스의 시민이 법을 제정하고 지배와 피지배의 권리를 갖는다는 점에서 정치적 의미가 강했던 반면, 로마의 시민은 이미 존재하는 로마법 체계의 보호를 받을 수 있다는 권리를 갖는다는 의미에서 법적인 의미가 강했다. J. G. A. Pocock, "The Ideal of Citizenship since Classical Times," Gerson Shafir, ed., *The Citizenship Debate*(Minneapolis : University of Minnesota Press, 1998).

사회통합과 정치적 정당성의 확보에 성공해 왔다. 민주주의를 위한 선거나 재분배를 위한 시민들 사이의 동의는 모두 세계를 구획하는 지배적인 단위로 떠오른 국민국가의 경계 안에서 가능했다. 경계 안의 사람들이 배타적으로 갖는 지위로서 시민권은 국민국가의 지위를 다른 모든 공동체와 뚜렷하게 구분되게 만들었다. 그러나 신자유주의의 눈부신 승리에 의해 자본과 노동의 세계화가 급속히 진행되기 시작한 지난 세기말부터 경계 안의 상대적인 안정은 무너지기 시작하고 있다. 신자유주의에 바탕한 지구화는 이주노동자와 난민의 이동, 이에 따른 낯선 문화와 종교의 유입을 불가피하게 가져왔고, 동질적인 문화를 가진 전통적인 국민국가들은 이제 다문화사회의 도전에 직면하기 시작한 것이다.

정치적인 단위의 성격을 가지면서 민주주의 발전에 긍정적으로 기능하던 국민국가는 이 시기부터 경계 안의 다수 인종과 다수 문화를 중심으로 소수 인종과 소수 문화를 억압하는 배제의 기제라는 성격을 더 강하게 나타낸다. 지구화를 외치는 오늘날 역설적이게도 국민국가 사이의 경계는 점점 더 강화되고, 보편적인 인권도 경계의 위력 앞에서 무력해진다. 그렇다면 이러한 현실은 규범이론의 차원에서도 정당화될 수 있을까? 시민권이라는 배타적인 지위를 유지하기 위해 경계의 장벽을 높이는 행위는 어디에서 그 이론적 근거를 찾을 수 있을까? 다음 절에서는 우선 자유주의 전통의 논의부터 살펴보기로 하자.[5]

---

5 이하의 논의에서는 정치공동체로부터 탈퇴하거나 가입하기를 원하는 다양한

2. 자유주의 : 탈퇴의 자연권과 가입의 시민권

자유주의자들이 생각하는 개인의 자유와 시민으로서의 의무, 그리고 국가의 역할에 대한 정의는 사람들의 자유로운 이동을 제한하려는 국경통제 시도에 대해 논리적 추론의 근거를 제공한다. 자유주의 전통을 지지하는 많은 이론가들은 오늘날처럼 다원화된 세계에서 개인들이 동의할 수 있는 시민으로서의 의무는 매우 단순하고 얕을 수밖에 없다고 주장한다. 예컨대 롤즈는 현대 서구사회의 가장 큰 특징으로 합리적인 사람들이 동일한 내용의 최고의 삶의 방식에 동의하는 것을 기대할 수 없다는 다원성을 꼽았다. 따라서 롤즈로 대표되는 정치적 자유주의자들은 개인이 오직 공공영역에 관한 일에서만 시민의 역할을 요구받는다고 본다. 즉 사람들은 서로 다른 다양한 가치관과 기준으로 세상을 살기 때문에 그들이 합의 가능한 영역이란 좁을 수밖에 없고, 오직 최소한의 정치적 가치들을 중심으로 공공영역에서 참여를 요구받을 때에만 비로소 시민이 되는 것이다. 나머지 대부분의 사적 영역에서 자유주의의 시민들은 어떠한 공적 의무 없이 자신만의 다양한 생활을 통해 개인으로 남는다.

롤즈는 이 경우에 시민이 갖추어야 할 덕목으로서 자신이 정립

부류의 사람들, 즉 난민, 피난민, 정치적 망명자, 이민, 역이민자 등을 한꺼번에 부르는 이름으로 거주국가를 옮긴다는 일반적인 의미를 갖는 '이민'이라는 용어를 쓰기로 한다.

한 정치적인 정의의 원칙에 근거한 공공합리성의 사유를 제시하고 있다. 여기에서 롤즈가 말하는 합리적인 사람이란 협력의 공정한 조건으로서 원칙과 기준을 제시할 준비가 되어 있고, 다른 사람들도 그렇게 할 것이라는 확신 하에 그 원칙들을 스스로 지킬 생각을 가지고 있는 사람이다. 이들은 또한 합리적이기 때문에 모두가 받아들일 것으로 보는 규칙을 자신이 제시하듯이 다른 사람이 제시하는 공정한 조건에 대해서도 토론할 준비가 되어 있다.[6]

롤즈의 정치적 자유주의를 지지하는 하버마스는 다문화 시대를 헤쳐나갈 보편적인 시민의 덕목으로 헌법애국주의(constitutional pariotism) 원칙을 제시한다. 주위환경에 의해 구속받지 않는 자아(unencumbered self)를 지지하는 자유주의 관점에서 보면 시민의 개념은 공동체에의 소속감을 통해 얻게 되는 집단정체성, 특히 국가정체성과는 관련이 없다. 오히려 자유주의 전통은 국민국가의 경계를 넘어서는 보편적인 헌법애국주의의 가치들, 즉 법의 지배, 표현의 자유, 관용의 원칙, 그리고 국민의 동의에 기초한 정부 등 누구나 받아들일 수 있는 최소한의 가치를 중심으로 한 사회적 연대의 모색에 더 주력해 왔다.[7]

공공합리성의 사유나 헌법애국주의의 원칙들은 모두 자유주의의 정치문화에 기반한 국가중립성과 도덕적 최소주의 입장을 전제하고

---

6 John Rawls, *Political Liberalism*(New York : Columbia University Press, 1999), pp. 36–38.

7 Jürgen Habermas, *The Inclusion of Others*(Cambridge : MIT Press, 1999).

있다. 자유주의 전통에서 국가의 역할은 반드시 중립적 조정자여야 하며, 따라서 국가는 특정한 삶의 양식을 지지해서는 안 되는 것으로 간주되어 왔다. 즉 자유주의자들은 다양한 가치들이 공존하는 다문화 시대의 현실에서 강제력을 수반하는 국가권력이 특정한 삶의 방식을 보다 우월한 것으로 믿고 옹호해서는 안 된다는 점을 강조한다. 특히 국가가 사회문제 해결을 위해 특정 문화와 종교의 원칙들을 지지해서는 안 되고, 문화와 신념의 차이에 상관없이 합의에 이를 수 있는 최소한의 정치적 가치들을 중심으로 문제 해결을 시도해야 한다고 주장한다.

그렇다면 정치적인 영역에 국한된 최소한의 원칙들로 함께 묶일 수 있는 자유주의의 시민들은 자신의 의지대로 기존의 공동체에서 탈퇴하고 새로운 공동체에 가입할 수 있을까? 자유주의는 다문화 시대를 불가피하게 만든 주요한 현상 가운데 하나인 이민과 정치적 망명에 대해, 즉 자신이 원래 속했던 국민국가의 경계를 넘어서 새로운 공동체로 옮겨가고자 하는 개인들의 희망에 대해, 또는 이들을 거부하거나 그 숫자를 제한하고자 하는 각국의 주장에 대해 어떤 입장을 보여줄까?

오늘날 서구사회에서 점점 폐쇄적인 방향으로 규제를 강화해 가고 있는 이민정책의 가장 대중적인 논리는 복지혜택의 남용에 초점을 맞추는 것이다. 다시 말하자면 이민은 대체로 가난한 나라의 사람들이 보다 부유한 나라로 이주하기를 원함에 따라 나타나는 현상이다. 그들은 부유한 나라로 이주함으로써 교육, 의료, 최저생계비 등 시민들의 세금으로 유지되는 복지혜택을 받게 된다. 이민자들은 더 많은 복지혜택을 받을 수 있는 국가로 몰려들게 되고, 당연히 그 나라의 재정적 부담은 늘어날 것이다. 이러한 상황은 기존의 시민들에게 동등한 시민권의 향유를 보장했던 복지국가의 약속을 지킬 수 없게 만든다. 즉 한 나라의 정책이 다른 나라보다 더 관대하다면 이민자들은 관대한 나라로 더욱 몰리게 되고, 복지부문 및 노동시장에서 이민자들과 직접 경쟁을 벌이면서 피해를 입게 되는 그 사회의 주변계급부터 시작하여 점점 많은 계층들이 복지국가의 정책에 대한 지지를 철회하게 된다. 이러한 현상은 이민의 대상이 되는 정치공동체의 존립 자체를 위협하게 되므로 이민에 대한 규제는 불가피한 것이다.

이처럼 복지국가의 보호를 위해 가난한 나라로부터 부유한 나라로의 이민을 억제하는 것이 정당하다는 논리는 이민당사국의 시민들에게 상당한 설득력을 갖지만 규범적 차원에서 보는 정치적 자유주의의 주장과는 배치된다. 우선 어떤 사람이 가난한 나라의 시민인가 또는 부유한 나라의 시민인가는 도덕적 관점에서 보면 매우 자의적인 자연적 우연일 뿐이다. 따라서 특정 지역에서 태어난 우연을 근거로 하여 자유로운 이주를 통제하는 차별을 정당화하는 것은 성립될 수 없는 논리인 것이다. 롤즈의 정치적 자유주의에서 자유 우선의 원칙에 따르자면 자유는 오직 자유의 이익을 위해서만 제한될 수 있다. 예컨대 무제한의 이민이 혼란과 공공질서의 파괴를 가져온다고 하자. 이러한 상황에서는 기존의 시민과 새로운 이주자 모두 기본 자유가 더욱 악화될 것이다. 이 경우에 이주의 자유를 제한하는 것은 모두의 자유를 위해 정당화될 수 있다. 실제 소수의 나라들은 극우집단의 목소리를 이용하여 이민으로 인한 치안불안의 증가나 범죄의 증가 등을 과장함으로써 규제를 정당화하기도 한다. 그러나 복지국가를 보호해야 한다는 논리에서처럼 다른 사람들의 경제적 부를 증진시키기 위해 자유로운 이주의 권리를 제한하는 것은 어떤 이유에서도 정당화될 수 없는 것이다.[8]

나아가서 롤즈의 차별의 원칙에 따르면, 불평등이 정당화될 수 있는 경우는 오직 그러한 불평등에 의해 가장 불리한 조건에 있는 사람이 이익을 얻을 수 있는 경우로 제한된다. 자유로운 이주의 권리에 이 논리를 대입한다면 여기에서 가장 불리한 사람은 이민을 원하는 외부인이다. 그러므로 잠재적인 이민자가 기존의 시민들보다 더 가난하고, 만약 이민을 허용해서 그들의 경제적 상황이 더 나아질 수 있다면 정치적 자유주의는 기존 시민들의 입장에 미칠 수 있는 어떤 효과와도 상관없이 이주의 권리를 지지해야 한다.[9]

이러한 자유주의적 접근은 1948년에 발표된 유엔의 인권선언(Universal Declaration of Human Rights)에서도 확인될 수 있다. 이 선언의

---

8 Joseph Carens, "Aliens and Citizens : the Case of Open Borders," *Review of Politics*, Vol. 49, pp. 256–259, 1987.

9 물론 롤즈의 정의의 원칙에 근거하여 탈퇴와 가입의 자유를 인정한 이러한 유추는 그의 이론이 출생과 죽음에 의해서만 가입과 탈퇴가 결정되는 닫힌 사회를 전제했다는 점에서 공동체 밖의 외부인이 공동체 안으로 들어오는 문제에 직접 적용하는 것에 대해 반론을 제기할 수도 있다. Joseph Carens, "Immigration and the Welfare State," Amy Gutmann, ed., *Democracy and the Welfare State*(Princeton : Princeton University Press, 1988), pp. 207–230.

13조 2항은 모든 사람은 자신의 나라를 비롯하여 어떤 나라도 떠날 수 있는 자유를 갖는다고 규정하고 있고, 15조 2항은 누구도 자신의 국적을 바꿀 권리를 자의적으로 거부당해서는 안 된다고 규정하고 있다.

그러나 여기에서 우리가 주목해야 할 점은 탈퇴의 자유와 가입의 자유 사이의 차이이다. 즉 유엔선언은 자유로운 이주의 자유 가운데 기존 공동체로부터 탈퇴할 자유에 대해서는 무조건적으로 규정하고 있지만, 새로운 공동체에로의 가입은 자의적으로 거부당하지 않을 권리라는 조건적인 자유로 규정하고 있다.

이와 같은 차이는 탈퇴의 자유가 인간이 자연상태에서 가지는 자연권의 일부로 이해될 수 있는 반면 가입의 자유, 즉 국적을 바꿀 수 있는 자유는 자연권이 아니라 18세기 이후에 존재하기 시작한 시민권의 일부라고 보기 때문이다.[10] 다시 말하자면 새로운 공동체에 가입하고 새로운 국적을 취득하는 문제는 자연권의 일부가 아니라 영국과 미국, 그리고 프랑스 혁명에 의해 탄생한 국민국가로 이루어진 근대세계 질서를 전제로 한 것이다. 따라서 적어도 자유주의가 근대 서구세계의 국가질서를 근본적으로 부정하지 않는 한, 가입의 문제는 무조건적인 천부의 권리가 아니라 이민상대국의 자의적인 거부를 당하지 않을 수 있다는 조건이 붙은 권리가 되는 것이다.

정치적 자유주의는 서구 혁명의 전통과 밀접한 관련을 갖고 있

---

10 Fredrick Whelan, "Citizenship and the Right to Leave," *American Political Science Review*, Vol. 75, No. 3, 1981, p. 163.

고, 정치적 자유주의가 강조하는 서구의 공공 정치문화는 혁명의 전통을 빼놓고는 이해될 수 없다. 이러한 관점에서 합리적인 이유에 의해 공동체에의 가입이 거부될 수 있다는 점을 자유주의가 지지하지 않을 수 없을 것이다. 그러나 여전히 자유주의의 강조점은 이민 상대국이 자의적이지 않다면 가입은 보편적으로 허용될 것이라는 쪽에 있다고 보아야 한다.

3. 자유방임주의 : 비공격성의 원칙

자유방임주의는 자유주의와 마찬가지로 사람들이 선한 삶에 대해 근본적으로 서로 다른 개념을 갖고 있다고 본다. 그러나 그 해결책은 자유주의가 제시하는 것보다 훨씬 급진적이다. 즉 자유방임주의는 서로 다른 삶의 의미와 방식을 추구하는 개인의 자유를 최대한 보호하기 위해서 시민이라는 개념이 갖는 정치적인 의미를 탈색시키고, 공공영역을 자유로운 시장교환에 맡기는 사적 영역으로 전환시켜야 한다고 주장한다. 국가의 역할 또한 개인의 재산권과 개인 간의 계약을 보호하는 최소한의 역할에 그쳐야 한다고 본다.

자유방임주의 세계에서 공동 의사결정은 자발적인 결사나 시장교환, 그리고 사적 활동에 의해 성취될 수 없는 일반 공공재가 필요할 때만 의미를 갖는다. 오직 공동의 접근을 요구하는 공공재의 필요 때문에 우리는 시민이 된다. 따라서 자유방임주의에서 시민이라는 단어는 그 자체로서 의미 있는 개념이 아니다. 이 입장에서는 선택의 자유와 자발적인 계약이라는 최소한의 범위를 넘어서 시민이라는 정의와 시민의 권리에 대해 어떤 합의에 이르러야 한다고 보지 않는다. 누구도 자신 스스로 동의하기 전에는 다른 사람의 필요가 무엇이든지 간에 동료 시민이기 때문에 다른 사람을 도와야 한다는 의무를 갖지 않는다.

예컨대 로버트 노직은 사적 계약을 보호하거나 강제, 도둑, 사기로부터 개인을 보호하는 제한된 역할만을 하는 최소국가의 필요성을 주장한다. 그에 따르면 국가는 일부 시민들이 다른 시민들을 돕게 만드는 데 억압적인 국가기구를 사용하거나 자신의 즐거움이나 자신의 보호를 위한 시민들의 활동을 금지하는 데 그 힘을 사용해서는 안 된다.[11] 노직의 최소국가론은 기본적으로 의미 있는 삶에 대한 노직의 독특한 정의로부터 추론된 것이다. 그에 따르면 한 사람의 삶은 오직 본인 스스로의 선택에 의해 자신의 삶을 형성해 갈 때만 의미를 갖는다.[12] 노직은 복지정책을 펴기 위해 국가가 세금을 거두는 것 역시 정의롭지 못하다고 본다. 이와 같은 재분배는 특정한 사람들을 다른 사람의 이익을 위해 도구로 사용하고 있기 때문이다. 또한 노동으로부터 벌어들인 수입에 대해 세금을 매기는 것은 도둑질일 뿐만 아니라 노예화와 똑같은 것이라고 주장한다.

하이예크의 이론에서도 국가는 오직 다른 사람에 의해 개인에

11 Robert Nozick, *Anarchy, State, and Utopia*(New York : Basic Books, 1974), p. ix.

12 Robert Nozick, *ibid.*, p. 50.

게 강제된 상황을 제거하거나 개인의 자유를 증진시키는 법의 지배를 가져오는 한에서만 정당화될 수 있다. 그렇다면 어떻게 다른 사람에 의한 강제를 방지하는 국가의 역할을 제한하는 것이 가능할까? 특히 사적인 개인에 의해 그런 결과가 가능한 방법은 무엇일까? 하이에크는 개인이 국가와 다른 사람들에 의한 개입으로부터 스스로를 보호하면서 자유를 극대화하는 최선의 방법은 사유재산권을 보호하고 재산의 소유를 장려하는 것이라고 본다. 물질적인 뒷받침은 독점의 힘에 의해 조종당하지 않으면서 자신만의 어떤 계획이나 행동을 하는 데 반드시 필요하다. 그러나 사유재산이 없다면 개인은 곧 돈 많은 타인이나 독점자본에 의해 간섭당하게 된다. 따라서 사유재산권에 근거한 시장경제는 하이에크의 이론에서 개인의 자유를 지키기 위해 가장 핵심적인 수단이다.[13]

요약하자면 자유방임주의는 시민으로서 도덕적 의무감을 전제한 분배적 정의나 국가의 개입을 통한 사회보장이 개인의 독립적인 사고와 개인의 자유로운 선택권을 침해한다고 보고 이러한 형태의 강제적인 외부 개입을 거부한다. 따라서 개인을 시민으로서의 의무감으로 짓누른 사회주의나 공동체의 구성원으로 격하시킨 민족주의 등은 동일하게 조악한 부족적인 감정들로서 위대한 자유방임주의 사회의 달성에 방해가 된다고 본다.[14]

---

13 Robert Nozick, *ibid.*, pp. 140–142.

14 Friedrich Hayek, *Law, Legislation, and Liberty* Vol. 2(Chicago : The University of Chicago, 1976), pp. 133–134.

그렇다면 이와 같은 입장을 갖는 자유방임주의적 개인과 사유재산권의 논의들은 특정 정치공동체로부터의 탈퇴나 가입을 뜻하는 이민에 대해 어떤 함의를 보여줄까? 근대 국민국가의 경계를 인정하는 현실주의적 입장은 '이것은 우리들의 나라이기 때문에 우리 마음대로 이민을 통제할 수 있다'는 주장을 당연한 것으로 전제하고 있다. 이러한 주장은 국가재산권이나 집합적인 재산권을 근거로 하여 외부인을 배제하고 있는 것으로 해석할 수 있다. 그러나 노직은 분명하게 국가의 영토는 시민들의 집합적 재산이 아니라고 말한다. 국가가 그 영토에 대해 합법적으로 행사할 수 있는 통제는 개인 소유자들의 권리를 보호하는 것으로 제한되어야 하는 것이다.[15]

카렌에 따르면 국가는 인간이 자연상태에서 누렸던 권리들을 보호하는 것 이외의 다른 어떤 일들도 행할 권한을 갖고 있지 않다. 개인들은 다른 개인들과 자발적인 교환에 응할 자유를 갖지만 이러한 권리를 시민으로서가 아니라 개인의 자격으로 갖는다. 또한 국가는 이들 사이의 자발적 교환이 다른 사람들의 권리를 침해하는 것이 아닌 한 개입할 권한을 갖지 못한다. 바꿔 말하자면 개인들 간의 자발적 거래가 평화롭고 사유재산을 횡단하거나 훔치지 않는 한, 또는 다른 개인의 권리를 침해하지 않는 한, 국가는 이민을 제한할 어떤 권한도 갖고 있지 못한 것이다.[16]

자유방임주의에서 이러한 주장은 비공격성의 명제(non-aggression

15 Robert Nozick, *op. cit.*, pp. 113–118.

16 Joseph Carens, *op. cit.*, 1987, pp. 252–254.

axiom)라고 불리워진다. 여기에서 공격성이란 개인이나 개인 소유의 재산에 대해 물리적인 폭력을 행사하거나 그 사용을 위협하는 것을 말한다. 국가에 의한 강제력의 사용은 오직 이러한 종류의 공격을 퇴치하는 경우에 정당화될 수 있다. 그러므로 자유방임주의 입장에서 이민을 보는 초점은 개인이나 개인 소유의 재산권을 침해하거나 횡단하는지, 또는 그러한 침해의 위협을 가하는지 여부에 모아진다.

무엇보다도 자유방임주의에서 국경에 대한 개념은 나와 내 이웃의 땅을 구분하는 경계 이상의 어떤 도덕적 중요성도 가지고 있지 않다.[17] 따라서 대부분의 자유방임주의자들은 이민을 규제하려는 움직임에 대해 강력히 반대한다고 보는 것이 논리적으로 타당한 추론일 것이다. 내가 만약 내 땅을 다른 사람에게 세를 놓거나 팔거나 양도한다고 할 때 나는 그러한 계약을 삼가야 할 의무를 갖고 있지 않으며, 국가는 그들이 내부인인지 외부인인지를 확인해야 할 어떤 권위도 갖고 있지 않다. 그러나 반대로 내가 만약 내 땅에 외부인이 들어오는 것을 원하지 않는다면 국가는 외부인이 내 소유의 땅에 들어오는 것을 막을 힘과 의무를 갖고 있는 셈이 된다. 그러므로 자유방임주의의 사유재산권의 논리는 이민에 대한 입장에서 전혀 다른 결론을 가능하게 하는데, 개인 재산 소유권자들이 그들의 땅과 재산에 이민자들이 들어오는 것을 허락하지 않기로 의견을 모은다면 국

---

17 Hillel Steiner, "Libertarianism and Transnationalism," Brian Barry and Robert Goodin, eds., *Free Movement*(University Park : Pennsylvania University Press, 1992), pp. 83–94.

가를 동원한 강력한 통제 역시 가능해지는 것이다.

그렇다면 이민자들이 주로 정치적 · 경제적 자유를 위해서가 아니라 복지혜택을 얻기 위해 오기 때문에 이민은 당연히 통제되어야 한다는 주장에 대해 자유방임주의는 어떻게 반응할까? 월터 블락은 이러한 주장에 반대하는데, 그 이유는 우리가 미래의 어떤 시점에 이민자들이 복지혜택을 받기 위한 대열에 합류할 것이라는 가정 아래 이민을 통제한다면 그것은 알 수 없는 미래에 일어날 행동을 미리 전제하여 현재 시점의 무고한 사람들을 공격하는 것이기 때문이다. 이러한 경우에 이민의 장벽은 무고한 사람들에 대한 물리적인 폭력이 되기 때문에 당연히 자유방임주의의 비공격성의 명제에 비춰볼 때 정당화될 수 없는 것이다.[18]

비슷한 맥락에서 스타이너 역시 먼저 온 사람이 먼저 차지할 수 있다는 명제, 즉 소유되지 않은 사물에 대한 권리는 자연상태로부터 맨 먼저 발견하여 가공한 사람이 정당한 소유자가 된다는 명제에 반대한다.[19] 자유방임주의의 평등한 자유나 자기 소유권의 근본적인 권리는 자연자원은 모든 사람들에게 평등하게 속하는 것이라고 가르친다. 따라서 사람들은 지구의 자연자원에 대해 동등한 지분을 가지며, 이러한 보편적인 소유의 권리를 거부할 어떤 근거도 자유방임주의는 지지하지 않는다. 엑스델 역시 자유방임주의의 사유재

18 Walter Block, "A Libertarian Case for Free Immigration," *The Journal of Libertarian Studies*, Vol. 13, No. 2, 1998, pp. 167–186.

19 Hillel Steiner, *op. cit.*

산권 개념은 모든 개인이 자연으로부터 동등한 혜택을 받을 권리를 가진다는 사실을 지지하는 것이라고 주장한다.[20] 결국 자유방임주의의 입장에서 보면 먼저 정착한 사람들이 복지혜택이나 자연자원에 대해 자신들의 권리를 주장하며 이민을 제한할 수 있는 논리적 근거가 거의 없는 셈이다.

그러나 같은 자유방임주의 입장에서도 존 호스퍼스는 이민에 대해 다른 결론을 지지한다. 그는 강제력을 먼저 동원하지 않는 원칙, 소위 비공격성의 명제가 자유방임주의 세계에서 유일한 규칙은 아니라고 본다. 예컨대 전염 가능한 병을 보유한 사람이나 살인자, 또는 복지혜택을 노리는 이민자를 무조건 받아들여야 되는 것은 아니다. 이민자들은 복지혜택에 대해 처음에는 조금 부끄럽게 생각하지만 곧 보장된 수입을 혜택이 아닌 당연한 권리로 간주하기 시작한다. 따라서 호스퍼스는 어떤 자격도 필요 없는 절대적인 권리(absolute rights)와 반증 가능한 사례들에 의해 입증을 필요로 하거나 또는 다른 조건들에 의해 거부되지 않는 한에서 인정되는 상대적인 권리(prima facie rights)로 나누어 인정해야 한다고 본다. 결국 이러한 논리에 따르면 자유방임주의의 느슨한 국경통제의 전통은 상황에 따라 달라져야 하는 것이 된다.[21]

---

20 J. Exdell, "Distributive Justice : Nozick on Property Rights," *Ethics*, Vol. 87, 1977, pp. 142–149.

21 John Hospers, "A Libertarian Argument against Open Borders," *The Journal of Libertarian Studies*, Vol. 13, No. 2, 1998, pp. 155–157.

4. 공화주의 : 윤리적 실체로서 정치공동체

공화주의는 자유주의 및 자유방임주의와 비교할 때 시민의 정의와 개인의 자유, 그리고 국가의 역할에 대해 매우 다른 입장을 보여준다. 공화주의는 무엇보다도 자유주의의 구속받지 않는 자아, 또는 무연고적 자아(unencumbered self)라는 추상적인 개념이 많은 결점을 가지고 있다고 본다. 물론 개인에 대한 자유주의적 접근이 갖는 해방적인 의미와 동등한 개성의 존중이라는 긍정적인 점은 인정하지만, 공화주의는 한 개인의 정체성 형성에 영향을 미치는 공동체의 역할을 배제한 채 개인을 이해하는 것은 불가능하다고 본다. 따라서 사회적 연대감이나 우리가 선택하지 않았지만 주어진 도덕적 의무 등 우리의 경험 속에서 개인의 삶에 영향을 미치는 모든 맥락을 고려해야 한다고 주장한다.[22]

공동체의 삶 속에서 규정되는 자아라는 공화주의 관점에서 보면 개인의 자유는 공동체의 자치(self-government)에 참여하는 정도에 따라 그 실현 여부가 달라진다. 여기에서 자치에 참여한다는 것은 동료 시민들과 함께 그 사회의 공동선에 대해 토의하고 자신들이 속한 공동체의 운명을 결정하는 데 책임을 공유하는 것을 말한다. 따라서 공화주의 사회에서 시민은 공공안건에 대해 정통해야 하고, 도

22 Michael Sandel, *Democracy's Discontent*(Cambridge : Harvard University Press, 1996), pp. 12–13.

덕적 덕목들을 스스로 체현해야 하며, 공동체에 대한 소속감과 연대감을 가져야 한다.[23]

다시 말하자면 공화주의 전통에서 개인은 자신이 속한 정치공동체의 시민으로서 공공활동에의 적극적인 참여를 통해 비로소 스스로의 자유를 완성시키고, 공동의 정체성을 통해 갖게 되는 시민들 사이의 소속감과 일체감은 궁극적으로 사회정의와 민주주의 실현에 기여한다. 공화주의 전통에서는 국가 역시 자유주의에서 상정되는 중립적 조정자로서의 국가 개념과는 다르게 규정된다. 공화주의 국가는 정치과정의 중요한 참여자로서 정치공동체가 지향하는 가치들을 보호하고 육성하기 위해 적극 개입해야 하는 것으로 상정된다.

스키너는 로마 전통의 공화주의 입장에 서서 우리의 사적인 자유를 극대화시키는 길은 정치적인 활동에 적극 참여함으로써 개인적인 권리보다 앞서는 시민으로서의 의무를 먼저 완수하는 것이라고 주장한다.[24] 스키너는 자유로운 국가를 유지하는데 필요한 토대로서 마키아벨리가 말한 세 가지 시민의 덕목을 예로 제시한다. 첫째, 시민들은 결코 뇌물을 받아서는 안 된다. 뇌물이 난무하는 사회적 부패의 대가는 역사상 언제나 노예로의 전락이었다. 둘째, 시민들은 자신의 공동체를 정복하기 위해 침략하는 외부의 적에 대해 언제든지 맞서 싸울 단호한 의지를 가지고 있어야 한다. 셋째, 모든

23 Michael Sandel, *ibid.*, pp. 5–6.

24 Quentin Skinner, "One Justice, the Common Good and Liberty," Chantal Mouffe, ed., *Dimension of Radical Democracy*(London : Pluto, 1992), p. 215.

시민들은 자신의 정부가 야망에 찬 몇몇 개인이나 자기 이익만을 추구하는 소수집단의 손아귀에 들어가는 것을 막기 위해 반드시 노력해야 한다.[25] 스키너는 시민들이 이러한 세 가지 공공의 의무를 다할 때 비로소 개인의 자유는 유지되고 극대화될 수 있다고 주장한다.[26]

스키너가 로마 전통의 공화주의 이론을 지지한다면 산델은 그리스 전통의 공화주의 입장에서 정치공동체의 역할과 시민의 덕목을 강조한다. 그는 아리스토텔레스의 논의를 따라 정치적 공동체가 단순히 동일한 장소에 거주하는 거주자들의 모임이라는 의미를 넘어선다고 본다. 산델의 정치이론에서 국가의 존재이유는 시민들의 좋은 삶을 위한 것이다. 또한 시민들은 정치적 결사에의 참여를 통해 비로소 자신들의 본성을 실현하고 삶의 최고목표를 성취하게 된다.[27]

산델이 강조하는 시민의 덕목은 종교적 경건성이나 명예를 소중히 여기는 감정, 적극적인 공공활동에의 참여, 공동체에 대한 열정 등을 일컫는다. 물론 산델은 이러한 덕목들이 그 자체로서 이미 좋은 것이기 때문에 특별히 이 덕목들이 어떤 목적을 위해 좋게 쓰여질 때만 그 의미를 갖는 것은 아니라고 본다. 즉 시민의 덕목들은

---

25 Niccolo Machiavelli, *The Discourses* [Bernard Crick, ed.](London : Penguine Books, 1983), pp. 153–165.

26 Quentin Skinner, *Liberty before Liberalism*(Cambridge : Cambridge University Press, 1998), pp. 85–86.

27 Michael Sandel, *op. cit.*, p. 7.

그 자체로서 선한 인간성의 완성을 위해 필요한 요소이기 때문에 정치적인 최선을 확보하기 위한 도구나 수단으로 쓰여질 때만 의미를 갖는 것은 아닌 것이다. 이 입장에서 보면 시민의 덕목과 정치적 참여는 자유를 확보하기 위해 절대적인 요소들이고, 정치적인 존재라는 인간의 본성 때문에 우리는 오직 사회의 공동선을 위해 토론하고 국가의 공공활동에 참여할 때만 자유로워진다.

그렇다면 참여와 공동체를 강조하는 공화주의는 이민에 대해 어떤 태도를 보여줄까? 아마도 시민의 의무와 정치공동체에 대한 소속감을 강조하는 입장으로부터 공화주의가 훨씬 엄격한 가입조건을 제시할 것이라는 사실을 쉽게 예측할 수 있을 것이다. 예컨대 왈쩌는 국민국가의 기존의 시민들은 이민을 통제할 수 있는 도덕적 권한을 갖고 있다고 본다. 그에 따르면 분배적 정의의 문제는 보편적인 인류의 관점보다는 정의에 대해 공동의 이해를 갖고 있고 공동의 문화를 공유하고 있는 특정 정치공동체의 구성원이라는 관점에서 고려되어야 한다. 그는 정의의 원칙 자체가 다양할 수 있다고 본다. 따라서 서로 다른 사회적 재화는 서로 다른 주체에 의해, 서로 다른 절차를 거쳐, 서로 다른 이유에 따라 분배되어야 한다. 이러한 차이는 역사적 · 문화적으로 서로 다른 환경에서 사회적 공동선에 대해 서로 다른 이해를 갖게 된 데 따른 당연한 결과이다.[28]

정의의 원칙 자체가 다양할 수 있다는 입장에서 보면 특정 정치공동체의 구성원은 자신들이 어떤 종류의 공동체를 갖기를 원하

---

28 Michael Walzer, *Sphere of Justice*(Oxford : Martin Robertson, 1983), p. 6.

는가와 우리 공동체의 구성원이 된다는 사실은 무엇을 의미하는가를 기준으로 새로운 가입자를 선택할 수 있다. 즉 새로운 공동체에 가입하고자 하는 이민의 자유는 기존의 생활방식을 유지하고자 하는 정치공동체의 권리에 의해 제한될 수 있는 것이다. 공화주의 전통에서 시민들이 갖는 자치의 권리는 자기 공동체에 고유한 문화, 즉 자신들의 특별한 생활방식을 유지하고자 하는 자기 주장의 권리도 포함된다. 물론 왈쩌는 공동체에의 가입을 제한할 수 있는 권리가 기존 구성원의 탈퇴까지 제한할 수 있다는 것을 의미하는 것은 아니며, 외부인의 절박한 필요에 직면하여 가능한 여유공간이 있음에도 불구하고 무조건 가입을 거부할 수 있는 권리를 의미하는 것도 아니라고 주장한다.[29]

이와 같은 왈쩌의 주장은 카렌의 자유주의적 주장과 비교하면 보다 명확한 차이를 확인할 수 있다. 카렌은 기존 사회와 문화에 미치는 이민의 영향이 기본적인 자유민주주의의 가치를 위협하지 않는 한 이민통제가 도덕적으로 정당화될 수 없다고 주장한 바 있다. 따라서 카렌이 보기에 왈쩌는 이민을 통제할 수 있는 공동체의 단위로서 국민국가가 갖는 도덕적 우위를 보다 강력하게 설명할 수 있어야 한다. 카렌은 이민이 기존 사회의 특징을 바꿀 수도 있지만 그렇다고 해서 아무 특징도 없이 남겨두는 것은 아니라고 주장한다. 이민은 일부에 의해 지지받는 기존의 생활방식을 파괴할 수도 있고, 동시에 또 다른 일부에 의해 지지받는 새로운 문화를 만들어낼 수도

---

29 Michael Walzer, *ibid.*, pp. 32–45.

있는 것이다.[30]

그러나 왈쩌의 분배적 정의의 관점은 분배가 일어나는 경계를 기준으로 외부와 구분되는 세계를 전제한다. 사람들은 이 경계 안에서 우선 자기의 동료들과 사회적 재화를 공유하고 분배 · 교환한다. 오늘날 세계에서 이러한 교환과 분배가 이루어지는 지배적인 공동체의 단위는 국민국가이다. 따라서 국민국가는 새로이 구성원이 되기를 원하는 외부인에게 시민이 되는 자격조건을 제시할 수 있고, 조건을 충족시키지 못하는 경우에 가입을 제한할 수 있는 것이다. 무엇보다도 지배적인 정치공동체로서 국민국가는 이민을 통제할 만한 현실적인 힘을 갖고 있다. 그렇다면 국민국가는 그 현실적인 힘에 버금가는 도덕적 중요성도 갖고 있을까? 카렌이 요구하는 국민국가의 경계가 갖는 도덕적 중요성에 대해 밀러는 규범이론 차원에서도 국민국가의 역할이 충분히 정당화될 수 있다고 주장한다.

왈쩌와 마찬가지로 밀러도 국민국가의 중요성에 대해 윤리적 보편주의와 특수주의라는 두 가지 분류를 중심으로 논의를 전개한다. 윤리적 보편주의는 도덕의 주체를 특정한 집단이나 제도에 소속된 개인이 아닌 일반적인 힘과 능력을 소유한 추상적인 개인으로 본다. 예컨대 롤즈 이론의 초기 상태(original position)에서처럼 윤리적 보편주의의 모든 주체들은 자신의 정체성이나 소속감, 개인적인 가치 등에 대한 지식을 전혀 갖지 못한 상태에서 정의의 원칙을 선택할

---

30 Joseph Carens, *op. cit.*, 1987, pp. 262-271.

것을 요구받는다.[31]

반면 윤리적 특수주의는 모든 주체들이 이미 다른 주체 및 집단과 다양한 약속 또는 의무를 맺고 있다는 사실로부터 윤리적 추론을 시작한다. 이 입장은 사회적인 제도로서 윤리적인 삶은 사랑이나 자존심, 부끄러움 등의 감정과 순전히 합리적인 신념이라는 개인의 복합적인 동기를 인간의 자연스러운 본성으로 동시에 반영해야 한다고 본다.[32]

밀러는 윤리적 특수주의 관점에서 국민국가의 경계는 도덕적으로 중요하다고 주장한다. 우리가 우리의 동료 시민에게 지는 의무는 그들이 우리의 가까운 동료라는 이유만으로도 외부인에 대해 지는 의무보다 훨씬 무겁다. 반면 우리는 단지 지구상의 동료 인간이라는 이유만으로 다른 사람이 그의 필요에 따라 나에게 정의를 요구할 수 있는지에 대해 어떠한 합의에도 이르지 못하고 있다. 다시 말하자면 세계적 차원의 분배적 정의가 아직 비현실적이라는 점에서 우리는 지구라는 하나의 정치공동체를 갖고 있다고 말할 수 없는 것이다. 밀러에 따르면 보다 현실적인 정의에 관한 선택은 훨씬 작은 단위인 가족이나 종교사회, 국민국가 등에서 일어난다. 그러나 너무 작은 단위의 공동체는 그 자원의 한계로 말미암아 의미 있는 분배 자체가 지속되기 어렵고 너무 큰 단위의 공동체는 분배에 대한 합의를 이끌

---

31 David Miller, "The Ethical Significance of Nationality," *Ethics*, Vol. 98, 1988, p. 649.

32 David Miller, *On Nationality*(Oxford : Oxford University Press, 1995), pp. 50-58.

어내기가 쉽지 않다. 밀러는 이러한 제약들 가운데서 국민국가가 유일하게 현실적인 분배적 정의의 단위로 기능하고 있다고 본다.

밀러가 보기에 오늘날 국민국가는 국가정체성의 공유를 통해 다양한 집단들 사이에 필요한 신뢰와 집단의 범주를 넘어서는 연대를 제공해 주는 유일한 공동체이다. 따라서 밀러는 시민들 사이에 공유되는 국가정체성이 사회정의와 민주주의 실현이라는 정치적 목표를 가능하게 해주는 전제조건이라고 본다. 무엇보다도 국가정체성은 상호 이해를 증진시킬 수 있는 공동의 자산을 제공해 준다. 밀러는 이러한 관점에서 하버마스가 주장하는 헌법애국주의의 한계를 지적한다. 즉 관용의 원칙이나 법의 지배, 표현의 자유, 시민의 동의에 기초한 정부 등으로 구성된 헌법애국주의의 원칙들은 헌정의 기본 요소들을 똑같이 갖고 있음에도 불구하고 역사적으로 존재해 온 정치공동체 사이의 경계를 설명하지 못하고, 법의 지배를 채택한 많은 근대의 민주국가들이 서로 다른 정체성을 갖는 이유도 설명하지 못한다. 즉 국가정체성은 각 정치공동체가 갖는 고유한 문화와 전통을 반영하여 시민들 사이에 공유된 의식으로서 헌법애국주의의 원칙들보다 훨씬 두터운 개념인 것이다.[33]

따라서 밀러는 국민국가가 갖는 이와 같은 윤리적 중요성 때문에 국가의 역사를 다루는 공통의 교과과정이 반드시 필요하고 공통의 언어 역시 필요하다고 본다. 이러한 입장은 이민자에게 공동체가 이제까지 성취한 역사와 문화에 대해 일정한 수준의 지식을 가질

---

33 David Miller, *op. cit.*, 1988, p. 163.

것을 당연히 요구한다. 또한 국가의 공공 안건이 무엇인가와 국가가 요구하는 의무가 무엇인가를 충분히 인식하고 국가로부터 부과되는 사회적 의무를 기꺼이 준수할 마음가짐을 요구하게 된다. 바꿔 말하자면 도덕적 정당화가 가능할 만큼 중요한 의미를 갖는 국민국가의 경계를 아무 조건 없이 횡단할 수 있다는 주장은 공화주의 전통에서는 성립될 수 없는 것이다.

그렇지만 밀러가 이민에 대해 완전히 닫힌 사회를 상정하는 것은 아니다. 그는 국가정체성이 고정된 실체가 아니고 시간이 지남에 따라 다양한 문화집단의 유입에 의해 영향을 받고 변해가는 유동적인 것이라고 본다. 따라서 보다 엄격한 조건에 의해 이민이 허용될지라도 이민자들이 단순히 기존 사회의 문화에 대한 수혜자로서 머무는 것이 아니라, 그 사회의 미래를 결정하는 하나의 변수로서 자신들의 역할을 할 것이라고 기대한다. 즉 국민국가의 경계는 중요하지만 그 경계 안에서 이루어지는 활동은 모든 집단들이 서로 조우하는 기회와 우연 속에서 변해가는 것이고, 고정된 지배적인 정체성이 항상 지속되는 것은 아니라고 보는 것이다.

5. 결론 : 경계와 시민권의 두 얼굴

20세기의 이데올로기 대립은 인류의 상상력을 위축시켰고, 언어표현의 규격화를 통해 우리의 비판의식을 마비시킴으로써 결국 극단적인 세계전쟁을 불러일으켰었다.[34] 이러한 의미에서 20세기를 야만의 시대라고 부른다면 오늘의 세계 역시 인종과 문화의 차이에 바탕한 국지적인 분쟁과 폭력이 끊임없이 이어지고 있다는 점에서 야만의 시대이다. 이데올로기를 중심으로 자본의 카르텔을 봉쇄하던 사회주의 진영의 몰락은 자유주의의 승리와 함께 자본과 노동의 급속한 세계화를 가져왔다. 자본은 국민국가의 경계를 무너뜨리면서 이윤을 좇아 이동하고 노동은 고용의 기회를 찾아 국경을 넘고 있다. 자본에 비해 노동의 이동은 상대적으로 경직성이 더하지만 누구도 이제 자본과 노동의 세계적인 이동을 완벽하게 통제하지는 못할 것이다.[35]

이와 같은 현실은 다시 말하자면 어떤 국민국가도 새로운 인

---

34 김남국,『부하린 : 혁명과 반혁명 사이』(서울 : 문학과 지성사, 1993).

35 1973년 오일쇼크 이전까지 서구의 선진국들은 급속한 경제발전에 따른 노동력 부족을 보충하기 위해 상대적으로 느슨한 이민정책을 실시해 왔다. 그러나 1973년을 기점으로 자국의 산업현장의 필요에 따른 인력을 계산해 이주노동자의 쿼터를 정하는 노동허가제를 실시해 오고 있고, 따라서 이민의 대부분은 정치적 망명과 기존 이주자의 가족결합이라는 인도주의적 차원에서 이루어지고 있다. 우리나라는 대략 1987년 이후로 이주노동자들이 입국하기 시작했지만 1991년까지는 체계적인 정책이 없었다. 그 후 1991년 11월 산업연수생 제도를 도입했고, 2004년 8월부터 고용허가제를 실시하고 있다. 우리나라와 서구의 이민정책에서 볼 수 있는 공통점은 모두 자국의 필요에 의해 인력수급을 결정하여 이주노동자의 입국을 허가한다는 점이고, 그러나 동시에 어떤 나라도 이주노동자의 입국과 입국 이후 거주기간을 완벽하게 통제하지 못하고 있다는 점이다. 따라서 불법체류자가 끊임없이 생겨나고, 정부는 강제추방을 시도하다가 결국 다시 이들의 존재를 양성화하는 법적 조치가 반복되고 있다.

종과 문화, 그리고 종교의 유입을 완벽하게 통제할 수 없다는 사실을 의미한다. 이방인과 새로운 문화의 유입은 기존 시민들과의 사이에 문화갈등을 불러일으킨다. 한편으로 세계 시민의 이상을 찬양하는 국민국가는 영내의 불안정성을 제거하기 위해 경계의 통제를 강화하고, 상대방이 자신들의 문화적 전통을 위협할지도 모른다고 생각하는 다수집단은 지배적인 지위를 유지하기 위해 흡수와 동화를 강조한다. 이제는 세계 곳곳에서 흔한 일이 되었지만 인종과 문화에 근거한 배타적인 시민권의 강화는 놀랍게도 사소한 인권침해는 물론이거니와 상상을 초월한 폭력과 학살의 비극을 가져오고 있다.

프랑스 혁명 이후 근대 세계질서를 형성한 국민국가의 경계는 보편적인 인권을 보장하고 민주주의를 가능하게 만든 정치공동체라는 차원의 긍정적인 의미와 경계를 중심으로 외부와 구별되는 문화적 배타성을 심화시켰다는 차원의 부정적인 의미를 함께 갖고 있다. 다시 말하자면 근대 국민국가는 동질적인 문화에 기반한 대내적 사회통합을 통해 정당성의 문제를 해결하고 궁극적으로 민주주의를 가능하게 만든 진보적인 결사체였지만 인종과 문화를 중심으로 외부에 대해 배타성을 심화시킴으로써 자신의 정당성을 스스로 훼손할 수 있는 가능성을 항상 안고 있었다.

경계와 시민권의 어두운 면을 생각한다면 나라와 나라 사이의 국경이 갖는 도덕적 중요성이 나와 내 이웃 사이의 경계가 갖는 중요성보다 더 나을 것이 없다는 자유방임주의 입장은 매력적이다. 비록 개인이 소유한 땅의 횡단 가능 여부를 해당 재산 소유자에게 허락을 받아야 한다고 할지라도, 국민국가의 경계를 중심으로 구성되어 있는 엄연한 현실세계의 벽을 이보다 더 통쾌하게 부정하는 논리를 찾기는 쉽지 않을 것이다. 물론 집단과 국가의 역할을 부정하는 자유방임주의의 전통은 다문화사회의 서로 다른 개인들이 어떻게 상호 신뢰를 유지할 최소한의 토대를 찾을 수 있는지에 대해 답을 제시하지는 않는다.

윤리적 공동체로서 국민국가가 갖는 중요성을 강조하는 공화주의 입장에서 보면 서로 다른 문화와 서로 다른 정의의 원칙이 작동하는 공간을 나누는 경계의 의미는 매우 크다. 이 경계 안에서 시민들은 비로소 동료 시민과의 신뢰와 사회적 연대를 바탕으로 공동체를 위한 희생을 기꺼이 받아들이게 된다. 따라서 경계에 대한 통제의 강화와 동료 시민이 되고자 하는 사람들의 자격에 대해 묻는 것은 당연한 것이다. 그러나 공화주의 전통은 시민으로서의 일체성과 동질적인 문화에 대한 강조 속에서 다수의 전제 가능성과 문화적 소수에 대한 억압의 가능성을 항상 안고 있다.

반면 자유주의 전통은 탈퇴의 자연권과 가입의 시민권을 말한다. 자유주의는 소수인종이나 소수민족의 권리를 따로 규정하기보다는 인간으로서의 보편적인 권리를 지속적으로 언급하고 있다. 예컨대 자유주의 원칙에 기반한 유엔인권선언은 개인의 기본 인권이 확고하게 보장된다면 민족이나 인종의 특수성에 따른 특별 권리를 부여하지 않아도 모든 인권이 보호될 수 있을 것이라는 신념을 강조하고 있다. 그러나 보편적인 인간의 권리로서 자유로운 이전이 경계에 부딪힐 때 자유주의는 새로운 국민국가에의 가입은 근대 세계질서를 전제로 한 시민권의 문제라고 말한다.

보편적인 인권의 관점에서 보면 경계의 벽은 낮아져야 할 것이다. 그러나 이제까지 우리가 확보한 민주주의의 경험은 경계의 문제가 해결된 다음에서야 비로소 민주주의가 가능했다는 사실을 보여준다. 즉 정치체제의 정당성과 재분배에 대한 시민들 사이의 동의는 공동의 정체성을 공유한 특정한 공간 안에서만 가능했다. 물론 경계를 확장하고자 하는 실험도 꾸준히 있어왔다. 하지만 통합의 대표적 사례인 유럽연합도 시민의 자격은 기존 회원국가의 시민으로 한정한다고 규정하여 새로운 경계를 분명히 하고 있다. 다시 말하자면 유럽연합의 현실은 경계를 무너뜨린 것이 아니라 경계를 넓혔다는 표현이 더 적절할 것이다. 그 결과 유럽 내부의 차이는 낮아지지만 유럽과 비유럽 사이의 경계는 더욱 높아져 간다. 즉 유럽연합의 경계는 그 넓이에서만 차이를 보일 뿐, 국민국가 사이의 경계와 똑같은 성격으로 재생산되고 있는 것이다.[36]

유럽이 통합을 지향하면서도 경계의 문제를 분명히 하는 것은 경계 안의 시민들이 다수결의와 소수의 권리보호라는 두 개념을 중심으로 이루어지는 민주적인 의사결정에 승복할 수 있을 정도의 사회적 연대감을 유지해야 한다는 현실적인 필요를 반영하고 있다. 사회적 연대감은 공동의 문화와 역사적 정체성을 갖는 경우에 더 쉽게 유지될 수 있다. 따라서 공동의 경험과 유산을 근거로 하여 경계를 분명히 하고 시민의 자격을 강화하려는 시도는 정치공동체의 유지

36 김남국, "영국과 프랑스에서 정치와 종교 : 주시디 사건과 헤드스카프 논쟁을 중심으로," 『국제정치논총』 제44권 4호, 2004.

를 위해 불가피한 일이다. 그러나 이 과정에서 내부와 외부의 이방인을 향해 높아지는 경계의 벽은 유럽이 지향하는 민주주의의 궁극적인 이상과는 배치된다. 다시 말하자면 이주노동자나 난민자격으로 유럽에 거주하는 2천만 명에 이르는 제3국 시민들의 배제는 여전히 통합과정에서 유럽의 민주주의를 위협하는 과제로 남게 되고, 비유럽을 향한 거대한 유럽의 발언은 유럽 밖의 나라들에게 국민국가의 경계가 더욱 확장되고 강화된 형태로 재생산되고 있다는 사실을 실감하게 만든다.

새로운 문화와 종교, 인종의 유입에 따라 돌이킬 수 없는 추세가 되고 있는 다문화 시대의 등장은 경계 안의 배타적인 지위로서 시민권을 강화하는 일이 경계를 넘어서는 보편적인 인권의 논리와 어떻게 양립할 수 있는지에 대해 끊임없이 질문을 제기하고 있다. 경계의 높이와 보편적인 인권의 존중에 대해 묻는 이 질문 앞에는 인류의 보편성과 세계성이 경계를 중심으로 철저하게 구획된 근대국민국가의 출현에 의해 본격적으로 고양되기 시작했다는 역설이 자리 잡고 있다. 따라서 누구도 국경을 철폐하고 완전한 이주의 자유를 실현하자고 주장하지 못하지만, 동시에 어떤 사람도 국경을 철저히 봉쇄하고 이주자의 인권을 무시하자고 주장하지도 못한다.

우리나라의 현실 역시 이제 이러한 갈등상황으로부터 자유롭지 못하다. 재외동포들과 탈북자들은 보다 나은 기회를 찾아 한국에 입국하기를 희망하고, 2007년 현재 약 47만여 명의 이주노동자가 국내에 체류하는 가운데 약 6만 4천여 명이 불법체류자로 분류되고 있다. 우리나라도 이제 어떻게 하면 보편적인 인권존중과 합리적인 국경통제 사이의 균형을 유지할 것인가라는 문제를 고민해야 하는 시점에 이른 것이다. 이 글에서 살펴본 시민권과 경계를 둘러싼 이론적인 논의들은 무엇보다도 국민국가의 경계가 민주주의 완성에 기여했던 긍정적 차원의 의미를 실현하는 일, 즉 개인의 자유와 존엄 및 기회의 평등을 보장하고, 궁극적으로 경계의 가치에 이의를 제기할 수 없을 정도의 민주적인 정치공동체를 만드는 일이 중요하다는 점을 보여준다. 다시 말하자면 국경통제가 그 정당성을 얻기 위해서는 국민국가의 경계가 갖는 의미의 긍정적인 차원, 즉 사회통합과 정치적 정당성을 해결함으로써 민주주의를 가능하게 만든 진보적 결사체라는 점이 충분히 구현되어야 한다. 또한 이와 동시에 부정적인 차원, 즉 인종과 문화를 중심으로 외부에 대해 배타성을 심화시킴으로써 자신의 정당성을 스스로 훼손할 수 있는 가능성을 최소화하려는 노력을 필요로 하는 것이다.

5장 / 성 평등의 정치

임혜란

1. 문제제기

성 억압(Sex Oppression)은 과연 아직 존재하는가? 아이리스 영은 성 억압현상을 구조적 현상으로 이해하며 이를 5가지 차원에서 설명하고 있다. 첫째, 성 억압은 착취(exploitation)현상으로 이해 가능하다. 여성은 결혼이란 계급관계의 구조에 편입됨으로써 다양한 노동력과 서비스를 제공한다. 이를 통해 남성의 권력은 증진된다. 둘째, 성 억압은 주변화(marginalization) 현상으로 이해된다. 여성은 물질적 박탈을 경험함으로써 소외되고 압제받는다. 여성은 주변화됨으로써 자긍

* 이 글은 2011년 10월 『여성학연구』 21권3호에 게재되었음.

심을 잃게 되며, 자신을 무용지물의 존재로 인식한다. 셋째, 성 억압은 여성의 무권력(powerlessness) 현상을 의미한다. 여성은 비전문직 노동영역에 집중되어 있으며, 그로 인해 전문성, 영향력, 존경과 같은 권력(power)을 상실한다. 넷째, 성 억압은 문화적 제국주의(cultural imperialism) 현상으로 지배적 집단의 경험과 문화를 규범으로 보편화하는 것을 의미한다. 지배집단과 소외집단을 구분하며 소외집단에 대한 편견이 존재하여 소외집단이 잘못된 자아정체성을 갖게 한다. 마지막으로 성 억압은 여성과 같이 힘없는 소수자 집단에게 가해지는 물리적 폭력을 의미한다. 이러한 억압은 집단적이며 구조적인 특성을 보인다.[1]

성 억압현상은 국가와 지역에 따라 다르다. 그러나 성 억압현상은 시공을 초월한 어느 정도의 보편성을 지녀왔다. 인류사회는 20세기를 거치면서 상당할 정도의 여성권한을 증진시켜 왔다. 최초의 여성 투표권 승인 국가는 1893년 뉴질랜드였다. 영국은 1918년, 미국은 1920년, 그리고 한국은 1948년에 최초로 여성의 공식적인 참정권을 획득했다. 한국은 제헌국회 이래 제16대 국회까지 여성 국회의원의 비율이 평균 6.4%에 불과했다. 그러나 2004년 제17대 국회의원 총선에서 비례대표 후보의 50%가 여성에게 할당되는 제도 도입 이후부터 여성의 국회의원 비율은 처음으로 10%를 넘게 되었다. 2008년 18

---

1 Iris M. Young, "Humanism, Gynocentrism, and Feminist Politics," in Elizabeth Hackett and Sally Haslanger, eds., *Theorizing Feminism*(Oxford : Oxford University Press, 2006).

대 총선에서는 13.7%의 여성의원이 당선되었다. 2010년 지방선거 결과는 18.7%에 달해 여성의원 비율은 국제기준의 평균을 향해 가고 있다.[2]

여성 참정권이 승인된지 그리 오래되지 않았지만 세계는 조용한 혁명이 진행되고 있다. 전 세계는 여성들의 약진현상을 경험하고 있다.[3] 이러한 현상은 세계뿐만 아니라 한국 사회에서도 진행되고 있다. 교육과정 전반에서 여성의 약진을 발견할 수 있을 뿐만 아니라, 사회진출을 위한 다양한 국가고시에서도 절반이 여자로 채워지고 있다.[4] 혹자는 최근 여성의 약진현상과 관련하여 여성할당제 정책이 남성에 대한 역차별이라고 비판한다. 더 나아가 여성의 권리가

---

2 국제의원연맹(IPU)이 발표한 세계 여성 국회의원 평균은 2011년 19.2%에 달하고 있다. 북구는 41.6%, 미국 22.4%, 유럽 21%, 아프리카 19%, 그리고 아시아는 18%이다. 전진영, "여성의원은 양성평등법안을 더 지지하는가?,"『의정연구』 제28권, p. 188 ; www.ipu.org

3 학력에 있어 여성의 상대적 우위현상은 수년째 이어져 왔다. 미국에서는 이미 대학진학에서 여학생들이 남학생을 앞질렀다. 대학진학에서 여학생들은 그 숫자만 늘어난 것이 아니라 우수졸업자 등에서도 우월한 역량을 보여줬다. 미국은 학사에 이어 석박사학위를 취득한 수에서 남성을 추월했다. 2010년 미국 인구통계 자료에 따르면 학위소지자가 여성이10,572,000명으로 10,483,000명인 남성을 앞질렀다. 미국 학교에서의 여풍현상은 사회 내 로스쿨 여성 입학률에서도 이어져 2002년을 기점으로 50%를 넘어섰다. 한국에서도 여성의 석사취득자가 절반을 차지하는 것으로 나타났다. 조선일보, 2011. 4. 28.

4 2009년 행시는 여성 합격률이 46.7%를, 2010년 외무고시 여성 합격률은 60%를 차지했다. 사법고시 역시 2009년 35.3%가 여성 합격자이며, 판검사 임용에는 여성이 절반을 차지했다. 여성신문, 2010. 7. 2.

이처럼 진전되었는데 아직도 풀어야 할 문제가 있느냐고 반문할는지도 모른다.[5]

한국 사회는 '알파걸'이란 말을 대중화시킬 정도로 역동적인 발전을 이뤄냈다.[6] 여학생의 대학진학률이 2011년까지 2년 연속 남학생을 앞질렀고, 여성의 전문직 진출이 남성보다 빠르게 늘고 있다. 그러나 우먼파워는 커졌으나 남녀 간 차이는 여전하다. 여성의 임금은 남성의 70% 수준에도 못 미쳤으며, 임시나 일용직 고용비중이 남성보다 높아 여전히 남녀 간 차이가 지속되고 있다. 한국 사회는 여성의 경제활동 인구가 2005년 이미 1천만 명을 넘었지만 여성 임금노동자의 2/3는 비정규직이다. 비정규직 중에서도 여성은 고용불안, 저임금 등 남성보다 더 나쁜 조건에 놓여 있다.[7] 사회 각 분야에서 여풍이 화제가 되고 있지만 정작 여성을 길러내는 대학들은 여풍의 사각지대에 놓여 있다. 2010년 국 · 공립 여교수 비율은 여전히

---

5 양성평등을 넘어 여성상위 시대인데 무엇을 더 이야기하는가라는 반응이 절대적이다. "우리 사회 양성평등의 오해와 진실," 오마이뉴스, 2008. 10. 14.

6 알파걸(Alpha Girl)은 학업, 운동, 리더십 모든 면에 있어서 남성을 능가하는 높은 성취욕과 자신가을 가진 여성을 뜻하는 용어이다. 미국 하버드대 아동심리학과 교수 댄 킨들러의 2006년 저서 『새로운 여자의 탄생-알파걸』에서 처음으로 사용된 말이다. 댄 킨들러 교수는 알파걸을 '학업과 운동, 인간관계와 리더십에서 탁월한 능력을 보이며 남성을 능가해 질주하는 여성'이라고 설명했다. 비슷한 말로 일본의 하나코상, 한국의 골드미스 등이 있는데, 모두 여성의 능력이 남성보다 우위에 있고 사회적 지위를 갖춘 능력이 있는 여성들을 이르는 말이다.

7 김영순, "비정규적 여성 노동자의 사회권을 통해 본 한국의 젠더 체계,"『사회보장연구』제26권 1호.

12.60%에 머물러 있다.[8] 2009년 한국은 문해율, 취학률, 기대수명 등을 바탕으로 조사한 남녀평등지수(GDI)에서는 155개국 중 25위로 상위권을 차지했으나 정치 및 경제분야의 여성 참여 정도를 나타내는 '여성권한척도'에서는 109개국 중 61위로 중하위권에 머물렀다.[9] 현재는 여성 권리 확보에 있어 절반의 승리를 거둔 상황이다. 그러나 여성의 권리가 발전됨에 따라 동시에 여러 분야에서 여성할당제를 지속하다 보니 오히려 남성에 대한 역차별이라는 반론이 제기되고 있다.[10] 최근 군복무 가산점제 재도입을 둘러싸고 있는 논쟁은 여성과 남성에 대한 공평한 대우가 무엇인가를 다시 한 번 생각해 보게 한다.

성 억압현상을 해소하기 위해서 성평등운동이 지속되어 왔다. 성 평등(sex equality)이라는 개념 자체는 모순을 반영한다. 성(sex)은 생물학적 성의 개념으로 '차이'를 의미하며 평등(equality)은 '같음'을 의미한다. 서로 다른 것에 대한 같은 대우란 모순적일 수 있다. '정의'

8 자료출처는 교육과학기술부와 한국교육개발원에서 발간하는 교육통계 연보이며, 교육통계 서비스(http ://cesi.kedi.re.kr) 사이트에서 확인 가능하다.

9 여성권한척도(Gender Empowerment Measure)란 유엔개발계획(UNDP)에서 국가별로 여성의 정치·경제 활동과 정책과정에서의 참여도를 측정하여 고위직에서의 남녀평등 정도를 평가한 것이다.

10 예를 들면 최근 서울시가 지하철 여성 안전 칸을 운영하려는 시도에 대해 일각에서 남성 역차별이라는 불만이 제기되고 있다. 2007년에도 6, 7호선에 여성 전용 칸을 부활하려는 방안이 추진됐으나 남성에 대한 역차별이라는 반대여론에 밀려 무산된 바 있다.

(justice)란 서로 다른 것에 대한 다른 대우를 의미할 수 있지만 이에 대한 심도 있는 논의가 필요하다. 성 평등을 위해 발전된 이론적 시각엔 다음과 같이 서로 상반된 이분법적 주장이 존재해 왔다. 여성은 남성과 똑같아지기 위해 투쟁해야 하는가, 아니면 남성들과 차이가 있다고 인정해야 하는가? 여성들은 성차를 거부하고 자신들이 남성들과 똑같다는 것을 근거로 동등한 권리를 주장해야 하는가, 아니면 반대로 여성들은 동등하지만 다르며 특수하게 여성적인 특질들을 남성적인 특성만큼 가치 있고 중요한 것이라고 주장해야 하는가? 차이를 거부해야 하는가, 아니면 차이를 강조하고 그것에 긍정적인 가치를 부여해야 하는가? 이러한 논쟁은 페미니즘 내에서 최소주의자와 최대주의자의 논쟁으로 진행되어 왔다.[11] 최근 한국 사회에서는 이러한 평등과 차이에 대한 논쟁을 반영하는 정책이 시도되어 왔다. 정부는 성 인지정책 및 여행도시(女幸도시) 프로젝트를 통해 같음과 차이에 대한 정책적 고려를 반영하고 있다.[12] 성 인지

---

11 남녀 사이의 차이를 최소화함으로써 여성 틀이라는 범주를 잠식하는 최소주의자와 여성의 힘을 돋우기 위해서 여성들이라는 범주를 재생시키고 재평가하는 최대주의자간의 논쟁이다. 제인 프리드먼, 이박혜경 역, "평등인가 차이인가 : 페미니즘의 영원한 문제,『페미니즘』(서울 : 도서출판 이후, 2002).

12 여성과 남성의 경제 · 사회적 역할과 상황, 수요 등의 차이를 고려하지 않는 국가 재정운용은 성 불평등한 요소를 지속시켜 재정의 효율성을 저해하는 요인으로 작용할 수 있다. 이러한 맥락에서 우리나라는 국가 재정법을 통해 성인지 예산(gender responsive budgeting, gender sensitive budget) 제도를 도입한 바 있다. 우리나라에서는 2006년 국가재정법에서 성인지 예산서 및 성인지 결산서의 제출의무 근거조항을 마련하였다. 이에 따라 2009년 우리 정부는 29개 중앙

정책에 의하면 남녀의 차이를 고려하는 정책이 효율적이며 양성평등한 결과를 가져온다고 보고 있다. 특히 군가산점제와 같은 이슈는 사회적 논쟁과 관심을 가져왔지만 같음과 다름에 대한 사회적 논의와 합의가 아직은 잘 이뤄지고 있지 않다는 점에서 본 연구의 필요성을 찾아볼 수 있다.

본 연구는 성 평등과 관련된 같음과 차이의 논지를 각각 살펴보고, 이러한 논쟁이 최근 논란이 되고 있는 다양한 정치사회적 이슈를 어떻게 이해할 수 있는지 그 이론적 · 실천적 함의를 이끌어내는 데 그 목적이 있다. 제2절에서는 같음의 논쟁을, 제3절에서는 차이의 논지를 각각 살펴본 후 제4절에서는 이러한 논쟁을 넘어서서 어떤 대안적 시각이 가능한지 살펴본다. 제5절은 이 글의 요약과 함의를 제시해 볼 것이다.

부처에서 수행하는 사업 중 195개, 7조 3,144억 원의 사업에 대해 성별 분석내용을 담고 있는 2010년도 성인지 예산서를 처음으로 작성하여 국회에 제출한 바 있다. 여행 프로젝트는 여성이 행복한 도시 프로젝트 : 여행(女幸) 돌보는 서울, 일 있는 서울, 넉넉한 서울, 안전한 서울, 편리한 서울의 5개 분야로 구성되었으며, 다양한 세부 프로젝트를 추진하는 것으로 성적 불평등에 대한 인식을 넓히고 여성 이용자가 보다 편리하게 복지 서비스를 이용하도록 함에 있다.

2. 평등의 시각

평등의 시각은 여성이 성차 및 여성성을 거부하고 남성과 같아져야 한다는 입장이다. 대표적인 이론으로는 자유주의적 페미니즘, 인본주의적 페미니즘을 들 수 있다.[13] 자유주의적 페미니즘은 이성을 보편적 인간의 본성으로 전제하며, 성 · 계습 · 인종 등의 차이를 넘어서 오직 이성적 능력에 의해 모든 인간을 동등하게 대우한다는 논의를 기본 전제로 한다. 자유주의 페미니즘에 기반을 둔 여성운동은 20세기 초 서구 여성들이 참정권을 획득할 수 있게 하는 데 기여했으며, 법 · 제도 차원에서 여성의 권익을 확보하는 데 중요한 역할

---

13 일반적으로 페미니즘은 자유주의, 맑스주의, 급진주의, 사회주의, 포스트모더니즘, 페미니즘으로 분류할 수 있다. 이는 연대기적 순서에 따른 분류로 제1기 페미니즘은 자유주의와 맑스주의 페미니즘을 포함한다. 19세기부터 20세기 초에 걸쳐 일어난 여성운동 사조이다. 제2기 페미니즘은 20세기 초부터 1970년대에 걸쳐 일어난 여성운동으로 급진주의와 사회주의를 포함한다. 제3기 페미니즘은 1980년대 말 이후 기존의 페미니즘이 서구사회의 백인 중산층 여성의 특수한 삶을 반영할 뿐 노동자, 흑인, 제3세계 여성의 삶은 간과하는 문제를 보인다고 비판한 포스트모더니즘 시각을 포함한다. 본 연구에서 논의하는 인본주의 페미니즘은 또 다른 분류로 같음과 다름의 시각을 대변하는 기준에 의한 것으로 19세기 중엽부터 참정권 획득기인 1920년대까지의 사조들 의미하며 같음의 시각에 속한다. 따라서 자유주의 페미니즘도 이에 속한다. 다름의 시각을 나타내는 사조는 Gynocentrism의 시각으로 분류한다. 이구표, "성과 정치," 『현대 정치의 이해』(서울 : 인간사랑, 2003) ; Elizabeth Hackett and Sally Haslanger, eds., *Theorizing Feminism*(Oxford : Oxford University Press, 2006).

을 담당했다.

울스턴 크래프트(Mary Wollstonecraft), 밀(J. S. Mill)과 같은 자유주의 이론가들은 여성이 남성에 비해 이성적 능력이 부족한 것은 본성 때문이 아니라 전근대적인 관습, 제도, 교육, 사회활동의 기회가 제한되어 있었기 때문에 여성에게도 이성적 잠재능력을 개발할 수 있는 기회를 제공해야 한다고 강조했다. 밀은 여성의 종속이 인류역사의 진보를 가로막는 걸림돌이라고 주장했다. 인간은 자유인으로서 해방되어 인류역사의 진보가 진행되었으나 여성의 종속은 아직도 변화하지 않았으며, 이것이 역사진보의 방해가 되었다. 밀은 여성의 종속이 물리적 힘의 차이에 근거한 남녀 종속관계가 제도 및 법으로 구축된 데에서 기인한다고 보았다. 그러나 밀은 여성은 남성과 동등하지만 동시에 다르다는 역설을 강조한다. 여성은 본성상 남성에 비해 감성적이기 때문에 사회적으로 다른 기능인 아내, 어머니 역할을 수행하기가 보다 적합하다고 가정한다.[14]

인본주의적 페미니즘에 속하는 보봐르는 여성이 남성과의 관계 속에서만 정의되는 비본질적 존재로 인식되어 왔다고 주장한다. 남성이 주체라면(subject) 여성은 타자(the other)이다. 세상과 인식의 주체는 남성이고, 여성은 주체인 남성의 대상으로만 위치지워진다. 보봐르는 법적인 측면보다 문화적이고 인식론적인 접근의 중요성을 강조한다. "여자는 태어나는 것이 아니라 만들어진다"는 보봐르의 말이 그 핵심을 잘 드러낸다.

---

14 John Stuart Mil l ; 김예숙 역, 『여성의 예속』(서울 : 이화여대출판부, 1991).

노동자 또는 흑인집단들은 계급이나 인종의 문제를 '역사적' 사건을 통해 연대감(we feeling)을 형성한다. 이와 달리 여성은 생물학적 성의 구분 자체를 자연적인 것으로 받아들였다. 남성과 여성은 합해져야 될 하나의 통일체이며, 주체와 타자와의 결합은 위계질서의 구조에서 당연한 것으로 여겨졌다. 남녀관계에서 남성들은 주체의 위치를, 여성들은 타자의 위치를 차지한다. 여성은 남성과의 관계 속에서 자신을 인식한다. 예를 들면 백인 여성이 부르주아 남성과 결혼하면 남편과 동질감을 느끼게 되기 때문에 흑인 여성과는 연대감을 느끼지 못한다.

성의 구분은 생물학적 사실이지 역사적 사건으로 인식되지 않았다. 보봐르는 여성과 남성의 신체적 차이는 본질적인 차이가 아니라고 말한다. 여성은 자유와 존재의 의미를 추구하기보다 남성에 대한 의존적 삶을 통해 물질적 혜택을 영위하려고만 한다. 보봐르는 실존이 본질을 앞선다는 실존주의 철학 입장에 기반을 두고 있다. 여성은 인간의 실존이 곧 자유의 상태에서 부단히 자기 초월을 해야만 하는 존재이나 여성은 이와 같은 참다운 주체로서의 모습을 지향하지 않았다. 여성은 왜 연대감(we feeling)을 갖지 못했으며 남성을 전복할 의지를 갖지 못했을까 하는 것이 보봐르가 평생 고민한 문제 가운데 하나였다.[15]

같음의 어프로치는 남녀가 '인간'으로서 같으며 차이를 거부해

---

15 Simon de Beauvoir, "Introduction : The Second Sex," Elizabeth Hackett and Sally Haslanger, eds., *Theorizing Feminism*(Oxford : Oxford University Press, 2006).

야 한다고 강조한다. 남녀 차이는 인간성(humanity)에 비해 부차적인 것이다. 여성성을 극복해야 평등이 이뤄진다. 여성성은 인간성의 발전 가능성을 가로막는 장애물이다. 보봐르는 자연 대 문화, 자유 대 물질적 삶(mere life), 정신 대 육체 등의 이분법적 구분에 있어 여성은 물질적 삶, 육체, 자연에 속한다. 여성의 재생산기능인 임신, 출산 그리고 그로 인한 부인, 어머니 역할은 진정한 인간 자유의 가치를 고양하는 생산적인 일에는 미치지 못한다.[16] 여성의 문화는 하부문화(parochial culture)이며, 이러한 여성성을 극복해야만 진정한 의미의 인간성이 고양된다.

같음의 어프로치는 인간의 실존적 가치와 인간성을 강조함으로써 여성과 남성의 생물학적 차이를 극복되어야 할 장애물로 평가했다. 인간성의 기준은 남성성에 기반하고 있어 결국 인간으로서 여성은 남성과 같아지도록 노력해야 한다고 보았다. 생물학적 차이로 인해 필연적으로 형성되는 여성의 특질인 임신, 출산, 양육의 일은 가치의 차원에서 비하되었으나 이러한 논의는 비난의 여지가 있다. 남녀의 차이 자체를 거부하고 극복해야만 진정한 인간으로 거듭나는 것은 아니기 때문이다. 그런 점에서 여성과 남성의 차이를 재평가한 '차이의 시각'을 살펴볼 필요가 있다.

---

16 남성은 본질에 있어 제한이 없지만 여성은 그 본질이 여성성에 의해 제한된다. 가부장적 제도는 여성의 창조성을 외모 가꾸기, 남편 및 아이들 돌보기의 일에 이전시킨다. 보봐르는 여성의 재생산 기능인 임신, 출산과 기족에서의 부인, 어머니 역할 등이 진정한 인간 가치, 생산성, 일에는 미치지 못한다고 저평가했다.

3. 차이의 시각

평등의 시각인 인본주의 페미니즘은 여성운동의 초기 시기 참정권 요구와 더불어 득세했던 시각이다. 1970년 중반부터 등장한 새로운 페미니즘인 차이의 시각은 여성의 차이를 인정하고 여성성(femininity)의 가치를 재평가하는 길이 여성해방의 근원임을 강조한다.[17] 유약함과 의존성과 같이 부정적 이미지를 반영하는 여성성은 잘못된 사회적 구성물이다. 여성의 삶은 평화, 반폭력주의, 생태주의 운동, 저항의 정치와 연관되어 있다. 자연/문화의 이분법적 구분을 부정하고 여성과 자연의 연계를 강조한다. 모성, 출산 등의 역할은 사회에 긍정적 기여를 한다.

길리건[18]은 성차에 따라 서로 다른 도덕적 판단기준이 있음을 주장한다. 모든 남성은 '정의'의 관점을(justice perspective), 여성은 '배려'의 관점을(care perspective) 사용한다.[19] 이 두 방식은 위계적으로 질

---

17 Luce Irigaray, translated by Gillian C. Gill, "Introduction : Each Sex Must Have Its Own Right," *Sexes and Genealogies*(New York : Columbia University Press, 1993).

18 Carol Gilligan, "Moral Orientation and Moral Development," Elizabeth Hackett and Sally Haslanger, eds., *Theorizing Feminism*(Oxford : Oxford University Press, 2006).

19 보다 정확히 표현하면 모든 남성은 정의의 관점을, 여성의 1/3은 정의의 관점을, 여성의 1/3은 배려의 관점을 사용한다. 만일 여성이 조사 샘플에서 누락된다면 배려의 관점은 도덕적 판단기준에서 사라지게 된다. 여성은 행위가 옳고 그른 것의 기준이 되는 원리보다는 그 행위의 결과에 더 초점을 둔다. Carol

서지워진 것이라기보다 단지 다를 뿐이다. 정의의 관점은 이성, 이기심, 이론적 추론이, 배려의 관점은 감정, 이타심, 실천적 추론이 그 핵심 요소이다. 정의의 관점은 공정성(fairness), 위계(hierarchy), 균형(balance)을, 배려의 관점은 결속(attachment), 네트워크(network)를 중시한다. 정의의 관점은 개인의 선택의 권리를 강조하며, 타인과 자신과의 차이를 인정하고, 이 둘 간의 합의를 이끌어내려 한다. 배려의 관점은 나와 타자와의 관계를 강조하며, 차이보다는 소통의 관점을 강조한다. 여성은 추상적 원리보다는 특수한 맥락 속에서 도덕적 해석을 내린다. 길리건은 여성의 도덕판단의 방식이 남성보다 더 열등하다고 인식되어 왔으며, 그동안 여성의 도덕적 목소리가 들리지 않았고 남성들의 목소리가 규범으로 여겨져 왔다고 비판한다.[20] 차이의 시각은 그동안 사회가 남성의 도덕판단의 기준만을 인정하고 있다고 비판한다.

길리건은 남녀의 도덕적 태도의 차이는 내재적인 생물학적 본질의 차이에 기인한다기보다는 생물학적 차이가 사회적 관계 형성이라는 사회화 과정과 결합된 결과라고 본다. 여성과 남성은 왜 서로 다른 도덕적 기준을 사용할까? 초도로우는 여성의 '어머니 역할'의 독점이 그 핵심적 요인임을 강조한다.[21] 유년기 시절 엄마

Gilligan, *ibid.*

20 Carol Gilligan, *ibid.*

21 초도로우는 '어머니 역할'이 내적이고 자연적 본성이라는 관념을 거부한다. 그렇다고 어머니 역할이 사회적 조건화의 결과라는 관념 또한 거부한다. 어머니

의 양육은 남자와 여자의 정체성 및 도덕적 기준 형성에 큰 영향을 미친다. 남자 아이들은 엄마에 의해 키워질 때 '배려'에 대한 지식 및 필요성을 알게 되지만 '배려'의 관점은 남성의 정체성(masculine identity) 형성과 부딪치게 된다. 여자 아이들의 자아형성과 모녀관계는 동일화되어 문제가 없으나 남자 아이들의 정체성과 모자관계는 갈등을 일으킨다. 남아는 공적 생활에서 성공하기 위해 필요한 경쟁적 가치들을 배우며 타인들과 관계를 맺는 능력을 갖추도록 성장하지만, 여아는 타인과의 관계를 맺고 보살피고 어머니 노릇을 하는 어머니의 능력을 재생산하도록 성장한다. 초도로우는 여성과 남성이 동등하게 양육과정에 참여하게 된다면 여아와 남아는 이런 상이한 성질들이 강화된 상태로 성장하지 않을 것이라고 주장한다. 남성들은 좀 더 많은 배려를 갖고 타인을 대할 것이며, 여성들은 좀 더 자율적이며 경쟁적이 될 것이다.[22]

차이의 어프로치는 여성을 도덕적 · 평화지향적 성향과 연계한다. 여성이 모성의 역할을 담당하게 됨에 따라 반전운동과 비폭력운

역할은 여성적이고자 하는 욕망의 일부이며, 이는 어린 여아들의 무의식적인 선택이다. 여성들은 어머니 노릇을 하고 남성들보다 더 애정적인 인간관계에 참여하며, 이러한 성적 · 가족적 분업이 딸과 아들의 심리적 능력의 분리를 가져온다. 심리적 능력의 분리 때문에 딸과 아들은 지기 부모의 성적 · 가족적 노동분업을 재생산한다. Carol Gilligan, *ibid.*

22 Dual parenting에 해결방안을 제시한 이들을 비판하는 의견에 따르면 지나치게 가족의 심리적 영향에 초점을 둔 것보다는 좀 더 넓은 사회적 요소들을 고려할 필요가 있다고 한다. Carol Gilligan, *ibid.*

동에 적극 참여하게 된다고 한다. 여성이 전쟁에 반대하는 이유는 여성이 남성보다 더 평화를 사랑하거나 여성성의 본질이 평화와 조화를 반영하기 때문이다. 여성이 남성보다 평화적이며 도덕적이기 때문에 여성이 정치에 참여할수록 정치와 국제관계는 보다 덜 폭력적이며 평화적으로 발전될 수 있다고 한다.

그러나 이러한 논의는 다음과 같은 몇 가지 논리적 한계를 반영한다. 첫째, 여성이 남성보다 더욱 평화적이고 도덕적이라는 근거가 어디에 있는가 하는 점이다. 여성은 정치와 군사적 영역으로부터 배제되어 가정과 비정치영역에 머물러 있었기 때문에 평화의 영역에 더욱 조화되는 것처럼 보일 뿐이다. 물론 여성의 모성애 및 섬세한 특성이 평화의 영역과 보다 잘 맞아 보일 수 있다. 그러나 그것은 여성이 비정치적 영역에 안주해 왔기 때문이다. 여성이 평화운동에 참여하는 이유는 모성으로서 자식에 대한 애착과 책임 때문일 가능성이 크다. 그러나 여성은 비폭력원칙을 끝까지 고수하기보다는 자식이 참여하는 국가 전쟁을 오히려 지원하는 모성적 군사주의 운동에 참여할 수도 있다. 여성이 모성역할을 주로 책임지고 있는 한 상황에 따라 평화운동 또는 폭력을 지원하는 운동에 동시에 참여할 수 있다.[23] 여성은 역사적 투쟁과정에 오히려 과감히 참여해 왔으며, 동시에 반군사주의와 생태주의 운동에 열성적으로 참여해 왔다.

---

23 Sara Ruddick, "Notes toward a Feminist Maternal Peace Politics," Elizabeth Hackett and Sally Haslanger, eds., *Theorizing Feminism*(Oxford : Oxford University Press, 2006).

폭력 및 전쟁의 현상은 성(gender)의 차이로 설명하기보다 오히려 인간 본성이 사회라는 구조 속에서, 더 나아가 국가가 국제관계라는 국제정치 구조 속에서 어떻게 생존을 위한 자구책을 모색하게 되는가의 과정 속에서 이해되어야 한다. 특히 국제관계의 본질을 설명하는 신현실주의(neorealism)에 의하면 무정부주의(anarchy)라는 국제체제의 구조는 개별단위인 국가로 하여금 자족(self-help)체제를 인식하게 하며, 그런 점에서 개별국가의 안보추구가 안보 딜레마(security dilemma)를 유발하여 전쟁에까지 의존하게 된다고 설명한다. 이러한 구조 속에서 국가 자체의 특성, 예컨대 이념, 역사, 문화 등의 내적 특성은 그리 중요하지 않다. 그런 구조에 놓여 있는 어떤 국가도 안보를 게을리할 수 없다. 국제관계에서 대안 없는 공허한 평화추구의 논리는 설 땅이 없다. 모두 평화를 원하지만 아무도 먼저 무기를 내려놓을 수 없다. 그보다는 무기를 내려놓아도 될 만한 제도 및 안전장치를 구축해 놓는 것이 평화담론을 위한 선결조건일 것이다. 자조국방을 게을리하는 것은 다른 국가의 침략야욕을 부추길 염려가 있다. 이러한 논의는 전쟁을 찬양하는 것이 아니라, 왜 국제관계에 있어서 국가들이 자신의 국방을 책임져야 하는가 하는 현실주의적 사고의 필요성을 반영하고 있는 것이다. 그런 점에서 여성은 본질적으로 평화적이므로 세계평화를 추구할 것이라는 논리 역시 매우 비현실적이다. 여성이 평화적이라는 생물학적 근거를 찾아볼 수도 없고, 동시에 국제관계에서 무조건 대안도 없이 전쟁을 반대할 수도 없다.

둘째, 여성이 평화적이므로 전쟁을 반대해야 한다는 논의의 또 다른 허점은 그로 인해 지금까지의 젠더 관계를 더욱 이분법적 · 수동적으로 고착화시킴으로써 기존의 성 담론을 더욱 재생산할 가능성이 크다는 것이다. 전쟁은 여성과 남성의 사회적 성 역할을 고착화시킨다. 남성은 적극적 · 수호적 역할을, 여성은 보호받는 수동적이고 나약한 존재로 형상화한다. 여성과 남성의 생물학적인 단순한 차이가 정치와 전쟁의 영역을 거쳐 우열과 열등의 차이로 전락한다. 그런 점에서 정치 중심으로부터 소외되고 배제되어 왔던, 그리고 전쟁의 피해자라는 점에서 여성은 당연히 전쟁을 반대하게 된다. 남성은 전쟁영역을 담당하고 여성은 평화영역을 담당하는 기존의 이분법적 구분은 더욱 강화된다. 여성의 평화운동은 남성 중심의 전쟁 및 정치와는 별개로 작동하여 진정한 평화추구를 위한 변화에 그 어떤 직접적인 영향도 미치지 못한다. 평화 담론을 발전시킴으로써 평화에 대한 규범을 확대시키는 구성주의적 가능성도 중요하다. 그러나 평화운동은 여성만의 전유물이 아니다. 보다 적극적으로 평화운동을 하기 위해서는 여성도 정치와 전쟁영역에 진출하여 전쟁방지와 평화추구를 위한 구체적 노력을 기울여야 한다.[24]

차이의 시각은 여성을 남성과 동등하게 대하다 보면 오히려 여성에겐 불평등을 가져온다고 주장한다. 여성성이 일반적으로 유약함, 종속적 특징 등으로 인식되는 것은 잘못된 사회적 편견 때문이다. 차이의 어프로치는 기존의 여성성에 대한 부정적 인식을 비판하면서 여성성을 사회에 대한 긍정적 기여의 차원에서 재평가하는 데 일조했다. 그러나 동시에 차이의 어프로치는 여성성의 재평가를 통

24 임혜란, "이라크 파병과 여성," 미래전략연구원 논단(http://www.kifs.org), 2003.

해 기존의 이분법적 성구분의 담론을 고착화시킬 위험이 크다. 여성의 모성역할에 대한 독점보다는 여성과 남성의 공동 양육을 통해 기존의 남성성과 여성성의 이분법적 구분을 넘어서는 균형적인 인간성을 고양시켜야 할 것이다. 여성이 생물학적으로 도덕적이며 평화지향적이라는 근거는 논란의 여지가 있으며, 여성성의 재평가는 기존의 이분법적 성 구분 담론을 재생산할 문제를 안고 있다. 따라서 같음의 어프로치와 다름의 어프로치의 이분법적 논의구조 자체를 극복해 볼 필요가 있다.

4. 같음과 다름의 이분법적 논의를 넘어서 : 다양성의 시각

여성이 '인간'으로서 남성과 같다는 같음의 어프로치 논지 자체는 설득력이 있다. 그러나 완성된 인간성(full humanity)을 실현하는 데 있어 생물학적 성 차이가 장애물이 될 수는 없다. 여성 또한 이성적 능력을 갖추고 있기 때문에 평등한 교육과 기회를 부여받아야 할 것이다. 자유주의 페미니즘과 인본주의 페미니즘은 여성이 참정권을 획득할 수 있도록 하는 데 긍정적 역할을 수행했다. 그러나 자유주의 페미니즘은 정치와 가정을 분리시킴으로써 가정에서 구조적인 성 종속 문제가 지속되고 있음을 인식하지 못했다. 평등 어프로치의 한계는 여성이 남성과 어떻게 다른지 논의하지 못했으며, 남성이 진정한 인간의 기준인 것처럼 강조함으로써 여성이 남성과 같아지도록 노력해야 한다고 보았다. 여성은 여성성을 부정하고 극복해야만 진정한 인간성 실현에 동참할 수 있으며, 그럼으로써 남성과 같아진다고 보았다. 그러나 부정해야 할 여성성 자체는 사회적으로 구성된 산물이다. 모성, 양육과 관련된 여성들의 문화, 도덕적 판단기준들은 긍정적으로 재평가받아야 한다.

차이의 시각은 그동안 저평가되어 왔던 여성성을 긍정적으로 재평가해 왔다는 데 그 의미가 있다. 그러나 차이의 시각은 본질주의(essentialism)라고 비판받을 수 있다. 성차가 본질적인 차이, 중요한 차이로 인식될 수 있으며, 이는 자칫하면 이분법적 성 구분을 고착화시키며 재생산될 위험이 없지 않다. 차이의 시각은 더 나아가 남성의 전유물인 남성문화와 가치가 사회에 부정적 영향을 미칠 수 있다고 한다. 남성의 전유물인 '사회적 인정을 위한 경쟁'(competition for recognition), '관료적 위계체제'(bureaucratic hierarchy)와 같은 가치는 지양되어야 한다는 것이다. 그러나 이러한 가치가 남성의 생물학적 특성의 결과라고만 볼 수는 없다. 경쟁의 가치는 사회발전에 긍정적 역할을 해왔다고 볼 수도 있다. 또한 여성이 사회경쟁적 가치를 지향하지 않으리라는 보장은 없다. 물론 사회에 부정적인 지나친 경쟁가치는 변화되어야 한다. 문제는 여성이 이러한 전유물 경쟁에 참여하지 않는 한 제도는 변화될 수 없다. 영[25]은 기존의 제도를 변화시키기 위해서는 권력이동이 이뤄져야 한다고 강조한다. 여성도 권력,

---

25 Iris M. Young, *op. cit.*

경쟁 등의 가치에 도전함으로써 개혁과정에 동참해야 한다. 차이의 어프로치는 여성성을 평화주의자, 반폭력주의자, 생태주의자, 반전주의자와 필연적으로 연결시킨다. 여성이 정치에 참여해야 할 이유는 여성이 더 도덕적이며 덜 부패(corruption)지향적이기 때문이라고 한다. 그러나 여성이 정치에 참여한다고 해서 부패한 현실정치가 정화될 수 있는지는 논란의 여지가 있다.

남성성, 예컨대 경쟁지향적 · 위계적 · 관료적 · 폭력적인 특성을 사회에 부정적인 영향을 미치는 특질로 평가저하하고 여성성, 예컨대 평화지향적 · 관계지향적 등을 긍정적인 가치로 재평가할 때 등장하는 문제는 다음과 같다. 첫째, 여성성과 남성성으로 인식되고 있는 특징은 편견에 의한 것과 본질적인 특성의 혼합으로 어떤 것이 보다 본질적 속성인지 사회적인 구성물인지 알 수 없다. 본질과 사회구성의 결과는 사실 구분하기도 어려울 뿐만 아니라, 이 두 가지가 별개의 것인지의 여부조차도 명확하지 않다. 경쟁지향적 · 위계적 · 관료적 특성이 남성의 생물학적 특성의 결과인지 사회구조적 결과인지 구분하기 힘들다. 여성이 평화지향적 · 도덕적이라고 하는 것 역시 논란의 여지가 있다. 여성의 이러한 특성은 모성역할 전담자의 결과일 수도, 또는 사회적 편견에 의한 결과일 수도 있다. 젠더에 대한 인식은 시공의 구조적 한계에 의해 달라질 수밖에 없다. 여성성과 남성성의 구분에 따라 가치의 긍정적 · 부정적 평가가 결정되기보다는 바람직한 인간 존재의 기준에 따라 평가되어야 한다.

둘째, 같음과 다름의 이분법적 구분의 문제점은 평등과 차이의 두 개념이 서로 상호의존적일 수 있다는 점을 은폐한다. 평등은 차이를 없애는 것이 아니며, 차이 역시 평등을 배제하는 것이 아니다. 셋째, 개체들 간의 차이를 강조하다 보면 개체 내부의 차이를 억압하게 되는 결과를 가져온다. 우선 이분법적 편견이 현실 속에서 어떻게 미묘하고 강력하게 사회에 영향을 미치고 있는가 하는 점을 비판해야 한다.[26] 여성과 남성의 젠더 차이를 강조하면 여성 내부의 차이를 무시하게 되며, 또는 주변화된 또 다른 집단의 정체성을 무시하게 된다. 평등의 어프로치가 기존 규범에 '여성을 추가' 하는 수용전략(inclusion approach)이라면 차이의 어프로치는 '기존규범을 부정' 하는 전환전략(strategy of reversal)이다. 이와 같은 이분법적 어프로치를 넘어서는 통합적 전략으로 '다양성 어프로치'(diversity approach)를 제시해 볼 수 있다.

기존 논의는 평등을 '같음'과 등치한 것이 문제이다. 이 둘은 혼동되어서는 안 된다. 평등이란 구체적인 다름을 동등하게 취급해야 함을 의미한다. 사물은 동시에 서로 같을 수도 다를 수도 있다. 무엇을 공평하게 대해야 하는가를 해결하기 위해서는 기준이 필요하다. 평가기준은 역사적 맥락과 시간에 따라 달라질 수 있다. 비교기준은 중립적일 수도 없으며, 남성의 규범에 국한되어서도 안 된다. 다양성의 어프로치는 성 간의 차이뿐만 아니라 개별집단 내의 차이도 설명해 준다. 평등과 차이의 이분법적 구분을 대체한 다양성 어프로치는 차이를 절대적인 의미로 이해할 것이 아니라 상대적 의미로 이해한

---

26 Joan Scott, "Deconstructing Equality–versus–Difference : Or, the Uses of Poststructural Theory for Feminism," *Feminist Studies* Vol. 14, No. 1(Spring 1988), pp. 35–50.

다. 여성을 남성과 다른 집단으로 규정하는 것은 곧 여성내부의 차이조차 억압하는 결과를 가져온다. 여성과 남성은 같으면서도 다르다. 평등의 시각과 차이의 시각은 서로 배타적일 필요는 없으며, 다른 점에 대한 재평가, 같음에 대한 공정한 대우가 필요하다.

너스범(Nussbaum)과 같은 학자는 인권에 기반하여 보편적 기준을 마련하고자 했으며, 인권은 차이와 다양성을 지켜주는 룰이 된다고 보았다.[27] 너스범은 여성과 남성은 '인간'에 속하며 인간의 가능성 요건을 다양하게 제시함으로써 가능성 어프로치(capabilities approach)를 발전시켰다. 너스범은 인간의 기본적 권리보장을 위해 수명, 신체적 건강, 상상력, 추론, 재산권과 고용평등의 기회 등 자신의 물질적 환경을 결정할 수 있는 가능성을 제시했다. 그러나 여기서 중요한 것은 개인이 이러한 가능성을 반드시 성취해야 한다고 하는 것이 아니라, 개인에게 그런 가능성을 성취할 수 있는 선택권이

---

27 너스범은 여성은 남성과 같이 인간(human being)으로서 갖춰야 할 모든 특성을 공유하기 때문에 여성은 남성과 같이 교육을 받고 인간으로서 그 역량을 최대한 키울 수 있도록 해야 한다. 인간은 최소한의 물질적 생존을 넘어서서 이성적 역량을 통해 자유로운 삶을 추구해야 한다. 이러한 공통된 특성이야말로 여성도 남성처럼 평등해야 하는 정당한 근거를 제공한다. 여성은 남성처럼 이성적 역량도 갖추고 있으며, 가장 높은 능력을 요하는 철학도 할 수 있다고 강조한다. 너스범 논의는 평등 어프로치에 속할 수도 있으나 가능성 접근법을 통해 차이의 다양성을 차별과 위계구조로 변질되지 않게 해야 한다고 논의하고 있어 다양성 시각에 포함시킬 수 있다. Martha Nussbaum, "Human Capabilities, Female Human Beings," Elizabeth Hackett and Sally Haslanger, eds., *Theorizing Feminism*(Oxford : Oxford University Press, 2006).

주어져야 한다는 것이다. 성취의 결과로 평등을 평가하는 것이 아니라 성취의 조건을 가지고 평가한다. 최소한의 기준으로 인권의 규범을 설정하고 인간의 틀 안에서 진정한 다양성을 추구해야 한다고 본다.[28]

다양성 어프로치의 또 다른 사상적 기초를 제시한 시각은 포스트모던 페미니즘이다. 포스트모던 페미니즘은 기존 정치사상에서 강조한 진리, 지식, 이성, 법 등과 같은 개념에 대해 매우 회의적이었다. 포스트모던 페미니즘은 자아(self)의 개념이 어떻게 특정 사회의 맥락에 따라 그 개념이 형성 · 변화되었는지 주목했으며, 기존의 합리적 인간의 자아개념을 해체함으로써 다양한 삶의 형태가 활성화될 수 있도록 했다. 또한 인간 주체성의 복합성으로부터 정의의 문제를 이끌어냈다. 인간은 사적이자 공적 존재이며, 개체이자 정치적 삶을 살아야 하기 때문에 이러한 두 영역을 연결할 다리로 정의(justice)의 영역을 제시했다. 정의란 나(self)와 타자(others)를 연결하기 위해 필요하며, 개인과 공적 영역에서의 갈등을 조정하고 개인의 주체성과 객관적인 사회여건(한정된 자원)의 조율을 담당한다.[29]

다양성의 시각은 '정의'가 다음의 다섯 가지 요소를 포함해야 한다고 보았다. 첫째, 다양성을 통합할 필요가 있다. 반대되는 것을

---

28 조주현, "군가산점제 논쟁과 젠더 정치 : 가능성 접근법의 관점에서," 『한국여성학』 제19권 1호, 2003.

29 Rosemary Pringle and Sophie Watson, "Women's Interests and the Poststructural State," Anne Philips, ed., *Feminism and Politics*(Oxford : Oxford University Press, 1998).

없애는 것은 아니나 차이를 통합할 필요가 있다. 동질성을 요구하기보다는 차이 및 다양성을 보존하고 인정해야 한다. 둘째, 다양한 집단 간의 상호성(reciprocity)을 인정해야 한다. 이는 다양한 집단이 상호적인 결정권한을 공유해야 한다는 것을 의미한다. 셋째, 다른 집단의 정체성을 인정(recognition)해야 한다. 타자와의 차이의 정당성을 인정하며, 그들 역시 우리의 한 부분임을 인정한다. 넷째, 타자의 입장에 서서 판단해야 할 능력(judgement, empathy)을 중시해야 한다. 마지막으로, 논리와 객관성의 요소도 중요하지만 정의는 타인과의 관계라는 차원에서 필요한 것이므로 배려(quality of care)의 요소도 중요하다.[30]

평등과 차이의 이분법에 대한 비판과 더불어 나온 것이 1980년대에 등장한 정체성 어프로치(identity politics)이다. 남성의 관점에 대항해 나온 여성의 관점 어프로치는 여성의 다양한 정체성(identity) 운동에 의해 비판받게 된다. 여성의 관점은 사실 백인, 중간계층, 교육받은 이성애적 서구 여성을 의미했다. 여성 내부의 차이, 예컨대 흑인, 노동자, 장애 여성, 더 나아가 주변화된 남성성에 대한 정체성 문제가 제기되었다. 이분법적 구분에 대한 비판과 해체작업은 이와 같은 정체성 어프로치와 교차성(intersectionality) 논리의 발전을 가져왔다.[31] 다양성 어프로치는 평등의 어프로치와 정체성 어프로치를 통

---

30 Judith Squires, *Gender in Political Theory*(Cambridge : Polity Press, 1999) ; Joan Scott, *op. cit.*

31 교차성은 여성의 본질이 안정적이며 고정적이라는 본질주의 논리를 비판한 것

합한 것으로 이해 가능하다. 모든 사람에게는 똑같은 일반적 권리체계를 부여하고, 보다 다양한 집단의 욕구에 맞는 구체적 권리체계를 부여하는 것이다. 영[32]은 기존의 논의에서 '차이'가 보다 적대적 의미 또는 반대적 의미가 있었다면 통합적 어프로치에서는 집단적 차이를 고정적이 아닌 상대적 의미로 이해하고 있다.

5. 결론과 함의

이 글은 페미니즘의 오래된 논쟁인 같음과 다름의 시각에 대해 살펴보고, 이러한 이분법적 논의를 넘어서기 위한 대안적 시각을 제시해 보고 이를 현실적 쟁점에 적용해 보는 데 그 목적이 있다. 여성과 남성은 같으면서 다르다. 이분법적 논의는 같음과 다름의 두 개념이 서로 상호의존적일 수 있음을 은폐한다. 평등은 차이를 없애는 것이 아니며, 차이 역시 평등을 배제하지 않는다. 차이를 인정하지 않는 산술적 평등은 더 심한 불평등을 가져올 수 있다. 같음의 어프로치는 여성의 기본적인 참정권 획득에 긍정적 역할을 했지만,

---

으로 인종과 계급이 젠더와 동시적으로 교차함으로써 다양한 정체성의 형성이 가능할 수 있다는 분석이다. Grina Grillo, "Anti-essentialism and Intersectionality : Tools to dismantle the Master's House," Elizabeth Hackett and Sally Haslanger, eds., *Theorizing Feminism*(Oxford : Oxford University Press, 2006).

32 Iris M. Young, *op. cit.*

여성성을 부정하고 남성성을 인간의 기준으로 제시함으로써 여성이 남성의 기준에 도달해야 한다고 보았다. 차이의 어프로치는 이러한 같음의 어프로치의 한계를 극복하기 위해 저평가되었던 여성성에 대한 긍정적 평가를 시도했으며, 남성성의 기준을 부정하는 방식을 취했다. 문제는 여성의 차이를 강조하다 보면 기존의 성 담론의 이분법적 구분이 더욱 고착화될 수 있다는 것이다. 이분법적 구분을 넘어서기 위해 제시된 다양성 어프로치는 최소한의 기준으로 인권의 규범을 설정하고 인간의 틀 안에서 진정한 다양성을 추구해야 한다고 주장한다. 여성과 남성은 인간으로서는 같지만 여성과 남성의 차이는 구분되어야 하며, 다양한 정체성에 대한 인식을 고려해야 한다는 것이다.[33]

갈음과 다름에 대한 이러한 이론적 논의는 과연 최근 젠더를 둘러싸고 다양하게 제기되고 있는 사회적 이슈들을 얼마나 잘 설명해 줄 수 있을까? 최근 국방부가 국민 여론조사 결과를 발표하면서 군가산점 제도 재도입을 둘러싼 찬반 논쟁이 치열해지고 있다. 1999년 헌재는 군가산제가 평등권과 공무담임권을 침해하므로 헌법에

---

33 남성과 여성의 같음과 다름의 이분법적 논의를 벗어날 필요가 있다. 그 이유는 이분법적 논의 하에서는 여성 내부의 차이, 남성 내부의 차이, 또한 남성과 여성이라는 이분법적 구분을 벗어나고 있는 또 다른 다양한 성 정체성의 집단들에 대한 사회적 인정이 가능하지 않기 때문이다. 더 나아가 이성애적 결합에 근거한 가정만이 '건강한 가정'이라는 사회적 편견이 지속되는 한 다양한 가정의 존재 자체를 편견에 의해 차별할 가능성이 크다. 다양한 가정에 대한 사회적 인정이야말로 건강하고 행복한 사회로 가기 위한 길일 수 있다.

위반된다는 결정을 내린 바 있다.[34] 1991년 공무원 임용령의 성별 분리채용 규정이 폐지된 후 여성공무원 비율이 크게 늘어났다. 7급과 9급 여성공무원 비율은 1989년 각 5.6%, 10.9%이던 것이 1997년에는 각 18.3%, 39.9%로 증가했다. 여성의 공무원 시험이 증가하면서 군가산점제는 당락에 결정적이 되었다.[35]

군가산점제 재도입을 찬성하는 입장에서는 군 사기의 진작과 병역의무 이행자에 대한 보상이 필요하다고 한다. 하지만 군가산점제 재도입에 반대하는 여성계 및 반대론자들은 그 정책이 극소수의 병역의무 이행자에만 혜택이 돌아가고 군미필자 및 여성의 직업선택 권리를 제한한다고 반박한다.

군가산점제의 문제 가운데 하나는 이 이슈가 남녀의 감정대립으로만 부각되어 다른 문제들은 간과되고 있다는 점이다. 예를 들면 군가산점제는 공무원 7급과 9급 시험을 보는 군필남성에게만 보상을 한 제도로서 민간부분, 자영업 및 농업에 종사하는 남성에게는 전혀 혜택이 없다. 이는 군필 남성들 사이에서 형평성의 문제가 제기되는 근본적인 문제점을 내포하고 있다. 동시에 군가산점제는 7급 및 9급 공무원에 응시하는 여성이 대체로 대졸, 특히 좋은 대

---

34 1998년 10월 19일, 이화여대 4학년 재학 중인 4명의 여학생 및 연세대 신체장애가 있는 남학생 1명이 헌재에 헌법소원 심판을 청구했다. 7급과 9급 공무원 시험을 준비 중이던 이들은 제대군인이 군가산점제에 따라 필기시험 과목별 만점의 5% 또는 3%를 가산받는 것이 헌법상의 평등권, 공무담임권, 직업선택의 자유를 침해한다고 주장했다.

35 조주현, 앞의 글, p. 183.

학의 졸업생인 경우가 대부분이다. 이는 군가산점제와 자신을 무관하다고 생각하는 적지 않은 여성들이 소외되고 있다는 것을 의미한다. 군가산점제로 혜택을 입는 계층이 소수임에도 불구하고 이것이 남성과 여성의 전체적 대립으로 부각되는 이유는 여성의 사회참여가 증가함에 따라 취업전선이 보다 치열해지고 있는 현실, 실질적인 보상책 제시보다는 사회적 갈등을 유발시키는 상징적 보상책에 의존하고 있는 현실, 병역비리 등 군 개혁의 필요성이 간과되고 있는 현실과 무관하지 않다.

남성징병제는 남녀집단 간의 신체적 차이를 고려한 제도이다. 신체적 차이를 고려하지 않고 여성도 징병해야 한다는 것은 다양성을 무시한 불평등한 주장일 수 있다. 여성도 남성의 군복무 기간 동안 대체복무제를 해야 한다는 주장도 나름 타당한 논의이다. 엄밀한 의미에서 볼 때 군복무는 국가 시민의 기본의무이다. 혹자는 여성에게도 군복무의 의무를 허용함으로써 이등시민에서 벗어나 완전한 시민권을 향유할 수 있도록 해야 한다고도 한다. 여성과 군면제자에게도 병역의 의무를 이행할 수 있는 기회를 부여해야 한다. 평등의 관점에서 보면 여성도 군복무를 수행해야 하나 차이의 관점에서 보면 여성은 군대를 안 갈 수도 있다. 다양성의 관점에서 보면 여성과 남성은 '인간'에 속하며, 인간의 가능성의 요건을 충족하기 위한 일반적 권리체계를 부여받아야 한다. 여성과 남성은 국가의 동등한 시민권을 부여받는다. 여성도 시민이기 때문에 국방의 의무가 있다. 문제는 여성 역시 시민의 권리인 군복무를 수행해야 할 평등의 일반적 권리가 있으며, 집단 간 차이를 고려함으로써 대체복무제를 고려해 볼 수 있다. 국민이기 때문에 누구나 군복부의 의무가 있다면 다양한 집단 간 차이를 고려하여 다양한 형태의 대체복무제 및 사회봉사 활동으로 대체할 수 있다. 군가산점제도 사회봉사 가산점으로 전환함으로써 여성과 장애인들도 가산점을 받을 수 있게 해야 한다.

너스범의 가능성 어프로치를 적용해 본다면 집단 간의 불평등을 해소하는 방법은 자원의 재분배보다 '가능성'의 평등을 이루는 데 있다. 여성이 대체복무제를 수행할 경우, 그것이 진정한 평등이기 위해서는 여성과 남성은 모두 군복무의 경험을 자신의 이익으로 전환시킬 수 있는 동일한 가능성이 주어져야 한다. 징병제를 통해 한국 남성은 사회 전반의 군필자 중심의 정책과 조직, 문화를 통해 그 권리가 재생산된다. 대체복무제를 한 여성의 경험이 군복무를 한 남성만큼 사회조직과 문화에서 직간접적으로 혜택을 받을 수 있는 가능성을 준다고 보기는 힘들다는 것이다.[36] 남성과 여성에게 군복무를 통해 동일한 가능성을 부여하기 위해서는 군 전반에 걸친 조직 및 문화개혁이 이뤄져야 한다. 징병제에 대한 보상이 이루어져야 하지만 여성과 미필자를 차별하는 방식으로 이루어져서는 안 된다. 남성들은 군가산점제가 워낙 소수에게 주어지는 상징적 혜택이다 보니 군필자에 대한 좀 더 실질적인 보상이 이뤄져야 한다고 주

36 우리 사회의 여건 하에서 남녀 동일한 병력의무와 같은 절대적 평등의 조건은 평당한 것이 아니라 이미 여성에게 불리한 조건으로 작용하는 것이며, 현재와 같은 가부장제적 성격이 강한 군대에 그대로 여성이 편입될 수는 없다고 한다. 정진성, "군가산점제에 대한 여성주의 관점에서의 재고," 『한국여성학』 제17권 1호, 2001, p. 17 ; 조주현, 앞의 글, pp. 194–195.

장한다. 예컨대 군필자에게 호봉인정 및 세금혜택 등이 그 예일 수 있다.[37] 최근 독일이 모병제로 군 개혁을 진행하고 있듯이 비록 한반도의 현실적 안보상황이 구조적으로 지속되고 있어 현실적으로 어려운 대안일 수 있으나 중장기적으로는 모병제를 고려해 볼 수도 있다.[38] 단기적으로는 보다 사회구조적 개혁인 군대의 개혁, 병무비리 척결, 군필자에 대한 실질적 보상의 논의가 우선되어야 할 것이다.

여성과 남성의 평등문제가 최근 보다 사회적으로 이슈화되고 있는 데에는 여성의 사회진출이 빠르게 증가하고 있으며 남성은 상대적으로 치열한 경쟁에 내몰리고 있는 상황 때문일 것이다. 그러나 정작 여성이 사회진출을 하고 나면 결혼과 더불어 출산과 양육의 길고 긴 불평등 구조에 매몰되고 만다. 여성과 남성의 진정한 평등을 논의하기 위해서는 소수에게 혜택이 가는 일시적인 보상체제인 군가산점제에 초점을 두기보다는 보다 실질적인 평등의 문제를 전체 사회구조적 차원에서 논의하고, 더 나아가 구조적이면서도 영속적인 그러나 당연하게 받아들이는 결혼 이후의 불평등한 삶의 문제에 대해 심도 있게 논의해야 할 것이다. 출산으로 인한 직장생활에서의 편견과 피해, 양육의 전담자로 인한 사회활동의 집중 불가능성으로 인하여 최근 여성은 점차 출산을 기피하게 된다. 사회 저출산 문제를 일시적 · 재정적 인센티브로만 해결하려 하기보다 좀 더 근원적인 해법을 통해 남녀평등의 문제를 해결해야 할 것이다.

---

37 정진성, 위의 글, p. 26.

38 정진성, 위의 글.

6장 / 문화와 정치

홍태영

1. 정치적 공간으로서 문화

'문화'란 말이 사회과학 영역에 들어오기 시작한 것은 그렇게 오래된 것은 아니다. 하지만 그 시간에 비해 문화라는 단어는 우리 일상에서는 물론 사회과학의 영역에서도 빈번하게 사용되고 있다. 하지만 문화라는 용어 자체가 독자적으로 사용되기보다는 오히려 수식어를 동반하여 사용되는 경우가 대부분이다. 그것을 향유하는 사람들에 따라 '대중'문화, '청소년'문화, '엘리트'문화, '여성'문화 혹은 '남성'문화 등 사실 그 수식어의 나열에 따라 수없이 존재할 수 있다. 그만큼 문화라는 영역은 우리 모두의 삶과 밀접한 관련이 있는 것이다. 아니 사실상 우리의 삶 자체를 의미하는 것으로 확대하여 이해할 수 있는 것이 되었다. 과거 문화는 정치나 경제의 파생물로서 혹은 심미적 탁월함을 대상으로 하는 좁은 의미에서 이해되었다면, 이제 문화는 일상적인 삶 속에 이루어지는 다양한 실천들이자 표현의 형식들이다. 다양한 근대성의 양식들은 근대성의 문화이자 곧 우리의 삶의 방식이다.

일찍이 인류학자였던 기어츠는 다양한 사회를 접하면서 모든 국가의 정치적 과정은 국가를 통제하기 위하여 고안된 공적 제도들보다 더 폭넓고 더 깊은 … 뒤르카임이 '집합의식'이라고 부르는 비공식적 영역에서 일어난다고 강조했다.[1] 물론 최종적으로 결정을 짓고 제도화 혹은 법률화하는 작업은 의회나 국무회의 혹은 정당정치 등을 통해 이루어지는 것이 사실이지만, 그 이전에 공동체 구성원들 사이의 광범위한 의사소통과 동의의 확장과정이 필요하다는 것을 강조했다고 할 수 있다. 그러한 동의의 획득과정이 단기간 내의 의사소통과 설득의 과정에 한정되는 것도 아니다. 오히려 장기적인 시간을 통해 형성된 구성원들의 감정, 이미지, 관념 등의 세계가 만들어낸 집합의식 속에서 설득되어야 한다.

우리가 특정한 공동체의 구성원으로 살아간다는 것 역시 단순히 거기에 살고 있다는 사실뿐만 아니라, 그 공동체의 구성원으로서 스스로를 자각하면서 다양한 사회적 활동들을 하면서 살아간다는

---

1 J. Geertz, 『문화의 해석』(서울 : 까치, 1998), p. 371.

의미이다. 그것은 우선 정체성의 문제이다. 내가 특정한 국민 혹은 민족의 구성원으로서, 그리고 남자 혹은 여자로서 특정한 세대의 구성원 그리고 특정한 계급 혹은 계층에 속한다고 스스로를 인식하면서 살아가는 것이다. 이러한 정체성이 형성되는 과정에 있어서 핵심적인 요소가 문화라고 할 수 있으며, 더 나아가 그러한 정체성의 형성과정 자체가 문화적 과정 혹은 문화 자체이다.

우리는 사회화 과정에 따라 자신이 속한 문화적 집단의 언어, 가치, 믿음과 상징을 배우게 되고, 자신이 누구인가에 대한 사람의 정체성을 이루고 있는 기본적인 토대조차도 특정한 인종적 · 민족적 구성원이 되면서부터 비로소 생산된다. 그러한 의미에서 문화는 예술이나 예술적 활동에 한정되는 의미로 이해되는 것이 아니라 우리의 '삶의 방식'으로 확대하여 이해할 수 있다. 최근 들어 다문화주의 혹은 문화적 상대주의라는 이름으로 말해지는 것이 바로 이러한 '삶의 방식'을 둘러싼 논의들이다. '개고기를 먹는다'는 것이 우리의 삶의 방식과 관련된 것이지 '심미적'인 것은 아니다. 하지만 그것은 단순히 하나의 음식을 먹는다는 것만을 의미하지는 않는다. '개고기'라는 음식이 상징하는 것, 그리고 그것의 소비가 주는 효과, 그와 관련된 삶의 역사, 그리고 다른 나라—개고기를 먹는 나라와 그렇지 않은 나라—와의 관계 속에서 나타나는 의미 등 다양한 요소들이 결합되어 있다.

이러한 다양한 삶의 방식으로 이해된 문화를 분석하는 과정에서 제기되는 문제 중 하나는 문화적 공간이 갖는 특수한 측면 때문이다. 문화라는 공간은 '동의'와 '저항'이 동시에 존재하는 영역이다.

예를 들어 공동체 구성원들의 정체성 형성과정에서 불가피하게 발생하는 것은 그 정체성의 의미 혹은 내용을 둘러싼 갈등이다. 지배집단과 피지배집단 간에는 그 의미를 둘러싼 투쟁이 존재할 수밖에 없다. 현재 우리가 살아가는 근대의 정치공동체로서 국민국가는 자신의 구성원인 시민들의 집합체로서 국민을 형성시키는 과정을 수행한다. 그것은 시민의 권리형성과 동시에 시민에게 국민의 구성원으로서 정체성을 형성시켜 가는 과정이다. 그 과정에서 국가는 주요한 행위자로서 작동하고, 또한 문화는 국가의 주요한 활동의 장으로 기능한다. 국가는 언어, 상징, 가치 등 다양한 문화적 매개체를 통하여 시민들을 국가의 구성원으로서 생산한다. 하지만 동시에 문화 혹은 문화적 공간 속에서 국민적 정체성의 형성이라는 과정과 동시에 그것으로부터 벗어나려는 다양한 움직임 역시 존재한다. 그것은 저항의 형태를 띨 수도 있고, 다른 한편으로는 지배적 문화로부터 벗어나 독자적인 정체성을 만들어가는 움직임일 수도 있다. 그러한 의미에서 볼 때 '문화정치학'이라고까지 새롭게 정의해 볼 수 있는 문화에 대한 정치(학)적 이해는 다양한 문화적 현상과 장치들 속에 내재되어 작동하고 있는 이러한 다양한 권력의 움직임들을 보는 것이다. 이 글에서는 이러한 권력의 움직임을 국민국가라는 근대 정치공동체의 형성과정, 그리고 포스트모던 상황 속에서 국민국가의 전환의 계기에서 드러난 문화적 공간에서의 권력변동들을 살펴볼 것이다.

2. 국민국가의 시민종교와 문화적 정체성

근대에 '정치적인 것'이 국민국가라는 틀을 통해 형성되고 국가권력을 중심으로 이루어진다면 경제는 자본주의적 시장과 소유관계들에 의해 특징지워진다. 국가권력은 국민국가의 구성원들을 구성해내고 또한 자본주의적 생산관계 재생산에서도 중심적인 역할을 하고 있다. 현재 우리의 삶을 규정하는 가장 큰 요소 중 하나는 한 나라의 구성원이라는 사실이다. 대한민국이라는 공동체의 구성원으로 살아간다는 사실은 단지 지리적인 위치의 문제가 아니라, 대한민국 국민으로서 다양한 권리를 행사하고 다양한 의무를 행한다는 사실을 의미한다. 우리는 대한민국 국민으로 그러한 권리의 행사와 의무의 실행에 대해 아주 자연스럽게 당연한 것으로 받아들이면서 살고 있다. 또한 지난 2002년 월드컵 등과 같이 대한민국 대표팀이 다른 나라와 경기를 할 때면 '대한민국!'을 외치면서 열렬히 응원한다. 외국에라도 한번 나가면 모두가 '애국자'가 된다고 한다. 그렇다면 우리는 어떤 과정을 거쳐 '한국인'으로 만들어지는 것인가? 그리고 우리들은 또 어떠한 정체성들을 가지고서 살아가는가?

15, 16세기를 거치면서 국가는 세속적으로 규정되고 사회는 종교로부터 벗어나기 시작한다. 종교개혁과 근대 국가의 형성 등은 개인주의적 세계관의 형성을 가져왔다. 그리고 개인주의적 사고가 가져온 정치적·사회적 결과는 계시종교가 정치적 중요성을 상실하고 모든 것이 세속적 이성으로 설명되었고, 특히 국가는 인간 이성의

산물로 이해되었다. 재현의 정치의 출발점은 근대적인 데카르트적 주체의 탄생이다. 데카르트의 합리적이고 이성적인 주체는 이전 기독교적 세계관에서의 신의 위상과 동일하게 대상 세계를 창조한다. 그리고 이러한 데카르트적 주체가 정치(학)적 주체로서 계약을 통해 근대 국가를 형성시킨다고 논리적으로 설명하고자 했던 것이 홉스, 로크, 루소 등의 사회계약론의 논리이다.[2]

우선 대표적 계약론자인 홉스는 근대 국가권력의 기원을 개인에게 두면서 개인과 국가권력의 관계를 대표(representation)라는 개념을 통해 이해하고자 했다. 그는『리바이어던』에서 다중(multitude)을 형성하는 모든 사람들의 동의를 통해 하나의 인격에 다중이 대표되는 관계를 설정하였다. '주권'은 '하나의 인공적인 혼'이고, '공화국'은 '인공적인 인간'으로 설명된다.[3] 홉스는 근대의 정치적 주체로서 국가의 위상을 명확히 하였던 것이다. 나아가 홉스는 국가와 인민 전체의 동일시, 그리고 법률의 배타적인 근원으로서 입법자, 즉 국가권력의 위상을 정립시키면서 근대 국가권력의 기본적인 경향성을 부여했다. 국가권력과 근대의 정치적 주체로서 개인, 그리고 개

---

2 한국에서 '국민' 혹은 '민족'의 형성과정은 서구의 그것과는 상이한 길을 걷는다. 우선 서구 문명이라는 타자와 대응하면서 '개인'보다는 '민족' 개념이 먼저 형성되었다. 이러한 논의들에 대해서는 다음을 참조. 이승원 외,『국민국가의 정치적 상상력』(서울 : 소명, 2003) ; 이화여대 한국문화연구원,『근대 계몽기 지식 개념의 수용과 그 변용』(서울 : 소명, 2004) ; 기무라 간,『조선/한국의 내셔널리즘과 소국의식』(서울 : 산처럼, 2007).

3 T. Hobbes. *Leivithan*, edited by C. B. Macpherson(London : Penguin, 1968), p. 81.

인들의 집합체로서 인민의 관계가 대표라는 방식을 통해 동일시되는 것이다. 홉스는 '하나의 인격'(one Person)을 형성하는 것은 '대표자의 통일성' 이지 '대표되는 자의 통일성이 아니라'고 명시하고 있다. 그러나 결국은 대표의 과정이 진행되기 위해서 전제되어야 할 것은 대표되는 자들의 단일성이었다.[4]

기독교의 계시가 공동체의 기본적인 원리로 작동하던 중세 시기 사회적 통합과 공동체에 대한 헌신의 문제 역시 종교적 원리에 의해 해결될 수 있었다. 하지만 기독교로부터 벗어난 합리적 이성을 갖춘 개인에서 출발하여 공동체의 건설을 추론했던 근대 정치는 사회적 통일성을 위한 새로운 요소가 필요했다. 그러한 의미에서 근대 정치의 철학적 성찰과 현실적 형성과정은 일종의 세속화된 신학, 즉 정치신학의 문제설정이라고도 할 수 있다.[5] 루소가 『사회계약론』의 마지막 장에서 말하고 있는 '시민종교'는 공동체 구성원으로서 선량한 시민이 되고 충실한 신민이 되기 위해 필수적인 것이었다.[6] 시민적 덕성과 합리적 이성을 갖춘 시민의 형성과 그것들의 추상적 집합체로서 국민의 형성이라는 과제는 또한 시민에게 제도적인 권리를 부여하는 동시에 문화적이고 정신적인 통일체로서 국민을 형성시키는 과정을 수반했다. 후자의 과정은 국가 내의 문화적 변이를 극소화시키고 국가 간의 문화적 변이를 극대화시키는 국민문화의 형

---

4 *Ibid.*, p. 220.

5 C. Schmitt, 김효전 역, 『정치신학』(서울 : 법문사, 1988), p. 42.

6 J. J. Rousseau, 『사회계약론』.

성을 통해 이루어진다.[7] 그것은 민족주의에 기반한 '상상의 공동체'를 형성해 나가는 과정이었고, 실제 인간공동체와 그 네트워크의 부재 또는 분열에 따르는 감정의 공백을 메우는 과정이었다.[8] 국민국가의 틀 속에서 개인들은 국가권력이 인정한 시민으로서 국민을 형성하며, 그 국민은 정치적 실체일 뿐만 아니라 의미—문화적 표상체계—를 공유한다. 따라서 국민은 상징적 공동체이며, 이 점이 바로 정체감과 충성심을 만들어내는 국민의 권력을 설명해 준다. 그리고 근대 정치의 기본적인 원리가 되는 정치적 대표성은 이러한 과정을 통해 형성된 동일성의 논리에 바탕을 두고 있다. 근대의 대의제는 동일성의 논리를 통해 모든 다양한 차이들을 하나의 거대한 중심개념으로 통일시키는 것을 목표로 하였고, 그러한 대의제에 기반한 민주주의를 만들어냈다. 따라서 민주주의는 동일성을 필요로 하며, 필요하다면 '이질적인 것의 배제 또는 섬멸'도 필요로 했다.[9]

프랑스 혁명은 그러한 시민종교를 직접적으로 그리고 급진적으로 창안해 보려고 시도한 경험을 보여주었다. 프랑스 혁명과 함께 탄생한 혁명정부는 새로운 국민주권의 공동체에 단일성을 부여하기 위한 다양한 노력들이 진행되었다. 혁명정부는 '재생'이라는 개념을

---

7 Ch. Tilly. ed., *The formation of National States in Western Europe*(Princeton : Princeton University Press, 1975), p. 19.

8 B. Anderson, 윤형숙 역, 『민족주의의 기원과 전파』(서울 : 나남, 1983).

9 C. Schmitt, "의회주의와 현대 대중민주주의와의 대립," 『정치신학 외』(서울 : 법문사, 1988), p. 94.

통해 혁명에 의해 시작된 미래 사회의 새로운 주권자, 즉 새로운 인민을 만드는 작업을 시작한다. 새로운 인간을 만들어내기 위해 그를 둘러싼 모든 환경은 새롭게 재구성된다. 새로운 습속의 형성을 통해 새로운 인간을 만들고자 하는 노력은 시민들의 삶 전체에 걸쳐 진행된다. 거리와 광장에 새로운 이름을 부여하고, 학교에는 새로운 교과서를 통한 교육이 진행되고, 언어적 통일을 이루기 위한 체계적인 작업도 진행되었다. 새로운 달력을 통해 기독교적인 축일은 새로운 공동체의 축일로 전환되고 시간 역시 새롭게 조직화되었다. 구체제의 군주와 교회의 상징물들이 차지하고 있던 전국의 도시와 마을의 중심에는 혁명을 상징하는 새로운 기념물과 조각상이 세워진다. 거리와 광장에 새로운 이름이 부여되고, 주소 역시 새롭게 체계화된다. 이른바 시간과 공간의 새로운 조직화 작업이다.[10] 이러한 변화와 관련한 주요한 소재 가운데 하나가 '몸'이었다. 구체제의 왕과 왕비, 귀족과 사제의 병든 '몸'에 대항하여 혁명적 애국주의자들의 건강한 '몸'이 만들어진다. '인민을 잡아먹는 돼지 왕' 루이 16세에 대비

---

10 독일의 미학자 빈켈만(J. J. Winkelmann)이 쓴『그리스 예술 모방론』(1755), 그리고 버크의『숭고와 미의 기원』등의 책은 18세기 중반 이후 유럽에서 예술의 이상과 본질에서 고대의 부활을 가져왔다. 특히 프랑스 혁명 이후 도시공간을 새롭게 구성하려는 혁명가들에게는 그리스, 로마의 정치적 이상의 부활과 함께 더욱 그러했다. 파리라는 도시공간과 건축은 다비드를 중심으로 고전주의적으로 재편된다. 1771년부터 1779년까지 프랑스 대사를 지냈던 토마스 제퍼슨은 프랑스의 고전주의 건축의 규범을 익힘으로써 서부지역 개발에서 격자형 도로와 방사상 도로, 국회의사당 설계공모전 등을 통해 실행에 옮겼다. 스즈키 히로유키,『서양 근 · 현대 건축의 역사』(서울 : 시공사, 2003).

되어 다비드가 조작한 헤라클레스 상은 건강하고 덕스러운 힘의 소유자로 표상되었다.[11]

또한 1789년의 원칙들을 보급하고 혁명의 대의를 전달하기 위해 혁명정부가 새롭게 기획한 것이 국민축제였다. 구체제 하에서 민중들의 생활이 기독교적 성일이나 교회의 축제와 관련하여 진행되었다면, 이제 혁명 정부는 그것들을 대신할 국민축제를 조직하려 하였다. 1790년 7월 14일 혁명 1주년을 기념한 연맹제(Fédération)는 축제의 새로운 언어와 상징들, 즉 시민 선서를 위한 조국의 제단과 자유의 나무, 그리고 삼색기를 제시한다. 파리와 지방에서 모여든 시민군의 행진, 라파예트(La Fayette)에서 시작된 국회의원들의 국민, 법 그리고 왕에 대한 충성맹세, 그리고 뒤이은 왕과 왕비의 맹세 등 이 모든 것들은 국민적 단일성을 상징적으로 드러내고자 하는 것이었고, 혁명이 끝났음을 알리는 것이었다.[12] 하지만 국민적 단일성을 강조하는 이러한 정제된 축제의 모습은 1792년 가을 왕정의 폐지와 함께 변화된다. 이제 축제는 새로운 모습, 즉 재생이라는 주제에 근거하여 새로운 표현의 모습을 찾게 된다. 1793-1794년 시기 '시민

---

11 홍태영, "프랑스 공화주의 축제와 국민적 정체성," 『정치사상연구』 11집 1호, 2005. 다비드는 혁명시기 다양한 축제들을 조직화했던 말 그대로 종합예술가였고, 〈마라의 죽음〉, 〈호라티우스의 맹세〉 등 혁명기를 상징하는 작품은 물론 이후 나폴레옹 시기에도 〈나폴레옹 대관식〉 등 유명한 고전주의 회화 등을 남겼다.

12 프랑스 혁명 시기의 다양한 축제에 대해서는 윤선자, 『축제의 정치사』(서울 : 한길사, 2009) 참조.

축제'는 폭발적으로 증가한다.[13] 적극적 시민에서 배제되었던 상퀼로트들이 이제 국민방위대와 정치에 참여하면서 축제에서도 카니발적 문화의 부활로 이어지기도 한다.[14]

정체성 형성에 중요한 또 다른 계기 중 하나는 기억의 문제이다. 무엇을 어떻게 기억할 것인가를 둘러싸고 국가는 다양한 노력을 한다. 하나의 사건에 의미를 만드는 것으로서 기억의 작업은 문화적이고 역사적인 기억으로 구성하는 작업이다. 기념일을 둘러싼 다양한 논의들의 의미는 국가가 무엇을 어떻게 기억할 것인가의 문제, 그리고 그것을 통해 어떠한 국민을 어떠한 방식으로 만들어낼 것인

---

13 마라의 죽음 그리고 이후 마리 앙투아네트의 처형 등과 관련한 여성의 공적 영역에의 등장에 대한 폄하와 배제 등은 서서히 공적 영역은 남성의 영역, 사적 영역은 여성의 영역이라는 이분법을 만들어낸다. L. Hunt, 조한욱 옮김, 『프랑스 혁명의 가족 로망스』(서울 : 새물결, 1999).

14 축제는 이중의 의미를 지니고 있다. 우선 뒤르카임은 축제가 갖는 집단적 표상의 의미와 사회통합의 관계에 주목한다. 뒤르카임에게 축제는 자살을 야기하는 아노미적 과정에 대립하는 '노모스의 과정'이었다. 축제를 통하여 사회적 집단은 지배적인 이념과 가치를 표현하고 공동체적인 정체성을 확립시킨다. 또 다른 측면은 축제가 갖는 전복적 기능이다. 프로이트는 축제를 '금기의 파괴'로 이해하였으며, 바타이유는 축제를 '신성한 규칙의 의도된 위반', 자율을 향한 충동'으로 이해한다. S. Freud, 『토템과 터부』(서울 : 열린책들, 1997) ; G. Bataille, 『에로티즘의 역사』(서울 : 민음사, 1998). 바흐친은 카니발을 "마치 지배적인 진리들과 현존하는 제도들로부터 일시적으로 해방된 것처럼 모든 계층질서적 관계, 특권, 규범, 금지의 일시적 파기를 축하하는 것"으로 정의한다. 바흐친, 『프랑수아 라블레의 작품과 중세 및 르네상스의 민중문화』(서울 : 아카넷, 2001), pp. 1–33.

가의 문제를 보여준다는 점이다.[15] 공화국은 1789년 프랑스 혁명의 기억을 영유할 본격적인 작업에 들어간다. 1879년 '라 마르세이에즈'(La Marseillaise)를 공식적인 국가(國歌)로 인정하고, 1880년 의회는 베르사이유에서 파리로 이전한다. 그리고 7월 14일은 법령을 통해 공식적인 국민 축제일이 된다. 또한 1881년 『프랑스 혁명』(*La Révolution française*)이라는 잡지를 창간하고, 1886년 프랑스 혁명과 관련한 미간행 자료들의 수집을 전담할 위원회를 설립하면서 주요 혁명사료들을 보관할 박물관—Musée Carnavalet—을 건립한다. 그리고 1889년 공화국의 묘지로서 그동안 폐쇄되었던 팡테옹(Panthéon)을 다시 개장한다.[16] 이제 프랑스 혁명은 역사가 된 것이다.

공화국의 주도 하에 전 국민적 행사로 준비된 1889년 7월 14일의 축제는 하나의 의식(ritual)이었다. 공화국에 의해 검증된 사회집단들—군인, 경제인, 지방자치단체 정치인, 문화계 인사들—의 행렬이 준비되었다. 축제에는 동의된 규율이 작동하고 있었다.[17] 유흥은 도덕적 질서로 전환되었고, 프랑스 전역의 축제 장소에서는 제복을 입은 어린 학생들—악기를 들거나 총을 어깨에 메고서—의 행진이

---

15 미국의 경우 1776년 독립선언과 그날을 기념하기 위한 100주년과 200주년 행사는 각기 다른 의미들을 지니고서 거행되었다. 이에 대서는 린 스필만, "언제 집단기억이 지속되는가? : 미국과 호주의 건국의 순간들," J. K. Olick 엮음, 『국가와 기억』(서울 : 민주화운동기념사업회, 2006) 참조.

16 P. Ory, *Une nation pour mémoire*(Paris : Presses de la FNSP, 1992), 127 ; 하상복, 『빵떼옹 : 성당에서 프랑스 공화국 묘지로』(부산 : 경성대출판부, 2007).

17 O. Ihl, *La fête républicaine*(Paris : Gallimard, 1996), p. 123.

발견되었다. 그들은 규율과 복종, 도덕적 강건함을 지닌 미래 시민의 모습이었고, 주위 어른 시민들의 박수 속에서 행진하였다. 삼색기는 축제의 모든 장면들을 정렬하는 중심적 표지 역할을 하였고, 시민들에게는 그것은 공화국에 대한 사랑과 충성심의 상징으로서 보여졌다. 축제의 장소로 선택되는 곳은 항상 시청과 도시의 학교였다. 이것은 중세의 축제가 이루어지는 곳이 성과 교회라는 점에 비추어 정확히 대비를 이루는 것이었다. 시청 건물은 인민권력의 상징이자 도시 통합의 상징이었다.[18] 축제는 철저하게 조직화되었고, 시민들은 그러한 공화국에 맞는 시민을 만드는 작업을 목적으로 하는 교육의 대상이 되었다. 사람들이 축제를 하는 것이 아니라 축제가 이루어지는 것이었다.[19] 축제는 국민교육의 차원에서 개인들을 새로운 정치질서인 공화국의 구성원으로 만드는 작업이었다. 새로운 정체성, 즉 국민적 정체성을 부여하는 작업이 축제를 통하여 진행된 것이다. 이제 축제는 참여자들에 의해 발생하는 '금기의 파괴'에 의해서라기보다는 조직자들에 의한 정치적 의도에 따라 진행되었다.

이러한 모습을 보면서 뒤르카임은 프랑스 혁명의 역사화 속에서 종교적 형태를 찾았다. 1789년의 원칙들의 권위는 그것과 실재와의 일치로부터 온 것이 아니라 국민적 열망과의 일치에서 온 것

---

18 M. Agulhon, "La mairie" in P. Nora, dir., *Les lieux de Mémoire*(Paris : Quarto Gallimard, 1997).

19 O. Ihl, 1996, p. 126 ; L. Hunt, 『문화로 본 새로운 역사』(서울 : 소나무, 1996). 메이 라이언이 쓴 제5장 "미국의 퍼레이드 : 19세기 사회적 질서의 표현."

이다. 사람들은 그것을 정리(théorèmes)로서 믿는 것이 아니라 신념의 항목들로서 믿는다 … 한마디로 그것은 순교자와 사도를 가졌으며, 대중을 깊이 감동시켰고, 결국은 위대한 것들을 탄생시킨 종교였다.[20] 종교가 교리, 상징, 제단, 축제일들을 가지는 형태로 확립되는 경향이 있듯이 이성과 최고 존재에 대한 숭배는 이러한 종교적 열망들에게 일종의 공적인 만족감을 주려고 하였던 것이다.[21]

20세기에 들어서 히틀러의 나치즘이 보여준 파시즘의 정치는 정치종교의 극단적인 모습이었다. 나치즘에서 보여준 정치의 미학화와 정치종교의 극단화 등의 모습은 다양한 요소들이 결합하면서 근대 정치의 극단을 보여준 사례라고 할 수 있다.[22] 나치즘의 극단적인 정치가 등장할 수 있었던 것은 다양한 요인들이 존재하지만 이 글과 관련하여 두 가지를 들 수 있다. 하나는 국민국가 건설과정에서 후발적인 위치에 있었던 독일이 갖는 민족주의적 동원이 특수성이었고, 다른 하나는 19세기 말부터 유럽에 광범위하게 형성되기 시작한 대중정치 및 대중민주주의의 영향을 그 배경으로 들 수 있다. 하지만 당시 지배 엘리트들은 대중에 대한 두려움과 불신이 있었다. 군중은 극도로 유동적이기 때문에 잔학성에서 가장 절대적인 관용이

---

20 E. Durkheim, "Les principes de 1789 et la sociologie," *La science sociale et l'action* (Paris : Puf, 1987), p. 216.

21 E. Durkheim, 『종교생활의 원초적 형태』(서울 : 민영사, 1992), p. 306.

22 리하르트 바그너는 독일에서 신화, 상징, 축제로 표현되는 정서적 · 종교적 내셔널리즘의 부활에서 중심 인물이었다. G. L. Mosse, 『대중의 국민화』(서울 : 소나무, 2008), p. 154.

나 영웅주의로 순식간에 바뀌기도 하고, 사형집행인이 되다가도 쉽사리 순교자가 되기도 한다고 강조되었다.[23]

대중들의 이러한 변덕은 이성적이거나 합리적인 판단에 근거하는 것이 아니라, 외부세계로부터 받은 자극과 충동 또는 본능에 의해 이루어지는 것이다. 이러한 대중 시대에 국가는 대중들의 감성을 자극하는 민족주의적 동원을 실행했다. 특히 바이마르 시기 공화국은 대중정치의 시기를 열었고, 제1차 세계대전의 패배 이후 독일 민족주의의 강화 속에서 대중운동과 대중정치를 결합하였으며, 세속종교, 즉 민족숭배를 자극했다. 정치미학은 신화와 상징을 대중의 감정과 연결하는 힘이었고, 나치즘은 축제, 의식, 상징과 같은 전례를 통해 새로운 정치의 면모를 보여주었다.[24][25]

3. '문화가 된 몸'

프랑스 혁명 이후 19세기 유럽은 서서히 국민국가의 틀을 마련

---

23 G. Le Bon, 민문홍 외 역, 『군중의 심리』(서울 : 학문과 사상사, 1980), p. 67.

24 G. L. Mosse, 『대중의 국민화』, p. 30–48.

25 국제적인 스포츠 행사도 국민적 정체성의 형성에 큰 역할을 하고 있다. 올림픽이나 월드컵이 시작된 것이 19세기 말 20세기 초반 국민국가의 틀이 모습을 갖추어 가기 시작한 시점이라는 것은 우연이 아니다. 현재에도 다양한 스포츠들의 국제적인 행사가 갖는 의미를 알 수 있다.

하기 위한 작업들을 진행시켜 나간다. 이 과정에서 근대적 개인에 기초한 사회적 관계의 형성, 즉 국민 혹은 민족, 계급, 성, 인종 등의 다양한 사회적 관계들과 그것들을 둘러싸고 있는 근대적 시공간, 상징 등 문화적 요소들이 중첩된다. 문화적 요소들은 근대적 개인들을 근대라는 시공간 속에서 주체로 구성해낸다. 그 작업은 주요하게 '문명화'(civilization)라는 이름으로 진행되었다. 엘리아스(N. Elias)는 중세 시대 궁정예절이었던 '쿠르투아지'(courtoisie)가 귀족들의 예의범절이라고 할 수 있는 '시빌리테'(civilité)로 확대되었고, 그것이 일반 민중의 삶의 예절로까지 확대되는 과정을 '시빌리자시옹'(civlisation)이라 부르면서 그 과정을 설명했다.[26] 19세기 시기 노동자계급은 '위험한 계급'으로 규정되었고, 문명화의 대상이었다. 19세기 말 서구 유럽의 제국주의적 침략과정은 동일하게 제3세계에 대한 '야만' 규정과 그들에 대한 '문명화 과정'의 진행이었다. 조선은 그들에게 '야만'의 세계였고, 그들은 '문명화'의 전도사로서 그들의 침략을 정당화했다.[27] 서구의 중심에 있었던 삶의 방식은 '예의범절'이라는 이름으로, 그리고 문명이라는 이름으로 지구 곳곳에서 보편적인 규범으로 자리 잡고 있다. '문명화'라는 개념은 '인간 몸의 역사적 발전과

---

26 N. Elias, 『문명화 과정』(서울 : 한길사, 1996).

27 개항과 더불어 들어온 서구 문물과 서구적 가치관들은 급속한 속도로 조선인의 삶 속에 침투했다. 무엇보다도 서구의 '문명/야만'이라는 이분법적 담론의 구조는 오히려 우리 지식인들의 말과 글을 통해 더욱 확산되었다. 김진송, 『서울에 딴스홀을 許하라』(서울 : 현실문화연구, 1999) ; 박노자, 『우승열패의 신화』(서울 : 한겨레신문사, 2005).

정'을 설명하고 있다. 그것은 근대인들이 예의범절이라는 사회적 규율을 체현(體現)하는 과정이며 규율을 내면화하는 과정인 것이다. 개항 직후 조선인들은 자신들의 습속을 '야만적'이라고 규정하면서 '문화인' 혹은 '문명인'이 되기 위해 얼마나 노력했던가! 사실 그 흔적은 지금도 우리 주변에 남아 있다. 서구적 방식, 세계인들의 눈을 의식하면서 우리는 '일등국민' 혹은 '문화시민'이 되기 위해 얼마나 노력하고 있는가! 이미 의식적인 노력의 수준을 넘어 많은 것들이 자연스럽게 진행되고 있는 것을 보면 우리의 몸은 이제 '문명화'된 것이다.

문명화 과정에서 작동하는 다양한 장치들과 담론들이 존재한다. 문명화 과정의 중심에 있는 인간의 몸은 사람이 세상에 관여하는데 필요한 모든 실제적 행동을 실행하는 수단 또는 도구이다. 새롭게 탄생한 근대적 주체로서 개인들의 몸은 이성의 적절한 통제를 받는 건강한 몸으로 인식된다.[28] 푸코는 고전주의 시대 이래 다양한

28 정신과 육체의 이분법적 분리는 데카르트의 논리 속에서 시작된다. 데카르트의 이원론은 인간 존재를 두 부분으로 구분하여 정신은 문화의 영역에, 육체는 자연의 영역에 위치시켰다. 하지만 육체는 지속적으로 문화영역에서 재현의 대상이었다. 육체의 기호화를 통해 육체를 문화, 즉 인간의 의미화 과정 속에 편입시킨다. 근대의 서사물 속에서 육체의 기호화, 상징화와 동시에 이야기의 육체화에 대해서는 P. Brooks, 『육체와 예술』(서울 : 문학과지성사, 2000) 참조. 전통적으로 서양과 동양에서 몸에 대한 인식은 차별성을 지닌다. 근대 서양 의학의 경우 몸은 대상으로서 간주되었다면, 동아시아 전통의학에서 주객이 일체인 몸은 대상화된 것이 아니라 스스로를 조직하는 관계의 망이며 시스템으로서 간주되었다. 강신익, 『몸의 역사, 몸의 문화』(서울 : 휴머니스트, 2007), p.

규율제도들, 학교, 병영, 일터 등이 급속하게 발전하고, 또한 정치적 관행과 경제적 고찰의 영역에 출생률, 장수, 공중보건, 주거, 이주의 문제들을 제기하면서 규율권력이 발달하기 시작했다고 주장한다.[29] 그것은 육체의 예측화와 주민의 통제를 획득하기 위한 다양하고 수많은 기술들이 폭발적으로 나타나고 그것이 바로 생체권력의 시대가 열렸음을 의미한 것이다.

전통사회로부터 근대 사회로 이행해가는 과정에서 학교, 공장, 감옥 등의 장치들은 노동과 규율, 감시와 처벌 등의 통해 근대적 인간을 만들어낸다. 그러한 장치들을 통해 근대 사회의 규율을 내면화하면서 작동하는 합리적이고 이성적인 인간이 만들어진다. 근대인들을 둘러싸고 있으면서 삶을 규정하는 사회적 규율과 추구된 가치들은 근대인의 삶을 지배하는 시간과 삶이 발생하는 공간을 재구성한다. 우리를 둘러싸고 있는 시간과 공간은 기본적으로 사회적인 것이다. 시간은 집단행동의 리듬을 표시해 주는 동시에 규칙성을 보증해 주는 기능을 한다는 점에서, 공간은 같은 문화를 가진 사람들이 같은 방식으로 공간을 표현하고 있다는 점에서 사회적인 기원을 갖는다.[30] 이제 근대의 시간과 공간의 개념이 근대인들의 몸을 통해 내면에 침투한다.

우선 근대인들에게 시간은 어떻게 작동하는가? 근대적 시간은

76-77.

29 M. Foucault, 『감시와 처벌』(서울 : 강원대출판부, 1976), p. 150.

30 E. Durkheim, 『종교생활의 원초적 형태』(서울 : 민영사,), p. 34-35.

시간표와 시계 그리고 징벌의 장치를 통해 자본주의적 배치를 이룬다.[31] 단위시간에 대응하는 행동/동작을 정의하고 배열하는 기계로서의 시간표, 그것의 수행을 체크하고 통제하는 기계로서의 시계, 그리고 그 결과에 따른 처벌-기계로서의 징벌이 존재한다. 이러한 장치들은 공장, 학교 등 새로운 근대적 공간에 규율을 위해 존재하는 것들이다. 초기의 자본주의적 공장에서부터 노동시간을 규율하는 다양한 장치들이 존재했음은 물론이고, 근대적 학교에서 시간표는 어린 시절부터 시간 규율을 내면화하는 좋은 장치들이었다.[32] 문명인이 되기 위해서는 시간의 엄수는 필수적인 것이었다.

1884년 10월 25개국의 산업국가 대표들이 모여 그리니치 평균시(GMT)를 세계 표준시로 정하였다. 서구의 표준시가 세계의 시간이 됨으로써 통일적 시간이 확립되고 시간표에 따라 운행되는 기차를 타기 위해 사람들은 자신의 삶을 재구조화해야 했다. 공장에서의 시간 규율은 매우 엄격했다. '해뜰 때부터 해질 때까지'라는 전통적

---

31 이진경, 『근대적 시공간의 탄생』(서울 : 푸른숲, 1997), p. 123.

32 서구 근대에서 시간과 공간의 개념에 대한 변화에 대해서는 스티브 컨, 『시간과 공간의 문화사』(서울 : 휴머니스트, 2004) ; 철도가 어떻게 근대적 시간과 공간 개념의 탄생에 주요한 역할을 했는지에 대해서는 볼프강 쉬벨부쉬, 『철도여행의 역사』(서울 : 궁리, 1999) ; 마찬가지로 철도가 한국에 근대적 개념의 형성에 미친 영향에 대해서는 박천홍, 『매혹의 질주, 근대의 횡단』(서울 : 산처럼, 2003) ; 식민지 조선에서 공장과 학교, 의료체계 등이 근대적 시간 및 공간 형성을 통해 근대적 인간의 몸을 만드는 과정에 대해서는 김진균 · 정근식 외, 『근대주체와 식민지 규율권력』(서울 : 문화과학사, 1997) 참조.

인 노동시간은 이제 2교대 혹은 3교대제, 출퇴근 시간, 휴식, 식사 시간 등으로 정확한 시간으로 체계화되었다. 인간의 노동을 평균 노동시간이라는 추상적인 개념으로 환원시키는 교환의 원칙이 작동하는 자본주의 경제에서 '시간은 돈'이었다.[33] 따라서 전통적인 시간관념에 대한 비판과 더불어 근면과 시간의 정확성은 새로운 근대인의 덕목이 되었다. 학교에서는 이미 어린 학생들에게 등하교 시간, 수업시간과 휴식시간 등을 통해 자연스럽게 근대적 시간개념을 체화하도록 한다. 물론 그 교육내용에 있어서는 근대인을 만드는 것으로 채워진다.

다음으로 공간의 분할 문제이다. 그것은 공적 영역과 사적 영역의 구분, 그리고 그에 근대인들의 사회적 역할에 대한 공간의 점유이다. 공적 영역과 사적 영역의 분리는 우선은 공적인 권위가 제도적인 틀을 갖추기 시작하고 강제력을 수반하면서 그와 함께 개인의 영역에 대한 권력을 행사하기 시작하고, 그에 대비되는 사적인 영역이 형성되는 과정 속에서 이루어졌다. 사법권은 비천한 시민에게 국왕의 조세 납부를 독려할 필요가 생기면서 견고한 틀을 갖추었다.[34]

---

33 두 개의 비교 불가능한 사물 사이에 있는 제3의 추상적 용어인 교환가치는 맑스가 묘사한 동일성의 형식이며, 궁극적으로 돈의 형식을 취한다. F. Jameson, 『후기 마르크스주의』(서울 : 한길사, 2000), p. 88. 동일하게 짐멜 역시 돈이 개인들을 결합시킬 수 있는 유일한 가능성으로 등장했음을 명확히 지적하고 있다. G. Simmel, 『짐멜의 모더니티 읽기』(서울 : 새물결, 2005), p. 15.

34 이브 카스탕, "정치와 사생활," 『사생활의 역사』 3권(서울 : 새물결), p. 75 ; N. Elias, 『문명화 과정』(서울 : 한길사, 1996).

이러한 공적 권력으로부터 개인의 시민적 자유를 보장하고자 하는 노력 속에서 사적인 영역, 구체적으로 근대적 가족이 틀을 갖추기 시작했다.

여성은 새롭게 구성된 사적 영역, 즉 근대적 가족 내에 그 활동영역이 한정되며, 아내 그리고 어머니로서의 역할이 독려받는다. 프랑스 혁명기 여성은 혁명전사의 아내이자 어머니였다면 자본주의 발달 속에서 강조되었던 것은 산업전사의 아내이자 어머니였고, '스위트 홈'은 전사들의 휴식처였다. '폐쇄된 부르주아 가정'은 친밀성의 영역이자 동시에 은밀한 공간이었다.[35] 집이라는 사적 공간에서 어린이의 성에 대한 교육과 부부의 성에 대한 의학적 측면에서의 사회적 관리가 발생한다.[36] 사실 '진정으로 남자'다운 남성은 공공의 영역에서 영광과 기품을 추구하면서 자신의 명예를 증가시켜야 함이 강조된다거나 여성의 경우 응시대상, 즉 외모의 관점에서만 평가되는 객관적 대상으로 간주되는 경험 등은 생물학적인 성에 기반하여 사회적으로 남성적인 것과 여성적인 것을 구분하는 데서 오는 것이다. 이러한 남성과 여성의 가치의 강조의 차이는 새롭게 재편되기

---

35 '폐쇄된 부르주아 가정'이 형성되면서 세속적인 대도시와 분리된 교외의 주거지역이 형성된다. 대도시의 불온한 하류층으로부터 가족을 보호하고자 하는 욕구의 표현이었다. 도시의 공간적 분리가 발생하며, 그것은 계급 간의 사회적 거리 그리고 폐쇄적인 근대적 가족 등의 현상을 반영한 것이다. R. Fishman, 『부르주아 유토피아』(서울 : 한울, 2000) ; D. Harvy, 『도시의 정치경제학』(서울 : 한울, 1996).

36 M. Foucault, 『성의 역사 I』(서울 : 나남, 1990), p. 118.

시작하는 공적 영역과 사적 영역의 명확한 분리, 그리고 그와 더불어 근대적 가족에 대한 개념의 형성과 맞물려 있다.[37]

이와 같이 몸을 둘러싸고 진행된 담론은 근대인들이 자신의 몸을 어디에 어떠한 형태로 두어야 하는지를 규율화하였다. 19세기 말부터 서구 유럽에 확대되었던 담론 중의 하나는 '위생' 담론이었다.[38] 19세기 초반부터 서서히 형성되기 시작한 관료기구 중의 하나는 경찰청이다. 파리의 경찰청의 설립과 함께 가장 중요한 업무 중의 하나가 보건위생 관리였다.[39] 그것은 앞서 언급한 근대적 가족의 탄생

---

37 고전 발레의 형식은 이러한 남성과 여성의 사회적 위상을 가장 잘 보여주는 예술양식이었다. 페미니스트들의 주장에 따르면 고전 발레의 형식은 수동적 여성과 지배적 남성이라는 19세기의 전형적인 젠더모델을 재생산하는 서사구조, 의상, 동작을 활용하고 있는 것으로 간주된다. 분명 고전 발레는 몸의 자유로운 움직임과 표현을 구속하거나 무시하는 정형화된 형식을 많이 만들어낸 것은 사실이다. 고전 발레는 중력을 거부하는 예술이다. 무용수는 공기처럼 가벼운 몸을 추구하고 직선으로 팽창하는 수직선을 축으로 춤을 춘다. 반면에 현대 무용은 발레의 고정된 기교와 공기화하는 몸을 거부하고 몸의 무게감을 최대한 이용하는 방식으로 변화했다. 이혜자, "무용, 몸짓의 언어," 『철학, 예술을 읽다』(서울 : 동녘,), p. 237. 여성스러운 옷과 격식을 던져버리고 자신의 몸을 자유롭게 표현하고자 했던 이사도라 덩컨은 사회, 성, 예술 등 모든 방면에 과거의 인습을 타파하고자 하였다. 제환정, 『불멸의 춤, 불멸의 사랑』(서울 : 김영사, 2002), 7장.

38 이 담론은 지금까지도 유사한 형태로 존재한다. 즉 '건강' 담론이다. 하루에도 수없이 쏟아져 나오는 건강과 관련한 다양한 이야기들을 통해 우리는 건강한 몸을 만들기 위한 노력을 게을리할 수 없다.

39 A. Corbin, 『창부』(서울 : 동문선, 1995), p. 43.

과도 맞물린다. 근대적 가족의 윤리를 확산하는 가운데서 기독교적 경건주의와 복음주의가 한 축을 이루었다면, 다른 한 축은 보건위생 및 의학 담론이다. 매춘은 묵인과 감시의 대상이었다. 법률로서 용인된 구역에서의 매춘 허가와 동시에 감옥을 통해 매춘의 확산을 막고 병원이나 무료진료소를 통해 그들을 통제했다. 또한 19세기 말에 이르러 매독의 확산과 사회의학, 위생학의 발달은 국가가 국민건강이라는 이름으로 개인의 삶에 관여하기 시작했다. '요람에서 무덤까지'라는 말을 통해 영국의 복지국가 실현을 이야기했던 〈비버리지 보고서〉의 선언은 결국 국가가 개인의 탄생에서부터 죽음에 이르기까지 보호해 준다는 것을 의미하지만 동시에 국가의 개인의 생애를 통해서 그를 관리한다는 의미이다.

4. 대중문화

국민국가의 주권자로서 국민이 만들어지는 과정과 함께 근대성의 또 다른 한 축은 새로운 물질적 조건으로서 자본주의적 근대화의 과정이다. 20세기 초반 이후 자본주의적 대량생산과 대량소비의 확대가 이루어지는 사회가 도래하면서 대중문화는 삶의 새로운 변화를 가져온다. 특히 제2차 세계대전 이후 기술발전과 경제부흥은 영화나 라디오, 그리고 인쇄문화 같은 대중적 형식들의 급속한 팽창과 발전을 가능케 하였다. 전후 경제발전에 따른 완전고용과 급여상

승은 노동자계급이 이러한 문화적 경제적 변화의 주된 수혜자가 되도록 하였고, 생산자들을 소비자들로 변모시켰다.[40] 그러한 의미에서 현대의 대중문화가 전통적인 시대의 문화와 가장 크게 다른 점은 생산의 주체와 소비의 주체가 분리되었다는 것이다.[41] 전통 시대 민중의 일상생활에서 향유되던 민요는 그들 자신이 일하면서 만들어 부르던 것이었지만, 조선 후기로 넘어오면서 서서히 전문적인 예인집단이 형성되었다. 오늘날은 더욱 더 분명하게 생산자와 소비자가 분리되어 있고, 그것은 무엇보다도 자본주의의 발달과 맥을 같이한다. 대량생산, 대량소비라는 원칙을 가지고 있는 산업자본주의 발달 속에서 문화예술 역시 예외가 될 수 없었다. 이제 '대중'과 '문화'가 결합한 것이다.

대중문화가 자본주의적 상품화의 대상이 되는 것은 단순히 경제적 논리만의 문제는 아니다. 현재의 사회구조를 유지 · 재생산하기 위한 정치적 · 이데올로기적 원리가 작동한다. 국가권력이 대중문화에 대한 검열을 실행하고 통제한다는 것은 지나친 단순화이다. 오히려 자본주의적 문화상품화의 논리와 사회구조의 재생산을 위해 사회구조의 구성요소들의 자기 검열의 논리가 강하게 작동한다.

전후 경제적 호황에 따라 노동자계급의 상품에 대한 접근 가능성이 증대되고 향락적인 소비주의 문화가 확산되면서 변화가 발생한다. 자본주의 사회의 광고는 새롭게 출현한 대중들을 향하여 그들

---

40 J. Procter, 『지금 스튜어트 홀』(서울 : 앨피, 2006), p. 42.

41 김창남, 『대중문화의 이해』(서울 : 한울아카데미, 2010), p. 42.

의 환상적 욕구를 자극한다. 대중들은 자신의 근본적인 욕구를 충족시키는 방식이 아니라 광고가 만들어내는 욕망을 충족시킨다. 사실 대중들은 상품이 주는 사용가치, 즉 그 효용을 소비하는 것이라기보다는 상품이 주는 신분의 효과와 위광을 위해 비싼 값을 지불하는 '과시적 소비'를 행한다.[42] 이러한 소비형태는 일종의 '구별짓기'(distinction)의 행태이다. 개인들의 행위는 사회적 구조를 내면화하는 '아비튀스'(habitus)를 매개로 이루어지며, 소비행위 역시 여타 다양한 행위들, 즉 정치적 견해, 음식 취향, 스포츠 활동, 주거형태 등에서 다른 행위자들과 끊임없이 구별지으려는 성향 속에서 이루어진다.[43] 그렇다고 하면 대중들이 진정한 소비의 주체인지에 대한 회의를 가질 수밖에 없다. 광고를 통해 욕망이 자극되고 그것이 만들어낸 환상적 이미지를 소비하게 된다면 결국 소비자가 주체가 아니라, 생산하고 광고하는 자본의 욕망을 소비자가 실현시켜 주고 있을 따름이다.

한국 대중문화의 역사는 일제 식민지 시기까지 거슬러 올라간다. 일제 시대 대중문화의 성장과정은 전통적 문화가 자연스럽게 대중문화로 전환되는 방식이 아니라, 일제에 의한 외래문화의 이식과 그것의 정치적 이용이라는 측면이 강했다. '모던보이', '모던걸'로 상

---

42 T. Veblen, 『유한계급론』(서울 : 우물이 있는 집, 2005).

43 현택수 외, 『문화와 권력 – 부르디외 사회학의 이해』(서울 : 나남, 1998). 우리 사회 대표적인 소비형태 중의 하나가 이른바 '명품'과 관련하여 존재한다. 명품에 대한 소비는 그것이 주는 사용가치가 아니라 당연히 기호의 소비, 즉 그것이 주는 구별의 효과, 과시성 등에 대한 소비이다.

징화되는 당시 서구적 대중문화의 형성과정은 전통에 대한 거부와 환멸 그리고 해방의 감정이 표현되었다. 그것은 서구의 '문명화' 과정의 자기화라는 이유 때문이기도 하지만 동시에 전통적 사회적 억압으로부터의 해방, 특히 여성 및 신분으로부터의 해방의 표현이라는 측면도 존재했다. 근대화 과정과 동시에 진행된 이러한 대중문화의 형성과정은 정치 · 사회적 측면에서 근대적 국민국가의 형성이 아닌 식민지 예속의 과정에서 진행되었기 때문에 당연히 왜곡될 수밖에 없었다.

해방 이후 대중문화는 한국 사회의 변화를 그대로 반영하면서 성장했다. 한국전쟁을 거치면서 자연스럽게 친미 반공 이데올로기를 반영하는 형태로, 그리고 미국 문화의 절대적인 영향력 속에서 전개되었다. 해방 이후 반공주의는 한국 사회에서 가장 강력한 이데올로기로서 우리의 몸 안에 특정한 정치사회적 사고와 행위를 유발하는 일종의 자동적 조건반사의 회로판을 만들어 놓았다고 할 수 있다.[44] 지속인 반공주의 담론 속에서 주민등록제와 같은 국민을 통제하려는 등의 시도는 한국의 근대성이 서구적 방식에 더하여져 군사주의적 근대성이라는 특징을 띠게 하였다. 박정희 군사정권의 성립과 함께 경제성장의 길로 접어들면서 대중매체—TV 시대—가 급속히 보급되면서 대중문화는 더욱 확대된다. 군사정권은 자신의 정당성 확보라는 측면에서 대중문화를 적절하게 이용했다. 정권은 다양한 문

---

44 권혁범, "내 몸속의 반공주의 회로와 권력,"『우리 안의 파시즘』(서울 : 삼인, 2000).

화정책—민족문화 창달 혹은 문화 한국 건설이라는 목표—등을 통해 혹은 검열과 규제—금지곡, 방송규제, 장발 및 미니스커트 단속 등—를 통해 적극적으로 개입했다.

1980년대 이후 대중문화는 한국의 경제력에 맞추어 더욱 성장했다. 80년대 새로운 군사정권은 대규모 이벤트—80미스유니버스대회, 국풍 81, 86아시안게임, 88올림픽, 그리고 프로스포츠 등—를 통해 자신의 취약한 정당성을 만회하려 하였다. 이 시기의 특징 중 하나는 문화영역에 대기업들이 진출하기 시작하면서 그 규모면에서 확대되었다는 점이다. 그리고 이러한 성장 속에서 10대 청소년층이 새로운 소비자 집단으로 부상하기 시작했다.[45] 또 다른 특징 중 하나는 정권에 대항하는 민중운동 측에서 민중문화라는 방식의 대항문화를 만들어냈다는 점이다. 하지만 87년 민주화 이후 이러한 다양한 흐름들은 대중문화의 팽창과 다양화 속에서 흡수된다. 세계화 속에서 문화시장이 개방되고 독점자본 문화산업에의 진출은 더욱 확대되었다. 새로운 신세대들의 등장은 강력한 문화소비 세력으로 등장했다.

하지만 신세대들의 대중문화 소비는 과거 세대와 같은 수동적인 방식에만 머무르지 않는다. 그들은 기성세대의 문화와는 다른 방식으로 자신들의 독자적인 문화와 그들만의 정체성을 만들어낸다. 그리고 그것을 통해 기성의 권위에 대한 도전과 새로운 욕망을 표현한다. 80년대가 이성의 세대, 활자의 세대였다면 신세대는 감성의

---

45 김창남, 『대중문화의 이해』(서울 : 한울 아카데미, 1998).

세대 그리고 영상세대이다. 80년대 민중음악이 가사를 통해 메시지를 전달하고자 했다면 그들은 몸을 통해 자신들의 욕망을 표현하고 느낀다. 인터넷 문화 역시 그들에게는 새로운 문화적 공간으로 등장했고, 그들만의 언어를 통해 그들의 공간을 만들어간다. 신세대들의 감성적인 자기 표현과 기성세대의 규칙으로부터의 의도적인 일탈 등은 대중문화 속에서 그들의 문화를 만들어내는 방식이다. 하지만 이러한 일탈과 도발적인 표현들은 사실 곧바로 기존의 대중문화 속에 포섭되고 만다. 광고의 카피에 '도전', '일탈', '저항' 등의 단어가 등장하는 것을 심심치 않게 발견한다. 과거 랩음악이 백인들의 문화에 대한 흑인들의 저항성을 표현하는 방식이었다면 이제는 거대한 음반산업에 포섭된 상품으로 존재하고 있다.

문화라는 공간은 '동의와 저항'이 공존하는 영역이라고 하였다. 1970-80년대 대중문화의 공간에서 권력은 자기정당성을 확보하기 위한 다양한 노력을 하였고, 저항세력은 역시 그 공간 속에서 민중문화 등의 이름으로 자신의 정체성을 표현하고자 하였다. 하지만 90년대 들어서 대중문화의 영역은 거대자본의 진출과 함께 엄청나게 확대되었고, 또한 그의 지배력 역시 급속히 확장되었다. 신세대들을 포함한 저항의 문화는 어느 새 상품화의 대상이 되어버린다. 심지어 상품의 광고는 신세대들의 저항과 일탈, 그리고 그들의 표현을 이미 상품화하여 그들의 욕망을 만들어내고 있다. 물론 그럼에도 불구하고 자본주의적 상품화와 기존의 권위로부터 벗어나려는 새로운 노력들은 지속된다.

5. 문화적 공간과 정체성의 정치

국민국가라는 정치공동체의 틀과 자본주의적 경제관계에 의해 규정된 근대인의 진짜 모습은 결국은 영화 〈매트릭스〉에 나오는 그런 모습과도 같다라고 한다면 너무 극단적일까? 찰리 채플린이 〈모던 타임즈〉에서 그린 자본주의 노동자의 모습은 그나마 공장 밖에서는 자신의 모습을 찾으려는 낭만이라도 있을 것 같아 보인다. 우리가 살아가는 삶이라는 것이 결코 우리의 주체적인 삶이 되지 못하고 다만 거대한 구조 속의 하나의 부품 혹은 그보다도 못한 소모품에 지나지 않는다는 거친 주장이 가능하게 된 것이다.

하지만 한국 사회는 2000년대에 들어서 과거에 경험하지 못했던 축제의 문화를 즐기고 있다. 1980년대 국가권력이 조직화했던 축제와 달리 2002년 월드컵 축제 때 시민들은 스스로 축제공간을 만들어냈고, 그 공간을 활용하여 자신들의 욕망을 분출할 수 있었다. 그리고 그 경험은 다양한 정치적 이슈들에 대해 시민들 스스로 자신의 목소리를 낼 수 있는 민주주의의 길을 만들어냈다. 시민들은 스스로 주체가 되는 길을 발견하였고, 그것을 반복하면서 주체적 민주주의를 만들었지만 그것은 결코 단순한 반복이 아니었다. 시민들은 축제의 경험을 몸으로 체득하면서 동일하지 않는 반복을 행하고 있는 것이다.

언어학자 소쉬르는 언어가 인간보다 앞서 존재한다고 주장하면서 근대적 주체를 해체시켰다. 우리는 언어규칙과 의미체계 속에 자리 잡고 있으면서 언어를 사용하고 의미들을 만들어낼 뿐이다. 언어는 사회적 체계인 것이지 개인들의 체계가 아닌 것이다. 데카르트 이래 합리적이고 이성적인 주체로 간주되었던 근대적 개인은 한낱 구조 속에 편입되어 움직이는 나사 부품과 같은 존재인 것이다. 이미 20세기 초 프로이트는 이성의 논리와 다른 '무의식'의 심리적·상징적 과정을 통해 인간의 성과 욕망의 구조가 형성된다고 주장하면서 근대적 이성을 비판하기 시작했다. 인류학자 레비-스토로스, 마르크스주의자 알튀세르 등은 구조주의를 통해 개인들의 구조의 산물이자 결코 주체가 아님을 주장했다.

구조주의가 시작한 주체의 해체작업을 가장 철저하게 마무리지었던 이는 푸코다. 앞서 설명하였듯이 푸코는 신체의 훈육과 인구의 조절이라는 근대권력의 기술의 두 축을 통해 작용하는 권력관계의 효과로서 '주체'가 생산된다고 주장했다. 규율사회, 나아가 통제사회의 권력 혹은 규율권력이라는 말들을 통해 푸코가 포착하고자 하는 것은 우리들의 일상적인 실천들이 일종의 외부적인 강제가 없는 통제의 내면화를 통해 이루어진다는 점이다. 규율권력이 가지고 있는 생체정치적 특성을 통해 권력은 개인들의 삶 전체를 효율적으로 통제한다. 규율권력은 개인에게 특정한 형태의 실천을 하도록 강제함으로써 그를 '주체'로서 생산하는 권력이다. 개인을 주체로 만드는 것은 바로 권력의 형식인 것이다.[46] 이제 데카르트 이래 근대와 함께 탄생한 이성을 갖춘 거대한 주체(Subject)는 가고 새로운 주체들

---

46 M. Foucault, 『감시와 처벌』(춘천 : 강원대출판부, 1992).

(subjects)을 찾는 작업이 필요해졌다.

문화적 공간이 '동의와 저항의 영역'이라고 했듯이 사회구조 속에서 특정한 정체성이 부여되고 만들어지는 동의의 과정과 함께 그것으로부터 벗어나면서 새로운 정체성을 구성해 가려는 '저항'의 움직임이 존재한다. '저항'을 통해 새로운 주체들의 가능성들이 제시된다. 푸코는 권력이 도처에 편재해 있고, 저항 역시 권력이 있는 곳에 존재한다고 말한다. 그는 '존재의 기술' 혹은 '존재의 미학'에 대해 언급하면서 그것은 인간들이 그들의 특이한 존재 속에서 스스로 행동규칙을 정할 뿐만 아니라 스스로 변화시키고, 그들의 특이한 존재 속에서 스스로를 변형시키며, 그들의 삶을 어떤 미학적 가치를 지닌, 그리고 어떤 양식의 기준에 부합하는 하나의 작품으로 만들고자 하는 신중하고도 자발적인 실천으로 이해한다.[47] 푸코는 탈출구, 권력에 대한 저항을 넘어서 새로운 자신의 '존재의 미학'을 추구하고자 했다.

들뢰즈의 감성의 미학, 물질성의 미학은 근대적 이성의 모순과 한계에 대한 비판이자 그 대안적 구상이었다. 그 기저에는 푸코의 한계를 극복하고자 한 점, 즉 권력에 대한 저항의 허무주의적 가능성 혹은 존재의 윤리학이라는 소극적인 방식에서 한걸음 더 나아가 권력 이전에 저항의 존재를 인식하려는 시도가 있었다. 탈주적인 힘이 선차적이며, 권력은 이 힘에 대해 작용하는 것이고, 이 힘을 길들이고 포섭하려는 것이다. 기존의 배치를 유지하고 재생산하려는

---

47 M. Foucault, 『성의 역사 1』(서울 : 나남, 1990).

권력과 그것을 분해하려는 욕망, 즉 탈주적인 힘이 존재한다. 탈주선을 그리는 것은 기존의 관계, 기존의 배치 혹은 기존의 체제를 유지하려는 권력의 선분들을 가로지르며 새로운 배치, 새로운 관계를 생산하고 구성하는 긍정적이고 창조적인 욕망이다.[48]

탈주체화의 길은 곧 고정된 정체성 혹은 고정된 주체가 아니라 끊임없이 생성되는 정체성과 주체의 의미를 말한다. 들뢰즈는 회화에서 문제가 되는 것은 바로 힘을 포착하는 것이라고 말하면서 감각은 느껴지지 않은 힘을 느끼도록 하기 위해, 자기 자신의 조건인 힘으로까지 상승하기 위해 보이지 않는 힘을 보이도록 해야 한다고 주장한다.[49] 이것은 무한히 생성될 수 있는 잠재적인 힘의 가능성을 의미하며, 다양한 계기들을 통해 형성될 수 있는 다양한 새로운 주체들의 탄생을 의미한다. 기존의 관계들을 새롭게 배치하고 새로운 관계들을 창조하고 생산하려는 욕망이 개념화된다. 기존의 배치로부터 벗어나려는 탈주선들이 그려지고 새로운 배치와 관계들을 창조하고 구성하려는 긍정적이고 창조적인 욕망이 새로운 주체들을 만들어낸다.

푸코나 들뢰즈의 영향을 받으면서 탈식민주의를 주장하고 있는 호미 바바(H. Bhabha)는 단일하고 역사적인 구성으로서 문화가 아니라 '상호적인 것'이 교차하고 개방되어 있는 공간으로서 문화적 공간을 제시한다. 교의적 · 이데올로기적 실천으로서 정치학에서 일상생활의 필수품으로서의 정치학으로 전환할 것을 요구하면서 바바는

---

48 이진경, 『철학의 외부』(서울 : 그린비, 2003), p. 263.

49 G. Deleuze, 『감각의 논리』(서울 : 민음사, 1995), pp. 88-89.

대중적 저항과 대중운동의 형식은 빈번히 반항적인 문화적 실천들을 통해 창조될 때 가장 전복적이고 파괴적이라고 강조한다.[50] 의식적 실천의 영역으로서 문화적 생산의 정치학은 담론적 의미작용의 표층들을 정치적 간섭의 근거로 만들고 사회경제적 통제력으로부터 벗어나는 방향으로 정치학의 영역을 확장시킨다. 바바는 파농의 말을 빌려 그 문화의 위치를 인민들이 살고 있는 은밀한 불안정성의 지역이라고 표현한다.[51] 즉 정치적 투쟁으로서 문화는 단일한 총체성을 지닌 민족적 원리를 지니고 있다기보다는 고정성이나 통일성을 갖지 않은 의미와 상징들이 언표작용(enunciation)을 하는 제3의 공간인 것이다.

주체를 해체시키고 그에 근거한 재현의 정치를 비판하는 포스트모던 사상가들에게 문화적 공간은 새로운 의미를 획득한다. 문화적 공간은 단순히 심미적 차원을 넘어서 개인의 내면성을 드러낼 수 있는 공간, 또한 새로운 세계를 생성해 나가는 공간으로서의 의미를 획득하고 있다. 감각적 이미지의 다양성이 자유롭게 분출되는 문화적 일상이 형성되고 있으며, 그러한 문화적 일상을 통해 인간의 삶을 형성되고 있다. 문화적 공간에서 몸은 저항의 중심지이자 전복의 근거지로서 주목받는다. 그것은 푸코가 잘 지적했듯이 근대에서 몸은 수동적 존재가 아니라 담론과 권력관계가 작동하고 표현되는 지

---

50 H. Bhabha, 『문화의 위치』(서울 : 소명출판, 2002), pp. 51–63.

51 H. Bhabha, 『문화의 위치』, 87–88 ; F. Fanon, 『대지의 저주받은 사람들』(서울 : 그린비, 2004), pp. 181–183.

점이며, 개인들의 몸은 권력의 규율을 내재화하고 있다는 사실 때문이다. 따라서 몸을 통한 저항과 전복의 작동은 근대적 권력에 대한 근본적인 문제제기이다. 들뢰즈는 새로운 배치와 관계들을 창조하고 구성하려는 창조적인 욕망이라는 의미로서 탈주선 개념을 제시하였고, 그 탈주선을 통해 그려지는 새로운 배치의 공간은 자유의 새로운 공간이다.[52] 카니발 또는 유희적 육체는 현실세계를 파괴하는 동시에 '가능한' 세계를 구축하는 역할을 부여받는다.[53]

유희적 육체는 일상성을 새로운 방식으로 조직한다. 일상성과 축제의 대립이 아니라, 확대된 형태로의 축제를 통한 일상의 문화혁명이 이루어진다. 일상성 속에서 주체들은 자기의 몸을 통해 공간을 창조한다. 그러한 의미에서 지배문화에 반하는 다양한 하위문화들은 저항과 대립의 관점에서만 볼 수 있는 것은 아니다. 새로운 세대들의 하위문화들은 즐거움을 표출하고 자신들에게 의미를 갖는 다양한 집단의 활동을 보이고자 하는, 그리고 그것을 통해 자신의 수행성을 보이는 것이다.[54]

문화적 공간은 새로운 주체들의 형성이 이루어지는 열려진 공간이다. 또한 문화적 공간은 다양한 가치체계와 시각들이 표출되고 대립하는 공간이다. 개인과 공동체, 주관과 객관 사이의 긴장이 가장 심화되는 곳이 문화의 영역, 미학의 영역이 된다.

---

52 F. Guattarti & A. Negri, 『자유의 새로운 공간』(서울 : 갈무리, 2007).

53 정화열, 『몸의 정치와 예술, 그리고 생태학』(서울 : 이카넷, 2005), p. 107.

54 E. Baldwin, 『문화코드, 어떻게 읽을 것인가?』(서울 : 한울, 2004), p. 281.

6. 글을 맺으며

'사적인 것이 정치적'이라는 표현을 통해 페미니즘이 새로운 전환을 맞이했다면 '일상적인 것이 정치적'이라는 말로서 문화가 갖는 정치적 중요성의 의미를 되새겨 볼 수 있을 것이다. 문화정치학은 문화적 현상이 가지고 있는 정치적 의미의 분석에 한정되는 것이 아니라, 우리의 일상적 실천과 행동에 내재되어 있는 권력관계를 파악하는 것이다. 그렇다고 문화가 정치로 환원될 수는 없다. 문화적 공간 내에서 지배계층의 헤게모니가 관철되고 국민으로 만들어지고 대중들이 지배문화를 소비하지만, 그것들이 단순히 지배를 정당화하거나 착취를 합리화하는 수단으로 문화가 존재하고 있다는 것을 의미하지 않는다. 문화 고유의 영역이 존재하는 것은 사실이다.

문화적 공간 속에서 다양한 주체들은 자신의 욕망과 감성을 표출한다. 또한 기존의 것들을 거부하면서 새로운 것들에 대한 전망을 제시한다. 그렇다면 주관적이고 감성적인 쾌락의 주체들이 어떻게 보편적 합의에 도달할 수 있는가? 이 문제는 정치(학)적인 질문일 수밖에 없다. 공동체를 형성하고 그 내부의 규칙을 형성하면서 살아가는 문제를 해결해야 하는 정치(학)의 과제는 문화라는 공간 속에서도 재구성되고 새롭게 대답해야 할 문제이다. 축제를 통하여 인간들은 끊임없이 미래에 대한 시각을 열고자 하였다. 일상이 축제가 되고 있는 지금 강한 자본의 논리가 작동하고 있는 것도 사실이지만, 축제는 항상 그러한 가운데서 과거와 현재의 굴레를 벗어나면서 미래의 응시, 유토피아의 추구를 만들어내는 공간이 되어 왔다. 그리고 축제가 만들어낸 공간을 통하여 감성적이고 쾌락적인 주체들은 서로와 소통할 수 있다. 그 공간 속에서 자율적 개인들은 공동으로 그들 고유의 삶의 양식을 확립시키는 자율적 사회, 유토피아에 대한 꿈을 인간이 끊임없이 추구할 수 있을 것이다.

7장 / 종교와 정치

이병택

1. 종교와 정치의 구분

종교적인 관점에서 볼 때 세계는 크게 "성스러운 사물"(holy), "신성한 사물"(sacred), "세속적인 사물"(secular)로 구성되어 있다. 정치가 다루는 영역은 주로 세속적 사물이다. 그리고 성스러운 사물은 탁월한 종교적 인간을 제외하고는 접근할 수 없는 영역으로 간주된다. 그러나 신성한 것에 대한 경험은 인간의 행동에 대한 한계를 표시하는 데 중요한 역할을 하였다. 인류의 역사에서 신성한 사물이 거주하는 곳은 특별한 장소로 구체화되어 세속과 신성을 구분하는 경계로서 사용되었다. 이런 신성한 장소들은 인간의 행위에 제한을 가하는 것으로 존재했다. 오늘날에도 여전히 “교회”와 “사찰” 등은 정치권력이 함부로 침범할 수 없는 곳으로 여겨진다. 신성한 사물은 장소를 통해서 인간의 행위를 제한했을 뿐만 아니라 인간의 도덕을 규율하는 역할도 수행했다.

아리스토텔레스의 『아테네 헌정』에는 알크메오니데스 가문의 메가클레스가 스스로 참주가 되고자 했던 킬론의 시도를 분쇄하는 과정에서 킬론을 도운 자들에게 항복을 유도한 후 그들을 사형시킴으로써 신성모독을 범한 장면이 나온다(기원전 620?). 이 사건은 메가클레스 사후에 본격적으로 문제제기되면서 그 일과 관련된 사람들의 시체는 파헤쳐지고 알크메오니데스 가문은 영구추방에 처해진다(기원전 599). 그 이후로도 오랫동안 알크메오니데스 가문은 신성모독의 논란에서 자유로울 수 없었고, 투키디데스의 『펠로폰네소스 전쟁사』에 따르면 스파르타는 아테네와의 전쟁에 앞서서 페리클레스를 압박하기 위해서 바로 이 신성모독의 죄명을 정치적으로 이용하기도 하였다.

인간의 행위가 신성한 사물을 침범하지 못하게 하는 것과 마찬가지로 신의 말을 정치의 세계에 직접적으로 개입하는 것에 대한 경계 또한 존재해 왔다. “신탁”과 “예언” 등은 정치적으로 대단히 민감한 문제임에 틀림없다. 왜냐하면 신의 말은 정치적 숙고를 더 이상 요구하지 않는 “절대적 명령”의 지위를 가지기 때문이다. 소포클레스의 비극 『외디푸스 티라노스』에서 외디푸스의 생모이자 아내가 된 티레시아스가 전령의 말을 감추려고 한 것이나 유대 정치공동체에서 진짜 예언자인지 아닌지를 선별하는 것이 중요했다는 사실은 신의 말이 정치에 직접적으로 개입하는 것에 대한 정치적 인간의 경계를 보여준다.

종교에 의한 세속적 권력의 제한이나 세속적 권력을 침해하는 종교의 위험성은 반복해서 일어나는 현상이었다. 이와 더불어 주목해야 할 것은 종교의 교리가 인간의 정치적 행동에 미치는 영향이다. 로마에 있어서 기독교의 도입과 정착은 정치적 활동에 큰 침체를 가져왔다고 비판되었다. 그 중 하나가 귀족들이 싸움을 위해서 칼을 연마하지 않고 종교에 귀의함으로써 로마가 쇠퇴했다는 주장이 있었다. 이런 비판에 대해 성 아우구스티누스(Augustinus)는 기독교가 로마에 미친 부정적 영향에 대한 비판을 『신의 도성』을 통해서 반박하려고 했다.

근대의 정치사상은 정치세계의 독자성을 확보하기 위해서 기독교에 기초한 역사 해석에 맞서야 했다. 마키아벨리의 『로마사 논고』는 로마사에 대한 아우구스티누스의 선악 중심의 종교적 해석에 대한 재비판으로 볼 수 있다. 또한 근대의 정치철학자들은 기독교의 교리에 의해서 억압된 "명예심" 혹은 "자긍심"을 복원함으로써 정치세계를 복원하려 했다. 명예심은 고대 정치철학자들이 정치세계를 구성하는 가장 핵심적 정념으로 간주했던 것이다. 그리고 근대의 철학자들은 성 아퀴나스(Aquinas)의 이성 중심의 자연법을 비판하고 의지 중심의 법사상을 전면에 내세우면서 로마의 정신적 지배를 벗어나 개별 국가의 독자성을 확보하고자 했다.

영국이 로마의 지배로부터 벗어나는 과정을 간략히 살펴보자.

영국의 기독교 전래는 시저의 영국 정복 이후에 이루어졌다. 로마교황의 영향은 로마의 정치적 지배가 끝난 뒤에도 오래 지속되었다. 영국사에서 헨리 2세(Henry II, 1133–1189)와 베킷(T. Becket)의 갈등은 교황의 종교적 권위가 어느 정도 강한지를 잘 보여준다. 베킷은 소지주의 아들로 태어나서 헨리에 의해서 대사관의 지위에 오른 인물이다. 헨리는 영국 내에서 교황의 권위를 억제하기 위해서 그가 신임하던 베킷을 켄터베리 대주교로 임명하게 된다. 하지만 베킷은 대주교가 된 이후로 성직자들의 힘을 제한하고자 한 헨리의 일을 반대하는 데 앞장서게 된다. 그는 강력한 군주였던 헨리와 6년 이상 대립하면서 추방되었고, 복귀한 후에 1170년 헨리의 기사들에 의해서 살해된다. 이와 같은 대립과정에서 헨리는 시민적 권력의 한계를 더 명확하게 하게 되고, 정치와 종교의 관할권의 경계를 정확하게 정하고자 하였다. 이것이 "클라렌든 헌정"(Constitution of Clarendon)이다. 한편 이와는 반대로 1215년 대헌장에서는 교황에 대한 복종이 왕에 대한 복종을 잠시 유보할 수 있게 하는 데 큰 역할을 하게 된다.[1]

1 좀 더 일반적인 관점에서 말한다면 근대의 주권 개념이 등장하기까지 복종의 문제는 대단히 복잡하게 얽혀 있었다. 특히 신과 신의 대리인으로서의 왕의 관념은 세속적인 정치세계를 이해하는 데 미묘한 뉘앙스를 던져주었다. 한 가지 주목해야 할 점은 왕이 정치세계를 초월하여 신으로부터 통치의 정당성을 획득하려는 시도가 현실적 정치를 이해하는 데 따르는 아이러니이다. 세익스피어의 『리처드 2세』는 이와 같은 정치현상을 잘 드러내고 있다. 세익스피어의 『리처드 2세』에 대한 정치철학적 소개로는 블룸 · 자파 저, 강성학 역, 『세익스피어의 정치철학』(서울 : 집문당, 1982)을 참조하라. "카알라일은 우리들에게 질서의 가장 위대한 위엄성과 가장 큰 약점을 다 같이 보여준다. 신이 통치하는 것으로 가정

그 이후의 영국사는 대체로 왕에 대한 복종이 교황에 대한 복종을 대체하는 방향으로 흘러갔다. 교황과의 결정적인 단절을 일으킨 도화선은 어이없게도 헨리 8세(Henry VIII, 1491−1547)의 이혼 문제로 생긴 갈등에서 시작되었다. 헨리 8세는 그의 첫 번째 부인 캐서린과의 이혼을 허락해 줄 것을 교황 클레멘트 7세(Clement VII)에게 요청했으나 교황이 더 많은 것을 얻으려 뜸을 들이는 사이에 헨리가 교황과의 단절을 선언해 버린 것이다. 이로써 헨리는 영국 교회의 수장이 되었고, 영국 국교회를 교마 교황청으로부터 분리하는 결정적 역할을 한 셈이 되었다. 비록 헨리 8세가 프로테스탄트를 지지한 것은 아니었지만 서서히 종교개혁을 단행함으로써 자연스럽게 프로테스탄트의 영향을 확대시켰다. 메리(Queen Mary, 1516−1558)가 가톨릭으로 복귀하려는 시도를 했었지만 단기간에 영국 사회의 저류를 막을 수는 없었다. 메리 이후에 등극한 엘리자베스 1세(Elizabeth I, 1533−1603)는 다시 프로테스탄트로 방향을 돌리게 된다.

엘리자베스를 끝으로 튜더 왕가의 대가 단절되자 헨리 7세의 큰 딸의 후손인 제임스 6세 스코틀랜드 국왕이 영국의 제임스 1세(James I, 1566−1625)로 등극하게 된다. 제임스 1세로부터 시작되는 스튜어트 국왕들은 왕위의 안정을 도모하기 위해 가톨릭에 대한 선호를 끝내 버리지 못했다. 왕정복고 이후 대단히 노골적으로 가톨릭으로의 전향을 시도한 제임스 2세(James II, 1633−1701)를 영국에서 몰아

된다. 그러나 실제로는 리처드가 통치한다. 신이 자기 자신을 보호하고 있다는 그의 신앙이 없었다면 그는 보다 더 조심했었을 것이다"(p. 209).

냄으로써(1688 명예혁명) 종교로 인한 영국사의 갈등은 마무리된다. 그리고 제임스 2세의 폐위와 함께 타종파에 대한 관용의 정책도 성장하게 된다. 이와 같은 변화는 역사적 경험에 대한 반성에 의거한 것이자 제임스 2세의 아버지 찰스 1세(Charles I, 1600-1649)의 공개처형 이후에 집권하게 된 크롬웰(O. Cromwell)이 시행한 관용의 정책을 이어받은 것이라고 할 수 있다.

위에서 보았듯이 정치와 종교의 관계는 대단히 복잡하게 얽혀 있다. 정치와 종교의 관계를 해결하기 위한 자유주의적 해법이 바로 『관용에 대해서』에서 로크가 제시한 "분리"(separation)의 정책이다. "분리"라는 용어는 근대 자유주의의 특징을 잘 드러낸다. 유기적으로 통합된 정치권력이 가지는 위험을 줄이기 위해서 정치권력의 인위적 분리를 주장한 것과 마찬가지로 정치와 종교의 결합에서 오는 위험을 줄이기 위해 그 관계의 인위적 분리를 주장한 것이다. 자유주의적인 분리의 미학이 정치의 세속화와 시민사회의 성장과 더불어 현대의 정치적 생활을 기초하는 중요한 학설이 된 것은 분명하다. 오늘날 자유주의의 흐름은 정부의 종교에 대한 중립을 강조하고 있으며, 특정한 종교에 대한 특권을 주는 것은 공정성을 해칠 위험이 있음을 주장한다.

그러나 분할되지 않은 "전체"에 대한 위험을 경계하는 자유주의적 처방이 가지는 단점들도 분명 존재한다. 공동체주의자들이 자유주의적 해법에 대해 갖는 불만은 그 한 사례가 된다. 정치공동체는 추상적 당위에 기초하는 것이 아니라 사회적 결속을 유지하는 구체적인 윤리를 요구한다. 다시 말하면 정치는 진공상태의 공간에서 이루어지는 것이 아니라 특정한 윤리적 생활양식을 기초로 해서 이루어진다. 그런데 자유주의적 분리의 해법은 사회적 결속의 강도를 희석시키고 가치 있는 삶에 대한 구체적 기준을 제시하지 못한 채 추상적인 조건에 매달려 있다. 공동체를 강조하는 사상가들은 뿌리 상실감이나 사회적 파편화에 반대하면서 공동의 문화에 대한 소속감을 강조한다. 그리고 공동체의 소속감은 전통에 뿌리내리고 있다고 본다. 따라서 종교적 억압을 야기할 수 있다는 우려에서 정치적 중립을 주장하는 자유주의 사상가들과는 달리, 공동체를 강조하는 사상가들은 필요하다면 특정한 종교적 제도나 신념에 국가가 우선권을 주는 것에 반대하지 않는다.

서구 근대 사회의 가장 큰 특징 중 하나를 "세속화"에서 찾곤 한다. 세속화의 과정에서 종교의 역할은 그만큼 줄어들었다고 할 수 있다. 그럼에도 불구하고 정치와 종교의 관계는 새로운 역사적 맥락에서 새로운 문제로 등장하고 있다. 특히 오늘날에는 제도로서의 종교와 종교생활을 구분하면서 삶의 "충만"(fullness) 문제를 중심으로 근대 세속사회의 결핍을 지적하는 경향도 있다.[2] 그리고 이슬람 정치체제에서 드러나듯이 종교를 중심으로 정치를 보려는 시도는 여러 지역에서 아직도 해결되지 않은 문제로 남아 있다. 이런 지역에서도 여전히 세속화가 그 사회의 문제 해결의 적절한 방법으로 사용될 수 있는 것인지는 그 사회가 풀어야 할 숙제인 것이다. 이런 점에서 정치와 종교의 관계설정은 계속되는 실험의 단계에 머물러 있

2 Charles Taylor, *A Secular Age*(Cambridge et al. : Harvard University Press, 2007).

는 것으로 파악해야 할 것이다.

2. 인간 본성의 두 경향 : 다신주의와 일신주의

이성의 측면에서 다신주의와 일신주의의 우위를 비교한다면 당연히 일신주의를 선택하게 될 것이다. 이 세계의 조화를 담당하는 궁극 원인으로서의 존재인 신에 대한 존경과 사랑은 인간의 이성을 만족시키는 것임에 틀림없다. 그러나 인간 본성의 측면에서 그 두 가지의 우위는 대단히 애매하고 깊은 탐구가 요구된다. 스피노자와 데이비드 흄은 종교의 기원을 운수(fortuna)의 불확실성에서 찾고 있다. 사람들은 자신이 의도한 대로 세상사가 잘 풀려갈 때는 남의 의견이나 운수에 대해 크게 개의치 않고 자신의 역량을 믿으면서 살아간다. 그러나 세상의 일이 자신이 뜻한 바대로 이루어지지 않고 여러 가지 시련을 만나면 다른 사람에게 자문을 구하려고 좌고우면하게 된다. 또한 세상사를 지배하는 어떤 외부의 힘들이 있는 것은 아닌지 생각하게 된다. 다시 말하면 사람들은 역운에 부딪혀 불안과 공포 상태에 빠지게 되면 외부의 거대한 힘으로부터 호의를 얻고자 노력한다.

> 최초의 종교에 대한 발상은 자연의 작용들을 관조하는 것으로부터 생기지 않았다. 그것은 인간사와 관련된 근심으로부터, 그리고 인

간의 마음을 자극하는 희망과 공포의 끊임없는 연쇄로부터 생겼다.[3]

인간사의 불확실성을 좌우하는 원인을 찾으려는 시도는 제한되고 불완전한 신들에 대한 발상으로 기운다. 이것이 다신주의의 기원이다. 그리고 사람들은 신들을 지적이고 보이지 않는 힘으로 믿으려는 강력한 마음의 경향이 있는 반면, 그런 경향에 못지않게 감각적이고 가시적인 대상들에 의거하려는 경향 또한 강하게 가지고 있다. 그래서 사람들은 이런 서로 상반되는 경향을 화해시키기 위해서 보이지 않는 힘을 가시적인 대상과 결합하려고 한다. 이런 성향에 따라서 사람들은 다양한 대상을 숭배하게 된다. 또한 행복과 불행을 부여하는 원인들은 거의 알려진 것이 없고 불확실하기 때문에 사람들의 주된 관심사는 그 원인들에 대한 확고한 생각을 얻는 데 있다. 이런 신들을 인간들과 비슷한 지적이고 자발적인 행위자로 표상하는 것이 사람들의 마음에 잘 들어맞는 것이다. 비록 신들이 그 힘과 지능에 있어서는 인간을 능가하는 존재로 표상되지만 말이다. 세상사의 운수를 설명하는 데 이보다 더 적합한 것을 찾기는 어려울 것이다. 인간을 닮은 신 혹은 신을 닮은 인간에 대한 발상은 인간의 본성에 어울린다.

다른 한편으로 자연의 과정은 규칙적이고 일률적이기 때문은 자연에는 최고의 존재에 의한 "설계"(design)가 있다는 강한 입증을 준다. 또한 사람들의 호기심은 다양한 원인들의 존재를 확인하는 데

---

3 David Hume, *The Natural History of Religion*(New York : Macmillan, 1992), p. 10.

에 만족을 하지 못하고 "체계"(system)를 만드는 데까지 나아간다. 이런 요인들은 사람들을 일신주의에 이르게 한다. 그러나 대부분의 사람들이 일신론의 학설에 도달하는 방식은 논증에 의거한 것이 아니라 "미신"이 주는 공포들에 이끌려 그런 관념에 이르게 된다. 사람들이 완벽한 존재이자 창조주라는 관념에 한정되어 머물러 있는 한에서는 이성의 원리에 부합한다. 하지만 이런 "일치"(coincidence)는 우연에 의한 것이다. 요약하면 사람들이 인간사를 지배하는 제한된 신들에 대한 관념으로부터 조물주로 표상되는 신에 대한 관념으로 진행하는 것은 대단히 자연스러운 과정이나 그 경향을 이성적으로 끝까지 고수하기는 어려운 것이 인간의 본성이다.

다신주의와 일신주의는 서로 다른 장단점을 가진다. 다신주의는 인간의 쉽게 믿는 성향(credulity)에 기초하기 때문에 아무리 야만적이고 타락한 의견일지라도 인정되는 경향을 가진다. 따라서 도덕과 인간성이 완전히 종교로부터 배제될 수도 있는 지경에 이를 수 있다. 그러나 이와 동시에 우상도 나름의 이점이 있다. 다신주의는 신들의 능력과 기능에 제한을 두기 때문에 다른 종파나 나라의 신들을 "자연스럽게" 인정하게 된다. 반대로 일신주의는 유일한 신성을 전제하고 그 신성은 완벽한 이성과 선을 나타내는 것이기 때문에 야만적이고 합리적이지 못한 것들을 몰아내고 정의와 선의의 동기를 제공하며 인간에게 탁월한 모범을 제시할 수 있는 장점을 가진다. 그러나 헌신의 유일한 대상만을 인정하기 때문에 다른 신성들은 부조리하고 경건하지 못한 것으로 간주된다. 그리고 마침내는 박해의 칼날을 서로 겨누게 된다. 박해의 편협한 정신적 태도는 분명 일신주의가 가지는 장점을 넘어서고 있다.

데이비드 흄에 의하면 인간의 마음은 두 가지 원리 중 어느 것에도 완전히 정착하기 어렵다. "인간의 마음은 대단히 엉성하고 불안정한 직물의 성격을 가진 것으로 보인다."[4] 일신주의의 관념들은 보통 사람들의 이해력에 비해 너무 세련되기 때문에 원래의 순수한 상태로 머물지 못하고 인간과 최고의 신성 사이를 매개하는 하위의 대리인들의 관념에 의해서 지지되어 할 것이다. 우상으로 복귀하려는 이런 경향은 너무 강력하기 때문에 아무리 주의를 기울인다고 해도 효과적으로 막을 수 없다. 인간의 감성은 다신주의로부터 일신주의로 일신주의로부터 다신주의로 지속적으로 유전한다. 다시 말하면 인간의 마음은 미신(superstition)과 열광(enthusiasm) 사이에서 시계추처럼 진동한다. 이것은 마치 정치에서 복종과 자유의 관계와도 유사한 측면이 있다.

3. 종교적 열성의 교정

종교적 열정이 정치적 문제를 야기하기도 하지만 항상 부정적인 측면만 있는 것은 아니다. 특정한 시기와 장소에서는 정치적으

4 David Hume, *The Natural History of Religion*, 55.

로 대단히 유의미한 결과를 가져오기도 한다.[5] 또한 종교는 그 사회의 정치문화에 큰 영향을 미치기도 한다. 우선 개인적인 차원에서 종교적 믿음과 관행은 그 사람의 삶을 유의미한 것으로 만들기도 한다. 그리고 종교제도들은 건강한 시민문화를 유지하는 데 큰 역할을 하기도 하고, 예배장소는 사람들 사이의 상호작용을 원활하게 함으로써 퍼트남(Robert Putnam)이 명칭을 붙인 한 사회의 "사회적 자본"(social capital)을 형성하는 데 공헌하기도 한다. 버바(Sidney Verba)의 비교정치 연구는 모임을 조직하는 것과 같은 교회라는 환경에서 일어나는 일들을 해본 적이 있는 사람들은 정치에 참여할 개연성이 더 크다고 주장하고 있다. 나아가 베버(Max Weber)는 "문화"라는 단어보다는 더 강한 느낌이 드는 "에토스"란 말로써 "프로테스탄트의 윤리"를 표현하고자 했고, 이런 윤리를 "자본주의 정신"의 기원으로 이미 설파했었다.[6] 베버에게 있어 종교는 문명사적인 특징을 구분하는 중심축이 될 정도로 그 영향력이 대단한 것으로 파악되고 있다. 특히 그는 기독교가 가족적 유대의 울타리를 타파하면서 보편성에 기초한 새로운 방식의 인간관계를 열었다고 주장한다.

인간 본성의 측면에서 볼 때 종교가 없는 사회를 생각하기 힘들다. 종교는 개인적 차원에서 뿐만 아니라 한 사회의 문화적 차원

---

5 Michael Walzer, *The Revolution of the Saints : A Study in the Origins of Radical Politics*(Harvard University Press, 1982).

6 막스 베버 저, 김덕영 역, 『프로테스탄티즘의 윤리와 자본주의 정신』(서울 : 길, 2010).

에서도 그 정치공동체의 내용을 구성하는 것이다. 바로 이런 이유 때문에 종교적 열성이 정치에 미치는 긍정적 측면은 살리되 부정적 측면을 교정할 필요가 생긴다. 서구는 근대 사회로 진입하는 과정에서 종교 또한 근대화 과정(modernization)을 겪었다. 이것이 우리가 서구의 역사를 통해서 익히 알고 있는 "종교개혁"(Reformation)이다.

종교개혁에 대한 여러 차원에 걸친 문제들은 이 글의 범위를 훨씬 벗어난다. 필자는 다만 데이비드 흄의 『영국사』를 통해서 종교적 열성을 교정하려는 정치가들의 노력을 소개하는 데 초점을 둘 것이다. 데이비드 흄은 기독교인들 중에서 영국인과 네덜란드인이 관용의 원리를 채택한 점을 독특한 사건으로 보면서 관용의 관행이 형성된 원인을 사제들과 종교적 편협함을 가진 사람들의 계속되는 노력에 맞선 정치가들의 지속적인 결의에서 찾고 있다.[7] 그의 설명방식은 정치가들의 행위를 통해서 관용의 관행이 정착하게 되었다고 보는 점에서 다른 방식의 설명들보다 정치학적인 흥미를 자아낸다.

앞서 언급되었듯이 영국에서의 종교개혁은 헨리 8세의 제위 중

7 David Hume, *The Natural History of Religion*, 41. 종교적 관용과 상업이 발달한 초도시(거대도시)를 연결해서 보는 시각으로는 페르낭 브로델 저, 주경철 역, 『물질문명과 자본주의 III-1』(서울 : 까치, 1997), pp. 30-32. "이렇게 잡다한 세계시민들이 공존하려면 평화롭게 살아가며 일해야만 했다. 노아의 방주 안에서는 관용이 필수적이었다 … 상업이 발달하는 곳에서는 어디에서나 관용의 기적이 일어난다…." 흄은 도시의 통치가 공화주의 색체를 띠는 원인을 아래와 같이 설명한다. 첫째로 도시의 근면한 거주자들에게는 세습적인 영향력이 적다. 둘째로 시민들의 자연적인 독립심, 셋째로 대중적인 기류가 다양한 인간의 결사들에 작용한다(『영국사 V』, p. 387).

(1529)에 시작되었다. 성직자들의 착취와 방종에 대한 불평은 영국에서 해묵은 것이었고, 하원의원들 중 상당부분은 종교개혁 쪽으로 기울어 있었다. 이런 이유로 로마교황과의 단절이나 성직자들의 권력 남용을 제한하는 개혁은 비교적 순조롭게 진행되었다. 사람들은 미신을 이용한 권력의 남용이 성직자 집단의 세속적 이익을 목적으로 계획된 것임을 알게 되었고, 이것이 자신들의 이익에 반하는 것임을 알게 되었다. 따라서 성직자들의 법적인 특권을 없애는 것과 교황과의 단절은 사람들의 이해능력을 넘지 않은 일이었다. 그러나 종교개혁이 진행됨으로써 제기된 신학적 논쟁은 사람들을 어리둥절하게 했고, 어느 종파를 택해야 할지 갈피를 잡지 못하게 했다. 다시 말하면 "신학-정치"(theologico-politicus) 논쟁이라는 넘어야 할 험난한 관문이 놓여 있었다.[8] 또한 오래도록 주권자의 권위가 기초했던 인정된 교회체제를 흔드는 것은 군주에게 위험이 될 수 있는 "혁신"(innovation)의 길을 여는 것이었다. 다시 말해 이것은 사람들에게 익숙한 "맹목적인 복종"(implicit obedience)의 토대를 뒤흔드는 시도가 될 수도 있었던 것이다. 이런 애매한 상황에서 헨리 8세의 일견 모순적인 태도가 나타난다.

가톨릭 교회와 그 수장인 교황으로부터 분리되어 있었지만 그

8 "신학-정치"라는 용어에서 드러나듯이 신학과 정치는 따로 떼어서 고찰할 수 없는 성질의 것이다. 스피노자의 『신학-정치 논고』는 이런 관점을 잘 드러내는 저서이다.

> [헨리 8세]는 여전히 가톨릭 교리를 유지하고 있는 것으로 자신을 평가했다(『영국사 III』, p. 213).

이런 상황에서 가톨릭 교파와 프로테스탄트 교파는 헨리에게 무한의 복종을 표하면서 그를 자신들 편으로 끌어오려고 했고, 헨리는 두 파벌들 사이에 균형을 유지함으로써 제한되지 않는 권위를 휘둘렀다. 그리고 이런 권위에 기초해서 헨리는 교회를 약탈함으로써 그의 탐욕을 채웠고, 이단을 박해함으로써 그의 사변적인 편협함과 오만을 채웠다. 헨리의 정책은 성직자들의 세속적 이익에 대한 관심과 정교에 대한 열정(jealousy for orthodoxy)을 서로 분리시키는 결과를 가져왔다.

이런 와중에서도 사람들의 신학에 대한 호기심은 확대되어 갔다. 신학에 대한 일반 사람들의 관심을 불러일으킨 주요한 정황들은 성서를 영어로 번역한 것과 헨리 스스로의 신학논쟁에 대한 몰두였다. 성서 번역의 찬반양론 속에서 헨리는 번역을 택하였다. 번역 반대론자들의 우려처럼 일단 신학에 대한 호기심이 일어난 이후에 사람들을 하나의 일관된 교리로 이끄는 것은 불가능한 것이 될 것이다. 그리고 헨리의 종교개혁으로 인해서 성직자와 일반인의 구분은 모두 폐기되었고, 교회법은 설 자리를 잃게 되었다. 교회법의 추락으로 통치체계는 간편해졌고, 일관성이 생겨나게 되었다.

종교개혁은 고대의 미신에 대해 극렬히 반대함으로써 열성주의 경향을 띄게 되었다. 이런 종교개혁의 열성주의는 고대의 미신만큼이나 정치에 위험을 줄 수 있는 것이었다. 흄에 따르면 영국의 경우는 정치가들이 종교개혁의 주도권을 가짐으로써 그 변화의 과정이 점진적으로 이루어졌다. 고대 종교의 많은 부분이 유지되었으며, 합리적인 정도의 복종이 규율 속에 존속되었다. 헨리 8세의 뒤를 이은 에드워드 6세 제위 중(1548) 종교개혁은 더욱 진행되었고, 1549년에는 가톨릭 교파의 주요한 교리와 관습이 폐지되었다. 흄에 따르면 이것은 흄이 살던 당시의 영국이 실제로 향유하고 있던 정도의 수준에 해당했다. 가장 폐지하기 어려웠던 교리는 "실재설"(real presence, 성찬에서 빵과 포도주에 구세주의 피와 살이 실재한다는 교리)로서, 이 교리는 사람들의 상상력을 강력하게 장악하고 있었다. 흄에 따르면 그 이유는 다름 아니라 인간의 상상력에 만족을 주는 그 교리 자체의 부조리함에 있었다. 심지어 루터파의 경우에 로마교황으로부터 분리를 한 이후에도 다른 이름으로 이 교리를 보유하고 있을 정도였다.

개혁의 속도감에 대한 문제와 더불어 개혁과 그 결과의 시차 문제가 대두되었다. 종교개혁의 시작에서 개혁으로 발생하는 이점의 손실은 피부로 실감되는 것이었지만 개혁의 이점은 시간이 흐름에 따라 서서히 효과를 발하는 것이었다. 개혁 이전에 수도사들은 그 지방에 거주하면서 그 지방과 차지인들에게 돈을 소비했고, 상품을 거래할 수 있는 즉석시장을 제공했으며, 가난하고 곤궁한 사람들에게는 확실한 의지처가 되었다. 그들의 환대와 자선은 게으름을 조장하고 공적인 부의 증대를 방해하는 것이었지만 많은 사람들에게는 극심한 곤궁을 덜어주는 역할을 제공했다. 또한 수도사들은 규율에 의해서 특정한 생활양식에 메여 있었기 때문에 다른 사람들만큼 심한 강탈의 동기를 가지고 있지 않았다. 따라서 그들은 영국에서 가장 좋고 너그러운 지주였다고 인정되었다. 수도원장이나 부수도원장은 싼 값으로 토지를 임차해 주고 차지인들로부터 그 대가로 선물을 받는 것이 허용되었다. 주교나 컬리지도 동일한 관행을 따랐다.

그러나 수도원 토지가 귀족이나 조정의 신료들에게 분배되자 과거와 다른 방식의 관리를 받게 되었다. 토지의 임대비는 올라가고 차지인들은 생산물을 수월하게 처분할 수 없게 되었다. 돈은 흔히 그 지방이 아닌 수도에서 소비되었다. 그리고 농부들은 새로운 주인들로부터 떨어져 살았기 때문에 그들의 억압에 노출된 채로 있었다. 이런 원인들에 덧붙여 그 당시 큰 수익을 보장해 주는 양모의 생산을 위해서 차지인들을 몰아낸 인클로우저(inclosure)로 인해서 차지인들은 비참함에 빠지게 되었다. 해외와 국내에서 양모의 수요가 올라가자 기술력이 떨어지는 농경보다는 목초지가 훨씬 이윤이 남는 것으로 드러났다. 차지인들은 쓸모없는 부담으로 간주되고 거주지에서 쫓겨났다. 이런 원인들로 여러 곳에서 봉기가 일어났다.

이제 바야흐로 종교적 열성이 가시화되고 에드워드 6세의 제위로부터는 편협함과 박해의 현상이 서서히 나타나기 시작했다. 메리의 제위 시에는 폭력적인 박해가 일어났다. 국왕 등극 이전부터 가톨릭의 선호를 표명한 메리는 영국을 가톨릭으로 전향하고자 노력하지만 이미 영국에서 그 세력을 다시 세우는 것은 불가능한 상태였다. 이런 상황에서 1555년 로저(Rogers)를 필두로 "폭력적인 박해"(violent persecution)가 이루어졌다. 흄에 따르면 이 당시 프로테스탄트에 대한 박해는 주로 "실재론"을 인정하지 않는 사변적 이유에 기인했다. 폭력적 박해의 출발은 정치적 이해를 "사변적인 의견"으로 포장하려는 데 있었다. 이 점은 1555년 박해의 정책을 채택하기 이전에 이루어진 포울(Pole)과 가디너(Gardiner)의 관용에 대한 찬반논쟁에서 잘 드러난다. 포울의 지지자들은 "박해의 실행은 모든 종교의 수치다"라는 언명으로 시작해서 인간 이해력의 유한성을 지적하고 폭력적인 정책은 사태를 해결하기보다는 악화시키게 될 것이라는 대단히 만족스러운 관용옹호론을 펼친다. 이에 대해 가디너는 자신의 정치적 이해를 관철시키기 위해서 "양심의 자유라는 교리는 가장 극악무도한 불경에 기초한다"라는 언명으로 시작해서 관용반대론을 주장하며 사변적인 논쟁을 펼쳤다.

엘리자베스 1세는 집권 이후 프로테스탄트 교파를 다시 복원하려고 시도했다. 엘리자베스 통치의 특징은 인민들의 정서를 거슬리지 않고 신속하면서도 기세가 있다는 것이다. 따라서 엘리자베스 통치를 이해하기 위해서는 "불필요하고 폭력적인 권력의 사용에 의해서 인민들을 자극하지 않는" 통치의 특성을 알 필요가 있다. 이런 통치방식에 따라서 프로테스탄트로의 복원도 갑작스럽고 폭력적인 방식이 아니라, 충분히 감지할 수 있는 정치적 신호를 주면서도 서둘지 않고 인민들의 분위기를 잘 맞추어 가는 방향으로 진행되었다. 영국사의 흐름을 통해 보면 엘리자베스의 통치는 에드워드 1세로부터 시작된 대중정부로의 흐름을 잘 타면서도 거의 절대적인 권력을 행사했다는 데 특징이 있다. 대중적 방식이지만 정치적 권위를 철저하게 고수하려는 특징은 종교 문제를 다루는 데도 잘 드러난다.

… 엘리자베스는 모든 교회가 자신의 예배당 관행에 순응해야

> 할 것임을 명령한 후에 성채가 자신의 면전에서 더 이상 거양(擧揚)되는 것을 금했다. 하나의 혁신, 아무리 사소한 것처럼 보일지라도 대단히 중대한 귀결들을 함의했다(『영국사 IV』, p. 8).

헨리 7세, 헨리 8세, 엘리자베스로 이어지는 튜더의 왕들이 제공한 정치적 안정에 기초해서 영국의 시민사회는 서서히 성장했다. 정치와 경제의 안정 속에서 사람들의 "자유"를 향한 정념이 점차 성장해 가고 있었다. 엘리자베스 집권 10년째인 1568년, 드디어 "퓨리턴"이 영국에서 상당한 세력으로 성장했다. 이 시기로부터 권위와 자유를 중심으로 새로운 정치적 대립의 축이 서서히 형성된다. 흄에 따르면 교황의 권위를 벗어난 유럽의 교회들 중에서 영국의 교회만큼 온건한 방식으로 종교개혁이 이루어진 경우는 없었다. 이것은 한편으로는 정치가들의 중재에 기인하고, 다른 한편으로는 개혁의 점진성에 그 원인이 있었다. 그리고 흔히 그런 개혁에 수반되리라 생각되는 가톨릭에 대한 강렬한 적대감도 표출되지 않았다. 또한 세속적 위계질서도 큰 변화 없이 그대로 유지되었다. 로마식의 숭배가 가지는 화려한 웅대함은 질서 있는 행동과 예의바른 행동으로 전환되었다. 지위에 따른 사제들의 습관도 계속 유지되었다. 단순히 과거의 관행에 대한 경멸이나 반대에서 기인하는 개혁은 허용되지 않았다. 요약하면 새로운 종교는 고대의 종교가 가진 미신적 기질을 완화시키면서 그것을 사회의 평화와 이익에 합치하도록 만들었다.

그러나 퓨리턴의 등장으로 사태는 좀 더 극단으로 이끌려 가기 마련이었다. 경배와 규율의 순수성을 강조하는 "퓨리턴"은 또한 시민적 자유의 원리를 강력하게 채택했다. 국왕을 제한하고 권위에 저항한다는 학설은 엘리자베스가 유지하고 있는 과도한 국왕대권과 양립하기 어려웠다. 따라서 퓨리턴들은 엘리자베스가 혐오하는 대상이 되었다. 그리고 그녀는 죽을 때까지 이런 퓨리턴과 타협의 접점을 찾을 수 없었다. 한편 퓨리턴들은 그때까지 부담으로 간주되었던 의원직에 적극적으로 참여함으로써 의회를 장악했다. 그리고 의회 내에서 거친 방식이긴 하지만 자유의 정신을 드러내기 시작했다. 자유의 원리에 대한 조야한 대강은 1576년 2월 8일 의회의 한 회기에서 웬트워스(Peter Wentworth)의 공격적인 장광설을 통해서 드러났다. 흄에 따르면 그의 연설 스타일은 아직 적절한 단정함에 이르지 못하고 여전히 조야하고 덜 다듬어진 자유의 표출이었다. 퓨리턴들이 의회를 통해서 드러낸 이런 자유의 정신에 대해서 엘리자베스는 "시기심"(jealousy)을 드러내면서 전제적인 완력으로 부드럽고 쉽게 처리함으로써 문제를 무마시켰다. 따라서 권위와 자유의 본격적인 대립은 스튜어트 왕의 시대로 넘어갔다.

권위와 자유의 대립은 영국인들의 민주주의 경험에서 대단히 중요한 역할을 했다. 에드워드 1세(Edward I, 1239-1307)에 의해서 하원(The Commons)이 설립된 후 일반인들이 정치에 참여하기는 했지만 영국의 헌정에 있어서 주요 구성은 왕과 귀족이었다. 그들은 거리감이 있는 존재이고, 또한 거리를 둠으로써 신비함을 유지한다. 이런 상황에서 신성을 쉽게 대하는 일반인들의 태도는 정치적 권위에 대한 태도에도 영향을 미치기 마련이다. 지나친 격식이나 의례를 동원하기보다는 친근함과 직접성을 강조하는 태도는 왕정에 어울린다기보다는 공화주의 정신에 더 적합한 것이었다. 이런 태도에 왕이 적응하기는 쉽지 않았고, 결국에는 비극적인 경험들이 요구될 것이었다.

제임스 1세는 엘리자베스와 달리 대중적인 방식의 통치에 익숙하지 않았다. 그럼에도 불구하고 제임스는 종교적 · 정치적 문제들에 부닥쳐서 사태를 해결하려고 했을 때 자신의 의도와는 달리 공화정의 경향을 가속화시키는 조처를 단행하게 된다. 제임스는 신앙과 규율의 쟁점에 대한 자신의 유식함에 고무되어 즉위 다음 해인 1604년에 교회와 퓨리턴들의 종교적 논쟁을 중재하기 위해 햄프턴 궁에서 회의를 열었다. 그의 목표는 군주 권위의 위엄을 보이기 위한 것이었지만 오히려 퓨리턴들을 가까이 끌어옴으로써 그들의 정치적 비중을 높여주는 결과를 가져왔다. 또한 1621년 의회를 통제하기 위해 의회의 비중 있는 사람을 궁정으로 불러들인 선례는 지금까지 가려져 있던 통치의 신비를 제거하고 의회와의 소통을 열면서 정례적이고 확립된 자유의 길을 여는 데 일조하게 된다. 제임스 1세 시대의 가장 중요한 현상은 퓨리턴 영향 하의 의회와 왕의 권위를 강조하는 정파의 대립이 생긴 것이다. 정파의 대립은 자유의 확립에 좋은 징조였지만 정파들 사이의 대립을 조정할 실행 가능한 방법을 찾을 수 있을지의 우려를 낳았다.

제임스의 뒤를 이어 왕위에 등극한 찰스 1세는 의회의 계속되는 왕의 권위에 대한 침해에 “자존심”(self-love)이 걸리게 된다. 흄에 의하면 이것은 인간사의 자연적인 현상이자 피하기 힘든 일이다. 찰스의 행동에서 드러나는 “뻣뻣함”(stiffness)이나 “딱딱함”(rigidity)도 이와 밀접한 관련성이 있는 현상일 것이다. 1626년 자금에 쪼들린 찰

스는 의회를 소집하나 의회는 버킹검 백작을 탄핵하게 된다. 의회가 버킹검을 몰아붙이는 동안,

> 왕은 모든 기회를 이용해서 의회에 대한 경멸과 무시를 표현하고자 하는 것으로 보였다. 그때까지 누구도 헌정의 균형에서 하원이 차지하고 있는 비중이 그렇게 큰지 충분히 감지하지 못했었다(『영국사 V』, p. 170).

그리고 찰스의 경건은 포퍼리(popery)와는 거리가 멀었으나 미신적인 색채를 가지고 있었다. 찰스는 사람들의 정서가 미신과 정반대 방향으로 흐르고 있던 1630년 런던의 주교인 로드(Laud)에게 교회의 개혁을 맡겼다. 로드의 계획은 영국인들을 그 조상들의 미신적인 종교로 되돌리려는 것이었다. 이런 그의 눈에 그의 적들은 충성과 경건에 대한 공공연한 적들로 상상되었다. 이에 대해서 찰스 집권 이후 세 번째 의회는 1629년 가장 허약하고 인기가 없던 아르미니아 교파를 공격하고 로드와 더불어 찰스의 주요한 지지자를 제거함으로써 정치적 위계질서를 잠식하고자 했다. 그 이후로 의회의 계속해서 심화되는 왕의 권위에 대한 침해로 인해서 영국 사회는 시민전쟁으로 이끌리게 된다.

엘리자베스 통치 후반기로부터 시작되는 권위와 자유의 대립은 "국왕대권"(prerogative)과 "의회특권"(privilege)의 불확실한 한계로부터 기인했다. 그리고 국왕대권은 미신과 친화성을 가지고 있었고, 의회특권은 미신을 걷어내려는 열성으로부터 지지를 받았다. 흥미로운

점은 국왕대권이나 의회특권 모두 그 근거를 정초하려고 하면 할수록 그 근거의 확실성이 잠식되는 결과를 가져왔다는 점이다. 사실상 국왕대권이나 의회특권은 모두 관행에 근거하고 있었던 것이다. 의회는 자의적인 국왕대권의 대부분을 제한하려는 과정에서 그 정치적 권위까지도 잠식하는 결과를 가져왔다. 자유는 안정적인 정치적 권위에 기초해서만 확립될 수 있는 것이다. 따라서 찰스의 목을 침으로써 파벌이 만연하고 일련의 하극상이 발생하게 된다. 처음 권력을 장악한 파벌은 의회의 다수를 차지하고 있던 장로파였다. 그리고 장로파의 뒤에 몸을 숨기고 있었던 독립파가 군을 장악함으로써 장로파를 몰아내고 권력을 장악하게 된다. 그 이후 다시 군부 내부에서 장교와 사병 중심의 수평파(Levellers)의 분열이 생기고 계속해서 파벌이 생김으로써 정국은 소용돌이치게 되었다. 이런 정국을 안정시키기 위해서 영국 정부는 결국 군을 장악했던 크롬웰에게 쏠리게 되었다.

지금까지의 과정을 요약하면 정치적 권위의 안정 속에서 자유의 정념이 싹텄고, 자유의 정념은 종교적 열성과 결합하여 권위와 대결하게 되었다. 그 과정에서 다시 평등의 정념이 분출함으로써 정국은 권위, 자유, 평등 세 가지 결을 중심으로 요동을 쳤다. 성서의 번역으로 모든 사람들이 자유롭게 성서에 접근할 수 있게 되었고, 성서의 독해가 자유로워짐에 따라서 모든 사람들은 자신이 그리는 공화국의 모습을 다른 시민들에게 제시하고 심지어 강제로 부과하고자 했다. 한마디로 영국 사회는 수많은 종파들의 각축장이 되었다. 크롬웰의 집권시기와 왕정복고 이후 명예혁명까지 영국 사회는 민주화의 경험에서 나타난 이와 같은 갈등을 통제할 수 있는 정치적 계획(an enlarged plan of liberty)을 마련해야 했다. 그 중의 한 가지 공적인 정책이 "관용"이었다.

관용의 정책이 정착되기 어려운 이유는 권력의 유무에 따라서 정파들이 입장을 달리하기 때문이었다. 힘이 없는 정파는 관용을 주장하는 것이 일반적이겠지만 막상 권력을 잡게 되면 그 입장을 바꾸는 경향이 생긴다. 그렇지만 그 규칙에 예외적인 종파가 있었다. 독립파의 경우 종교적 열성의 최고조에서 관용의 원리를 채택했다. 이 종파는 역경에 처해서나 잘 나갈 때나 한결같이 관용의 원리를 채택한 첫 번째 기독교 종파였다. 관용과 같은 합리적인 교리의 기원이 이성적 추론이 아니라 최고조의 열광(fanaticism)에 있었던 것이다. 독립파의 경향이 강했던 크롬웰은 거의 모든 종파의 신앙을 허용했다. 크롬웰은 법의 지배와 관용의 정책을 수립하기는 했지만 군사의 힘에 전적으로 의존하고 있었기 때문에 안착시킬 수는 없었다.

크롬웰 사후 정국의 불안전은 가중되고 왕정복고 이외에는 달리 정국을 안정시킬 방법이 없었다. 종파 간의 파벌이 만연한 상태에서 확대된 관용정책만이 정국을 안정시킬 수 있는 실효성 있는 정책(expedient)임은 어느 정도 명백해졌다. 그러나 문제는 어떤 방식으로 관용의 정책을 실행하는가에 있었다. 이런 가운데서 찰스 2세와 제임스 2세는 "관용령"(declaration of indulgence)을 분별없이 발동함으로써 거듭해서 가톨릭 교파를 구원하고자 하는 의도를 내보였다. 심지어 "관용령"을 실행하기 위해서 기존의 법령을 정지시키는 데까지 나아감으로써 파벌들의 싸움을 더욱 첨예하게 만들었다. 마침내

법령을 빈번히 그리고 명백하게 어겼던 제임스 2세를 축출함으로써 가톨릭 교파의 사람은 왕위계승에서 결정적으로 배제되었다. 제임스 축출 이후 의회는 비국교도에게도 종교의 자유를 어느 정도 허용함으로써 서서히 자유헌정의 길로 가게 된다.

영국사를 통해서 흄은 종교현상에 대한 몇 가지 추론을 한다. 첫째, "미신은 사제의 권력에 우호적이고 열성은 이성이나 철학 못지않게 혹은 그 이상으로 사제의 권력에 반한다." 둘째, "열성과 함께하는 종교들은 처음 일어날 때 미신과 함께하는 종교들보다 더 격렬하고 폭력적이지만 시간이 지남에 따라서 온화하고 온건해진다." 셋째, "미신은 시민적 자유에 적대적이지만 열성은 그 친구가 된다."[9] 그러나 인간의 본성은 미신과 열성 사이에서 진동하기 때문에 미신을 완전히 제거하기는 불가능하다. 그렇기 때문에 미신에 반하는 성질을 가진 열성은 사회에 항상 요구된다. 다시 말하면 미신에 대한 가장 효과적인 해독제는 철학이라기보다는 종교적 열성이라고 할 수 있다. 이것은 『자연종교에 대한 대화들』에서 흄이 전개하는 플롯과도 일치한다. 요컨대 종교에 대한 철학적 태도는 온건한 회의주의를 넘어서지 않는다.

> 학식이 있고 철학적인 바로(Varro)는 종교를 논할 때 개연적인 것들과 드러나는 것들 이상의 어떤 것을 전언한다고 주장하지 않는다.

---

9 Hume, *Political Essays*, Edited by K. Haakonssen(Cambridge University Press, 1994), pp. 46–50.

그의 양식(good sense)과 온건함이란![10]

4. 종교시장과 정치문화

자유주의적 정책으로 제안된 정교분리 정책으로 형식적으로 정치와 종교의 영역은 서로 분리되어 독자성을 갖는 것으로 이해되고 있다. 그리고 자유주의 정부는 표면상 어느 특정한 종파에 특권적 지위를 주지 않는 중립주의를 채택하고 있다. 그럼에도 "중립주의" 정책의 실제적인 의미에 대한 논쟁은 계속되고 있다. 한편에서는 중립주의를 무제한의 종교적 다양성을 인정하는 관용의 정책으로 이해하기도 하고, 다른 한편에서는 중립주의를 이미 특정한 종교적 혹은 문화적 전통에 특권적 지위를 인정하는 정책으로 이해하기도 한다. 이런 혼란의 이면에는 근대 국가의 사회통합 정책이 자리한다. 근대 국가는 동일성을 강화시킴으로써 사회적 통합을 이루려는 노력과 다양성을 인정함으로써 사회적 통합을 이루려는 시도를 오가며 성장했다고 할 수 있다. 이런 시각에서 보면 정부의 중립주의 태도에 대한 해석의 애매성은 앞으로도 계속 지속되리라 볼 수 있다.

한편 정교분리는 각 종파가 국가의 도움이 없이도 생존해야 하는 상황을 만들었다. 더욱이 세속화는 사회 내에서 종교의 영향력을

---

10 Hume, *The Natural History of Religion*, p. 53.

꾸준히 약화시켜 왔다. 이런 상황에서 종교들 사이의 생존경쟁뿐 아니라 종파들 간의 생존경쟁은 더 치열해졌다. 가히 종교도 시장에서 생존경쟁을 벌이고 있다고 해도 과언이 아닐 것이다. 이 점은 종교의 복음주의적 차원이 심화되는 현상과도 관련을 가진다. 이 현상은 단지 어느 종파가 개종의 경험이나 공격적인 복음주의를 강조한다는 점을 가리키는 것만이 아니다. 이런 차원을 떠나서 모든 종파들은 종교시장에서의 생존을 위해 어느 정도 복음주의적 전략을 채택하지 않을 수 없다. 미국 사회에서는 복음주의의 부활이 일관적인 패턴을 보여주고 있다. 한 연구에 따르면 국가와 종교의 분리, 종교적 자유, 그리고 개척지의 존재는 "종교시장"을 산출하는 데 영향을 미쳤다. 이런 종교시장에서 교회의 성쇠는 기존의 구성원과 잠재적 구성원들의 필요를 얼마나 잘 채워주는가에 달려 있다. 더 흥미로운 점은 우리가 일반적으로 예상하는 것과는 달리 번성하는 교회는 흔히 정교주의(orthodoxy), 복음주의를 강조하고 주류문화와 더 긴장관계에 놓여 있다.

흔히 교회가 제공하는 종교적 경험의 강도는 시들기 마련이다. 이것은 교회의 구성원들이 편안해지고 세속적이 될 때 일어난다. 사제 역시 안분지족하며 세상에 잘 적응하게 되면 이런 경향을 강화시키는 데 일조하게 된다. 이렇게 되면 교회의 메시지는 묽어지고, 삶의 의미에 대한 강력한 메시지를 전달할 수 없게 된다. 그리고 그런 삶의 의미를 찾는 사람들은 다른 종교적 배경을 찾으려 하게 된다. 따라서 제도적으로 안착된 교회들은 차츰 시들어 활력이 떨어지게 되고 새로운 종파들이 발흥하는 일정한 패턴이 생겨나게 된다. 이런 맥락에서 핑크와 스탁(Roger Fink and Rodney Stark)은 사제의 급여와 교회의 활력 간에 반비례 관계가 있었다는 점을 보여주었다. 보통 사람들의 정신적 갈망은 학문적인 가설들로서는 채워질 수가 없고 그들의 감정을 어루만지고 그들의 직접적인 경험을 잘 반영하는 설교에 반응하게 된다. 이런 경향들로 인해 종교생활에는 평등지향적인 포괄성이 강조되고, 후자는 다시 보다 민주적인 문화를 형성하는 데 일조하게 된다.

8장 / 환경과 정치

김범수

1. 환경문제의 부상

환경문제는 오늘날 인류의 생존을 위협하는 가장 중요한 문제 중의 하나로 최근 그 중요성이 더욱 커지고 있다. 잘 알려져 있듯이 유독화학물질과 중금속 등으로 인한 해양오염, 토지오염, 대기오염은 전 세계 곳곳에서 동식물 서식지와 자연환경을 파괴하고 있으며, 매년 수만 종의 동식물을 멸종시키고 있다. 환경오염은 또한 인류의 생활환경에 피해를 입혀 수십 억 인구의 일상생활에 고통을 안겨주고 있다.

환경문제의 심각성에 대한 인식은 19세기 말부터 존재해 왔으나 그 중요성이 새롭게 부각되기 시작한 것은 1950년대 들어서이다. 로스앤젤레스를 비롯한 대도시의 스모그 현상, 특히 1952년 12월 4일부터 약 일주일간 지속된 영국 런던의 스모그 현상은 세계 각국에 대기오염의 심각성을 일깨워 주었다.[1] 또한 1954년 3월 1일 북태평양 마샬(Marshall) 제도 부근에서 조업 중이던 일본 어선 제5후쿠류우마루의 선원 23명이 주변의 비키니(Bikini) 환초섬에서 실행된 수폭실험의 방사능 낙진에 노출된 사건은 핵실험의 위험성을 일깨워 주며 전 세계적으로 반핵환경운동을 촉발시키는 계기가 되었다.[2]

---

1 1952년 12월 4일부터 10일까지 약 일주일간 두꺼운 스모그가 런던 전역을 뒤덮었는데, 이 기간 동안 기록된 매연과 이산화황 농도를 보면 매연 농도는 12월 평균 농도에 비해 약 16배, 이산화황은 약 9배 이상 증가했다. 실제로 이 기간 동안 매연 1,000여 톤, 이산화탄소 2,000여 톤, 이산화황 370여 톤이라는 엄청난 양의 오염물질이 매일 두꺼운 안개 속으로 배출되었다. 일주일간 지속된 스모그로 인해 사건 발생 후 첫 3주 동안 호흡기 장애와 질식 등으로 런던 시민 4,000여 명이 사망했고, 그 후 만성 폐질환으로 8,000여 명이 추가 사망하여 총 1만 2,000여 명이 생명을 잃었다. 사망 원인은 대부분 호흡기나 심장, 혈관 계통의 질병이었다. 이 사건은 이후 영국뿐 아니라 전 세계에 대기오염의 심각성을 일깨우는 계기가 되었다. 자세한 내용은 박석순, 『살생의 부메랑』(서울 : 에코 리브르, 2005), pp. 51–7 참고.

2 미국은 1954년 3월 1일 북태평양 마샬(Marshall) 제도에 위치한 비키니(Bikini) 환초섬에서 수폭실험을 실행했는데, 이 실험의 방사능 낙진이 애초 위험지역으로 선포된 지역 외부에서 조업 중인 일본 어선 제5후쿠류우마루(第五福龍丸)에까지 날아가 선원 23명이 방사능 물질에 노출되는 사고가 발생했다. 이 사고는 일본뿐 아니라 세계 각국에 핵실험의 위험성을 일깨워 주었으며, 동시에 격렬한 반핵운동을 촉발시켰다.

이후 1960년대 들어 많은 연구들이 환경파괴의 위험성을 경고하기 시작했는데, 특히 레이첼 카슨(Rachel Carson)이 1962년 출판한 『침묵의 봄』(*Silent Spring*)은 드린계 농약과 유기염소계 농약인 DDT, BHC의 해로움을 과학적이며 감성 풍부한 필치로 묘사하여 환경보호의 중요성을 널리 인식시켰다.[3] 또한 1968년 일본 정부가 규슈에 위치한 작은 어촌 미나마타에서 15년 전부터 발생하기 시작한 '미나마타병'이 공장 폐수로 인한 수은중독 때문이라고 공식적으로 인정한 사건은 전 세계적으로 중금속 오염의 위험성을 일깨워 주었다.[4] 한편

---

3 이 책에서 레이첼 카슨은 DDT, BHC와 같은 농약의 무분별 사용이 자연환경에 미치는 피해에 대하여 과학적 증거를 제시하며 설명하고 있다. 그녀에 의하면 해충을 박멸하기 위해 사용한 살충제의 화학물질은 사라지지 않고 먹이사슬을 통해 다른 생물체로 확산되어 결국에는 인간을 비롯한 모든 생물체에 피해를 가져다 준다. 카슨은 더 나아가 이러한 환경오염이 동식물을 멸종시켜 새소리가 사라진 침묵의 봄을 가져올 것이라고 예견함으로써 당시 세계인들에게 큰 충격을 주었다. 이 책은 당시 미국에서 대중적 환경운동을 촉발시키는 계기가 되었으며, 이 책의 영향 하에 케네디 대통령은 1963년 환경문제를 다룰 자문위원회를 구성했다. 또한 미국의 많은 주들이 DDT 사용을 금지했다. 자세한 내용은 레이첼 카슨, 『침묵의 봄』(서울 : 에코 리브르, 2002) 참고.

4 1952년 일본 규슈에 있는 미나마타라는 작은 어촌에서 하늘을 날던 물새가 갑자기 땅에 떨어지고 집에서 기르던 고양이들이 미친 듯이 뱅뱅 돌며 입에 거품을 내뿜는 괴이한 현상이 발생했다. 그 후 1년 뒤 비슷한 증상이 사람들에게도 나타나 많은 주민들이 손과 발이 마비되고 통증과 오한, 두통, 시작 장애, 운동 장애, 언어 장애 등의 증상을 보이기 시작하였고, 심한 경우 사망에 이르기까지 하였으며, 기형아를 출산하는 경우도 잦아졌다. 오랜 연구 끝에 구마모토 대학 다케우치 다다오 교수는 1959년 7월 이러한 증상이 중추신경계와 뇌의 손상 때문에 발생한다는 연구결과를 발표했다. 이후 이 증상의 직접적 원인이 미나마타 만에 인

1972년 전 세계 과학자, 경제학자, 기업인, 정치인들의 모임인 로마 클럽(Club of Rome)이 발표한 보고서 『성장의 한계』(*The Limits of Growth*)는 지구의 자원고갈 가능성과 경제성장이 환경에 미치는 부정적 영향을 강조하며 환경오염에 대한 세계적 관심을 증폭시켰다.

이러한 배경 하에 1960년대부터 포괄적이고 전 세계적으로 확대된 현대적 의미의 환경운동이 시작되어 해양오염, 토지오염, 대기오염 등이 인간의 생활환경과 생태계 전반에 미치는 영향에 대한 광범위한 관심을 촉구했다. 특히 1960년대 후반 반전운동, 민권운동,

---

접한 신일본 질소비료 공장에서 배출한 폐수에 함유된 수은 때문인 것으로 밝혀졌다. 공장 폐수에 함유된 수은은 바다에서 희석되었지만 미생물에 의해 더욱 유독한 메틸수은이라는 물질로 변형되어 이곳에 서식하는 생물들의 체내에 농축되었고, 먹이사슬을 따라 상위로 갈수록 농도가 증폭되었다. 그리하여 결국 수은이 고농도로 농축된 물고기를 오랫동안 먹어온 물새, 고양이, 사람들에게서 그 독성이 크게 나타난 것이었다. 하지만 구마모토 현과 일본 정부는 당시 미나마타 만에 문제가 있음을 시인하면서도 공장 폐수가 이 증상의 직접적 원인이라는 점은 부인했다. 그 후 6년이 지난 1965년 니가타 현 아가노 강 하류에 살던 주민들 사이에서도 미나마타 병과 유사한 증상이 나타나기 시작했다. 주민들은 상류에 위치한 쇼와전공에서 배출한 폐수를 원인으로 단정하고 소송을 제기했다. 이것은 일본 최초로 법정에서 이루어진 환경분쟁이었다. 이후 1968년 9월 일본 후생성은 니가타 사건의 원인이 유기수은 화합물임을 공식 인정했고, 이를 계기로 미나마타 사건 또한 공장 폐수에 함유된 수은이 직접적인 원인이었음을 인정했다. 한편 비슷한 시기 일본의 도야마 현에서는 카드뮴 중독으로 팔, 늑골, 골반, 대퇴골 등이 골절되는 '이타이이타이 병'이 보고되었는데, 이 사건은 위의 사건들과 더불어 중금속 오염의 위험성을 전 세계에 일깨워 주는 계기가 되었다. 자세한 내용은 박석순, 『살생의 부메랑』, pp. 87–92, 100–5, 118–22 참고.

여성운동, 소비자운동 등과 함께 기성 사회구조에 도전하는 사회운동의 한 차원으로 등장한 환경운동은 환경문제를 단순히 자연보호 문제가 아니라 사회문제로 인식시키는 계기를 마련해 주었으며, 환경운동의 저변 확대에 기여했다.

이후 1970년대 들어 일반 시민들의 환경운동 참여는 폭발적으로 늘어났다. 1970년 4월 22일 미국 전역에서 개최된 제1회 '지구의 날' 행사에 약 2,000만 명이 넘는 시민들이 자발적으로 참가했는데, 이는 환경운동이 이제 소수 엘리트의 관심사를 넘어 대중적 이슈가 되었음을 상징적으로 보여준 사건이었다. 또한 1972년 6월 5일에서 16일까지 '오직 하나뿐인 지구'(Only One Earth)라는 주제로 스웨덴 스톡홀름에서 개최된 '유엔인간환경회의'(United Nations Conference on the Human Environment)는 환경문제에 대한 국제사회의 관심을 증진시키는 계기가 되었다. 이 회의의 권고를 받아들여 유엔 총회는 1972년 12월 각국 정부와 유엔 전문기구들을 포함한 국제기구들의 모든 환경보호 관련 활동을 촉진하고 총괄 조정하는 기구로서 '유엔환경프로그램'(United Nations Environment Programme : UNEP)의 설립을 의결하였다. 이 회의에 뒤이어 식량문제(1974), 인구문제(1974), 사막화 현상(1977), 식수확보 문제(1977), 농사개량 및 농촌발전(1979), 재생 에너지 문제(1981) 등에 관한 유엔회의가 개최되어 환경문제를 국제정치의 중요한 의제로 부각시켰다. 한편 전 세계적으로 널리 알려진 그린피스(Greenpeace), 세계야생기금(World Wildlife Fund : WWF), 지구의 벗(Friends of the Earth : FOE) 등과 같은 환경운동 단체들도 이 시기에 설립되어 유해 폐기물, 산업공해, 오존층 파괴, 지구온난화, 핵에너지, 야생 동식물 보호, 대체 에너지 등의 이슈에 대한 대중의 관심을 증진시키는 데 기여했다. 또한 월드워치연구소(Worldwatch Institute) 등과 같은 환경 관련 연구단체들이 설립되어 세계 환경과 자원현황에 관한 연구보고서와 자료집을 발간하고 새로운 문제를 이슈화하기도 하고 대안적 접근법을 제시하기도 하였다.[5]

1980년대와 1990년대는 환경문제가 중요한 정치적 이슈로 등장하고 환경운동의 전문화와 세계화가 이루어진 시기이다. 1980년 1월 서독에서는 환경보호와 반핵을 전면에 내세운 녹색당이 공식 창당되어 1982년까지 다수의 주의회에 대표자가 진출하였고, 1983년에는 연방의회에 진출할 만큼 유권자의 지지를 확보했다. 또한 1980년대에 연속적으로 발생한 대규모 환경재난들은 환경문제에 대한 전 세계적인 관심을 집중시켰다. 특히 1984년 발생한 인도의 보팔 사건[6]과

---

5 오경택, "지구환경의 정치," 김세균 · 백창재 · 임경훈 편, 『현대 정치의 이해』(서울 : 인간사랑, 2003), pp. 370−1, 375.

6 인도 보팔에 위치한 미국의 다국적 기업 유니언 카바이드(Union Carbide)의 농약 제조 공장에서 1984년 12월 3일 새벽 12시 30분경 농약 원료로 쓰이는 메틸이소시안(Methylisocyanate : MIC)이라는 유독 화학물질이 누출되는 사고가 발생했다. 메틸이소시안은 살충제와 제초제, 의약품 합성의 원료로 사용되고 물과 격렬한 반응을 일이키며, 미량으로도 사람의 폐와 눈에 심각한 장애를 유발하고 중추신경계와 면역체계를 일시에 파괴하는 유독 가스이다. 75만 보팔 시민이 잠들어 있는 사이 유독 가스는 2시간 동안 무려 8만 파운드(약 35톤 상당)가 누출되어 주변 민가로 퍼져나갔다. 이 가스는 공기보다 비중이 무겁기 때문에 안개처럼 지면에 깔렸고, 부근 65평방킬로미터 내에 있던 모든 생물을 죽음으로 내몰았다. 2,800여 명의 주민이 사고 당일 사망했고, 1만 7,000여 명이 심

1986년 구소련 우크라이나에서 발생한 체르노빌 사건,[7] 1989년 알래

각한 장애를 입었으며, 많은 사람들이 각종 암이나 질병에 걸리는 등 총 20만 명 이상의 피해자가 발생했다. 사고 이후로도 사망자와 부상자는 계속 늘어나 인도 정부의 비공식 집계에 의하면 사망자는 1만여 명, 부상자는 약 60만 명에 달했으며, 58만 3,000여 명이 피해보상 청구소송을 제기했다. 사고 이후 유니언 카바이드는 피해자들에게 4억 7,000만 달러의 보상금을 지급했다. 그러나 생존자 대부분은 실명이나 호흡기 장애, 중추신경계와 면역체계 이상으로 평생 고통받으며 살아야 했다. 또한 메틸이소시안은 인체의 유전자를 변형시키기 때문에 이 지역에서는 암 환자가 크게 늘고 많은 기형아가 태어나게 되었다. 자세한 내용은 박석순, 『살생의 부메랑』, pp. 203–8 참고.

7 1986년 4월 26일 새벽 1시 23분 구소련 지역 우크라이나 체르노빌에 위치한 원자력발전소에서 원자로 실험 도중 과열로 인한 폭발이 발생하여 약 8톤 가량의 방사능 물질이 대기 중으로 방출되는 사고가 발생했다. 이는 1945년 8월 히로시마 원폭 투하 때 발생한 방사능의 천 배에 해당하는 양이었다. 이때 유출된 방사능 물질은 기류를 타고 사고 지점으로부터 수천 킬로미터 떨어진 곳까지 이동해 폴란드 국경을 지나 핀란드 남부와 노르웨이, 스웨덴, 그리고 영국과 스페인을 포함한 전 유럽과 북부아프리카 일부 지역까지 퍼졌다. 이 사고로 발전소에 근무하던 31명이 현장에서 사망했고, 사고 후 방사능 중독으로 42명이 추가 사망했다. 또한 사고 지역 내의 많은 건물을 비롯해 자연 생태계가 심하게 오염되어 발전소로부터 30킬로미터 이내의 거주민 13만 5,000명이 이주해야 했으며, 누출된 방사능 물질이 상수원인 주변 호수로 확산되어 우크라이나와 러시아 지역에 사는 3,000만 명도 위험에 처하게 되었다. 1986년에서 1990년까지의 통계자료에 의하면 체르노빌 방사능 영향 지역에서 갑상선 질환, 암, 백혈병 등의 발생률이 50% 이상 증가했으며, 유산이나 사산, 기형아 발생률도 크게 증가했다. 특히 우크라이나를 비롯해 사고지점과 인접한 러시아, 벨로루시에서만 약 900만 명이 방사능 유출로 인한 직간접적 피해를 입었으며, 이 중 최소한 80만 명은 피폭우려자로 분류되고 있다. 또한 사고 후 10년 동안 방사능 유출로 약 1만여 명이 사망한 것으로 추정되고 있다. 더 나아가 전문가들은 누출된 방사능 물질이

스카 해역에서 발생한 엑손 석유유출 사건[8] 등은 환경재난이 가져오는 참혹한 결과를 전 세계에 드러내 주었다. 이와 더불어 이 시기 지구온난화, 기후변화, 오존층 파괴, 산성비 등 전 지구적 환경문제가 국제사회의 중요 의제로 등장하게 되었다. 이에 1983년 유엔 총회는 전 지구적 환경문제와 자원문제에 대한 관심을 증진시키

지구상에 계속 잔류하면서 앞으로 수천 내지 수백만 건의 백혈병 및 각종 암 질환을 유발할 것으로 예상하고 있다. 한편 기류를 타고 이동한 방사능 물질은 폴란드, 루마니아, 동독 등 동유럽 국가를 비롯하여 독일 남부, 그리스, 스칸디나비아 반도 국가 및 영국에도 많은 피해를 입혔다. 당시 폴란드, 루마니아, 동독 등의 동유럽 국가들은 농산물 생산금지 조치를 내렸고, 서유럽의 많은 지역에서도 방사능으로 오염된 농산물과 낙농제품에 대한 대규모 폐기처분이 이루어졌다. 이 사건은 덴마크와 노르웨이 같은 국가에서 반핵운동을 촉발시키는 계기가 되었으며, 전 세계에 원자력 발전이 가지는 잠재적 위험성을 일깨워 주었다. 자세한 내용은 박석순, 『살생의 부메랑』, pp. 197-202 참고.

8 1989년 3월 24일 밤 높은 산과 빙하, 피요르드 해안이 어우러진 알래스카 프린스 윌리엄 해협을 지나던 대형 유조선 '엑손 발데스' 호가 암초에 부딪쳐 좌초하면서 약 24만 배럴(약 4,000만 리터)의 원유가 바다로 유출되는 사고가 발생했다. 역사상 최악의 해양 오염 사고로 기록된 이 사고로 약 28,000km²에 해당하는 바다가 원유로 뒤덮였고, 약 1,600km에 이르는 해안가가 원유로 오염되었다. 또한 바닷새 25만 마리와 해달 1,000마리, 물개 300마리, 대머리 독수리 250마리, 범고래 22마리와 연어 수백만 마리가 떼죽음을 당했다. 사고 이후 몇 년에 걸친 제거작업에도 불구하고 미국해양대기관리처(National Oceanic and Atmospheric Administration)의 조사에 의하면 2007년 현재 아직도 98,000리터에 상당하는 기름이 해안가 모래 속에 잔류하고 있는 것으로 추정되고 있다. 또한 노스캐롤라이나 대학 연구팀의 조사에 의하면 이 지역의 생태계가 원상대로 회복하기 위해서는 적어도 30년 이상의 기간이 필요한 것으로 알려져 있다.

고 환경보호와 경제개발을 조화시키기 위한 방안 모색을 위하여 세계환경개발위원회(World Commission on Environment and Development : WCED)의 설립을 의결했다. 이 위원회는 1987년『인류 공통의 미래』(*Our Common Future*)라는 보고서를 발표했는데, 이 보고서는 환경보호와 경제개발을 조화시키기 위한 방안으로 '미래 세대의 필요를 충족시킬 능력에 손상을 주지 않으면서 현 세대의 필요를 충족시키는 개발'을 의미하는 '지속 가능한 개발'이라는 개념을 제시했다. 이후 이 개념은 1992년 6월 브라질의 리우데자네이로에서 열린 유엔환경개발회의(United Nations Conference on Environment and Development : UNCED)에서 세계 174개국 대표들에 의해 세계 환경정책의 기본 규범으로 채택되었다. 이 회의는 또한 자연과 인간, 환경보호와 개발의 조화를 목표로 하는 지속 가능한 개발의 기본 원칙으로 '리우 선언'을, 그 실천계획으로 '의제 21'을 발표했다.[9] 이 두 선언은 법적

9 리우 선언은 '지속 가능한 개발'을 위한 총 27개 기본 원칙으로 자원 이용에 있어 주권 존중, 미래 세대의 환경권 존중, 환경보호와 개발의 종합적 고려, 지속 가능한 개발을 위한 빈곤 퇴치, 개도국 특수 사정 고려, 지속 가능한 개발을 위한 선진국 책임 인정, 지속 불가능한 생산 및 소비의 억제, 적절한 인구정책 추진, 지속 가능한 개발을 위한 국가별 능력 증진, 시민들의 참여 확대, 효과적 환경 입법 추진, 개방된 국제경제 체제 지지, 환경보호를 위해 무역정책 사용 불가, 환경 피해자 보상을 위한 입법 추진, 오염물질 이전 금지, 환경영향 평가 실시, 초국경적 환경파괴 예상 시 관련국 통지 등을 포함한다. 한편 지속 가능한 개발을 위한 실천계획으로서 의제 21은 크게 1) 지구 환경문제의 원인이 되는 각종 사회 · 경제적 문제 해결 방안, 2) 지속 가능한 개발을 위한 자원의 보전 및 관리 방안, 3) 주요 그룹의 역할 강화 방안, 4) 구체적 실행 방안 등 네 부분

구속력은 없지만 환경문제를 국제사회의 가장 중요한 의제 가운데 하나로 만드는 데 기여했다.

한편 국내에서 환경문제에 대한 관심이 커지기 시작한 것은 1990년대 들어서이다. 물론 1960년대와 1970년대 환경 관련 문제들이 사회적으로 이슈가 된 적이 없었던 것은 아니지만 이 시기 환경문제는 주로 경제성장과 지역개발 논리에 밀려 부차적인 문제로 취급되곤 하였다.[10] 환경문제가 본격적 사회문제로 등장하게 된

으로 이루어져 있다. 보다 구체적으로 첫째, 사회 · 경제 분야에서는 개도국에서 지속 가능한 개발을 촉진하기 위한 국제협력, 빈곤과의 전쟁, 소비 패턴 변화, 인구변화와 지속 가능성, 인류 보건 증진, 지속 가능한 인간정주 개발, 의사결정에 있어 환경과 개발의 통합 등을 위한 실천방안에 대하여 논의하고 있다. 둘째, 자원의 보전 및 관리분야에서는 대기 보전, 토지관리 및 계획, 산림 황폐화 방지, 사막화 및 가뭄 대처, 지속 가능한 산지 개발, 지속 가능한 농업 및 농촌 개발, 생물 다양성 보전, 생명공학의 친환경적 관리, 해양자원 보호, 담수자원 보호, 유해 화학물질의 친환경적 관리, 유해 폐기물의 친환경적 관리, 고형폐기물과 하수의 친환경적 관리, 방사능 폐기물의 친환경적 관리를 위한 방안에 대하여 논의하고 있다. 셋째, 주요 그룹의 역할에 관해서는 여성, 청소년, 원주민, NGO, 지방정부, 노동조합, 산업계, 과학기술계, 농민 등의 역할 강화 방안에 대하여 논의하고 있다. 넷째, 이행수단에 관해서는 재정, 기술 이전, 지속가능한 개발을 위한 과학, 교육 홍보 및 훈련, 개도국 능력 배양, 국제제도, 국제법, 정보 제공 방안 등에 대하여 논의하고 있다. 리우 선언 전문은 http://www.unep. org/Documents.Multilingual/Default.asp?DocumentID=78&ArticleID=1163 참고. 의제 21 전문은 http://www.un.org/esa/sustdev/documents/agenda21/english/agenda21toc.htm 참고.

10 1960년대와 1970년대 사회적으로 이슈가 된 환경 관련 사례로 다음과 같은 사건들을 지적할 수 있다. 첫째, 1966년 5월 부산 감천 주민들이 주변에 건설된

화력발전소에서 나오는 매연과 공해에 항의한 사건이 발생했는데, 이 사건은 국내 최초의 환경 관련 분쟁 사례로 알려져 있다. 또한 1960년대 말 울산 지역에서는 알루미늄, 비료, 정유공장 등이 본격 가동됨에 따라 주변 지역 농작물의 생산량이 급격히 감소하는 등의 피해가 나타나 지역 주민들이 공단에 몰려가 피해 보상을 요구하는 사건이 발생했다. 공장 측은 피해 원인이 불확실하다는 이유로 보상을 거부하다가 문제가 발생한 지 1년이 지나서야 실제 예상 수확량보다 훨씬 적은 액수(약 20% 정도)의 금전적 보상을 했다. 이후 피해가 반복, 누적적으로 발생하자 주민들은 1971년 대책위원회를 조직하여 관련기관에 진정서를 제출하고 공단과 직접 협상하는 등의 운동을 전개했다. 울산에 인접한 온산 지역에도 1977년 대규모 화학공단이 조성되면서 그 주변 지역에 심각한 공해문제가 발생하게 되었다. 이에 주민들은 울산의 경험을 바탕으로 보다 과학적인 증거 제시와 피해액 산출을 통해 울산에 비해 많은 피해보상액(그러나 애초 요구한 보상액의 약 50% 정도)을 받아낼 수 있었다. 여천 광양 지역의 경우도 1969년 호남정유공장이 가동되고 중화학공단이 조성됨에 따라 심각한 대기오염이 발생했으며, 더 나아가 인접한 광양만이 폐수와 폐유로 황폐화되고 어패류가 떼죽음을 당하는 등의 피해가 나타나기 시작했다. 이에 주민들은 1972년 이래 피해 보상과 이주 대책을 요구하는 운동을 지속적으로 전개하였으며, 1978년 보다 조직적인 대책위원회를 결성하여 피해 조사와 보상에 대한 관련기관의 소극적 반응에 대처하고자 하였다. 이 외에도 1970년대 한국의 산업구조가 경공업에서 중화학공업으로 전환하는 과정에서 많은 환경 관련 분쟁 사건들이 발생하게 되었다. 그러나 당시는 아직 경제개발 초기 단계로서 배출된 공해물질의 양이 상대적으로 적은 편이었으며, 주민들은 많은 경우 공해로 인한 피해를 지역 개발을 위해 감수할 수밖에 없는 것으로 받아들였다. 또한 억압적 통치체제를 구축하고 있었던 정부는 공해에 관한 문제제기조차 사회·경제적 발전을 저해하는 반체제적 운동으로 몰아붙이고 억압했다. 그리고 아직 전반적 시민의식이 형성되지 못한 상황에서 국지적으로 발생하는 공해 문제는 전 사회적 이슈로 발전하지 못한 채 피해 보상 차원의 문제로 머물렀다. 자세한 내용은 최병두, 『환경갈등과 불평등 : 한국 환경문제의 재인식』(서울 :

것은 민주화가 어느 정도 이루어지고 성장제일주의와 난개발로 인한 문제점이 하나둘씩 드러나기 시작한 1990년대 들어서이다. 특히 이 시기 발생한 몇몇 환경 관련 재난들, 예를 들어 1991년 낙동강 페놀유출 사건[11]을 시작으로 1995년 씨프린스 호 기름 유출

한울, 1999), pp. 183–5 참고.

11 1991년 3월 14일 구미공단에 위치한 (주)두산전자에서 각종 암을 유발하고 신경계에 이상을 일으키는 유독성 화학물질인 페놀이 낙동강으로 유출되는 사고가 발생했다. 낙동강에 유출된 페놀은 하류로 흘러가 이 물을 상수원으로 사용하는 대구를 비롯한 마산과 부산 등 영남 전역의 주민들을 페놀 공포로 몰아넣었다. 사고 발생 직후 두산전자는 자신들의 책임이 두려워 이를 숨기는 데 급급했으나 유출 사고가 발생한 지 이틀 뒤 대구 시민들이 수돗물에서 이상한 냄새가 난다고 신고하면서 사고의 전모가 밝혀지게 되었다. 페놀은 수돗물 염소 소독 과정에서 심한 악취를 일으키는 클로로페놀(Chlorophenol)로 변하기 때문에 수돗물을 통해 쉽게 감지된다. 사고 뒤 정부는 두산전자에 조업 정지와 시설 개선을 명령하였으며, 특히 페놀 원액 공급라인 중 지하배관을 폐쇄하고 지상배관을 수리 · 보강케 했다. 그러나 정부는 4월 9일 돌연 조업 재개를 결정했고, 두산전자는 4월 18일 재가동했다. 그리고 이것은 제2차 페놀 유출 사고로 이어졌다. 시운전을 거쳐 정상 가동을 하던 중 4월 22일 지상배관 이음새 고장으로 페놀 원액 약 1.3톤이 또 다시 유출되었던 것이다. 하지만 이번에는 초기 대응으로 약 1톤의 페놀 원액을 회수하여 피해를 줄일 수 있었다. 그러나 연이은 유출 사고로 시민들의 분노는 극에 달했다. 이 사건으로 두산전자는 약 220억 원을 배상하였으며, 당시 서둘러 조업 재개를 결정한 환경처 장관과 차관은 강제 사직당했다. 또한 사건을 은폐하려 했던 7명의 공무원들은 구속되었으며, 국민들의 분노는 두산그룹 제품에 대한 전국적인 불매운동으로 이어졌다. 특히 대구 시민들은 부실한 하천 수질관리와 오염된 수돗물을 공급한 정부를 규탄하고 수도요금 납부 거부운동을 전개했다. 이 사건은 시민들의 생명줄과도 같은 수돗물을 발암물질로 오염시켜 불특정 다수에게 피해를 입혔다는 점에서

사건,[12] 1996년 시화호 수질오염 사건[13] 등은 환경파괴와 환경오염의

우리나라에서 발생한 환경재난 사례 중 사회적 파장이 가장 컸던 사건으로 기억되고 있으며, 이후 환경운동을 촉발시키는 강력한 계기가 되었다. 자세한 내용은 박석순, 『살생의 부메랑』, pp. 241–6 참고.

12 1995년 7월 23일 오후 2시 10분경 전남 여천군 남면 소리도 동쪽 8km 지점에서 호유해운 소속 사이프러스 국적 원유선 씨프린스 호가 태풍 페이(Faye)를 피해 운항하던 중 강풍과 높은 파도에 떠밀려 오동도 남남서쪽 25마일에 위치한 작도와 충돌하는 사고가 발생했다. 이 배는 충돌 후 풍랑에 떠밀려 소리도에 좌초했는데, 이 사고로 원유 98,000톤과 벙커C유 1,000톤 가량이 유출되어 인근 양식장 3,826ha에 피해를 입혔고, 여수 일대 해역을 비롯하여 남해, 거제, 부산, 울산, 포항에 이르는 204km의 해상과 73.2km의 해안을 기름으로 오염시켰다. 또한 사고 이후 방제를 위해 살포한 700톤의 유처리제가 2차 오염을 일으켜 여수 앞바다 바닷속에 자라는 수초를 멸종시키고 백화시키는 등의 피해를 입힌 것으로 확인되었다. 이 사건은 당시 최악의 해상 기름 유출 사고로 불리며 환경에 대한 국민적 관심을 증진시켰다. 자세한 내용은 행정안전부 재난안전실 블로그, http://blog.naver.com/e_safety?Redirect=Log&logNo=40053939583 참고.

13 시화호는 경기도 시흥시, 안산시, 화성시에 둘러싸인 인공호수로 시화지구 대단위 간척종합개발 사업의 일환으로 농어촌진흥공사가 1987년 4월 사업을 시작하여 1994년 1월 24일 6년 반에 걸친 공사 끝에 시흥시 정왕동 오이도와 안산시 대부동 방아머리를 잇는 시화방조제를 완공함으로써 조성되었다. 시화방조제의 길이는 12.7km이고, 시화호의 면적은 423.5km^{2}로 이 공사에 의해 1,336.8km^{2}의 간석지(북측 365.9km^2, 남측 970.9km^2)가 형성되었다. 시화호는 원래 간척지에 조성될 농지와 산업단지에 용수를 공급하기 위한 담수호로 계획되었으나 방조제 완공 이후 주변 공장하수 및 생활하수 유입으로 수질이 급격히 악화되어 심각한 수질오염 문제를 야기했다. 특히 수십만 마리의 물고기와 해양 생물이 떼죽음을 당한 사건(1996년 8월)과 검은색으로 변한 시화호의 모습이 1996년 이후 언론에 소개되면서 시화호는 한동안 '죽음의 호수'로 불리게 되었고 환경문제에 대한 사회적 관심을 증대시키는 데 기여했다. 정부는 시

심각성을 일깨워 주며 환경문제에 대한 전 국민적 관심을 증진시키

화호 수질개선을 위하여 1997년 3월부터 배수갑문을 개방하여 해수를 유입하기 시작했고, 1998년 12월 시화호 물을 농업용수로 사용하지 않겠다는 방침을 발표했으며(농림부), 2000년 2월 시화호 및 인천 연안을 특별관리해역 시범해역으로 지정하였고(해양수산부), 2000년 12월 시화호의 담수화를 포기하고 해수화를 확정하였다. 이후 시화호 수질개선과 환경보존을 위하여 해양수산부는 2001년 8월 시화호 종합관리계획을 마련하였으며(이 계획에 따라 수질개선을 위해 2006년 말 현재 약 5,300억 원의 예산을 투입하였다), 종합관리계획의 효율적인 수행을 위하여 총리훈령으로 2002년 12월 '시화호 관리위원회'를 설치하여 현재까지 운영하고 있다. 이러한 노력의 결과 1997년 17.4ppm에 달하던 화학적 산소요구량(COD)이 2006년 말 현재 2.6ppm으로 줄어드는 등 수질이 점차 개선되고 있지만 육상에서 유입된 오염부하 및 시화호 내 오염 퇴적물에서 용출되는 오염 물질 등으로 수질 오염은 여전히 심각한 상태이다. 시화호 내 퇴적물에서는 납, 구리, 아연 등 해양생물의 생명에 해를 끼칠 수 있는 중금속이 기준치보다 많게는 4.3배 이상 검출되고 있다(2006년 말 현재). 이 결과 환경오염에 상대적으로 강한 특정 기회종만 살아남는 등 생태계 불안정성이 지속되고 있으며, 부영양 상태로 인한 적조 현상이 연중 발생하고 있다. 또한 인위적인 배수갑문 수위 조작으로 수변 생태계의 불안정성 역시 증가하고 있다. 특히 1,100만 톤으로 추산되는 시화호 내 유기물 퇴적층은 2009년 완공 예정인 조력발전소 가동 시 시화호 외부로 흘러가 해양을 오염시킬 것으로 예상되고 있다. 2006년 2월 발표된 '시화지구 장기종합계획'에 따르면 한국수자원공사는 북측 간석지 317만 평에 첨단벤처 시설과 상업 시설, 휴양관광 시설을 개발할 계획이며, 남측 간석지 1,720만 평에는 생태, 관광 레저(골프장), 주거, 연구 시설을 개발할 계획이다. 또한 한국농촌공사는 남측 간석지 1,330만 평을 농지로 개발할 계획이다. 이러한 개발이 계획대로 추진된다면 시화호 유입 오염 부하량 증가는 불가피한 상황이며, 현재 지역개발과 환경보존을 둘러싼 이해당사자 간 갈등이 상존하고 있는 실정이다. 자세한 내용은 시화호관리위원회 홈페이지 http://www.shihwaho.kr/web/ 참고.

는 데 기여했다. 또한 이 시기 환경운동연합, 녹색연합 등의 환경운동 단체가 설립되어 시민운동의 한 차원으로 환경운동 발전에 기여했으며, 환경운동의 저변을 넓히는 데 기여했다. 최근 이들 단체는 국내 환경문제뿐 아니라 전 지구적 차원의 환경문제에도 관심을 기울이고 있으며, 정치 · 사회 · 경제적 이슈에도 목소리를 높이고 있다. 이러한 민간부문의 변화에 발맞춰 정부 또한 1990년대 들어 환경문제의 심각성을 인식하고 보다 적극적인 환경정책을 추진하기 시작했다. 실례로 1990년 연두기자회견에서 당시 노태우 대통령은 환경문제를 시급히 해결해야 할 5대 과제 가운데 하나로 지적하고 1990년을 환경 원년으로 선언하기도 하였다. 또한 정부는 1990년 1월 기존의 보건사회부 산하 외청으로 있던 환경청을 국무총리 산하 환경처로 승격 · 발족시키고, 1994년 12월 이를 환경부로 확대 개편하는 등 환경문제에 보다 적극적인 관심을 기울이기 시작했다. 한편 2000년대 들어서는 새만금 간척사업, 방폐장 선정문제, 천성산 터널 공사, 한반도 대운하 건설 등이 주요한 사회적 이슈로 등장하여 환경문제에 대한 국민적 관심을 증진시켰다.

이처럼 날로 그 중요성이 커지고 있는 환경문제에 초점을 맞춰 본장은 환경과 정치의 관계에 대하여 살펴보고자 한다. 다음 두 절에서는 우선 최근 이슈로 등장하고 있는, 또는 이슈가 되었던 환경문제들을 지구적 차원과 국내적 차원으로 나누어 간단히 살펴보고자 한다. 뒤이어 왜 환경문제가 정치적인 이슈가 되는지, 그리고 환경문제를 해결하기 위한 정치적 메커니즘은 무엇인지 간단히 살펴보도록 하자.

2. 지구 환경 이슈

(1) 기후변화

환경 이슈 가운데 최근 전 세계적으로 가장 주목받고 있는 이슈가 지구온난화와 관련한 기후변화 문제이다. 지구온난화는 인간 활동에 의해 대기 중으로 배출된 이산화탄소, 메탄, 아산화질소 등과 같은 온실가스가 지구 밖으로 방출되어야 할 복사열을 흡수하고 대기 중에 가두는 '온실효과'를 냄으로써 발생하는 것으로 알려져 있다. 세계기상기구(WMO)와 유엔환경프로그램(UNEP)이 1988년 설립한 '기후변화에 관한 정부간 패널'(International Panel on Climate Change : IPCC)이 2007년 발표한 보고서에 따르면 1906년부터 2006년까지 100년 동안 지구 표면의 평균기온은 섭씨 0.74도 상승하였다.[14] 이

---

14 '기후변화에 관한 정부간 패널(IPCC)'은 1988년 11월 유엔 산하 세계기상기구(WMO)와 유엔환경프로그램(UNEP)이 기후변화와 관련한 전 지구적 환경문제에 대처하기 위해 각국의 기상학자, 해양학자, 빙하 전문가, 경제학자 등 3천여 명의 전문가로 구성한 정부간 협의체로서 1990년 이후 4차례에 걸쳐 기후변화와 관련한 보고서를 발표해 왔다. 1990년 발표된 1차 보고서는 지난 100년 동안 지구 표면의 대기 평균온도가 섭씨 0.3-0.6도 상승하였고, 해수면 높이는 10-25㎝ 정도 상승하였으며, 산업활동 및 에너지 이용 시스템이 현 상태로 계속될 경우 이산화탄소 배출량이 해마다 1.7배 늘어날 것으로 전망했다. 1995년에 발표된 2차 보고서는 온실가스가 현재 추세로 증가할 경우 2100년의 지구 평균기온이 섭씨 0.8-3.5도 정도 상승하고 해수면도 15-95cm 정도 상승할 것

는 IPCC가 1901년부터 2001년까지 지구 표면의 온도가 섭씨 0.6도 올랐다고 밝힌 2001년 보고서보다 상승폭이 더 커진 것으로 최근 지구온난화 현상이 더욱 심각해지고 있음을 반영한 것이다. 이 보고서는 또한 최근의 지구온난화가 인간 활동에 의해 배출된 온실가스에 기인한 것임을 분명히 밝히면서(2007년 보고서는 지구온난화에 대해 인간 활동이 90% 이상 책임이 있다고 밝히고 있는데, 이는 2001년 보고서에서 밝힌 66%의 책임에 비해 인간 활동의 책임이 많이 증가한 것이다) 현재 추세대로 온실가스가 배출될 경우 2100년 지구 평균기온이 현재보다 섭씨 1.8-4.0도 정도 상승하리라 예상했다. 보고서는 또한 이러한 지구 온도 상승이 극지방과 산악지역의 빙하와 눈을 녹여 해수면 상승을 가져올 것이라 전망하면서 현재의 추세가 계속될 경우 2100년까지 해수면이 18-58cm 정도 상승할 것이라 예상했다. 보고서에 따르면 해수면은 1961년부터 2003년까지 매년 1.8mm씩 상승했으며, 1993년부터 2003년까지만 따지면 매년 3.1mm씩 상승했다. 보고서는 이어 이러한 해수면 상승으로 해안에 위치한 상하이, 부에노

이라고 경고했다. 2001년 발표된 3차 보고서는 기후변화가 자연적 요인이 아니라 인간 활동에 의해 배출된 온실가스에 기인한 것임을 분명히 하였고, 온실가스가 현재 추세로 증가할 경우 2100년 지구 평균기온이 섭씨 2.0-5.8도 정도 상승하고 해수면 또한 9-88cm 정도 상승할 것이라고 경고했다. 2007년 2월 발표된 4차 보고서 또한 향후 지구온난화로 인해 심각한 폭우, 가뭄, 폭염, 해수면 상승 등의 재난이 이어질 수 있음을 경고하며, 온실가스가 현재 추세로 방출될 경우 2100년 지구 평균기온이 섭씨 1.8-4.0도 정도 상승하고 해수면은 18-58cm 정도 상승할 것으로 예상했다. 보고서의 자세한 내용에 대해서는 IPCC의 인터넷 홈페이지 http://www.ipcc.ch/ipccreports/assessments-reports.htm를 참고.

스아이레스 등의 도시와 키리바시 같은 태평양 상의 섬나라 등이 침수 위험에 직면할 것이라고 예상했다. 보고서는 또한 지구온난화로 미생물이 이산화탄소를 많이 흡수하면서 바닷물 산성화 정도가 높아질 것이라 예상했고, 적설량이 줄고 영구 동토층에서 해빙이 증가할 것이라 예상했다. 마지막으로 보고서는 앞으로 지구온난화로 인해 극심한 홍수와 가뭄, 폭염 등의 자연재앙이 더 자주 발생할 것이라고 예상했다. 이러한 발표를 통해 IPCC 보고서는 이산화탄소, 메탄 등과 같은 온실가스를 감축하는 것이 매우 시급한 현안임을 일깨워 주었다.

이러한 기후변화 문제에 대응하기 위한 국제사회의 노력은 지난 1980년대부터 계속되어 왔다. 앞에서 언급한 바와 같이 유엔 산하 세계기상기구(WMO)와 유엔환경프로그램(UNEP)은 이 문제에 대처하기 위하여 1988년 '기후변화에 관한 정부간 패널(IPCC)'을 설립하여 인간 활동이 기후변화에 어떠한 영향을 미치는지 과학적 · 기술적 · 사회경제학적으로 분석한 결과를 제공하고 있다. 또한 1992년 6월 브라질의 리우데자네이로에서 열린 유엔환경개발회의(UNCED)에서는 '기후변화기본협약'(the Framework Convention on Climate Change : FCCC)이 채택되어 154개국이 이에 서명했다. 이 회의에서 OECD 국가들은 이산화탄소, 메탄가스 등과 같은 온실가스의 방출을 2000년까지 1990년 수준으로 감축하기 위해 노력하고, 개도국에 협약 이행을 위한 재정 및 기술적 지원을 제공하기로 약속하였다. 이 회의는 또한 선진국과 개도국 공통의 의무사항으로 국가별로 온실가스 배출 · 흡수 현황을 보고하고 감축전략을 자체적으로 수립 ·

시행 · 공개 · 보고할 것을 결정했다. 그러나 이 회의는 주요국 간 견해 차이로 온실가스의 구체적 감축 목표와 일정에 대한 실효성 있는 합의를 도출하는 데에는 실패했다. 당시 유럽은 보다 확실한 감축 목표 작성을 주장한 반면 미국은 계량화된 구체적 감축 목표 설정에 반대하였고, 대부분의 개도국들은 선진국이 지구온난화에 더 큰 책임이 있다고 주장하며 선진국들의 우선적 행동을 요구했으며, 몇몇 국가들은 비용문제를 들어 아예 온실가스 감축 계획에 반대했다. 이와 같은 견해 차이로 인해 기후변화기본협약은 최소한의 합의만을 담은 기본협약으로 출발하였고, 1994년 3월 서명국 50개국이 비준함으로써 발효되었다.

이후 기후변화협약의 구체적 이행방안을 논의하기 위해 제1차 당사국총회(Conference of Parties)가 1995년 독일의 베를린에서 개최되었는데, 이 회의는 2000년 이후 온실가스 감축 목표에 관한 의정서를 1997까지 마련하기로 결정했다. 1996년 제네바에서 열린 제2차 당사국총회는 한 걸음 더 나아가 미국을 포함한 주요국들이 1997년까지 온실가스 감축에 대해 구속력 있는 의정서를 마련하기로 약속했다. 이에 1997년 12월 일본 교토에서 열린 제3차 당사국총회에서 온실가스의 구체적 감축 목표를 설정한 '교토 의정서'(Kyoto Protocol)가 채택되었다.[15] 그 내용은 이산화탄소(CO_2), 메탄(CH_4), 아산화질소(N_2O), 불화탄소(PFC), 수소화불화탄소(HFC), 불

---

15 교토 의정서의 자세한 내용에 대하여는 http://unfccc.int/kyoto_protocol/items/2830.php 참고.

화유황(SF_6) 등을 규제대상 온실가스로 확정짓고 3차의 기간으로 나누어 온실가스 감축 목표를 설정하였으며, 1차 기간인 2008년부터 2012년까지 'annex 1'에 속하는 선진 38개국이 1990년 대비 온실가스 총배출량을 평균 5.2% 감축할 것을 합의하였다. 각국은 국가별 여건에 맞게 미국 7%, 일본 6%, 유럽연합 8% 등 차별적 감축 목표를 부여받았다. 이 밖에 이러한 감축 목표 달성에 필요한 비용을 줄이기 위해 온실가스 감축량을 상품처럼 사고 팔 수 있게 한 배출권 거래제(Emission Trading)를 비롯하여 공동이행제(Joint Implementation), 청정개발 체제(Clean Development Mechanism) 등 '교토 메커니즘'(Kyoto Mechanism)으로 불리는 '유연성 체제'를 도입하기로 결정하였고,[16] 에너지 효율 향상, 온실가스 흡수원 및 저장원 보호, 신 · 재생 에너지 개발 · 연구 등 온실가스 감축을 위한 정책과 조치를 취하기로 합의하였다.

이 교토 의정서는 온실가스 배출을 국제법적으로 규제하기 위한 최초의 시도로서, 이 의정서가 국제법적 효력을 가지기 위해서는 55개국 이상의 협약 당사국이 비준서를 기탁하고, 비준서를 기탁한 의무이행 당사국들의 1990년도 배출량이 전체 약정 국가의 1990년도 총배출량의 55%를 넘어서야 한다. 따라서 이 의정서가 법적 효력을 가지기 위해서는 1990년도 기준 전 세계 이산화탄소 배출량의 36.1%를 차지하는 미국과 17.4%를 차지하는 러시아에서의 의회 비

16 교토 메커니즘의 내용에 대해서는 에너지관리공단 기후대책실 홈페이지 http://co2.kemco.or.kr/protocol/protocol_04.asp 참고.

준이 중요한데, 2001년 출범한 미국의 부시 행정부는 이 의정서가 중국, 인도 등과 같은 개발도상국을 온실가스 감축 의무대상국에서 제외하고 있고, 자국 경제에 피해를 줄 수 있다고 반발하며 의정서 이행과 의회 비준을 거부, 2001년 3월 교토 의정서 탈퇴를 발표하였다. 교토 의정서는 1997년 채택 이후 7년이 넘도록 발효되지 못하다가 2004년 11월 러시아의 비준서 제출과 함께 발효 조건을 충족, 2005년 2월 16일부터 정식 발효되기 시작했다. 우리나라는 2002년 11월 이를 비준하였고, 2008년 5월 13일 현재 전 세계적으로 181개국이 비준을 마친 상태이다.[17]

현재 한국은 2008년부터 온실가스 배출 규제를 받는 1차 의무 감축 대상국에 포함되지는 않았지만 2013년부터 규제를 받는 2차 대상국에 포함될 것이 확실시되는 상황이다. 2002년 국제에너지기구(IEA)가 발표한 통계에 따르면 한국의 연간 이산화탄소 배출량은 2000년을 기준으로 4억 3,400만 톤으로 세계 9위이며, 세계 전체 배출량의 1.8%를 차지한다. 더욱이 1990년 이후 배출량 증가가 85.4%로 세계 최고의 증가세를 기록하고 있다. 우리나라도 앞으로 에너지 다소비형 산업부분의 비중 축소, 배출가스 저감기술 개발 등 중장기 대책 마련이 시급한 형편이다.

---

17 http://unfccc.int/files/kyoto_protocol/status_of_ratification/application/pdf/kp_ratification.pdf 참고.

(2) 오존층 파괴

기후변화와 함께 전 세계적으로 주목받고 있는 환경 이슈 가운데 하나가 오존층 파괴 문제이다. 지표면에서 15km－30km 높이의 성층권에 존재하는 오존층은 다른 고도에 비해 상대적으로 오존 밀도가 높은 곳으로서, 지구로 들어오는 태양광선 가운데 피부병, 피부암, 백내장 등을 유발하는 유해 자외선을 차단해 주는 역할을 한다. 만약 이러한 오존층이 없다면 유해 자외선이 지구로 직접 들어와 새로운 질병을 유발하거나 동식물의 조직을 파괴하는 등 중대한 손상을 미칠 수 있다. 자료에 의하면 대기 중의 오존 비율이 약 1% 정도 감소할 경우 멜라닌 색소가 부족한 백인의 경우 피부암 발생 수가 4－6% 정도 증가하는 것으로 알려져 있으며, 백내장 환자 또한 매년 수십만 명 이상 증가할 것으로 알려져 있다. 또한 농작물의 경우 자외선이 증가하면 엽록소가 감소하고 광합성이 줄어들어 수확량이 감소하는데, 쌀을 대상으로 한 실험에서 오존층이 8－11.5% 정도 감소하면 수확량이 1/4에서 1/3 정도 감소하는 것으로 나타났다.[18] 이처럼 인류의 삶에 직접적 영향을 주는 오존층이 인간 활동에 의해 대기 중으로 방출된 프레온가스(CFCs) 등에 의해 파괴되고 있는 것으로 밝혀져 이들 물질의 사용 규제가 1980년대 이후 중요한 환경문제로 등장하게 되었다.

---

18 박헌렬, 『지구촌의 환경과 인간』(서울 : 우용출판사, 2002), p. 129－30.

냉장고의 냉매나 스프레이 등에 쓰이는 프레온가스는 1930년대 초반 미국에서 개발된 인공 화학물질로, 직접적으로는 인체에 아무런 해를 끼치지 않는 무해 가스이다. 그러나 대기 중에 방출된 프레온가스는 자외선에 노출되어 분해되는 와중에 염소분자(Cl)를 만들고, 이 물질이 오존을 산소로 분해시켜($Cl + O_3 = ClO + O_2$) 오존층을 파괴한다는 사실이 1974년 로우랜드(F. S. Rowland)와 몰리나(M. J. Molina)의 연구에 의해 처음 알려지게 되었다. 이후 대학이나 연구소 등에서 대규모 관측과 실험이 실시되었고, 1976년 가을 미국의 과학 아카데미(National Academy of Science)는 이를 바탕으로 오존층 파괴의 위험성을 경고하는 최초의 보고서를 발표했다.

그러나 이 시기는 아직 프레온가스에 의해 오존층이 파괴되고 있다는 확실한 증거가 부족한 상황이라 프레온가스 생산이 금지되지는 않았다. 다만 미국, 네덜란드, 스웨덴, 캐나다 등이 프레온가스를 주입한 스프레이 제품의 제조를 금지하거나 에어로졸 제품의 제조 또는 수입을 금지하는 조치를 취했을 뿐이다. 지구의 오존층 변화가 사실로 확실하게 드러난 것은 1985년의 일이다. 1985년 영국 남극 관측대의 대기물리학자 조세프 파만(JosepH C. Farman)은 그의 동료들과 함께 할레 베이(Halley Bay) 기지 상공의 오존량이 1977년부터 1984년에 걸쳐 봄철(9-10월)이 되면 어김없이 감소할 뿐만 아니라 그 감소량이 매년 커지고 있음을 확인했다. 뒤이어 1986년 미국 NASA는 인공위성 NIMBUS-7호가 수집한 자료를 바탕으로 남극 상공의 오존 전량이 현저하게 감소하여 마치 오존층에 구멍이 뚫린 것과 같은 현상이 나타나고 있음을 발견하였고, 이를 '오존홀'(ozone hole)이라 명명했다.[19] 1987년에는 국제협력을 통한 대규모 과학조사가 이루어져 특히 9월과 10월에 남극의 오존량 감소가 심각하다는 사실을 발견했다.

이처럼 오존층 파괴가 사실로 드러나자 국제사회는 프레온가스 제조와 사용을 규제하기 위한 다양한 방안을 모색하기 시작했다. 실례로 1985년 3월 비엔나에서 열린 UNEP의 환경회의에 참가한 참가국들은 오존층 보호를 위한 '비엔나 협약'을 채택하였다. 이 협약에서 참가국들은 오존층 변화가 인간의 건강과 환경에 유해한 영향을 미침을 인식하고 국제협력과 과학적 지식에 근거하여 오존층 보호를 위한 입법조치와 행정조치를 취할 것을 약속하였다. 그러나 이 회의에서는 프레온가스 규제에 대한 합의가 이루어지지는 못했다. 이후 1986년까지 프레온가스 규제에 대한 의정서를 작성하기 위한 실무위원회 모임이 몇 차례 계속되었고, 1987년 9월 캐나다 몬트리올에서 열린 UNEP 환경외교 회의에서 마침내 프레온가스 제조와 사용을 구체적으로 규제한 '오존층을 파괴하는 물질에 관한 몬트리올 의정서'(the Montreal Protocol on Substances that Deplete the Ozone Layer)가 채택되었다. 이 의정서는 1989년 1월부터 정식 발효되어 1998년까지 CFC-11, CFC-12, CFC-113, CFC-114, CFC-115 등과 같은 프레온가스의 생산량과 소비량을 1986년 실적의 50% 수준으로 감축하기로 명시했다(개도국에게는 10년간 유예기간을 부여했다). 이 의정서는 또한 1992년까지 오존층 파괴를 일으키는 또 다른 물질인

19 *Ibid.*, pp. 147-8.

할론가스의 생산 및 소비를 1986년 수준에서 동결시키기로 하였고, 규제물질과 규제물질을 함유한 제품의 수입과 수출을 금지하는 무역규제 조치를 명시했다.[20]

의정서 체결 이후 오존층 파괴에 대한 새로운 관측결과들이 확인됨에 따라 이 의정서는 몇 차례 개정 및 조정을 거치게 되었는데, 1990년 6월 런던에서 열린 제2차 몬트리올 의정서 가입국 회의는 이미 규제대상이었던 5가지 CFCs 물질과 3가지 할론가스를 포함하여 새로 규제대상이 된 사염화탄소의 제조와 소비를 2000년까지 완전 금지하기로, 메틸클로로포름의 제조와 소비는 2005년까지 완전 금지하기로 결정했다. 1992년 11월 코펜하겐에서 열린 제4차 몬트리올 의정서 가입국 회의 또한 규제를 더욱 강화하기로 결정하여 특정 프레온가스 5종과 기타 프레온가스 10종 및 사염화에탄 등의 제조와 소비는 시기를 앞당겨 1996까지, 할론가스 3종은 1994년까지 제조와 소비를 완전 금지하기로 합의했다. 이 회의는 또한 브롬화메틸의 제조와 사용 또한 새로 규제하기로 합의하였고, 프레온가스 대체물질로 개발된 수소화염화불화탄소(HCFC)의 제조와 사용 또한 그 잠재적 악영향을 인정하여 선진국은 2030년까지, 개도국은 2040년까지 완전 금지하기로 합의했다.[21]

---

20 비엔나 협약과 몬트리올 의정서 전문은 UNEP의 인터넷 홈페이지 http://ozone.unep. org/ 참고. 한글로 번역된 전문은 http://cfc.kscia.or.kr/ 참고.

21 2007년 9월 몬트리올 의정서 채택 20주년을 기념하여 캐나다 몬트리올에서 열린 제19차 몬트리올 의정서 가입국 회의는 이 조치를 10년 앞당겨 선진국은 2020년까지, 개도국은 2030년까지 수소화염화불화탄소의 제조와 사용을 완전

몬트리올 의정서 체제는 몬트리올 의정서에 뒤이어 5차례에 걸친 개정 의정서를 통해 오존층 파괴 물질에 대한 규제조치를 강화함으로써 오존층 보호를 위한 국제협력의 기본 틀을 마련한 것으로 평가받는다. 2008년 6월 25일 현재 미국, 러시아, 영국, 유럽공동체, 인도, 중국과 우리나라를 포함하여 전 세계적으로 193개국이 몬트리올 의정서를 비준하고 있다.[22] 우리나라는 1992년 2월 비엔나 협약과 몬트리올 의정서를 비준하였고, 런던 개정 의정서는 1992년 12월에, 코펜하겐 개정 의정서는 1994년 12월에, 몬트리올 개정 의정서와 베이징 개정 의정서는 각각 1998년 8월과 2004년 1월에 비준하였다. 몬트리올 의정서 발효 이후 오존층 파괴 물질인 프레온가스와 할론가스의 생산과 소비가 급격히 줄어들었지만 지금까지 방출된 물질이 성층권에 남아 있어 오존층 파괴는 아직 계속되고 있으며, 앞으로도 30년 이상 지나야 오존홀이 완전히 사라질 것으로 전문가들은 보고 있다.

(3) 산성비

인류가 화석자원을 이용할 때 대기 중으로 방출하는 황산화물

금지하기로 합의했다.

22 몬트리올 의정서와 개정 의정서의 자세한 비준사항은 http://ozone.unep.org/Ratification_status/ 참고.

(SOx)과 질소산화물(NOx) 등이 대기 중의 물방울에 녹아들어가 산성화된 비가 내리는 것을 산성비라 한다. 일반적으로 비나 눈에는 대기 중의 이산화탄소가 어느 정도 포함되어 있기 때문에 약간의 산성을 나타낸다. 순수한 물은 pH7의 중성이지만 하늘에서 내리는 빗물은 pH5.6 정도이다. 그러나 대기 중의 황산화물이나 질소산화물이 섞인 비나 눈은 황산과 질산을 포함하는 pH가 5.6 이하의 강한 산성을 띠게 된다. 이들 산화물은 또한 산성 안개나 서리를 만들기도 하고 먼지에 흡착되어 지면에 떨어지기도 하는데, 대기로부터 산성을 띠고 지상에 내려오는 이러한 형태의 강화물을 통틀어 산성비라 부르기도 한다.

산성 물질을 포함한 산성비는 토양과 담수계를 오염시키고 지구 표층부에 유지되는 산성 물질과 알카리성 물질 사이의 평형을 깨뜨려 생태계 전체를 파괴하는 결과를 가져온다. 실례로 산성비는 토양 미생물을 죽게 해 유기물 부식을 억제하고 토양에 함유된 칼륨, 칼슘, 마그네슘, 나트륨 등 식물 성장에 필요한 미량 원소들을 유실시켜 비옥도를 떨어뜨린다. 또한 산성화된 호수나 하천의 물은 바닥 퇴적물이나 토양에 있는 알루미늄을 용출하여 수중 생물을 죽게 만든다. 강한 산성비는 또한 인체에 피부병이나 눈병을 유발할 수 있으며, 산성화된 물을 식수원으로 사용할 경우 상수도관이 부식되어 건강에 치명적인 피해가 나타날 수도 있다. 산성비 피해가 심한 스웨덴 일부 지방에서는 상수도관에서 유해한 구리 이온이 용출되어 주민들의 머리카락 색이 붉게 변한 사례가 보고된 적도 있다. 산성비는 또한 금속이나 시멘트, 대리석, 화강암 등을 용해시키기 때문에 이러한 물질로 만들어진 차량, 건축물, 유적들을 부식시켜 많은 재산상 피해를 유발한다. 유럽의 노트르담 성당이나 쾰른 성당, 아테네의 그리스 유적 등은 이미 산성비로 인해 상당한 부식이 진행되었다.[23]

이러한 산성비의 영향으로 세계 도처에서 삼림이 황폐화되고 하천이나 호수의 물고기가 떼죽음을 당하는 등의 피해가 발생하고 있다. 특히 유럽과 북미지역의 산성비 피해는 매우 심각한 수준이다. 1988년 유엔유럽경제위원회 주관으로 실시된 조사에 의하면 체코슬로바키아의 경우 삼림의 70% 정도, 영국과 그리스의 경우 64% 정도, 독일 · 에스토니아 · 이탈리아 · 폴란드 · 네덜란드 · 덴마크의 경우 50% 이상이 산성비로 피해를 입은 것으로 나타났다. 또한 스웨덴이 1988년 실시한 조사에 의하면 스웨덴 내 8만 5,000개의 호수 중 2만여 개의 호수가 pH5.5 이하의 산성 호수이며, 이 중 4,500개의 호수에는 물고기가 전혀 살 수 없는 상태인 것으로 밝혀졌다.[24] 또한 미국의 동부 지역과 캐나다 남동부 일대의 산림도 산성비로 원래의 모습을 잃어가고 있다. 미국은 한때 뉴욕 주를 중심으로 한 동북부 지역에서 호수의 20%가 산성화된 것으로 알려졌으며, 북부 100여 개 호수에서는 연어가 멸종된 것으로 알려졌다. 산성비는 이처럼 산림을 황폐화시키고 지구 표면을 흉측하게 변화시키기 때문에 '산업문명이 만들어낸 지구의 문둥병'이라 불리기도 한다.[25]

---

23 박석순, 『살생의 부메랑』, pp. 266–7.

24 박헌렬, 『지구촌의 환경과 인간』, pp. 192–4.

25 박석순, 『살생의 부메랑』, p. 266.

산성비의 원인이 되는 황산화물과 질소산화물의 미립자는 직경이 1㎛(천분의 1mm) 이하의 미세한 입자로 기류를 타고 국경을 넘어 1,000－2,000km 이상 원거리까지 이동할 수 있기 때문에 산성비로 인한 국가 간 갈등이 세계 곳곳에서 발생하고 있다. 캐나다는 자국에 내리는 산성비 원인 물질의 70% 이상이 미국에서 온 것이라고 주장하고 있으며, 스칸디나비아 반도의 경우 거의 대부분 영국과 독일에서 온 대기오염 물질이 원인인 것으로 알려져 있다. 일본은 자국 산성비의 기여도를 중국 50%, 한반도 15%, 일본 내부 35%라고 발표한 바 있다. 우리나라는 산성비의 원인 중 30－50%가 중국의 대기오염 물질 때문이라고 추정하고 있다. 일반적으로 산성비 기류는 서쪽에서 동쪽으로 이동하기 때문에 가해국과 피해국이 지리적으로 나뉘게 된다. 예컨대 포르투갈, 아일랜드, 영국, 중국, 미국 등은 가해국이 되고 스칸디나비아반도, 폴란드, 우리나라, 일본, 캐나다 등은 피해국이 된다.[26]

스칸디나비아 지역에서 발생한 산성비 피해를 계기로 1972년 스톡홀름에서 열린 유엔인간환경회의(United Nations Conference on the Human Environment)는 지구에 만연한 산성비의 심각성을 알리고 국제적 협력을 촉구하는 데 중요한 역할을 했다. 이후 1977년 노르웨이가 산성비 문제 해결을 위한 국제조약의 체결을 제안했고, 1979년 11월 제네바에서 열린 UN유럽경제위원회 환경장관회의에서 '장거리 월경 대기오염 조약'(the 1979 Geneva Convention on Long－Range

26 *Ibid.*, pp. 268－9.

Transboundary Air Pollution)이 채택되었다. 이 조약은 1983년 3월에 발효되어 2008년 8월 28일 현재 51개국 및 기관에 의해 비준되었다. 이후 이 조약을 기초로 산성비의 원인물질인 황산화물과 질소산화물을 감축하기 위한 8종의 의정서가 체결되었다. 특히 1985년 7월 헬싱키에서 체결된 '헬싱키 의정서'(Helsinki Protocol)는 유황 배출량을 1993년까지 1980년 배출량과 비교하여 30% 이상 감축할 것을 규정했다. 또 1988년 체결된 '소피아 의정서'(SopHia Protocol)는 질소산화물의 배출량을 1994년까지 1987년 수준으로 동결할 것을 규정했다. 이 의정서의 규정내용이 불충분하다고 판단한 유럽 12개국은 더 나아가 1989년부터 10년 내에 질소산화물 배출량을 30% 이상 삭감할 것을 선언했다.

1994년 체결된 '오슬로 의정서'(Oslo Protocol)는 유황 배출량의 나라별 삭감 목표를 구체적으로 규정했다.[27] 한편 북미의 경우는 산성비 문제 해결을 위한 국제협력이 유럽에 비해 상대적으로 저조한 편인데, 1980년 8월 미국과 캐나다는 '월경 대기오염에 관한 합의각서'를 교환하였고, 월경 대기오염 조약 체결 교섭을 위한 미국 캐나다 조정위원회를 설치하였다. 이후 양국은 1991년 3월 산성비 피해 확대를 방지하기 위한 대기보전에 관한 협정을 체결하였다. 이와는 별도로 미국은 1980년 6월 '산성강하물법' 제정과 1990년 '대기청정법'

---

27 '장거리 월경 대기오염 조약' 및 헬싱키 의정서, 소피아 의정서, 오슬로 의정서의 자세한 내용 및 비준상황에 대해서는 유엔유럽경제위원회 홈페이지 http://www.unece.org/env/lrtap/lrtap_h1.htm 참고.

개정 등을 통해 황산화물과 질소산화물 배출을 규제하고 있으며, 산성비 피해실태 조사를 위한 강수 모니터링, 생태영향 조사 등을 실시해 오고 있다.

우리나라도 최근 산성비로 인한 피해가 점점 커지고 있다. 특히 중국 동북부 해안공업지대에서 배출된 황산화물이 편서풍을 타고 한반도로 이동하여 피해를 키우고 있는데, 우리나라의 경우 산림지역의 표토층이 얇고 토양에 석회성분이 적고 모래 성분이 많기 때문에 산성비가 강해지면 피해는 한층 심각해질 것으로 예상되고 있다. 산성비 피해를 줄이기 위해서는 우선 아황산가스의 배출이 심한 석탄과 황을 제거하지 않은 석유 사용을 줄여야 하며 중국과의 협력을 강화해야 한다. 그리고 자동차 배기가스를 줄이기 위해 장기적으로 전기, 태양열 등을 이용한 저공해 자동차의 개발이 필요하며, 산업 시설에서 배출되는 대기오염 물질을 최소화하기 위해 탈황 시설을 의무화하는 등의 조치가 필요하다. 또한 화석연료를 청정연료로 대체하는 방안을 강구하고, 에너지 생산구조도 석탄과 석유 중심의 화력발전에서 조력, 풍력, 태양열 등을 이용한 발전으로 점차 바꾸어나가야 할 것이다.

(4) 수자원 부족

현재 지구에 있는 물의 양은 총 13억 8천5백만 km^3 정도로 추정되고 있으며, 이 중 바닷물이 97%인 13억 5천만 km^3이고 나머지

3%인 3천5백만 km^{3}이 담수로 존재한다. 담수 중 69% 정도인 2천 4백만 km^{3}은 빙산 · 빙하 형태이고, 지하수는 29%인 1천만 km^3 정도이며, 나머지 2%인 1백만 km^{3}가 민물 호수나 강, 하천 또는 대기 중의 수증기로 존재한다. 전문가들에 의하면 인간이 현재 사용 가능한 담수자원만 가지고도(전체 지구 물의 약 0.072%인 1백만 km^3) 절대량으로만 본다면 전 세계에 필요한 물을 공급하는 데 별 문제가 없다. 현재 인간이 사용할 수 있는 지구의 물공급량은 한해 약 9천 km^{3}정도인 데 반하여 실제로 사용되는 양은 약 4천3백 km^3 정도에 불과하다.[28] 그러나 문제는 수자원이 지역적으로 편재되어 있어 필요한 곳에 적절한 물공급이 제대로 이루어지지 못하고 있다는 점과 인구 증가와 산업화로 인해 물 사용량이 급증하고 있다는 점이다.

우선 수자원의 지역적 편재를 살펴본다면, 현재 어떤 국가는 엄청난 양의 물을 가지고 있는 반면 다른 국가는 전혀 그렇지 못한 상황이다. 인구 일인당 연간 사용 가능한 담수자원을 조사한 국제인구행동연구소(Population Action International : PAI)의 보고서에 따르면 2005년 현재 아이슬란드가 일인당 약 57만 6,271m^{3}으로 세계 최고의 물 부유국이고 캐나다(약 8만 9,934m^3), 노르웨이(약 8만 2,684m^3), 뉴질랜드(약 8만 1,181m^3), 칠레(약 5만 6,581m^3), 브라질(약 4만 4,167m^3), 러시아(약 3만 1,475m^3), 호주(약 2만 4,411m^3), 핀란드(약 2만 956m^3), 스웨덴(약 1만 9,246m^3), 미국(약 6,945m^3) 등이 비교적 담수자원이 풍족한 편

28 『두산백과사전』, '수자원고갈,' http://100.naver.com/100.nhn?docid=829911 참고.

이다. 그러나 쿠웨이트는 약 7.4m^3로 세계 최악의 물빈곤 국가이고 아랍에미리트(약 33.3m^3), 바하마(약 61.9m^3), 카타르(약 65.2m^3), 사우디아라비아(약 97.7m^3), 싱가포르(약 138.7m^3), 요르단(약 154.3m^3), 바레인(약 159.6m^3), 이스라엘(약 248.3m^3), 이집트(약 787.5m^3) 등도 심각한 물부족을 겪고 있다.

우리나라는 일인당 가용수량이 1,457.6m^3로 PAI의 기준에 따르면 세계에서 36번째로 물이 부족한 국가이다. PAI는 일인당 가용수량이 1,000m^3 이하인 경우를 물기근 국가로, 1,700m^3 이하인 경우를 물부족 국가로 분류하는데, 물기근 국가는 쿠웨이트, 팔레스타인, 아랍에미리트, 바하마, 카타르, 몰디브, 사우디아라비아, 리비아, 몰타, 싱가포르, 요르단, 바레인, 예멘, 이스라엘, 바바도스, 오만, 알제리, 튀니지, 부룬디, 르완다, 카보베르데, 이집트, 케냐, 모로코, 키프로스, 버키나파소를 포함하는 26개국이며, 물부족 국가에는 우리나라를 비롯하여 남아프리카공화국, 덴마크, 레바논, 체코, 말라위, 시리아, 파키스탄, 에티오피아, 에리트리아, 코모로스, 짐바브웨, 폴란드, 아이티, 레소토 15개국이 포함되어 있다.[29] 그러나 이러한 분류는 국가 전체의 가용수량과 인구를 평균한 것으로 절대적인 것은 아니며, 실제로는 물기근 또는 물부족 국가에 속하지 않은 나라에서도 물부족 현상이 나타날 수 있다. 예를 들어 중국이나 미

29 국제인구행동연구소(PAI)에서 제공하는 데이터베이스 http://216.146.209.72/Publications/Reports/People_in_the_Balance/Interactive/peopleinthebalance/pages/?s=2&sort=d3_value&ord=d&t=data 참고.

국, 멕시코 등은 자국 내 강우량의 편차가 심하고 인구분포가 일정하지 않아 많은 지역에서 심각한 물부족을 겪고 있다. 또한 가용수량은 풍부하다 하더라도 대부분의 후진국은 물공급에 필요한 기반 시설이 마련되지 않아 물부족으로 고통받고 있다.

한편 인구증가와 산업화는 앞으로 물부족을 더욱 악화시킬 것으로 예상되고 있다. 지난 20세기 동안 세계 인구는 4배, 경제규모는 14배, 산업생산량은 40배, 경작면적은 5배 늘었고, 그 결과 물 사용량은 9배 증가했다. 지금의 인구증가와 물 사용 증가추세가 계속된다면 2020년까지 전 세계 물 사용량은 대략 40% 정도 증가하고 식량생산에 필요한 물만 해도 17%가량 늘어날 것으로 추정되고 있다.[30] 이처럼 물 사용량이 급증함에 따라 전 세계적으로 물부족 상황이 심각해질 것으로 예상되는데, 특히 중동 지역과 아프리카 지역 등에서는 극심한 가뭄과 사막화 등으로 인한 만성적 물부족 현상이 나타날 것으로 예상되고 있다. 국제인구행동연구소에 의하면 2008년 현재 전 세계적으로 7억 4천5백만 명이 물부족 또는 물기근으로 고통받고 있으며, 2025년경에는 그 숫자가 27억 5천만에서 32억 5천만에 이를 것으로 예측되고 있다.[31]

물부족 현상이 심화되면서 최근 수자원을 둘러싼 국제분쟁이 세계 곳곳에서 발생하고 있다. 실례로 이스라엘과 레바논 사이에서는 2001년 봄 레바논이 이스라엘의 갈릴리 호수로 들어가는 하스바

---

30 박석순, 『살생의 부메랑』, p. 276.

31 국제인구행동연구소(PAI), *op. cit.* 참고.

니 강물을 인근 마을로 끌어들이면서 물 분쟁이 발생하였다. 이스라엘은 자국의 최대 물공급원인 갈릴리 호수가 말라들어 가는 상황에서 갈릴리 호수 유입 물의 20-25%를 차지하는 하스바니 강물을 레바논이 끌어가는 것을 용인할 수 없다는 입장인 반면, 레바논은 지름 10cm의 파이프로 하스바니 강물을 끌어들여 인근 마을에 공급한 것에 이스라엘이 과민 반응을 보이고 있다고 주장하며 이스라엘이 레바논의 수자원을 뺏으려 한다고 비판하였다.

물 분쟁의 가능성이 높은 또 다른 지역은 북부 아프리카 8개국에 걸쳐 흐르는 나일 강 유역이다. 나일 강에서 90%의 수자원을 얻고 있는 이집트는 강 상류에 위치한 수단, 에티오피아 등과 수자원을 두고 항상 긴장관계에 있었는데, 1978년 당시 이집트 대통령 사다트(Anwar Sadat)는 만일 이들 나라가 나일 강물을 무기화하면 언제든지 전쟁이 벌어질 수 있다고 경고한 바 있다. 이집트와 수단 양국은 1959년 나일 강물 배분에 관한 협정을 체결하여 이집트가 1년에 555억m^3, 수단이 185억m^3의 물을 사용하기로 합의했다. 그러나 이 협정은 양국 간 물 배분에 관한 내용만을 담고 있을 뿐, 나일 강에 인접한 에티오피아, 우간다, 케냐 등과 같은 나라들을 배제하고 있어 언제든 분쟁의 소지가 될 위험성을 가지고 있다. 특히 이들 국가의 폭발적 인구증가는 물 수요 급증으로 이어져 조만간 수자원을 둘러싼 분쟁이 불가피할 것으로 전망된다.[32] 현재 세계 인구의 약 40%는 인접 국가에서 오는 물로 살아가고 있으며, 국가 간 물 분쟁이

32 박석순, 『살생의 부메랑』, pp. 272-4.

벌어지는 곳도 이미 30여 개국에 이른다. 지구상에 흐르는 214개의 다국적 하천은 물 사정이 악화되면 언제라도 전쟁이 일어날 수 있는 지뢰밭이나 다름없다.[33]

오늘날 세계 각국은 물 위기를 극복하기 위해 다양한 방안을 강구하고 있다. 댐 건설, 지하수 이용, 해수 담수화, 처리수 재사용, 빗물 활용, 누수 방지, 수질오염 방지, 물 절약 등 가능한 모든 수단이 물부족 문제 해결을 위해 동원되고 있다. 특히 전 세계 물 사용의 가장 큰 부분(약 70%)을 차지하는 농업용수를 줄이기 위해 물 절약형 경작방법이 확산되고 있다. 또한 심각한 물부족을 겪고 있는 중동을 중심으로 해수 담수화가 활발하게 이루어지고 있다.[34] 우리나라의 경우도 수자원의 효과적인 활용을 위하여 2001년부터 4대강 물 관리 종합대책을 마련 시행 중에 있으며, 수자원 확보를 위해 지하수 활용, 중수도 이용, 용수 재이용 기술 개발 등 다각적 노력을 기울이고 있다.

---

33 *Ibid.*, p. 277.

34 *Ibid.*, pp. 276–7.

3. 국내 환경 이슈

(1) 원자력 발전과 방폐장 선정

원자력 발전은 현재 기술 수준에서 우리나라가 가장 값싸게 전기를 공급할 수 있는 에너지원이다. 전기 1kWh당 생산단가가 원자력 39.43원, 석탄 40.93원, 가스 104.0원, 태양광 677.4원, 풍력은 107.4원이다.[35] 따라서 원자력 발전에 찬성하는 측에서는 자원이 부족하고 에너지원의 대부분을 해외에서 수입해야 하는 우리나라 상황에서 원자력 발전은 필수적이라고 주장한다. 이들 찬성론자들은 다음과 같이 원자력 발전의 필요성을 주장한다. 첫째, '원자력 발전은 석유파동(석유공급 불안/고유가 시대)이나 에너지 무기화에 대비할 수 있는 유일한 에너지원'으로 '에너지 자립의 초석'이다. 둘째, 원자력 발전은 화석연료를 사용하는 화력발전에 비해 온실가스 배출이 거의 없는 청정 에너지원으로 지구온난화 시기에 적합한 '환경친화적 에너지'이다. 우리나라의 경우 소비 에너지 중 화석연료의 비중이 85%를 차지하고 이산화탄소 배출 증가율이 세계 1위인 상황에서 앞으로 기후변화 협약에 따라 온실가스 배출을 줄여나가기 위해서는 원자력 발전에 더 많이 의존하지 않을 수 없다. 셋째, '우리의 원전기술은 선진국 수준으로 기술 자립 단계에 있으며, 원전 연

35 한겨레신문, "당장 '싼맛'에 원전 늘린다지만," 2008. 8. 29.

료의 재료인 농축 우라늄 수입 외에는 모두 국산화가 가능'하다. 넷째, '원전의 연료인 우라늄은 세계 전역에 고르게 매장되어 있고 … 세계 에너지 정세에 크게 영향을 받지 않는' 안정적 연료 공급원이다. 우라늄은 또한 '소량의 연료로 막대한 에너지를 낼 수 있으며, 수송과 저장이 쉽[다]. 예를 들어 100만 kW급 발전소를 1년간 운전하려면 석유로는 150만 톤이 필요하나 우라늄은 30톤이면 [된다]. 그리고 원전은 우라늄을 원자로에 한번 장전하면 12-18개월가량은 연료를 교체하지 않아도 되므로 그만큼 연료 비축효과가 있[다].'[36]

반면 원자력 발전을 반대하는 측에서는 원전은 사고가 날 경우 체르노빌 사건과 같은 커다란 재앙을 가져올 수 있으며, 해체비용과 폐기물 처리비용을 고려하면 경제성이 없다고 주장한다. 실례로 한겨레신문과의 인터뷰에서 환경운동연합 관계자는 '원전을 해체한 경험이 있는 나라에서는 해체비용이 초기 투자비용인 2조 5천억 원과 맞먹거나 1.5배 가량 더 쓰였고, 미국이 사용후 핵연료 처리비용을 재평가한 결과 20년 만에 애초 130억 달러에서 968억 달러로 무려 8배 상승'했다고 주장한다.[37] 반대론자들은 또한 원전 연료인 우라늄의 고갈 가능성과 최근 자원민족주의에 따른 우라늄 가격 급등 가능성을 들어 원자력 발전의 비중을 높이는 데 반대한다.

이러한 논란에도 불구하고 우리나라의 원자력 발전은 지난

---

36 한국수력원자력(주) 인터넷 홈페이지 http://www.khnp.co.kr/ 참고.

37 한겨레신문, "당장 '싼맛'에 원전 늘린다지만," 2008. 8. 29.

1978년 고리 원자력 1호기가 상업 운전을 개시한 이래 계속 증가하고 있다. 우리나라는 현재 고리, 영광, 울진, 월성 등 4개 지역에 총 20기의 원전을 가동 중에 있으며, 고리에 4기, 월성에 2기의 원전을 건설 중에 있다. 또한 내년 중으로 울진에 2기의 원전을 더 착공할 계획이며, 2008년 8월 27일 확정한 '에너지기본계획'에 따라 앞으로 2030년까지 10기의 원전을 추가로 더 건설하여 총 38기의 원전을 운영할 계획이다. 이렇게 되면 2007년 기준 전체 발전 설비의 26%를 차지하는 원전 설비 비중이 2030년까지 41%로 늘어날 예정이다. 2007년 현재 우리나라의 원자력 발전 규모는 설비용량(17,716MW)과 발전량(148,749kWh)을 기준으로 세계 6위이며, 단위 면적당 원전 밀집도(9.93kW/ha)는 세계 1위이다. 국내 발전 총량 가운데 원자력이 차지하는 비중은 2007년 12월 31일 기준 35%이며, 화력과 수력발전이 각각 63%와 2%의 비중을 차지하고 있다.[38]

이처럼 원자력 발전 비중이 계속 늘어남에 따라 방사성 폐기물을 안전하게 처리하는 문제가 1980년대 후반부터 중요한 국가적 과제로 등장했다. 잘 알려져 있듯이 원자력 발전과정에서는 사용후 핵연료와 같은 고준위 방사성 폐기물을 비롯하여 방사선 구역 안에서 작업요원이 착용한 작업복, 장갑, 모자, 덧신, 가운, 각종 기기 교체과정에 사용한 걸레, 필터, 여과제 등과 같은 중저준위 방사성 폐기물이 불가피하게 발생하게 되는데, 이들 폐기물은 오랜 시간에 걸쳐 방사선을 방출하거나(고준위 폐기물의 경우) 또는 방출할 위험이 있기

38 http://www.khnp.co.kr/ 참고.

때문에(오염된 중저준위 폐기물의 경우) 장기간에 걸친 안전한 관리가 반드시 필요하다. 특히 이들 폐기물 가운데 사용후 핵연료는 재처리해서 원전 연료로 재활용할 수 있으나 매년 3,000드럼(200ℓ기준) 이상 발생하는 중저준위 방사성 폐기물은 영구처분 대상으로 안전한 처리를 위해 반드시 방사성 폐기물 처리장(이하 '방폐장')에 장기간 보관하는 것이 필요하다.[39]

이에 정부는 1986년부터 경북 영덕, 영일, 울진, 충남 안면도, 경남 양산, 전남 영광, 강원도 양양, 경기도 굴업도, 전북 고창 등지에 방폐장 부지를 선정하기 위해 노력했으나 매번 주민과 환경단체의 반대로 선정에 실패했다. 주민과 환경단체들은 방폐장이 사실상 핵폐기장으로 주민들의 안전과 생존에 잠재적 위협을 미칠 수 있다고 주장하며 궐기대회를 조직하거나 도로를 점거하는 등 격렬한 방식으로 반대운동을 조직화했다. 이에 정부는 2000년부터 정부가 일방적으로 부지를 선정하던 방식에서 자유공모에 의한 유치방식으로 부지 선정방식을 변경하였고, 2003년 7월 15일 전라북도 부안군이 위도에 방사성 폐기물 관리시설을 유치하겠다는 신청서를 단독 제출하기에 이르렀다. 그러나 당시 부안군 주민들은 이러한 유치 신청이 주민의 의사 반영 없이 군수의 독단적 결정에 의해 이루어졌다고 반발하며 7개월간에 걸쳐 격렬한 반대시위를 벌였고, 결국 2004년 2월 14일 민간 차원에서 관리하는 주민투표를 실시하여 주민 72.8%의 투표율에 91.8%의 압도적 반대로 방폐장 유치 거부 의사를 분명

39 *Ibid.*

히 하였다.[40]

이처럼 주민들의 반대로 부지 선정이 계속 실패로 돌아가자 정부는 2005년 3월 '중저준위 방사성 폐기물 처분시설 유치지역 지원에 관한 특별법'을 공표하여 유치 지역에 사업 초기 단계에 특별지원금 약 3,000억 지원, 시설운영 기간 중 수거물 반입 수수료 일부(연 50-100억) 지원, 원자력 발전 사업자 본사 이전, 국고보조금 인상, 지역주민 우선 고용 등과 같은 다양한 인센티브를 주기로 결정했다. 이어 2005년 8월 마감된 유치 신청에 경주, 군산, 포항, 영덕 등 4개 지역이 유치를 신청하였고, 정부는 이 4개 지역에서 주민투표를 실시하여 유치 찬성률이 가장 높은 지역을 부지로 선정하기로 결정했다. 이에 2005년 11월 2일 주민투표가 실시되어 89.5%의 찬성률을 보인 경주가 최종적으로 방폐장 부지로 선정되었다. 정부는 현재 2009년 완공을 목표로 경주시 양북면 봉길리 일원에 총 80만 드럼을 저장할 수 있는 처분시설을 건설 중에 있다.[41]

(2) 새만금 사업

새만금 사업은 지난 1991년 노태우 정권에서 시행된 국책사업

---

40 노진철, "위험시설 입지 정책결정과 위험갈등 : 부안 방사성 폐기물 처분장 입지선정을 중심으로," 『환경사회학연구 ECO』, 통권 6호, 2004, pp. 199-207.

41 http://www.khnp.co.kr/ 참고.

으로 전라북도 군산의 비응도, 내초, 오구, 옥서, 회현, 대야, 옥도(이상 7개), 김제의 광활, 죽산, 만경, 청하, 성덕, 부량, 진봉(이상 7개), 부안의 계화, 동진, 하서, 변산(이상 4개)에 총길이 33km의 방조제를 축조해 총면적 40,100ha, 즉 여의도 면적의 140배에 달하는 28,300ha의 토지와 11,800ha의 담수호를 조성하기 위한 간척사업이다. 정부는 우량농지 조성과 안정적 수자원 확보 차원에서 1980년대 초부터 사업추진을 본격적으로 검토하기 시작하였고, 1986-1988년 경제 타당성 분석, 1989-1991년 환경영향 평가와 관계기관 협의를 거쳐 1991년 11월 일대의 섬과 섬 사이를 잇는 방조제 공사에 들어갔다.[42]

착공 때만 하더라도 환경단체를 비롯해 어떤 곳에서도 반대나 이의 제기는 없었다. 하지만 1996년 '시화호 사건'이 터지며 정치권과 환경단체에서 새만금 사업에 대한 우려를 제기하기 시작하였고, 급기야 1999년 2월 당시 유종근 전북지사까지 민관 공동조사를 요구하기에 이르렀다. 이에 1999년 5월부터 1년 2개월 동안 수질, 해양환경, 경제 타당성 조사 등 3개 부문으로 나눠 민관 공동조사가 진행되었고, 정부는 이 조사결과를 바탕으로 관계부처 간 협의를 거쳐 2001년 5월 새로운 수질보전대책을 포함한 '친환경개발 방침'을 발표, 2년간 중단된 새만금 공사를 재개했다. 하지만 환경단체들은 바다와 갯벌을 없애고 농지를 조성하는 이 사업이 경제적 타당성

42 새만금사업단 홈페이지 http://www.isaemangeum.co.kr/ 참고.

이 없을 뿐만 아니라,[43] 새로 조성될 새만금호와 주변 해양에 수질오염 문제를 일으킬 수 있고 습지 훼손을 금지하는 람사 협약(Ramsar Convention)[44]을 위반한 것이라고 주장하며 공사 재개에 강력 반대했다. 그러나 정부는 이러한 반대에도 불구하고 사업을 계속 추진하였고, 이에 환경단체와 전북 일부 주민들이 2001년 8월 22일 국무총리와 농림부장관을 상대로 '정부조치계획 무효 확인'을 요구하는 '새만금 소송'을 내면서 법정 싸움을 시작했다.

---

43 환경단체들은 미세한 플랑크톤에서부터 각종 조개류, 게 등 다양한 생물의 삶의 터전인 갯벌이 사라지면 생태계 전체의 먹이사슬이 끊어지고 어족자원이 급격하게 감소할 수 있기 때문에 갯벌을 농지로 개발하는 것보다 보존하는 것이 경제적으로 더 이익이라고 주장한다. 반면 정부는 이러한 환경단체의 주장이 우리나라와 생태적 환경이 다른 외국의 사례를 근거로 갯벌의 가치를 과대평가하고 있다고 비판하며 우리나라와 같이 국토가 좁고 인구 밀도가 높은 상황에서는 갯벌을 간척하여 농지로 개발하거나 또는 다른 용도로 개발하는 것이 경제적으로 더욱 이익이 된다고 주장하고 있다. http://www.isaemangeum.co.kr/ 참고.

44 이 협약은 1971년 2월 2일 이란의 람사(Ramsar)에서 개최된 국제회의에서 물새 서식 습지대를 보호하기 위해 채택한 일종의 정부간 협약으로 정식 명칭은 '물새 서식지로 국제적으로 중요한 습지에 관한 협약'(Convention on Wetlands of International Importance Especially As Waterfowl Habitate)이다. 1975년 12월부터 효력을 발휘한 람사 협약은 현재(2008년 8월 28일) 158개국이 가입하고 있으며, 전 세계적으로 약 1,759개의 습지가 국제적으로 중요한 습지목록에 등록되었고, 그 면적은 약 1억 6천만 ha에 달한다. 우리나라는 1997년 3월 28일 101번째 람사 회원국으로 등록하였고, 대왕산 용늪과 우포늪을 람사 습지로 지정하여 습지 보호에 대한 권리와 의무를 이행하고 있다. 자세한 내용은 http://www.ramsar.org/ 참고.

법원에서 환경단체는 '1심 판결 전까지 새만금 방조제 공사를 일시 중단시켜 달라'며 2003년 6월 공사중지 가처분 신청을 냈고, 농림부는 충분한 검토를 거쳤다며 지속적으로 사업을 추진할 뜻을 밝혔다. 양측 간 치열한 논쟁이 계속되는 와중에 서울행정법원은 2003년 7월 '새만금 방조제 공사 일시중단' 결정을 내렸다. 당시 법원 판결에 항의하는 의미로 김영진 농림부장관은 장관직에서 물러났고, 새만금 지역 주민들의 여론은 찬반으로 더욱 양분되었다. 서울행정법원 재판부는 사안의 민감성을 감안하여 2005년 1월 '민관공동위원회를 구성해 새만금 간척사업 용도를 결정하라'는 조정권고안을 냈으나 농림부가 이를 받아들이지 않아 조정이 무산되었다. 결국 2005년 2월 1심 최종 판결은 '사업을 원점에서부터 재고하라'는 원고 일부 승소 판결을 내렸다.

한편 2005년 12월 열린 2심 판결에서 서울고법은 1심을 파기하고 원고 패소 판결을 내렸다. 당시 재판부는 식량 안보의 필요성을 받아들여 새만금 농지조성 사업의 경제적 타당성을 인정했고, 담수호 수질 문제도 적절한 조치로 해결할 수 있다고 판단했다. 그리고 2006년 3월 16일 열린 3심에서 대법원은 '새만금 사업을 중단할 정도로 사업계획의 경제적 타당성이 낮거나 환경파괴 정도가 심각하다는 점이 입증되지 않았다'는 판단 하에 '사업을 계속하는 것이 공익상 필요하다'는 최종 판결을 내렸다. 대법원은 또한 '환경영향평가 내용이 다소 부실한 점이 있었지만 그 후 정부가 하자를 보완했고 생태계 및 해양환경 오염을 줄이는 방안을 강구하고 있다'는 이유로 '사업승인 처분 당시 적법한 환경영향평가가 이뤄지지 않아 무효'라는 원고 측 주장도 받아들이지 않았다. 대법원은 그러나 보충의견을 통해 '법원은 새만금 사업 추진의 타당성 여부에 대한 정책적 관점이 아닌 법률적 관점에서 평가한다'고 밝히며 '향후 사업 추진과정에서 수질 문제나 해양, 환경상의 문제가 생길 가능성도 배제할 수 없다'고 지적하였다. 한편 김영란 대법관과 박시환 대법관은 소수의견을 통해 '현재 새만금 갯벌을 희생하면서까지 농지를 확보할 필요성이 감소했고, 농림부가 환경영향평가나 경제성 검토를 부실하게 하거나 과장한 사실이 드러났으며, 새만금 담수호의 수질기준 달성이 어려운 것으로 판단된다'며 '새만금 사업은 취소되어야 한다'고 밝혔다.[45]

대법원 판결 이후 물막이 공사가 재개되어 2006년 4월 방조제 조성 공사가 마무리되었고, 계획보다 10년 앞당긴 2020년 최종 완공을 목표로 현재 토지조성 사업이 진행 중에 있다. 정부는 앞으로 새만금을 '동북아시아의 두바이'로 만든다는 구상 하에 간척지의 총 70%를 산업 · 도시 · 관광 용지로 개발할 계획이며, 새만금경제자유구역을 지정하고 인근에 8선석 규모의 새만금 신항을 건립할 계획이다.[46] 이러한 사업의 효율적 추진을 위해 정부는 지난 2008년 8월 28일 '새만금 · 군산 경제자유구역청'을 공식 출범시켰다. 전라북

45 경향신문, "대법원 '새만금 사업' 계속," 2006. 3. 17 ; 서울신문, "대법원 '새만금 사업' 계속," 2006. 3. 17 ; 한겨레신문, "새만금 공사 재개, 대법 '중단 땐 국가적 손해' 판단," 2006. 3. 17.

46 내일신문, "새만금 농지비율 30%로 축소," 2008. 8. 20.

도 또한 새만금을 '동아시아의 미래형 신산업과 관광레저 산업의 허브'로 육성한다는 계획 아래 인구 50-60만 명이 거주하고 20-30만 개의 일자리가 있는 친환경 도시를 건설하겠다는 구상을 밝혔다.[47] 새만금 개발 사례는 우리 사회에 환경이 중요하냐 개발이 중요하냐 하는 격렬한 논쟁을 불러일으켰으며, 환경을 둘러싼 다양한 갈등양상을 드러내 주었다.

(3) 천성산 터널 공사

경상남도 양산시에 위치한 천성산은 해발 922m의 태백산계에 속하는 산으로 계곡과 폭포가 많고 경치가 뛰어나 예로부터 소금강산(小金剛山)으로 불렸다. 특히 북봉(약 830m) 일대 억새밭에 위치한 습지와 화엄늪을 비롯한 20여 개의 늪은 꼬리치레도롱뇽과 끈끈이주걱 같은 희귀 동식물의 서식지로 생태학적 가치가 매운 높은 곳이다. 그러나 정부는 지난 1992년 경부고속철도 노선을 고시하면서 이 산에 길이 13.3km의 관통 터널을 뚫겠다는 계획을 발표했다. 고시 직후 1992년 4월 환경영향평가가 이루어지고 1994년 환경부가 이를 승인하면서 고속철 천성산 구간 공사는 별 문제 없이 진행되는 듯하였으나 2001년 종교계와 환경단체 등이 천성산 구간의 자연환경 파괴 등을 이유로 고속철 노선변경을 요구하면서 갈등이 시작되었다.

---

47 문화일보, "'여의도 140배,' 새만금 개발 시동," 2008. 8. 28.

환경단체는 경부고속철도가 예정대로 건설되면 지하수층의 파괴로 천성산 산지 습지에 저장되어 있는 습지수가 인위적으로 투수되어 습지 생태계가 붕괴되고 도롱뇽 등이 사라지게 될 것이라고 주장했다. 2002년 12월 대통령 선거운동 과정에서 당시 민주당의 노무현 후보도 이들 환경단체의 주장을 받아들여 천성산 터널 백지화를 공약하기도 하였다. 그러나 노무현 후보가 당선 이후 공약을 파기하자 천성산 내원사 지율 스님은 이에 항의하여 2003년 2월 25일부터 부산시청 앞에서 '노선 백지화와 대통령 공약 이행'을 요구하며 35일간 단식농성을 벌였다. 결국 노무현 대통령은 2003년 3월 공사 중단을 지시하게 되었다. 이후 2003년 5월 '노선재검토위원회'가 구성되어 고속철 노선변경을 검토했으나 이 위원회는 2003년 9월 원안대로 천성산 관통노선을 유지하기로 결론 내렸다. 이에 지율 스님은 2003년 10월 5일부터 또 다시 부산시청 앞에서 35일간의 단식농성에 들어갔고, 도롱뇽과 '도롱뇽의 친구들' 명의로 울산지법에 공사중지가처분신청을 요청하는 소송을 제기했다.

이 와중에 2003년 12월 천성산 구간 공사는 착공되었고, 울산지법은 2004년 4월 열린 1심 최종 공판에서 공사중지가처분신청에 대해서 각하와 기각 결정을 내렸다. 재판부는 우선 '자연물인 도롱뇽 또는 그를 포함한 자연 그 자체에 대하여는 현행법의 해석상 그 당사자 능력을 인정할 만한 근거를 찾을 수 없으며', 신청인 단체가 가처분 신청의 '피보전권리로 삼은 헌법상의 환경권'은 사법의 해석 및 적용에 있어 충분히 보장되어야 하나 이를 근거로 신청인 단체의 사법상 권리가 침해되었다고 볼 수 있는 주장과 소명이 부족하기 때문에 공사중지를 구할 수 없다고 각각 각하와 기각 사유를 밝혔다.

그러나 지율 스님은 1심 판결에 반발하여 부산고법에 항고하였고, 2004년 6월 30일부터 청와대 앞에서 58일간의 단식농성에 돌입했다. 이후 2004년 8월 26일 철도공단과 지율 스님이 공사중단, 단식중단 등에 가까스로 합의하면서 도롱뇽 소송은 법원의 손에 넘겨졌다. 2004년 11월 15일 부산고법은 최종 결정에 앞서 공사재개와 6개월간 전문가의 환경조사를 병행하라는 조정안을 제시했으나 환경단체의 거부로 조정은 무산되었고, 결국 11월 29일 가처분신청 항고심에 대하여 각하 및 기각 결정을 내렸다. 재판부는 지율 스님과 환경단체가 도롱뇽을 소송 신청인에 포함한 것에 대하여 '자연물인 도롱뇽의 소송능력을 인정하는 현행 법률이 없고 이를 인정하는 관습법도 존재하지 않아 신청 자체가 부적법하다'며 각하 결정을 내렸다. 재판부는 또한 '공사중단으로 고속철 개통이 미뤄지면 서울-부산 간 2시간 내 여행의 현실화, 경주지역의 관광산업 활성화, 포항 · 울산 등 공업지역의 산업경쟁력 강화, 부산지역의 경제활성화 및 부산의 동북아 허브 항 내지 국제 물류 중심 도시로의 도약 등에 심각한 장애가 생기고 연간 약 2조 원에 가까운 사회경제적 이익이 감소되는 등 막대한 공공의 이익이 침해'되는 반면 '그 굴착공사로 초래될 환경침해의 개연성은 현저히 낮아'보이기 때문에 '현저히 낮은 개연성을 가진 환경침해 불이익을 내세워 막대한 공공의 이익을 외면할 수가 없다'고 기각 사유를 밝혔다.

이 결정을 받아들이지 않고 지율 스님과 환경단체들은 2004년 12월 15일 대법원에 재항고하였다. 2006년 6월 2일 열린 최종심에서 재판부는 도룡뇽 서식지인 무제치늪과 화엄늪이 천성산 터널과는 '상당한 수평거리 내지는 수직거리를 둔 지점'에 위치하고(무제치늪은 터널로부터 900m, 화엄늪은 2,700m 떨어진 거리에 위치), '모두 강수에 의하여 수량이 유지되며 습지와 하부 암반 사이에 불투수층이 존재'하기 때문에 '터널 건설로 인하여 습지의 수위 또는 수량에 증감을 가져올 가능성이 적다'는 내용을 담은 2003년 12월 발표된 대한지질공학회의 조사보고서를 언급하며 공사중지가처분신청을 기각하는 최종 판결을 내렸다. 재판부는 또한 '현재로서는 이 사건 터널 공사로 인하여 위 신청인들의 환경이익이 침해될 수 있는 개연성에 관한 소명이 부족하다'고 밝히며 '원심의 조치는 결과적으로 정당하고 통합 영향평가법 등 관련 법령들의 해석 및 환경이익의 침해에 관한 법리를 오해하여 원심 결정에 영향을 미친 위법은 없다'고 판결했다.[48]

대법원의 최종심으로 천성산 터널 공사를 둘러싼 소송은 일단락되었고, 한국철도시설공단은 2008년 하반기 완공을 목표로 현재 터널 공사를 계속하고 있다. 이 소송은 한편에서는 도룡뇽을 소송인으로 내세워 환경보존의 중요성을 일깨워 주었다고 평가받지만, 다른 한편에서는 국책사업인 고속철도공사를 2004년과 2005년 약 3개월씩 모두 6개월여 동안 중단시키는 등 2조 5천억 원 상당의 손실을 발생시켰다고 비판받는다. 대구-부산 간 고속철도 2단계 구간 공사는 2010년에 완공될 예정이다.

---

48 소송 관련 자료는 http://cafe.naver.com/chorok09 참고.

(4) 한반도 대운하

한반도 대운하 사업은 2007년 대통령 선거 당시 한나라당의 이명박 후보가 선거공약으로 내놓은 것으로서, 이 계획의 핵심인 경부운하는 남한강과 낙동강을 가로막는 소백산맥의 조령을 뚫어 인천에서 부산까지 이어지는 내륙 운송 수로를 4년 만에 건설하겠다는 계획이다. 이 사업은 2006년 11월부터 이명박의 대선공약으로 공론화되기 시작했으며, 2007년 12월 이명박의 대통령 당선 이후 본격적으로 추진되었다.

대운한 건설을 찬성하는 측에서는 다음과 같은 근거로 대운하 건설이 필요하다고 주장한다. 첫째, 대운하는 막혀 있는 물길을 연결함으로써 현재 선진국의 1.5배 수준인 물류비(GDP 대비 12%)를 GDP 대비 8% 수준으로 낮출 수 있다. 둘째, 대운하 건설은 건설과정에서는 준설을 통해 오염된 퇴적물을 제거함으로써 생태계 복원에 기여할 수 있으며, 건설 후에는 유속변화를 통해 수질을 개선하고 물동량을 분산시킴으로써 대기오염을 줄이는 데 기여할 수 있다. 특히 선박으로 화물을 운송하는 것이 화물차나 기차로 화물을 운송하는 데 비해 CO_2의 배출을 적게 한다는 점에서 대운하 건설은 도로 건설이나 철로 건설보다 친환경적이다. 셋째, 대운하 건설은 준설을 통해 유량을 증가시킴으로써 홍수와 갈수를 예방할 수 있다. 또한 운하가 건설되면 강의 범람 우려로 제대로 활용되지 못했던 하천부지를 생태지역, 체육공원, 산책로, 문화공간 등으로 활용할 수 있다. 넷째, 대운하 건설은 내륙을 물길로 연결함으로써 내륙지역의 지역 특화산업 발전에 기여할 수 있으며, 내륙에서 생산되는 농산물의 유통구조를 바꿈으로써 농가소득 향상에 기여할 수 있다. 다섯째, 대운하 건설은 많은 일자리를 창출함으로써 경제 회복에 기여할 수 있다. 경부운하 건설 하나만 하더라도 24만 개의 일자리를 창출할 수 있다. 그리고 운하가 건설된 이후에도 운하 운영과 관련한 산업분야에서 매년 3조 원, 즉 중소기업 5,000개의 매출 효과와 3만 7천 명의 일자리를 창출할 수 있다. 또한 관광산업, 레저산업, 지역특화산업 등 다양한 소프트웨어적 산업을 창출하여 지역 경제 활성화에 기여할 수 있다. 여섯째, 물길을 통해 내륙을 바다와 연결함으로써 내륙 도시가 물류거점으로 성장하는 데 기여할 수 있다. 일곱째, 대운하는 하천이 가진 천연의 물줄기를 그대로 유지하며 만들어진 것이기 때문에 그 자체가 관광상품일 뿐만 아니라, 주변에 유람선을 비롯한 관광레저 시설을 구축할 수 있어 내륙지역의 관광산업 발전에 기여할 수 있다.[49]

한편 대운하 건설에 반대하는 측에서는 대운하 건설이 환경을 파괴할 뿐만 아니라, 식수원인 낙동강과 한강의 수질을 오염시킬 우려가 있으며 경제성도 거의 없다고 주장한다. 이들에 의하면 첫째, 대운하 건설은 준설, 수변공간 파괴, 물길 연결 등을 통해 생태계를 교란시키는 결과를 가져온다. 둘째, 대운하는 물을 주운보에 가둠으로써 수질을 악화시킬 뿐만 아니라 독극물 유출이나 선박 사고, 공사시 토사유출 등으로 식수원을 오염시킬 수 있다. 셋째, 우리나라

---

49 한나라당의 '한반도 대운하' 인터넷 홈페이지 http://www.woonha.org/ 참고.

는 산지가 많기 때문에 운하 건설에 부적합하다. 다섯째, 운하로 인해 수위가 높아지면 지천 배수가 안 되기 때문에 홍수 시 커다란 피해를 유발할 수 있다. 여섯째, 공사구간에 존재하는 문화재들을 수몰시키거나 훼손시킬 수 있다. 일곱째, 경부축 물동량이 감소하는 상황에서 운하를 이용할 화물은 거의 없다. 특히 신속성이 중요한 물류의 경우 5-6시간 걸리는 육로 운송을 두고 19개 갑문 통과 시간을 감안할 때 70시간 이상 걸리는 운하를 이용할 화물은 없다. 현재 부산-인천 연안 해운의 경우 운항시간이 28시간에 불과한데도 화주들이 느리다고 외면하고 있는 실정이다. 여덟째, 우리나라는 바다를 통한 연안 운송이 가능한 반도국가이기 때문에 운하 건설 필요성이 떨어진다. 아홉째, 대운하 건설은 15조에서 20조의 비용이 들어가는 데 비하여 예상 수입이 너무 적어 경제성이 떨어진다. 마지막으로 대운하 건설에 세금이 투입된다면 이는 국민의 세금으로 건설업체를 비롯한 특정 계층(운하 주변 지역 부동산 소유자)에게만 이익을 가져다 주는 결과를 초래할 수 있다.[50]

이러한 논란에도 불구하고 이명박 대통령 취임 이후 국토해양부는 대운하 사업 추진을 위한 사업단을 설립 · 운영하는 등 본격적인 사업 추진에 나서기 시작했다. 그러나 미국산 쇠고기 수입에 반대하는 대규모 촛불시위가 활발하게 벌어진 2008년 6월 열린 특별

50 '대운하 건설을 반대하는 서울대 교수모임' 인터넷 홈페이지 http://anticanal.tistory.com/ 및 대운하반대시민연합 인터넷 홈페이지 http://www.gobada.co.kr/index1.php 참고.

기자회견에서 이명박 대통령은 '대운하 사업도 국민이 반대한다면 추진하지 않을 것'이라며 사업추진 포기의사를 밝혔다. 이처럼 대통령이 공개적으로 사업추진 포기의사를 밝혔음에도 불구하고 2008년 9월 2일 국회 국토해양위원회 업무보고에서 정종환 국토해양부 장관은 '여건이 조성되고 국민이 필요하다고 판단할 때 (대운하를) 다시 할 수도 있다'라고 밝히는 등 이 문제는 상황에 따라 언제든 다시 공론화될 가능성이 있다. 일각에서는 국토해양부가 지난 2008년 9월 2일 국회 국토해양위원회에서 밝힌 경인운하 사업 재추진 계획이 결국 한반도 대운하 사업으로 이어질 것으로 파악하고 있다.[51] 앞으로 한반도 대운하 사업이 어떻게 전개될지 귀추가 주목되는 상황이다.

4. 환경문제의 정치화

지금까지 최근 전 세계적으로 또는 국내적으로 이슈가 되었던 몇 가지 환경 관련 문제들에 대하여 간단히 살펴보았다. 이 절에서는 이러한 문제들이 왜 정치적인 문제가 되는지 간단히 살펴보도록 하자. 잘 알려져 있듯이 환경을 지키고 보호하는 문제는 인류의 생존과 직결된 중요한 문제이긴 하지만 환경보호 그 자체가 정치적 문

51 한겨레신문, "'대운하 살리기' 손발 맞췄나," 2008. 9. 4.

제인 것은 아니다. 환경보호 문제가 정치적 문제가 되는 것은 크게 보아 다음과 같은 이유 때문이다.

첫째, 환경문제에 대한 논의는 종종 불확실한 과학적 · 기술적 지식과 정보에 근거하기 때문에 관련 당사자들 사이에 환경문제의 심각성에 대해 이견이 존재하는 경우가 많다. 실례로 그레그 이스터부룩(Greg Easterbrook)과 같은 학자는 환경문제는 이제부터 적절하게 관리를 잘 하면 해결될 수 있다고 주장한다. 그는 (1) 서구 선진지역에서 환경오염은 우리 세대 안에 사라질 것이며, (2) 선진산업국은 개발도상국보다 환경이 청청하고, (3) 지구온난화와 같은 환경재앙은 피할 수 있으며, (4) 인공적인 것과 자연적인 것은 상충하지 않는다고 주장한다. 이러한 낙관론적 관점에서 이스터부룩은 심각한 환경위기가 존재한다고 주장하는 사람들을 지나친 비관론자라고 비판한다.[52] 또한 비슷한 입장에서 노쓰(Richard North)는 DDT와 같은 살충제의 위험성은 화학물질에 대한 공포에 의해 과장된 것이고, 온실효과에 대한 과학적 연구는 복잡하고 불확실하기 때문에 온실효과에 대한 예방적 조처를 취할 필요는 없으며, 종의 절멸이라는 문제도 과장된 것이고, 생물 종의 다양성이 훼손되고 있다는 주장도 근거가 희박하며, 자원의 유사성도 걱정할 문제가 아니라고 주장

52 Greg Easterbrook, *A Moment on the Earth : The Coming of Age of Environmental Optimism*(New York : Viking Penguin, 1995) ; Timothy Doyle and Doug McEachern, *Environment and Politics*(New York : Routledge, 1998), 이유진 역, 『환경정치학』(서울 : 한울아카데미, 2001), p. 19에서 재인용.

했다.[53] 반면 비관론자들은 환경문제가 위기상황에 직면해 있다고 주장한다. 이들은 자연계의 다양성 상실뿐만 아니라 빈곤, 질병, 언어, 생활양식, 사고, 정치체제의 다양성 감소, 빈부격차 심화, 화학물질과 독극물에 의한 지구 오염, 모든 형태의 첨단 산업주의에 의한 지구 황폐화, 사라지지 않은 핵전쟁의 위협 등이 심각한 상황에 처해 있다고 주장하며 낙관론자들이 지나친 낙관론에 근거하여 환경문제의 심각성을 인식하지 못하고 있다고 비판한다.[54]

이러한 낙관론과 비관론 사이의 이견은 한 사회 내에 존재하는 경우가 많지만 때때로 국가들 사이에, 특히 선진국과 개발도상국 사이에 존재하기도 한다. 실례로 모든 개발도상국들이 동일한 입장을 취하는 것은 아니지만 몇몇 개발도상국들은 낙관론의 입장에서 환경문제의 심각성을 무시하거나 또는 선진 유럽 국가들에 의해 주도된 전 지구적 환경의제에 반대 목소리를 높이고 있다. 또한 선진국 가운데 몇몇 국가들도 낙관론의 입장에서 환경문제의 심각성을 무시하고 있는데, 실례로 부시 행정부 하의 미국 정부는 지구온난화 문제가 환경론자들의 부정확한 주장에 근거하여 왜곡 · 과장되고 있다고 주장하며 온실가스 감축을 규정한 교토 의정서 가입을 아직까지 거부하고 있다. 반면 지구온난화 문제나 산성비 문제의 심각성을 주장하는 국가들은 전 세계적으로 좀 더 광범위하고 엄격한 환경규

53 Richard North, *Living on a Modern Planet : A Manifesto for Progress*(Manchester : Manchester University Press, 1995) ; 이유진 역, 『환경정치학』, p. 51에서 재인용.

54 이유진 역, 『환경정치학』, p. 20.

제가 필요하다고 주장한다.

둘째, 환경보호의 중요성에 대해 많은 사람들이 동의하고 있으나 구체적인 현실에서 환경보호의 가치는 개발, 성장, 효율성 등 다른 가치들과 대립하고 충돌하는 경우가 많이 나타난다. 이러한 충돌에 직면하여 일부 환경론자들은 환경보호의 가치가 다른 어떤 가치보다 우선되어야 한다고 주장하는 반면, 몇몇 사람들은 성장이나 개발을 위해 어느 정도의 환경파괴는 불가피하다고 주장하기도 한다. 특히 자유시장주의를 지지하는 몇몇 경제학자들은 정부가 환경보호를 이유로 규제를 강화하는 데 반발하며 자유시장 원칙에 근거한 경제성장이 환경문제의 해답이라고 주장하기도 했다.[55] 또한 제3세계 개발도상국 가운데 일부는 국민들의 생활수준 향상을 위해 어느 정도의 환경파괴는 피할 수 없으며, 환경보호를 위해 경제발전 속도를 늦출 수 없다고 주장한다. 일반적으로 이들은 자연의 권리나 환경보호보다는 경제발전과 자국민의 생활수준 향상 등에 더 큰 가치를 부여한다.[56] 이러한 가치 간의 충돌은 다국적 기업이 오염유발 생산시설을 가난한 개발도상국으로 이전하는 경우에도 발생하는데, 이 경우 오염유발 설비가 당장 눈앞의 배고픔을 해결해 줄 수 있는 상황에서 환경보호를 위해 오염유발 설비의 이전을 반대할 것인가, 아니

---

55 *Ibid.*, p. 50–1.

56 선진국과 개발도상국 사이에 발생하는 환경 우선이냐 성장 우선이냐는 논쟁을 해결하기 위한 방안으로 1992년 6월 브라질의 리우데자네이로에서 열린 유엔 환경개발회의(UNCED)는 환경보호와 개발의 조화를 원칙으로 하는 '리우 선언'과 그 실천계획으로 '의제 21'을 발표했다.

면 경제적 생활수준 향상과 기본적 생존을 위해 이전을 찬성할 것인가 하는 어려운 선택의 문제가 발생한다.

이러한 가치 충돌은 우리나라의 경우에도 자주 나타났는데, 앞에서 살펴본 새만금 간척사업의 경우 개발과 환경보호 가운데 무엇을 우선시할 것인가에 대한 논란이 있었다. 이 사례에 있어 농림부와 전라북도는 경제적 이유를 주요 근거로 하여 새만금 개발의 필요성을 강력히 주장한 반면 환경단체는 갯벌 보존과 환경 생태계 보호의 중요성을 주장했다. 또한 한반도 대운하 건설의 경우에도 성장이냐 환경보호냐 하는 가치 사이의 갈등이 존재하는데, 대운하 추진에 찬성하는 사람들은 대운하 건설이 성장과 경제개발에 기여할 수 있다는 논리를 펴는 반면, 대운하 추진에 반대하는 사람들은 대운하 건설이 자연 생태계와 환경을 파괴한다고 주장한다. 천성산 터널 공사의 경우에도 편의성, 경제성, 물류 경쟁력을 우선해야 한다는 주장과 환경보호를 우선해야 한다는 주장이 첨예하게 대립했다. 뿐만 아니라 경제적 이익을 위해 생태파괴적인 산업 및 농업발전 정책을 취할 것이냐 아니면 환경보호를 위해 이를 거부할 것인가의 논쟁의 경우에도 성장과 환경보호 가운데 어떤 가치를 우선할 것인가의 문제가 발생한다.

셋째, 환경문제의 책임 소재를 두고 논란이 발생할 수 있다. 잘 알려져 있듯이 환경문제의 중요한 특징 가운데 하나는 환경문제가 오랜 기간 동안 자행된 환경파괴의 누적적 결과라는 점인데, 이러한 특징으로 인해 환경파괴의 책임을 누구에게 물을 것인가라는 문제가 발생하게 된다. 실례로 지구온난화와 관련한 책임을 산업혁명

당시 영국인들에게 물을 수 있는지, 그리고 있다면 얼마만큼의 책임을 물을 수 있는지 등은 논쟁의 대상이 된다. 마찬가지로 우리나라의 경우에도 중화학 공업단지 주변의 대기오염 문제에 대해 중화학 공업 육성을 추진한 박정희 대통령에게 책임을 물을 수 있는지, 그리고 있다면 얼마만큼의 책임을 물을 수 있는지 등은 논쟁의 대상이 된다. 또한 산성비, 황사 등과 같이 국경을 초월하여 영향을 미치는 환경문제의 경우에도 누구에게 얼마만큼의 책임을 물어야 할지 논란이 발생할 수 있다.

넷째, 환경을 보호하기 위해서는 불가피하게 비용(기회비용 또는 보호비용)이 발생하는 반면, 환경을 파괴하고 개발과 성장을 추진할 경우 일반적으로 그에 따르는 이익이 발생한다. 이 경우 국가 간, 지역 간, 사회계층 간, 또는 세대 간 이러한 비용과 이익을 어떻게 배분할 것인가라는 문제가 발생하게 된다. 실례로 지구온난화 방지를 위한 온실가스 감축의 경우 불가피하게 온실가스 감축에 필요한 비용(기회비용과 감축비용)이 발생하게 되는데, 이 경우 국가들 사이에, 특히 선진국과 개발도상국 사이에 이 비용을 어떻게 분담할 것인가의 문제가 발생한다. 일부 개발도상국들은 선진국들이 과거 환경파괴를 통해 많은 이익을 취해왔기 때문에 더 많은 비용을 분담해야 한다고 주장하는 반면, 몇몇 선진국들은 지금 현재의 상황이 중요하다고 강조하며 중국과 인도 등의 개발도상국들이 환경문제 해결을 위해 더 많은 비용을 지불해야 한다고 주장한다. 이러한 비용 분담 문제는 세대 간에도 발생하는데, 개발론자들은 현재의 이익이 중요하다는 입장에서 비용을 후세대로 떠넘기는 경향이 있는 반면

환경보호론자들은 현재의 이익을 다소 줄이더라도 후세대가 부담해야 할 비용을 줄여야 한다고 주장한다.[57]

한편 환경문제로 인한 비용분담과 이익배분을 둘러싼 갈등은 국내 환경문제에서도 자주 발생한다. 예를 들어 우리나라의 경우 앞으로 교토 의정서 가입에 따라 온실가스 배출을 감축해야 하는 상황인데, 이에 필요한 비용을 국내적으로 어떻게 분담할 것인가의 문제가 발생한다. 즉 모든 국민의 세금으로 부담할 것인가 아니면 온실가스를 많이 배출하는 기업에 부담시킬 것인가, 아니면 자동차 운전자들에게 부담시킬 것인가, 비용을 부담시킨다면 얼마만큼의 비용을 부담시킬 것인가 등의 문제가 발생하게 된다. 또한 방폐장 부지 선정 문제의 경우 방폐장 부지로 선정된 지역과 그렇지 않은 지역 간에 비용과 이익을 어떻게 나눌 것인가의 문제가 발생한다. 논란의 여지는 있으나 이 경우 방폐장 설립을 통한 이익은 '값싼 전기공급'을 통해 전 국민에게 돌아가는 반면, 적절한 보상이 이루어지지 않는다면 비용은 일차적으로 방폐장 시설 주변 지역에 거주하는 사람들에게 전가되는 측면이 있기 때문이다. 한반도 대운하 건설의 경우에도 이익은 건설회사나 운하 건설로 발생하는 지가상승의 혜택을 누릴 수 있는 지주들에게 집중되는 반면, 환경파괴로 인한 손

---

57 이러한 세대 간 비용 부담 문제를 해결하기 위한 방안으로 세계환경개발위원회(WCED)가 1987년 발표한 『인류 공통의 미래』(*Our Common Future*)라는 보고서는 '미래 세대의 필요를 충족시킬 능력에 손상을 주지 않으면서 현 세대의 필요를 충족시키는 개발'을 의미하는 '지속 가능한 개발'이라는 개념을 제시하였다.

실은 오랜 시간을 두고 전 국민에게 전가될 가능성이 있다.

이상에서 살펴본 환경문제를 둘러싼 논란을 해결하는 과정은 필연적으로 정치적인 과정이 될 수밖에 없다는 점에서 환경문제는 정치적인 문제가 된다. 잘 알려져 있듯이 데이비드 이스턴은 '정치과정'을 '자원의 권위적 배분과정'으로 정의했는데, 이 관점에서 볼 때 환경문제와 관련한 다양한 의견을 조율하고 충돌하는 가치들 간의 우선순위를 정하고 다양한 이해집단 간의 갈등을 조정하여 비용분담과 이익배분을 '권위적으로' 결정하는 과정은 지극히 정치적인 과정이 된다. 즉 환경문제 해결을 위해 어떠한 정책을 추진할 것인지, 환경보호냐 개발이냐 가운데 어떤 가치를 우선할 것인지, 환경보호에 필요한 비용을 누가 부담할 것인지, 환경보호로 손해를 보는 기업이나 개인들에게 누가 어떤 식으로 얼마나 보상할 것인지 등에 관한 다양한 갈등과 견해 차이를 조정하는 과정은 지극히 정치적인 문제가 된다. 이처럼 환경문제가 기본적으로 정치적 성격을 가지기 때문에 이의 해결을 위해서는 적절한 정치적 메커니즘이 필요하다. 다음 절에서는 환경문제 해결을 위해 필요한 정치적 메커니즘에 대하여 간단히 살펴보도록 하자.

5. 환경문제 해결 메커니즘

지구온난화, 오존층 파괴 등과 같은 환경문제는 전 지구적 환경문제로서 그 원인과 결과가 개별 국가의 수준을 뛰어넘는다. 실례로 중국이든 미국이든 가릴 것 없이 어느 한 나라에서 배출한 온실가스와 프레온 가스는 전 지구적 온난화 현상과 오존층 파괴의 원인이 되고, 이로 인한 피해는 전 지구에 영향을 미친다. 따라서 지구온난화와 오존층 파괴 문제와 같은 전 지구적 차원의 환경문제를 해결하기 위해서는 몇몇 나라가 아니라 전 세계가 동참할 수 있는 해결방안이 모색되어야 한다. 또한 산성비 문제, 황사, 연근해 오염, 하천 오염 등과 같이 국경을 초월하여 발생하는 환경문제를 해결하기 위해서는 국가 간 협력이 무엇보다 필요한 상황이다. 현재 전 지구적 환경문제 해결을 위해 유엔환경프로그램(UNEP), 유엔개발프로그램(UNDP) 등 UN을 중심으로 하는 정부간 국제기구가 구성되어 있으며, 각국 정부, 국제기구, 환경단체와 시민단체를 비롯한 다양한 비정부기구(NGO), 전문가와 시민들이 참여하는 환경문제 해결을 위한 거버넌스 메커니즘이 계속 발전하고 있다. 또한 국가 간에 발생하는 환경문제 해결을 위해 다뉴브 강 주변 국가들이 설립한 '국제 다뉴브 강 보호위원회', 미국과 캐나다 사이에 체결된 '월경 대기오염에 관한 합의각서' 등과 같이 관련 이해 당사국 간 국제협력 메커니즘이 형성되어 있다. 앞으로도 전 지구적 환경문제와 국가 간에 발생하는 환경갈등을 해결하기 위한 전 지구적 차원의 거버넌스 메커니즘과 국가 간 협력 메커니즘의 구축이 필요한 상황이다.

한편 국내 환경문제 해결을 위해서도 정부 이외에 다양한 이해당사자와 환경단체, 시민단체들의 참여를 보장해 줄 수 있는 거버넌스 시스템 구축이 필요하다. 우리나라의 경우 과거 환경문제를 해결하기 위해서 정부가 나서서 환경보호 캠페인을 전개하거나 또는 일방적으로 갈등을 조정하는 등의 방식을 채택했지만 시민들의 권리의식이 성장하고 민주주의가 발전함에 따라 더 이상 이러한 방식이 사용되기 어렵게 되었다. 실례로 방폐장 부지 선정을 둘러싼 갈등 사례는 주민들의 참여 없는 정부의 일방통행적 정책결정이 성공할 수 없음을 보여주었다. 앞에서 살펴본 바와 같이 방폐장 선정을 둘러싼 갈등 사례는 결국 주민들의 참여를 보장하는 주민투표 방식을 도입함으로써 해결될 수 있었다. 앞으로도 환경문제를 해결하는데 있어 주민과 이해 당사자들의 참여를 보장해 줄 수 있는 민주적 거버넌스 메커니즘 구축이 필요하며, 이들 사이의 갈등을 조정해 줄 수 있는 국가의 조정 메커니즘 구축이 필요하다 하겠다.

9장 / 정보사회의 정치*

류석진

1. 들어가면서

21세기를 맞이하면서 정보화의 진전에 따른 정보사회의 도래는 20세기적인 정치에 커다란 변화를 가져올 가능성을 내포하고 있다. 20세기적 정치라 함은 산업화에 따른 대중사회의 도래와 선거권 확

* 이 글은 함께하는 시민행동 엮음, 『인터넷 한국의 10가지 쟁점』(역사넷, 2002)에 실린 "정보화와 21세기 정치"(pp. 165-177)를 함께하는 시민행동과 역사넷의 허락을 받아 수정 보완한 원고임을 밝혀둔다.

대에 따른 대의민주주의의 확산을 말한다. 대량생산을 위한 포디즘적 거대공장의 출현과 이에 따른 거대노조의 등장은 보통선거권의 확대를 가져왔고, 그 결과 계급적인 균열구조에 기초한 정당정치와 대의민주주의가 활성화되었다. 국제적인 차원에서 보자면 이 시기는 민족 혹은 시민의 개념에 기초한 국민국가의 시대였다고 할 수 있다. 따라서 이 시기 정치의 핵심 용어는 대중참여였고, 권력구조와 권력의 쟁취를 위한 조직화 등 국가를 중심으로 한 거대담론이 지배적인 쟁점으로 등장한 시기였다.

이러한 대중사회의 대의민주주의는 반전운동과 탈근대성에서 시작한 1968년 혁명을 거치면서 위기국면을 맞이하게 되고, 이후 근대적 문제의식으로부터 탈근대적인 문제의식으로 관심이 옮겨가기 시작한다. 이러한 관심의 전환 배경에는 바로 '근대 기획'(modern project)의 성과와 한계점이 있다. 이성, 진보와 발전에 대한 믿음을 사상적 기초로 하고 산업사회를 통해 이루어낸 유례없는 물질적 풍요로 가능하게 된 근대 사회는 인류에 밝은 미래를 약속했다. 즉 기술력의 발전에 따른 경제적 발전이 사회적 진보를 가져다 줄 것이고, 이는 곧바로 풍요롭고 조화로운 삶으로 이어질 것이라는 믿음에 기초한 것이 근대의 기획이다.

그러나 1960년대를 거치면서 서구사회는 근대기획이 약속했던 풍요롭고 조화로운 삶이 아닌 엄청난 사회적 불안과 정치적 격변을 경험하게 되었다. 물질적 풍요 속에서 부조화와 불안정한 삶을 경험하게 되었고, 이는 곧바로 근대 기획이 가지고 있던 근본적 가정들에 대한 의문을 제기하는 형태로 표출되게 되었다. 즉 인간의 이성에 대한 믿음, 진보와 발전의 가능성 등 기본적인 가치가 의문시되기 시작한 것이다. 이러한 근대 기획의 성과 속에서 목도하게 된 한계를 보면서 새롭게 제기된 문제의식이 소위 '탈근대'(postmodernity)에 관한 다양한 논의들이다.

탈근대 논의의 등장은 근대 산업사회의 정치에서 중요한 부분으로 분석되고 있던 계급의 문제, 민족의 문제, 정치질서의 문제 등을 재구성하기 시작한다. 소위 대항정치(counter-politics)의 영역이 중요하게 부상하게 되는 것이다. 이러한 대항정치의 차원은 환경운동, 여성운동 등 다양한 분야에서 진행되어 왔다. 그린피스, 페미니즘 운동, NGO의 등장 등은 이러한 현상을 가장 극명하게 보여주고 있다. 이러한 탈근대의 경향은 1980년대를 지나며 가속화된 신자유주의적 세계화와 정보통신혁명을 거치면서 보다 다양해지고, 속도와 깊이가 더해진다. 거시정치 담론이 쇠퇴하기 시작하고 미시적 · 일상적 정치담론이 등장하기 시작한 것이다.

근대로부터 탈근대로, 거시정치로부터 미시 · 일상정치로 변화하고 있는 21세기 정치의 모습에 정보화가 영향을 미치는 부분은 크게 다음 네 가지로 나누어 생각할 수 있다. 첫째로, 온라인이라는 새로운 정보통신의 수단과 공간을 도구적으로 활용하여 현실정치의 작동원리와 권력의 배분에 영향을 미치는 부분을 들 수 있다. 20세기적 대의민주주의와 정치과정의 틀 속에서 이를 합리화하거나 보다 민주화할 수 있는 방안으로서 정보화가 수단으로 활용될 수 있는 영역을 중심으로 진행되는 논의이다. 다양하게 진행되는 전자민주주의 논의는 바로 이 부분에 해당한다고 할 수 있다. 20세기적 정치 틀 속에서 정보화를 도구로 활용하여 21세기적 변용을 시도하는 것이다.

둘째로, 정보화를 도구적으로 활용하는 것이 아니라, 온라인 자체의 속성으로 인해 변모하게 되는 현실정치의 영역을 들 수 있다. 탈근대 논의와 맥을 같이하면서 제기되는 정체성의 문제를 들 수 있다. 정보화의 진전이 '전 지구적 시민사회'(global civil society)의 등장을 가져올 것이라는 견해로부터 '전자적 중세'(electronic feudal)로의 회귀를 주장하는 다양한 견해가 존재한다. 정보화로 인하여 21세기 정치에 새롭게 제기될 화두라고 할 수 있다.

셋째로, 새롭게 만들어지고 있는 가상공간에서의 질서 확립과 거버넌스(governance)를[1] 둘러싼 정치, 즉 순수한 온라인 상에서의 정치를 들 수 있다. 여기에는 하이예크적인 자생적 질서를 주장하는 세력으로부터 기존 권력에 의한 통치를 주장하는 세력까지 다양하게 존재한다.

마지막으로 가상공간을 어떤 국가, 기업 혹은 사회세력이 점령·통치할 것인지, 즉 온라인이라는 가상공간의 지배를 둘러싸고 벌어지는 오프라인 상에서의 국제적인 경쟁 혹은 시장 내에서의 경쟁을 들 수 있다. 19세기, 20세기 전반부에 걸쳐 벌어진 제국주의적 경쟁의 21세기적 변모라고 할 수 있다.

---

1 governance의 개념은 기존의 정부와 같은 위계적이고 획일적인 관리방식을 통하여 통치하는 것이 아니라, 다양한 세력들과의 협의와 숙의(deliberation)를 거쳐 수평적으로 통치하는 것을 지칭한다. 일본에서는 이를 협치(協治) 혹은 공치(共治)라는 용어로 번역하고 있으나 한국에서는 아직 번역어에 공감대를 형성하고 있지 못하기 때문에 거버넌스라는 용어를 그대로 사용하기로 한다.

이러한 정보사회의 도래에 따른 정치의 변화 모습을 간단히 도식화해 보면 아래 표로 정리할 수 있다. 다음의 논의는 도표의 각 영역 별로 진행한다.

〈표〉 현실공간과 가상공간의 관계에 따른 정치

		정치행위의 목적 공간	
		현실세계, offline	가상세계, online
정치행위의 수단 공간	현실세계, offline	현실정치	제국주의적 표준경쟁
	가상세계, online	전자민주주의	인터넷 거버넌스, 정체성

2. 온라인의 도구적 활용에 따른 현실정치의 변화 : 전자민주주의

2002년 대선에서는 촛불시위와 노사모 열풍을 경험하면서 영국의 파인낸셜 타임즈가 노무현 대통령의 취임을 보도하면서 "최초의 인터넷 대통령 로그온하다"라고 표현할 정도였고, 2008년 여름 정국을 뜨겁게 달군 미국산 쇠고기 수입 결정으로 촉발된 '촛불시위'도 있었다. 이러한 운동이 실제 정치에 미친 영향과 원인에 대하여는 다양한 해석이 있지만 앞으로의 정치에서 정보화가 도구적 혹은 본질적으로 활용될 가능성을 보여주었다는 의미에서 획기적인 사건이었다.

정보화가 도구적인 의미에서 현실정치에 미치는 영향을 바라보는 시각은 크게 보아 기술결정론적 관점과 기술의 사회구성론적 관점 두 가지로 대별될 수 있다. 기술결정론적 관점은 다시 낙관론과 비관론으로 구분된다. 낙관론은 '민주적 가능성'(democratic potential)에 착목한 시각이다. 정보화의 진전에 따라 정보의 생산 · 유통 · 소비와 관련된 거래비용이 축소되어 의사소통과 참여의 비용이 감소하였고, 권력에 대한 감시가 용이해졌으며, 각종 사안에 대한 토론과 숙의(deliberation)의 가능성이 증대되었다는 점을 강조하고 있다. 이를 통하여 기능 장애를 일으키고 있는 대의민주주의의 대안이 마련될 수 있다고 주장한다. 다른 측면에서 본다면 기존의 권력체계에서 소외되어 있던 다양한 행위자와 집단이 쟁점을 제기하고, 토론하고, 정보 공개를 요구하고, 직접 정책결정 과정에 참여하는 민주적 가능성을 고양시키는 기제로도 작동할 수 있다는 것이다.

비관론은 '감시의 가능성'(surveillance potential)에 착목한 시각이다. 정보화로 인해 시민사회가 권력을 감시할 수 있는 가능성이 높아진 것이 사실이지만 기존의 권력이 사회를 감시할 수 있는 능력은 이보다 더 증대되었다고 판단한다. 오웰의 '1984'의 모습이나 원형감옥(the Panopticon)의 구상 또한 기술적으로 충분히 가능해졌다는 것이다. 밴덤(Jeremy Bentham)이 사회통제의 제도적 장치로 구상한 것이 원형감옥이다. 원형감옥이라는 제도적 장치는 감옥, 정신병원, 학교 그리고 공장 등에서 제도적 감시와 통제가 자동적이면서도 중단 없이 계속될 수 있는 장치의 한 형태로 모색되고 있다. 중앙에 설치된 감시탑을 둘러싸고 원형으로 구성원들이 배치되어 중앙으로부터의 감시와 통제가 용이한 체제이다. 이러한 장치를 통하여 감시자의 효율성이 증대되고 구성원들을 통제 · 감시하는 데 있어서 소위 '보이지 않으면서 감시할 수 있는'(being seen without seeing) 사회적 통제의 장치를 확보할 수 있다는 것이다. 감시 · 통제가 상존하지 않더라도 감시 · 통제자의 상존성을 의심할 수 없기 때문에 구성원들은 항상 사회적 감시의 상태에 놓여 있다는 의식을 가지게 된다는 것이다. 소위 규율을 내면화시키도록 만드는 권력이다. 구성원들이 감시 · 통제에서 벗어날 수 없다고 인지하도록 만드는 상황이 원형감옥의 구상인 것이다. 정보화의 진전은 프라이버시의 침해를 둘러싸고 일어나는 원형감옥의 구상을 기술적으로 가능하게 만들어 주고 있다. 전자주민카드와 교육전산망 등과 포털에 대한 각종 규제를 둘러싸고 일어난 논쟁은 바로 이 점을 극명하게 보여주고 있다.

이러한 감시의 가능성 외에도 비관론은 정보화에 내재되어 있는 사회적 불평등성(정보격차의 문제), 정보의 과부하, 즉 "말과 우물의 관계" 혹은 "풍요로움의 역설"에 따른 민주주의의 역행을 지적하기도 한다. 정보의 홍수가 오히려 개인을 압도하여 정보를 해독하려는 의지를 꺾어버릴 수도 있다는 것이다. 이렇게 될 경우 풍요로워진 정보가 오히려 정보의 쓰레기더미로 인식될 가능성이 크다고 하겠다. 더 나아가 정보의 바다가 허위정보로 채워질 경우 이를 판독하여 판단해야 하는 개인의 의지가 꺾일 가능성도 크다고 할 수 있다.

국가권력이나 거대기업에 의한 사생활 침해와 감시, 그리고 개인 정보의 무차별적인 유포 등이 비관적 가능성을 극단적으로 보여준다면 시민의 자발적 참여와 의사소통은 낙관적 가능성을 상징적으로 보여주고 있다.

정보화의 진전에 따라 정보의 생산 · 유통 · 소비와 관련된 거래 비용이 축소되었고, 이에 상응하게 참여에 따르는 비용의 감소, 정보의 투명성 증대, 그리고 인터넷 등을 통한 정치적 사안에 대한 토론과 숙의의 가능성이 증대했다. 또한 정보의 자유로운 흐름으로 인하여 권력에 대한 감시가 용이해진 점도 낙관적인 시각의 저변에 깔려 있다. 그 결과 동맥경화증에 걸린 기존 대의정치의 한계를 극복할 수 있으며, 정보화는 궁극적으로 권력의 민주화에 긍정적인 영향을 미치는 것으로 파악된다.

정보화는 낙관론자들이 주장하는 다양한 긍정적인 측면에서의 가능성에도 불구하고 첫째, 정보화 자체가 지니는 사회적 불평등성의 측면, 둘째, 정보화의 진전에 따라 기술적으로 보다 가능해진 원형감옥 등의 기제를 통한 사회적 통제 가능성의 증대, 셋째, 정보화에 따라 발생할 수 있는 대중여론의 정치과정에의 여과되지 않은 투입 등으로 인한 중우민주주의 혹은 폭도정치로서의 대중정치의 가능성, 그리고 정보화를 통한 정치의 희화화, 주변화 혹은 연예화 등의 경향으로 인한 정치적 냉소주의와 무관심의 증대라는 다양한 비관적인 측면이 존재하기 때문에 권력의 민주화 혹은 민주적 권력의 정착 문제에 긍정적인 역할을 수행하지 못할 가능성이 높다.

기술의 사회구성론은 정보화를 '양면의 칼'로 인식하면서 그 자체의 영향력보다는 정보화가 이루어지는 정치사회적 맥락을 중요시한다. 바버(Benjamin Barber)가 지적하고 있듯이 "만약 민주주의가 기술로부터 무엇인가 얻고자 한다면 논의는 기술로부터 시작되어야 하는 것이 아니라 정치로부터 시작되어야 한다." 정보화가 민주주의에 미치는 영향은 정보화 자체의 속성 때문이 아니라, 정보화가 어떤 세력의 이해관계에 의해 어떠한 방식으로 추동되느냐에 따라 결정된다. 이러한 사회구성론적 시각은 정보화를 독립변수로 파악하지 않고 환경변수로 파악한다.

이러한 기술의 정치적 효과에 대한 사회구성론적 시각에서 보았을 때 중요한 것은 우리가—정부, 정당, 시민사회, 시장, 시민—지금 어떤 선택을 하느냐에 따라 정보화가 규정할 21세기적 민주주의의 방향이 달라질 것이라는 점이다. 개인과 시민사회가 스스로의 권력화를 위하여 자발적으로 정보화의 물결에 적극적으로 동참할 것은 당연한 사실이다. 기존 권력의 핵심 주체로 남아 있는 정부 및 국회와 정당은 정보화의 진전을 민주적 잠재성을 실현하기 위한 방안으로서가 아니라 감시와 통제를 용이하게 해주는 기제로 활용할 가능성이 높다. 정보화의 전전에 따른 정보의 공개와 공유는 바로 기존 권력이 누리고 있던 기득권의 약화로 이어질 가능성이 높기 때문이다. 즉 정보가 공개되어 보다 많은 사람과 집단이 공유하면 할수록 누릴 수 있는 재량권과 자의적 결정의 권한이 축소될 것이 명확하기 때문이다. 이렇게 정보화의 민주적 잠재성의 실현에 소극적인 기존 권력의 속성을 바꾸는 데 있어서 온라인(on-line) 상에서만의 운동은 아직도 많은 제약을 가지고 있다. 온라인과 오프라인(off-line)의 적절한 배합과 협력만이 실질적인 효과를 발휘할 수 있을 것이다. 정보화를 도구적으로 활용하여 현실정치의 문제점을 치유하고 새로운 정치적 대안을 찾을 수 있는 방법을 적극적으로 모색해야 하는 소이가 바로 기술의 사회구성론적 시각에서 도출된다고 할 수 있다.

지금까지의 전자민주주의 논의가 참여의 문제에 치중되면서 경시되어 왔던 부분이 정보화가 의제설정 권력에 변화를 가져온다는 점이다. 룩스(Steven Lukes)[2]가 지적하고 있듯이 가시적인 갈등을 해결해낼 수 있는 능력이 1차원적 권력이다. 이 권력이 주로 갈등이 현실화되어 나타난 상황 하에서의 행태에 초점을 맞추고 있다는 점에서 행태적 권력(behavioral power)이라고도 불린다. 어떤 사항을 논의하고 논의하지 않을 것인지를 결정하는, 다시 말하여 사안의 선택과 배제를 결정할 수 있는 권력이 2차원적 권력이다. 이 권력은 구조와 관련되기 때문에 구조적 권력(structural power)이라고 할 수 있다. 직장 내 성희롱 문제는 이러한 2차원적 권력의 작동을 명확하게 보여준다. 1990년대 중반이 지나서야 직장 내 성희롱 문제는 사회적 쟁점으로 선택될 수 있었던 것이다. 그 이전까지는 수많은 피해 여성들이 사회적이고 구조적인 이유 때문에 이를 사회적 쟁점으로 제기하지 못했던 것이다. 즉 남성 중심 사회의 의제설정 권력에 의해 사회적 쟁점에서 철저하게 배제되어 온 것이다. 일상의 정치 혹은 미시적 정치사안이 정보화라는 수단을 활용하여 기존의 선택/배제를 결정하는 문지기(gatekeeper)를 우회하거나 뛰어넘을 수 있는 가능성이 많아지고 있다. 최근의 군대 내 성폭력, 소비자 권리 등 배제되어 왔던 사안들이 인터넷을 통하여 제기되고 조직화되고 성과를 보

---

2 Steven Lukes, *Power : A Radical View*(MacMillan, 1984), 서규환 옮김, 『3차원적 권력론』(서울 : 나남, 1992) 참조.

고 있다. 비결정(nondecision)의 영역에 머물러 있던 쟁점들이 결정의 영역으로 진입하는 장벽이 낮아지고 있다. 기존의 의제설정 권력에 정보화로 인한 변화가 생겨나고 있는 것이다.

3차원적인 권력은 이데올로기나 사회화, 그리고 교육 등을 통하여 사회구성원들의 인지적 차원을 통제할 수 있는 능력을 말한다. 이 권력은 인간의 사고와 행위를 주조한다는 측면에서 구성적 권력(constitutive power)이라고 할 수 있다. 컴퓨터의 하드디스크와 사용자 사이의 권력관계로 은유할 수 있다. 어떤 소프트웨어를 설치할 것인지에 따라 컴퓨터의 기능과 성능이 달라진다. 이와 유사하게 다양한 사회화 과정을 통하여 구성원들의 사고방식을 통제할 수 있는 권력이다. 바로 다음에 논의할 정체성의 문제가 바로 3차원적 권력과 연결된다.

3. 온라인의 속성에 따른 현실정치의 변화 : 정체성의 정치

도구적인 수단으로서 가상공간을 활용하여 오프라인의 정치를 바꿀 수 있는 가능성뿐만이 아니라, 온라인 자체가 가지고 있는 속성이 현실정치의 속성과 작동원리를 바꿀 수 있다. 정보화의 진전에 따라 국경의 의미가 약해지고 개개인의 정체성도 바뀌게 된다. 일국적인 차원에서 통제가 가능하던 다양한 갈등과 일탈행위가 국경을 넘나들면서 벌어지게 되면서 기존의 국가는 대응력을 상실해 가고 있고 또한 무력화되고 있다. 이는 특정한 국가에서 금지되고 있는 다양한 사상과 행위가 온라인 상에서는 가능하기 때문이고, 개별 국가가 가지는 이에 대한 통제력은 약해진다.

더 나아가 민족이나 국민의 개념 또한 지리적 · 영토적 차원에서 규정되던 차원에서 지구적 · 전자적 차원에서 규정되는 방식으로 바뀔 가능성 또한 배제할 수 없다. 물론 이러한 과정이 단시간에 이루어지는 것은 아니지만 정보화가 앞으로 몇십 년에 걸쳐 진전된 이후의 상황, 그리고 정보화를 어릴 때부터 친숙하게 접하면서 자란 세대가 사회의 주역이 되는 시점이 되면 이러한 과정은 더욱 가속화될 수도 있다. 개인의 정체성 변화와 지구적 시민사회(global civil society)의 등장이 논의되는 이유가 바로 여기에 있다.

다양한 지구적 시민단체가 등장하고, 정보화의 진전은 이들의 활동을 더욱 용이하게 만들고 있으며, 환경 · 마약 · 범죄 등의 지구적 문제의 확산이 이러한 경향을 더욱 더 부추길 수 있다. 개인의 정체성 변화와 더불어 국가의 대응력 약화는 자연스럽게 현실정치의 재편을 가져올 수 있다.

정보화가 정체성에 미칠 효과에 대하여는 두 가지 상반된 견해가 존재한다. 그 하나가 '세계시민'의 등장이고, 또 다른 하나가 '전자적 중세'로의 회귀를 점치는 것이다. 한국에 살고 있는 개인이 미국 혹은 유럽에 살고 있는 개인과 인터넷 등을 이용하여 다양한 형태의 문화적 · 정치적 · 경제적 · 사회적 접촉을 할 수 있게 된다면 그 개인에게 구성될 정체성은 그러한 접촉이 불가능했거나 혹은 가능하더라도 거래비용이 높은 상황에서 구성되었을 정체성과 분명한 차이가 날 것이라는 점은 자명하다고 하겠다. 극단적으로 이야기한다면 한 국민이라는 정체성이 사라지고 세계시민이라는 정체성이 등장하게 될지도 모를 일이다. 이러한 가능성을 추론하여 지구적 시민공동체의 출현을 조심스럽게 예견하고 있는 학자들이 있으나 현실적으로 볼 때 이는 아직도 실현이 요원한 것으로 판단된다.[3]

이러한 지구적 공동체의 출현과는 달리 중세로의 회귀를 예측하는 드러커(Peter Drucker)나 토플러(Alvin & Heidi Toffler) 등의 견해도 존재한다. 중세로의 회귀는 바로 시민들의 다층화된 정체성과 충성을 확보하고자 하는 다양한 정치적 · 비정치적 단위들이 경쟁하는 '전자적' 중세(electronic feudal)로의 회귀를 의미한다. 유럽연합의 출범이라는 역사적인 사건으로 근대 국가를 대신할 수 있는 정치공동체가 만들어졌지만 프랑스인들이 여전히 독일인들이 과연 기존의 정체성을 유지할 것인지, 아니면 유럽인이라는 새로운 정체성을 가지게 될 것인지의 문제가 제기될 수 있으며, 더 나아가 종족적인 차원에서 제기되고 있는 정체성의 문제 또한 심각하다.

바로 근대 국가의 정체성과 시민의 정체성을 규정하고 있던 국민국가가 새롭게 제기되는 범국제주의, 지역주의와 종족주의 등의 문제로 위협을 받고 있는 현상과 정보사회의 문제는 밀접하게 연관되어 있다고 할 수 있다. 범국제주의는 "돈과 정보는 조국을 모른

---

3 Claude Moisy, "Myths of the Global Information Village," *Foreign Policy*, No. 107(Summer 1997), pp. 78–87.

다"는 말로 대변될 수 있다. 정보통신혁명으로 인하여 유동성이 급속히 성장한 "범국제화된 돈은 국가의 경제정책을 무력화시킴으로써 국민국가를 포위한다. 범국제적으로 된 정보는 '문화적' 정체성으로 구분했던 '민족적' 동일성을 훼손함으로써 국민국가를 포위하고 있다." 돈과 정보가 범국제화될 수 있었던 근거는 바로 정보통신혁명에서 비롯된 새로운 정보사회로의 변화에서 찾을 수 있다.

또한 '뿌리찾기'에 기반을 둔 종족주의는 민족을 종족으로 대체하려 하면서 근대적인 정체성을 위협하고 있는 것이다. 교황, 왕, 봉건영주 그리고 귀족들이 구성원들의 정체성을 자신의 방식으로 형성하고 충성심을 확보하기 위하여 경쟁하던 중세적인 질서와 정보사회 속에서 새롭게 구성될 질서는 매우 유사하다는 주장이다.

그러면 정보사회의 시대에 근대 국가 이외에 이렇게 정체성을 자신의 방식으로 구성하려고 노력하고 충성심을 확보하려고 경쟁하는 주체는 누가 될 것인가? 매튜(Jessica Mathews)는 비국가행위자(non-state actors)들을 들고 있다. 초국적 기업, 국제기구, 그리고 민간 차원에서 구성된 국제적 비정부기구(International Non-Governmental Organization : INGO)들이 바로 그것이다. 이러한 비국가행위자의 등장에 가장 큰 영향을 미친 요인은 바로 정보통신혁명인 것이다. "지리적 인접성의 중요성이 정보통신혁명으로 인하여 급격히 감소하면서 사람들이 공동체를 인식하는 유형이 변화하게 된다 … 그 결과 기존의 위계질서가 점차 약화되고, 국가가 장악하고 있던 권력이 보다 많은 사람과 집단에게 배분되게 된다."

비정부기구 중 가장 대표적인 예로 국제사면위원회(Amnesty International)와 그린피스 운동, 노벨평화상을 수상한 대인지뢰금지협약을 이끌어낸 '국제지뢰금지운동', '국경없는 의사회' 등을 들 수 있다. 이러한 비정부기구는 개별 국가 차원에서 구성되어지던 개인의 정체성을 개인의 권력화(empowerment) 과정을 통하여 새롭게 구성하게 되고, 결국 이러한 개개인 차원에서의 정체성 변화는 근대국가적 정체성의 변화를 불러올 가능성이 높다. 이러한 비정부기구 이외에도 비록 조직이나 기구의 수준까지 발전하지는 않았지만 가상공간에 존재하는 수많은 모임과 집단들이 개개인의 정체성에 미치는 영향은 엄청나다고 할 수 있다. 이 외에도 일국적인 수준을 넘어 발전하고 있는 CNN과 같은 지구적 미디어(Global Media)와 초국적 기업들이 개인의 정체성에 미치는 영향을 들 수 있다.[4]

이러한 '전자적 중세'로의 회귀에 반하는 논리도 제시될 수 있다. 개별 행위자들의 정체성과 충성을 확보하고자 하는 정치단위 중에서 여전히 국민국가가 지니고 있는 능력이 압도적이라는 점을 지적할 수 있다. 즉 공간적인 의미에서 국민국가의 영역이 축소 내지는 해체되고 있더라도 시간적인 측면에서 보았을 때 기존의 산업사회적인 문제나 새로운 정보영역에서의 문제가 제기되었을 경우 '실시간대'(real time)로 즉각적인 반응을 보일 수 있는 압도적인 능력을

4 구체적인 예로 초국적 회사의 현지 직원으로 근무하는 사람이 가지게 될 정체성의 문제를 들 수 있다. 한국민이라는 의식과 초국적 회사의 직원이라는 의식 혹은 이익이 상호 모순되고 충돌될 때 과연 그 개인은 어떠한 정체성에 기반하여 결정을 내리고 행동을 할 것인가?

지닌 정치단위는 기존의 권력을 중심으로 생각할 수밖에 없고, 그 중심에는 국민국가가 놓여 있다는 점도 역으로 지적될 수 있다는 것이다.

결국 이러한 정체성의 논의는 정보통신혁명이 정보사회의 등장으로 귀결되면서 "어떻게 주체를 재구성할 것이며 이 주체들이 어떠한 정치적 행위자로 구성될 것이냐의 문제이며, 또한 가상공간에 존재하게 되는 주체가 기존의 정체성을 어떻게 재구성할 것이냐"의 문제와 맥을 같이하는 것이라고 할 수 있다. 개인, 민족, 시민, 국가의 정체성이 정보사회의 도래에 따라 그 기초가 뿌리부터 흔들리고 있다.

4. 가상공간의 거버넌스

가상공간에서는 현실공간에서 일어나는 문제가 그대로 복제되어 나타나는 측면이 있는가 하면 전혀 새로운 차원의 문제가 제기되기도 한다. 바이러스, 전자농성(electronic sit-in), 도배하기(spam mail), 욕설(flaming) 등과 같은 현상이 나타나고 있으며, 도메인 네임(domain name)을 둘러싸고 일어나는 갈등 등이 나타나고 있다. 더 나아가 지식상품과 정보상품을 둘러싸고 배타적 지적재산권을 주장하는 카피라이트(copyright)와 공동체적인 사용과 소유를 주장하는 카피레프트(copyleft)의 갈등이 있으며, 음란물의 유통을 둘러싸고 일어나는 갈등도 있다. 그리고 운영체계와 소프트웨어의 개발과 관리를 둘러싸고

리눅스(Linux)와 같은 오픈소스(open source code) 운동 등 가상공간에서 발생하는 사회문제가 다양하게 존재한다.

이러한 가상공간의 다양한 문제를 하이예크(Hyaek)적인 '자생적 질서'(spontaneous order)에 따라 해결할 것인지, 아니면 현실세계의 권력이 개입하여 해결할 것인지, 아니면 별도로 가상공간에서만의 권력체계를 만들어 해결할 것인지의 문제가 제기된다. 실패한 미국의 '통신품위법', 한국의 '사이버 모욕죄' 제정 시도와 이에 대한 온라인 상에서의 저항은 가상공간의 거버넌스의 중요성을 보여주는 사건이기도 하면서 가상공간에 현실권력이 개입하는 데 일정한 한계가 있음을 보여주고 있다. 해커행동주의(Hacktivism), 전자적 시민불복종 운동(electronic civil disobedience, 온라인 연좌시위, 게시판 글 올리기, 홈페이지에 로고나 특정 문구를 달고 의견 결집, 온라인 서명 등의 민초행동주의 등이 포함될 수 있다), 네트전(netwar)[5] 등의 등장은 대표적인 예가 될 수 있다.

인터넷 거버넌스의 핵심이라고 할 수 있는 도메인 네임의 관리를 담당하고 있는 ICANN(Internet Corporation for Assigned Names and Numbers)의 등장은 이러한 변화를 상징적으로 보여준다. ICANN이 일정한 정도 미국의 영향력 하에 있기는 하지만 순수한 민간기구로서 전 세계의 도메인 네임에 관련된 결정을 내리는 주체이고, 여

5 네트전은 "상호 연결된 커뮤니케이션 양식을 통하여 수행되는 사회적 차원의 관념적 갈등"을(society-level ideational conflict waged in part through internetted modes of communication) 의미한다. 즉 네트전은 관념과 인식론에 관한 것이다.

기에서 국가의 역할은 미미하다. 또한 냅스터나 소리바다 등의 정보공유 운동이 일정하게 현실세계의 제동에 부딪히기는 했지만 앞으로도 계속 제기될 논쟁거리이기도 하다. 캘리포니아 이데올로기(California Ideology)와 바를로(Barlow)의 사이버 독립선언서(Cyberspace Independence Declaration)는 사이버 공간의 거버넌스를 둘러싼 갈등을 정확히 보여주고 있다.[6]

5. 가상공간을 둘러싼 오프라인의 정치 : 표준경쟁

현실세계의 국가나 기업은 새롭게 부상하는 가상공간을 점령 · 통치하려고 시도하고 있다. 시장에서 마이크로소프트의 권력이 그러하고, 인터넷과 웹을 발전시키는 데 중요한 역할을 한 미국이 그러하다. 이들은 각종 정보통신의 기본적인 아키텍처(architecture)를 누가 설계하고 장악할 것인지를 둘러싸고 경쟁하고 있다. 3세대 이동통신을 둘러싸고 일어나는 각국과 기업들 간의 표준경쟁은 이 점을 극명하게 보여주고 있다.[7] 도메인 네임의 배분과 할당의 권한을 누가 가

---

6 이와 관련하여는 김의영 · 이영음, "인터넷 거버넌스 : 도메인 네임체계 관리의 정치"; 김유향, "인터넷 거버넌스의 국제체제 : ICANN 성립과 그 성격을 중심으로"; 배영자, "사이버 공간의 거버넌스와 국제정치," 한국정치학회 · 김영래 엮음, 『정보사회와 정치 : 새로운 정치 패러다임의 모색』(오름, 2001) 참조.

7 이 부분에 관하여는 김상배, "정보기술 경쟁의 국제정치경제 : 새로운 개념화의

질 것인지를 둘러싸고 일어나는 갈등 또한 같은 선상에 있다고 할 수 있다. 중국이 마이크로소프트의 윈도우 운영체계보다는 리눅스를 선호하는 이유의 일단도 바로 여기에 있다.

새로운 영토라고 할 수 있는 가상공간을 둘러싸고 일어나고 있는 이러한 일들은 20세기적 제국주의적인 경쟁이라고 할 수 있다. 차이는 총과 칼을 이용한 무력을 통하여 점령하는 것이 아니라 표준의 설정과 기술력, 그리고 시장지배력 등을 통해 일어나고 있는 현상이라는 점이다. 21세기 국력의 중요한 부분이 바로 여기서 결정될 것이기 때문에 국가 간의 경쟁, 그리고 기업 간의 경쟁이 더욱 치열해지는 것이다. 가상공간 점령과 지배를 위한 오프라인의 정치라고 할 수 있다.

6. 맺는 말

지금까지 정보사회의 도래가 20세기적 정치의 모습과 본질에 가하는 충격과 변화의 모습을 추적해 보았다. 동맥경화증에 걸린 대의민주주의의 한계를 극복하기 위한 처방으로서 정보화를 수단으로 활용하는 전자민주주의의 논의가 첫 번째이고, 정보화의 진전에 따라 발생하는 정체성의 변화 가능성이 제기하는 문제가 두 번째이

모색," 한국정치학회 · 김영래 엮음, 『정보사회와 정치』 참조.

다. 그리고 새롭게 부상하는 온라인의 거버넌스 문제는 20세기 정치에서는 찾아볼 수 없는 새로운 현상이었다. 온라인의 통제와 독점을 위해 오프라인에서 벌어지는 제국주의적 사이버 영토전쟁이 마지막 부분이라고 할 수 있다.

산업화와 대중사회에 기반한 20세기적 정치로부터 정보사회에 기반한 21세기적 정치로의 변모 가능성은 우리에게 다양한 과제를 제기한다. 우선 정보화가 민주주의의 창달에 순기능적으로 작동할 수 있도록 제반 환경과 제도를 정비해야 하고, 각 정치행위 주체들이 이를 정확히 소화하고 올바르게 활용할 수 있어야 한다. 둘째, 가상공간이 무질서와 다양한 폭력으로 혼돈상태에 빠지지 않도록 만들 수 있는 적절한 거버넌스 형태를 찾아야 할 것이다. 그리고 가상공간의 점령을 둘러싼 경쟁의 장에서 세계적 추세를 정확히 판독하여 시대를 앞서 나가지는 못하더라도 적어도 시대에 뒤처지지는 말아야 할 것이다. 마지막으로 새로운 정체성의 구성과 지구적 시민사회의 등장 가능성에 대비하여 민족문화와 민족적 정체성을 어떻게 유지 · 보존할 것인지의 문제를 지금부터 진지하게 고민해야 할 것이다. 인터넷에서의 언어제국주의 문제도 같은 차원에서 제기될 수 있을 것이다.

10장 / 과학과 기술의 정치

이상신

1. 과학, 기술, 그리고 정치

데이빗 이스턴(David Easton)의 정치에 대한 고전적인 정의에 따르면 정치는 "가치의 권위적 배분"(the authoritative allocation of values)[1]이다. 여기서 가치란 경제적 가치뿐만 아니라 한 사회의 구성원들이 욕구하는 것들의 총체적 표현으로 이해되어야 한다. 인간의 역사를

1 David Easton, *The Political System : An Inquiry into the State of Political Science*(New York : Alfred Knopf, 1953), p. 129.

통틀어 과학과 기술의 발전은 물질적 가치의 생산에 결정적인 역할을 해왔다. 뿐만 아니라 우리를 둘러싼 환경에 대한 이해방식으로서 진리를 추구하는 과학 그 자체가 매우 중요한 가치의 하나다. 따라서 역사적으로 과학기술의 발전이 정치와 정치학에 새로운 자극과 추동력으로 작용하고, 마찬가지로 정치와 정치학 역시 과학기술의 발전 및 변화에 중요한 변인으로 역할해 온 것은 자연스런 결과이다.

결국 정치는 공동체가 직면한 문제들을 해결해 나가는 과정 및 방식이라고 말할 수 있다. 마찬가지로 과학과 기술 또한 인간을 둘러싼 환경을 이해하기 위한 엄밀한 지식체계 및 그 지식을 통해 자연을 인간의 목적에 맞도록 가공 · 변형시키는 수단이라고 정의할 수 있다. 인문사회학이 인간의 문제에 대한 탐구라면 자연과학과 기술공학은 자연의 문제에 대한 탐구라고 거칠게 말할 수 있겠지만, 궁극적으로 과학자들과 공학자들이 다루는 문제들 또한 인간의 욕구와 호기심의 테두리를 근본적으로 벗어날 수 없다. 따라서 큰 안목에서 보면 모든 학문은 결국 인간에 대한 연구로 귀결된다고 할 것이다.

정치와 과학, 그리고 기술은 서로가 서로를 한계지우면서 또 서로를 자극하고 발전시키는 역할을 해왔다(Bijker, *et al.*, 1987). 예를 들어 1957년 소련이 세계 최초의 인공위성 스푸트니크 1호를 발사한 것에 미국은 강한 충격을 받았고, 이는 곧 두 초강대국의 우주경쟁을 유발시켰다. 1969년 미국의 아폴로 11호가 달 착륙에 성공하여 미국의 승리로 끝난 이 우주경쟁은 단순히 두 나라의 과학기술의 우위를 가리는 싸움이 아니었다. 인공위성을 발사하여 지구 궤도에 올려놓을 수 있는 능력은 곧 핵탄두를 탑재한 대륙간탄도탄(intercontinental ballistic missile : ICBM)을 발사할 수 있는 능력이 있다는 것을 의미한다.[2]

당시는 두 강대국이 핵무기를 통해 "공포의 균형"(balance of terror)을 지키려 하던 핵 냉전의 시대였다. 국가의 안보라는 정치적 목적이 1960년대의 우주경쟁을 촉발시켰다면, 이 우주경쟁으로 인해 급속히 발달한 과학기술은 20세기 인간의 삶의 모습을 근본적으로 바꿔놓았다. 소련의 핵공격으로부터 미국의 컴퓨터 통신망을 지킬 수 있는 방법을 찾기 위해 만들어졌던 아르파넷(ARPAnet)이 지금 우리가 쓰고 있는 인터넷의 기원이 되었으며, 핸드폰에도 흔히 장착되어 있는 위성 위치확인 시스템(GPS) 또한 이 당시 발전된 인공위성 기술에 의해서 가능해진 것이다. 이 인터넷과 핸드폰은 현실정치에도 근본적인 변화를 가져오고 있는데, 예를 들어 미국의 버락 오바마(Barack Obama) 대통령은 2008년 미국 대통령 선거 당시 인터넷을 통해 지지자들을 성공적으로 동원하고 막대한 선거자금을 모금할 수 있었다.

이렇듯 과학과 기술, 그리고 정치와 사회는 상호 밀접한 관계를 맺고 있으며, 과학기술의 역사는 정치의 역사를 이해하기 위해서 필수불가결하다. 그럼에도 불구하고 자연과학자와 인문사회학자

---

2 북한은 자체개발한 로켓을 이용하여 1998년 8월 31일에 인공위성인 광명성 1호를 발사했으며, 2009년에는 또 다시 광명성 2호를 발사했다. 비록 두 번의 발사 모두 실패한 것으로 평가되었고 발사체도 무기가 아닌 인공위성이었지만, 북한의 인공위성 발사가 위협적이었던 이유는 바로 이 기술이 대륙간탄도탄 기술과 밀접하게 관련되어 있기 때문이다.

사이에 메우기 힘든 간격이 존재한다는 것도 사실이다. 스노우(Snow, 1959)는 이런 현상의 원인과 자연과학과 인문사회과학의 양극화가 가져올 수 있는 위험성을 그의 저서 『두 문화』(*The Two Cultures*)에서 논하고 있다. 19세기 말에서 20세기 초에 이르는 기간 동안 서구의 지식인 사회는 두 개의 극단적인 집단으로 갈라지고 말았다고 주장하면서 스노우는 그 두 집단을 "문학적 지식인"(the literary intellectuals)과 "과학자"(scientists)라고 대비시켰다. 이 양자는 상대방에 대해 "몰이해 … 때로는 적의와 혐오"를 갖고 있으며, 그 간격은 더욱 커지고 있다(Snow, 2006 : 15). 문학적 지식인들은 과학자들이 인간에 대해 이해가 부족하며, 과학기술의 발전이 궁극적으로 인간의 문제들을 해결해 줄 것이라고 믿는 "천박한 낙천주의자"라고 생각한다. 반면 과학자들은 문학적 지식인들이 미래에 대한 안목이 부족하고, 근본적으로는 반지성적이라고 보는 경향이 있다.

이러한 두 문화의 양극화는 근대에 들어와 발생한 비교적 새로운 현상이다. 월러스틴(Richard and Wallerstein, 2004 ; Wallerstein, 2007)에 따르면 16세기 이전의 전근대 유럽을 포함한 모든 문명에서 인문사회학과 자연과학을 별개의 영역으로 구별한 경우는 없었다. 서양의 근대가 시작되는 단계, 즉 르네상스에 따른 인문주의의 확산과 종교개혁, 그리고 봉건주의의 붕괴와 그에 뒤따른 상업자본주의의 태동이 전통적으로 분화되지 않았던 지식영역에서 사실(fact)과 가치(value)를 구분시키는 결과를 가져왔고, 그것이 오늘날 두 문화현상의 뿌리라는 것이다. 여기에 18세기의 계몽주의 사상과 프랑스 혁명, 그리고 19세기 초까지 전개된 계몽주의와 낭만주의의 대립을 거치면서 이성주의에 깊게 영향받은 자연철학과 감성적 낭만주의의 영향을 받은 인문학 사이의 투쟁이 시작되었다(김환석, 2009 : 43). 이 인문주의와 자연과학의 대립에서 지배적 위치를 차지하게 된 것은 과학문화였으며, 특히 1945년에서 1970년 사이에 그 정점에 이르게 된다.

과학문화의 지배적 위치는 그러나 이후 크게 흔들리게 되는데, 그 이유를 몇 가지 들자면 우선 이 시기부터 대중의 관심이 과학기술 발전의 부산물인 공해와 환경파괴에 집중되었다는 것을 들 수 있다. 또 포스트모더니즘과 토마스 쿤(Thomas Kuhn)의 『과학혁명의 구조』로 대변되는 과학지식사회학(Sociology of Scientific Knowledge)의 등장으로 실증주의적 과학관이 근본적으로 뒤흔들렸다는 것도 중요한 원인이었고, 탈식민지적 지역 연구와 새로운 시각에서의 문화 연구가 활기를 띄었다는 것 등을 들 수 있다. 즉 20세기 중후반에 이르면 과학기술의 발전이 인류의 모든 문제를 궁극적으로 해결해 줄 것이라는 장밋빛 전망이 더 이상 설득력을 가질 수 없을 정도로 과학과 이성중심주의가 가져온 폐해가 심각해진 것이다(김환석, 2009 : 44–47).

1960년대에 시작된 과학기술학(Science & Technology Studies)은 과학적 지식의 절대성을 부인하고 "과학과 기술이 단지 자연 및 물리적 실재의 순수한 재현이나 반영이 아니라 복잡한 사회적 상호작용의 매개를 통해 만들어지는 구성물"(김환석 2009 : 50)임을 강조하였다. 예를 들어 미분법 발견을 두고 뉴턴과 라이프니츠가 벌인 유명한 다툼을 들 수 있다. 거의 동시에 미분법에 대한 아이디어를 얻었던 두 사람은 누가 최초로 미분법을 발견했는가에 대한 논쟁을 벌였다. 결국 라이프니츠가 고안해낸 미분학 기호와 이론이 뉴턴이 만든 유율법(流率法)보다 편리했음에도 불구하고 뉴턴의 강력한 정치적 영향력 때문에 영국에서는 100여 년 이상이나 유율법이 사용되었다. 이는 따지자면 뉴턴과 라이프니츠 중 누가 옳은가 하는 문제가 아니라 영국과 대륙 간의 민족주의적 자존심 대립이 만들어낸 결과였다. 인문학과 마찬가지로 과학도 사회적 과정의 영향을 피할 수 없으며, 과학적 지식의 내용을 이해하기 위해서는 그 사회문화적 배경에 대한 이해도 필수적이다.

최근에는 이러한 과학기술학적 관심이 통섭(consilience)과 융합학문에 대한 강조로 그 폭을 넓혀가고 있다(Wilson, 2005). 자연과학이 다루는 대상이 물리법칙이 지배하는 '사실'의 세계이고 인문사회학의 대상이 감성과 윤리가 지배하는 '가치'의 세계라는 종래의 이분법적 시각을 부정하는 에드워드 윌슨(Edward Wilson)은 '통섭'의 개념을 통해 이 물리학에서부터 심리학, 정치학까지를 한꺼번에 포괄할 수 있는 새로운 지식의 체계를 세워야 한다고 제안하고 있다. 정치학, 경제학, 사회학 등의 연구대상인 인간의 공동체는 인간 개인들의 심리학 연구로 환원될 수 있으며, 각 개인들의 심리와 행태는 생물학 연구의 일부로 포괄될 수 있다. 생물을 가장 미시적이고 근원적으로 연구하는 분자생물학에 이르면 생물은 원자와 분자단위의 연구로 다시 환원되어서 결국 물리법칙의 단계에까지 다다른다는 것이다.

자연과학과 인문사회학이라는 "두 문화"의 관계를 새롭게 정립하는 것은 우리의 삶과 유리된 지적 유희가 아니라 반대로 우리 삶과 직접적으로 관련된 실질적인 함의를 갖는다. 가장 비근한 예로 2004년 전 세계를 놀라게 한 황우석 교수의 배아줄기세포 연구 사건을 들 수 있다. 황우석 교수의 연구팀은 2004년 2월 세계 최초로 인간의 난자를 이용해 체세포를 복제했고, 이로부터 배아줄기세포를 만드는 데 성공했다고 발표했다. 다른 과학자들의 검토를 거친 후 이 연구는 곧 세계 최고의 권위를 인정받는 학술 저널인 『사이언스』에 게재되었으며, 황우석 교수는 정부의 전폭적인 경제적 지원과 함께 세계적인 명성을 누리게 되었다. 그러나 곧 인간 난자를 사용한 점에 대한 윤리적 비난과 함께 황 교수가 난자 채취과정에서 규정된 절차를 지키지 않았다는 고발이 들어오기 시작했고, 결정적으로 2005년에는 줄기세포 복제 자체가 조작된 것이라는 명백한 증거가 발견되었다. 황우석 사건은 줄기세포 연구로 인해 예상되는 막대한 경제적 이득에 대한 기대, 민족적 자부심, 실험의 인간 난자 사용에 대한 윤리적 논란, 동료 학자들의 검증(peer review)과정에 대한 신뢰와 문제점, 황우석 연구팀 조직의 경직되고 때로는 폭력적인 위계질서, 그리고 이 연구로 통해 불치병이 치료될 수 있을 것이라는 인간적인 기대감 등이 한데 뒤섞여 발생한 불상사였다(백영경, 2010). 이를 통해 우리가 얻을 수 있는 교훈은 과학적 진리탐구 또한 공동체의 윤리와 가치에서 벗어날 수 있는 행위가 아니며, 또 반대로 과학이 가져올 수 있는 긍정적 결과에 대한 기대 때문에 연구과정에 지나친 사회적 개입이 있을 경우에는 객관적 지식의 판별 및 축적 그 자체가 불가능해질 수 있다는 것이다.

이런 시각에 따라 아래에서는 과학과 기술, 그리고 정치가 서로 어떻게 영향을 주고받았는지를 몇 가지 역사적 사례들을 중심으로 서술하고자 한다. 우선 다음 절 "뉴턴의 과학혁명과 근대 민주주의"에서는 근대의 형성과 계몽주의의 등장에 뉴턴의 물리학 혁명이 어떻게 영향을 미쳤는가를 볼 것이다. 이어 3절 "다윈과 종교, 그리고 아우슈비츠"에서는 다윈의 진화론이 19세기 지성계에 미친 영향을 살펴본 후, 사회적 다윈주의가 20세기 최악의 비극인 나치의 유태인 학살을 불러왔는가를 설명할 것이다. 이어 4절 "핵과 국제정치"에서는 현대 물리학 연구와 핵무기 경쟁의 연관성을, 그리고 이어 한반도의 평화에 미치는 영향을 볼 것이다. 5절인 "21세기의 과학과 정치"에서는 앞으로 어떠한 방식으로 과학과 정치의 관계를 설정해 나가야 할 것인지를 반성해 보도록 하겠다.

2. 뉴턴의 과학혁명과 근대 민주주의

과학의 발전이 정치와 정치학에 영향을 끼친 중요한 예로 뉴턴(Isaac Newton, 1642-1727)의 물리학 혁명을 들 수 있다. 뉴턴은 중세적 우주관에서 탈피하여 우주를 하나의 정밀한 시계처럼 법칙과 인과율의 사슬로 연결된 존재로 보는 근대적 우주관을 제시했다. 인간이 과학을 통해 이 우주를 관통하고 있는 법칙을 이해할 수 있다면 충분히 우리의 노력으로 세계를 바꾸어 나갈 수 있다는 자신감이 이 우주관에 반영되어 있다.

뉴턴이 발견한 중력의 법칙은 단일한 이론으로 포탄의 포물선 운동과 케플러가 관측한 행성의 운동법칙을 동시에 설명하는 것이 가능했다. 이것이 중요한 이유는 아리스토텔레스 이후 2000년 동안 서구 지성계를 지배해 왔던 "천상계"(天上界)와 "지상계"(地上界)의 구분을 완전히 깨어버리는 혁명적 전환이었기 때문이다. 아리스토텔레스는 지구로부터 달까지의 세계를 "지상계", 달 위의 세계를 "천상계"로 구분하고, 이 두 공간에는 별개의 물리법칙이 작용한다고 보았다. 지상계는 불완전한 세계로서 물체의 운동도 시작과 끝이 있는 직선운동을 하는 반면, 완전한 세계인 천상계는 영원히 반복하는 원(圓)운동의 물리법칙이 지배한다고 주장했다.

이러한 아리스토텔레스의 우주관은 17세기에 이르러 코페르니쿠스, 갈릴레이, 케플러 등의 선구적인 과학자들의 연구와 이를 완성한 아이작 뉴턴에 이르러 완전히 수정되기에 이른다. 과학발전의 역사는 많은 굴곡과 변화를 겪었지만 17세기의 이 과학혁명은 근대과학의 탄생을 알린 "단 하나의 특별한 과학혁명"(the Scientific Revolution)이었다고 말할 수 있다(Bowler, 2008 : 39). 이 시기의 과학혁명은 우주를 바라보는 우리의 시각, 그리고 그 안에 위치한 인간의 존재에 대한 이해를 근본적으로 바꾸어 놓았다. 그리고 이 과학혁명은 새로운 이론과 지식의 발견뿐만 아니라 과학적 방법론이 정립된 시기이기도 했다.

뉴턴은 그의 위대한 저서 『프린키피아』[3]에서 고전역학의 기본이

---

3 1687년에 출판된 이 책의 원제목은 『자연철학의 수학적 원리』(*Philosophiae Na-*

된 세 가지 운동법칙—관성의 법칙, 가속도의 법칙, 작용과 반작용의 법칙—을 제시하였다. 이 일반 이론을 통해 뉴턴은 보편 중력법칙을 확립하고, 물체가 지표면에 떨어지는 지상계의 운동과 달이 지구 궤도를 공전하는 천상계의 운동이 이 중력법칙을 통해 동시에 설명될 수 있음을 보여주었다. 뉴턴은 18세기 초 영국에서 대단한 명성과 정치적 영향력을 누렸으며, 프랜시스 베이컨으로부터 싹튼 영국 자연철학의 최고 전성기를 이끈 것으로 평가된다.

뉴턴과 중력법칙의 영향력은 물리학 분야에만 한정되지 않았다. 17세기에서 18세기의 유럽은 계몽주의의 전성기였으며, 뉴턴의 혁명적 과학관은 특히 프랑스에서 열렬한 추종자들을 만들어냈다. 이들은 뉴턴을 중세의 종교적 세계에서 새로운 계몽적 이성의 세계로 이끄는 선구자로 환호했는데, 이 중 대표적인 인물이 바로 볼테르(Voltaire)였다. 정치적 문제로 프랑스에서 추방되어 3년여 동안 영국에서 살면서 뉴턴의 영향력을 체험했던 볼테르는 1738년 『뉴턴 철학의 요소들』(*Elements de la pHilosopHie de Newton*)이라는 책을 집필하여 뉴턴의 혁명적 발견을 프랑스에 소개하는 데 힘썼다.[4] 또 볼테르의 연인이기도 했던 에밀리 뒤 샤틀레(Émilie du Châtelet)는 뉴턴의 『프린

---

turalis Principia Mathematica)이다.

4 사과가 떨어지는 것을 보고 중력법칙의 아이디어를 얻었다는 유명한 뉴턴의 일화는 볼테르의 저작에서 처음 언급된 것이다. 볼테르는 뉴턴 생전에 직접 그를 만나보지는 못했지만 뉴턴의 누이와 만나 대화를 나눌 기회가 있었다. 이 만남에서 뉴턴의 사과 이야기를 전해들은 볼테르는 그의 저작 *Essai sur la poésie épique*(1732)에서 이를 인용했다.

키피아』를 처음으로 프랑스어로 번역하였다. 뉴턴을 소개하면서 볼테르는 상대적으로 관용적이고 자유로운 영국의 정치상황이 뉴턴의 과학혁명과 무관하지 않음을 지적했다. 그는『영국에 관한 편지』(*Letters on English Nation*, 1734)에서 독단적인 데카르트의 과학철학과 경험적이고 합리적인 뉴턴의 과학을 비교했는데, 이 과학적 태도의 차이는 곧 프랑스의 전제군주정과 영국의 입헌군주정이라는 정치체제의 차이에서 비롯된다고 주장했다.

볼테르를 비롯한 프랑스의 계몽주의자들은 인간의 이성의 힘과 과학적 사고를 통해 진보를 성취할 수 있다고 굳게 확신했다. 디드로, 달랑베르 등으로 대표되는 프랑스의 백과전서파는 당대의 과학적 지식과 학문을 집대성하는 백과전서 집필을 통해 프랑스 대혁명을 예고했다. 볼테르와 루소가 참여하기도 한 백과전서의 완성에는 20년 이상이 걸렸는데, 이 백과전서는 고전(古典)에 대한 관심보다는 수학과 자연과학 지식의 소개에 특별히 힘을 기울였다. 이는 합리주의와 과학정신을 고취하면서 인간 이성의 계몽을 통해 프랑스의 구체제(ancient régime)에 대항하고자 하는 당대 부르주아지 지식인들의 도전이기도 했다. 특히 백과전서의 편찬자들은 과학과 기술이 인간 지식에서 차지하는 역할의 중대함을 강조했으며, 과학과 기술이 인문적 지식에 비해 경시되어 왔던 기존의 생각을 비판했다.[5]

결국 이와 같은 프랑스 계몽주의자들의 노력은 1789년 프랑스

5 박익수,『과학기술의 사회사 : 동력사적 시대구분』(서울 : 경림, 2001), pp. 249-255.

대혁명으로 귀결된다. 이 프랑스 대혁명은 또 다른 서구 부르주아 혁명의 기원인 미국의 독립전쟁으로 시발되었다. 루이 16세는 영국에 선전포고를 하고 미국의 독립전쟁을 지원했는데, 이로 인해 발생한 막대한 재정적 부담은 결국 프랑스 대혁명을 촉발, 근대 민주주의의 시원을 이루게 된다.

혁명을 통해 집권한 프랑스 자코뱅당의 지도자들은 사상적으로 루소의 후예를 자처했으며, 이성주의와 과학적 진보에 대한 거의 극단적인 신념을 가지고 있었다. 공포정치를 이끌었던 로베스피에르는 루소의 사회계약론에 입각하여 기존의 종교를 대신할 새로운 "최고 존재"(Supreme Being)에 대한 신앙체계를 고안하기도 했다. 이 새로운 최고 존재는 인간의 이성(理性)을 신성화시킨 것이었는데, 로베스피에르는 이 이성신(理性神)을 기리는 제전을 열고 스스로 주관하기도 했다.

프랑스 혁명을 이끈 계몽주의자들은 기계론적인 뉴턴주의적 자연관에 입각하여 인간의 이성으로 자연과 사회를 변화시키는 것이 충분히 가능하다는 것을 확신하고 있었다. 이들은 정치와 사회에서뿐만 아니라 과학 및 기술분야에서도 많은 혁신을 시도했으며, 이 시도 중 몇몇은 현재에 이르기까지 우리의 삶에 큰 영향을 미치고 있다. 예를 들어 미국 등을 제외한 거의 모든 국가에서 표준 도량형 단위로 채택하고 있는 미터법(meteric system)은 1790년 프랑스 혁명에 참가했던 성직자이자 외교관인 탈레랑(Talleyrand)이 제안한 것이다.

이렇게 뉴턴이 시작한 과학혁명에 큰 영향을 받은 계몽주의와 프랑스 대혁명은 다시 19세기의 눈부신 과학과 기술발전에 초석이 된다. 프랑스 혁명기의 국민의회는 전 유럽이 프랑스의 혁명 확산을 막기 위해 동맹을 맺고 프랑스를 공격하던 어려운 시기였음에도 불구하고 1794년 에콜 폴리테크니크(École Polytechnique)를 설립하여 과학 및 기술에 대한 교육을 실시했다. 신분이 개인의 운명을 결정하던 구체제와는 달리 에콜 폴리테크니크의 입학에는 어떤 특권도 개입할 수 없었다. 오로지 개인의 실력과 재능으로만 선발된 신입생들에게 개방된 에콜 폴리테크니크의 교육목표는 "수학 및 물리학적 지식을 필요로 하는 직업을 무료로 수학(修學)하고 토목기술의 교육은 모든 청년을 위하여 필요하다"[6]라는 것이었다. 현재까지도 세계적으로 가장 우수한 이공계열 대학으로 인정받고 있는 에콜 폴리테크니크는 프랑스의 근대과학 발전에 결정적인 기여를 하였다.

뉴턴의 물리학을 이해하기 위해서는 당시 역사의 동력을 모두 소진해 버린 구체제를 대신해 자신들의 시대를 열어야 한다는 유럽 부르주아 계급의 철학과 역사적 소명감에 대한 이해가 선행되어야 한다. 볼테르로 대표되는 프랑스의 계몽주의자들은 이러한 뉴턴의 물리학에 열광했고, 그들은 결국 프랑스 대혁명을 통해 구체제를 끝장낼 수 있었다. 이렇게 시작된 19세기의 유럽은 인간의 이성에 대한 신뢰와 과학과 기술로 세계를 바꿀 수 있다는 낙관주의가 팽배한 시기였다. 현대에 우리가 누리고 있는 경제적 민주주의와 과학기술을 통해 뒷받침되고 있는 생활의 풍요로움은 이 시기의 혁명적 변화가 없었다면 결코 불가능했을 것이다.

---

6 위의 책, p. 256.

3. 다윈과 종교, 그리고 아우슈비츠

찰스 다윈(Charles Darwin, 1809－1882)의 진화론은 생물학을 근본적으로 바꾸어 놓았을 뿐만 아니라, 21세기 현재에도 그 이론의 중요성이 오히려 더욱 부각되고 있다. 다윈이 촉발한 진화론과 창조론 사이의 논쟁은 애초부터 과학적 논쟁이라기보다는 정치적 · 종교적 · 윤리적 논쟁의 성격이 강했다. 다윈이 1859년 『종의 기원』(*On the Origin of Species*)을 발표한 이후 150년 이상이 지난 지금에도 이 논쟁은 창조론을 지적설계론(intelligent design theory)으로 이름만 바꾼 형태로 지속되고 있다는 점에서 다윈의 지속적인 영향력과 충격을 확인할 수 있다.

진화론에 대한 종교계의 공격은 1920년대 미국에서 본격화되었다. 『종의 기원』이 출판된 이후 진화론은 빠르게 학계에 받아들여졌으며, 19세기 후반에 오면 진화론에 반대하는 생물학자는 찾아보기 어려울 정도가 되었다. 20세기 초반에 오면 각급 학교에서 사용되는 교과서는 진화론이 창조론을 거의 대체하게 되었다(박희주, 2007 : 48－49). 그러나 1920년대에 미국의 종교계가 반(反)진화론 운동을 정치화하면서 진화론 대 창조론 논쟁이 본격적으로 정치의 영역으로 들어오는 계기가 되었다. 1922년에 미국의 켄터키 주 의회는 주 기금으로 운영되는 어떤 기관에서도 진화론을 가르치는 것을 금지하는 법안에 대해 투표하였다. 이 법안은 켄터키 주 하원에서 단 1표 차로 부결되었지만 진화론에 대한 정치적 도전의 시발점이 되었다.

이 사건의 영향으로 이후 10년 동안 미국의 20개 주에서 45개의 유사법안이 도입되었다(박희주, 2007 : 57). 이 중 1925년에 테네시 주에서 통과된 반진화론법은 존 스코프스(John T. Scopes)라는 한 젊은 고등학교 교사가 생물학 시간에 진화론을 가르쳤다는 이유로 구금되면서 여론의 주목을 받는 문제로 발전했다. 스코프스 재판으로 널리 알려지게 된 이 사건에서 진화론과 창조론에 대한 치열한 토론이 벌어졌고, 그 내용이 전국적인 관심사가 되었다. 결국 스코프스는 벌금 100달러를 부과받아 법적으로는 패소했지만, 재판과정에서 반진화론법을 이끌던 창조론자들의 무지와 불관용이 여론에게 큰 비판을 받음으로써 결국 정치적으로는 진화론 진영이 승리한 것으로 평가된다.

그러나 스코프스 재판 이후에도 창조론자들의 도전은 계속 이어졌다. 1960년대에는 미국의 몇몇 과학자들이 진화론에 반대하며 창조과학연구소(Institute for Creation Research)를 설립하여 노아의 홍수를 역사적 사실로 가정하고 연구하는 "젊은 지구론"이라는 가설을 내세웠다. 이렇게 진화론과 창조론의 대립이 재점화된 가운데 1980년대에 오면 다시금 이 문제가 정치쟁점화된다. 1981년에 미국의 아칸소 주와 루이지애나 주에서는 "동등시간법"(Balanced Treatment for Creation-Science and Evolution-Science Act)을 통과시켰다. 이 법안은 공립학교에서 진화론뿐만 아니라 창조론 또한 의무적으로 가르쳐야 한다는 내용을 담고 있었기 때문에 논란이 되었다. 법안 통과 직후 미국시민자유연맹(ACLU)이 주축이 되어 이 동등시간법이 정교분리를 명시한 미국 헌법에 위배된다는 이유로 사법부에 위헌소송을 제기했다. 결국 아칸소 주와 루이지애나 주 모두에서 창조론은 종교이며 과학이라고 볼 수 없다는 사법적 판단이 내려지면서 이 동등시간법을 둘러싼 정치적 논란은 일단락되었다.

이렇듯 종교계가 진화론에 대응하기 위한 새로운 창조과학 이론을 제시하면, 이 새 이론을 과학의 일부로 인정하고 공교육 과정에서 다뤄야 한다는 정치적 주장이 뒤따르는 순서로 진화론을 둘러싼 논쟁은 아직까지도 계속되고 있다. 1990년대 들어 새롭게 등장한 지적설계론은 지극히 복잡한 생명현상을 다윈의 자연선택(natural selection)으로 설명하는 것에는 한계가 있으며, 어떤 지적 원인(intelligent cause)의 존재를 통해 설명되어야 한다고 주장한다. 예를 들어 지적설계론의 초기 연구 중 하나인 마이클 비히(Behe, 1996)는 그의 책 『다윈의 블랙박스』에서 박테리아의 편모 같은 복잡한 생물체의 구조를 "환원 불가능한 복잡성"(irreducible complexity)이라 정의하면서 이러한 복잡성을 진화론의 자연선택과 돌연변이 이론으로 설명할 수 없다고 주장했다. 이러한 지적설계론의 주장은 일부 전문 학술지와 언론에서 비중 있게 소개되기도 했지만 과학계에서는 지적설계론을 단지 창조론의 새로운 변종 이론으로 보는 경향이 지배적이다.

스코프스 재판 사건 및 동등시간법 사건과 마찬가지로 이 지적설계론도 그 내용을 공교육 과정에 포함시키는 문제로 정치쟁점화된 바 있다. 2005년 미국 펜실바니아 주의 학부모들은 학교에서 아이들에게 지적설계론을 가르치는 것에 반대하며 교육위원회를 상대로 소송을 제기했다. 법원에서는 학부모들의 손을 들어 지적설계론이 창조론의 새로운 형태일 뿐 과학적 이론이라고 볼 수 없으며, 따라서 학교에서 지적설계론을 진화론과 동등한 위치의 이론이라고 가르치는 것은 허용될 수 없다는 것을 명확히 했다.

이렇게 진화론은 그 어떤 과학이론보다도 더욱 심각한 종교적 · 정치적 공격의 대상이 되었지만 그 학문적 영향력은 오히려 증대하고 있다. 진화론은 20세기 후반에 들어 사회생물학(social biology) 혹은 진화심리학(evolutionary psychology)으로 발전하면서 자연과학 이론에서 사회과학 이론까지를 포괄하는 이론체계로 발전하고 있다. 이제 진화론은 생물학 강의 시간뿐만 아니라 정치학, 인류학, 경제학, 사회학, 심리학 등 모든 사회과학 학문의 영역에서 매우 중요한 이론적 접근으로 받아들여지고 있다.

그러나 진화론이 19세기와 20세기에 걸쳐 다양한 정치사상과 결합하면서 종종 매우 끔찍한 결과를 초래하기도 했다는 점도 지적하지 않을 수 없다. 대표적인 사례로 진화론이 19세기 말 우생학(eugenics)이라는 사이비 과학으로 변질되면서 홀로코스트라는 인류 사상 최악의 참극을 초래했던 독일의 예를 들 수 있다. 다윈 본인은 인종차별과 노예제도에 반대했다. 하지만 그의 진화론이 맬서스의 경제학, 19세기 후반의 낭만주의, 제국주의의 확장과 유럽 민족주의의 득세 등의 정치사회적 요소와 결합하면서 독일의 우생학을 탄생시켰고, 결국 우월한 아리안 민족의 인종적 순수성을 보존하기 위해서는 이를 오염시킬 수 있는 족속들을 제거해야 한다는 극단적인 논리로 이어졌다.

다윈의 진화론은 생물학 이론이었지만 발표 직후부터 사회진보의 원리로 인식되었다. 19세기 독일에서도 다윈의 진화론을 빌려 현실의 정치적 구조와 사회질서를 진화의 법칙을 통해 설명하려는 사회다윈주의(social Darwinism)가 수용되었다. 19세기 말 후발 제국주의 국가로 성장해 가는 독일은 민족주의 및 제국주의 이론의 뒷받침이 필요했으며, 사회다윈주의는 이런 추세와 결부되어 독일의 군국주의적 팽창을 정당화하는 데 이용되었다.[7] 사회다윈주의는 국가 외부적으로는 열등한 제3세계 국가를 우월한 제국주의 국가들이 점령하는 것을 자연법칙의 일부라고 옹호하는 한편,[8] 국가 내부적으로는 국가 간 경쟁과정에서 도태되지 않기 위해서는 독일 인종의 퇴화를 막기 위한 정책적 수단이 강구되어야 한다는 논리로 발전했다.

다윈의 진화론이 독일의 우생학으로 발전하는 데 공헌한 이는 에른스트 해켈(Ernst Haekel, 1834–1919)이었다. 해켈은 인간도 진화의 법칙을 따른다는 점에서는 동물과 다를 바 없는 존재라고 주장했다. 동물들이 적자생존의 경쟁을 통해 진화하는 것처럼 인간 또한 필연

---

7 김호연, "과학의 정치학 : 독일의 인종위생(Rassenhygiene)," 『인문과학연구』 18, 2007, p. 33.

8 사회다윈주의의 논리적 오류는 20세기 초 영국의 철학자 조지 에드워드 무어가 제안한 "자연주의적 오류"(naturalistic fallacy)라는 개념을 통해 비판된다. 자연주의적 오류는 자연에서 비롯된 모든 것을 윤리적으로 정당하고 옳은 것으로 보는 사고방식을 뜻한다. 적자생존을 통해 진화과정을 설명하는 객관적인 과학 이론이지만, 이를 윤리적 영역과 혼동하여 강한 자만이 살아남는 비정한 사회를 윤리적이고 긍정적인 사회라고 평가하는 것은 오류이다. 자연주의적 오류의 반대 개념은 "윤리주의적 오류"(moralistic fallacy)로, 윤리적인 것은 모두 자연스러운 것이라고 생각하는 경향을 뜻한다.

적으로 희소한 자원을 확보하기 위해 경쟁할 수밖에 없다고 보았다. 독일의 군부와 결탁한 해켈과 독일의 사회다윈주의자들은 이런 시각에 기초해서 집단 사이의 생존경쟁은 인간의 진화를 위해 필요하다고 주장했다. 이처럼 해켈은 민족주의와 제국주의, 인종주의를 정당화하는 이론적 근거를 마련하였으며, 독일인의 인종적 우월성과 독일의 집단적 생존경쟁에서의 최종적 승리를 예견했다. 이는 히틀러의 사상적 기반이 되었으며, 결국 제2차 세계대전이라는 파국으로 이어졌다.

우생학은 진화론의 논리를 차용하고 과학의 양태를 둘러쓰고 있었지만 실제에 있어서는 독일인들이 유태인과 사회적 약자들에게 갖고 있던 차별적 인식을 과학의 이름으로 정당화하는 것에 불과했다. 제1차 세계대전과 1920년대의 대공황 이후 독일 사회가 극심한 경제적 혼란에 빠졌을 때 등장한 히틀러와 나치는 우생학적 논리를 통해 독일의 사회적 문제를 생물학적 문제로 치환했다. 그리고 유태인뿐만 아니라 정신이상자, 동성애자, 장애인들 또한 제거해야 할 대상으로 지목했다. 이처럼 과학과 진보의 이름으로 이루어진 대학살은 과학과 정치가 잘못된 방식으로 결합했을 때 어떤 파국적인 결과를 보여주는 가장 극명한 사례이다.

우생학에 기반한 정책은 나치 독일에만 국한된 것이 아니다. 1966년에 독립한 싱가포르는 정부 수립 직후부터 산아제한 정책을 실시했다. 한국의 경우도 마찬가지였지만 1960-70년대에 개발도상국에서 인구증가 억제를 위해 산아제한 정책을 쓰는 것은 일반적이었다. 그러나 싱가포르가 1983년 새롭게 도입한 인구정책은 명백한 우생학적 성격을 가지고 있었기 때문에 국제적인 논쟁거리가 되었다. 이 정책은 고학력 여성에게는 더 많은 출산을 유도하는 반면 저학력 여성에게는 불임수술을 권장하는 내용이었다. 고학력 여성의 자녀들에게는 더 좋은 학교에 갈 수 있는 권리까지 제공되었다 (Palen, 1986).

싱가포르의 경제와 정치를 주도하는 중국계 싱가포르인들이 일반적으로 말레이계나 인도계 싱가포르인들보다 학력이 높았으므로 이 인구정책은 결과적으로 인종차별적인 요소를 포함하게 되었다. 싱가포르 정부는 이 인구정책을 옹호하기 위해 한스 아이젠크(Hans Eysenck)의 인간 지능이 환경보다 주로 유전에 의해 결정된다는 연구를 자주 인용했다(Eysenck & Kamin, 1981). 이러한 싱가포르의 예가 있기는 하지만 이제 사회다윈주의에 기초한 정부 정책은 보기 드문 것이 되었다. 사회다윈주의라는 용어 자체가 인종차별과 동의어로 쓰일 만큼 혐오감을 주는 것으로 인식되고 있으므로 이제 스스로를 사회다윈주의자라고 칭하는 학자는 찾아볼 수 없다.

진화론은 인간이 생명, 종교, 사회 및 정치현상을 이해하는 데 다른 어떤 이론보다도 중요한 영향을 끼쳤다. 진화론은 과학적 이론으로서의 중요성뿐만 아니라, 그 자체가 20세기 및 21세기 정치의 일부분이라는 점을 이해할 필요가 있다. 진화론과 창조론을 둘러싼 논란은 앞으로도 쉽게 사그라지지 않을 것이며, 위에서 살펴본 바와 같이 결국 정치적 개입을 통해 계속 재생산될 가능성이 크다. 또한 국제화(globalization)의 결과 여러 문화들의 조화로운 공존을 모색하는 다문화주의(multiculturalism)에 대한 고민이 새로운 시대의 화두로 떠오르는 지금 사회다윈주의에 대한 유혹은 언제라도 다시 등장할 수 있는 심각한 위협으로 계속 주목해야 할 필요가 있다.

4. 핵과 국제정치

20세기를 통틀어 핵물리학의 발전과 그에 따른 원자력 기술의 현실적 응용만큼 정치와 밀접하게 관련되었던 과학기술 분야는 없을 것이다. 핵무기의 등장은 제2차 세계대전 이후 20세기 말까지 지속된 냉전을 이해하기 위한 가장 기본적인 키워드이다. 이제 핵기술은 널리 알려진 지식이 되었으며, 북한의 핵개발에서 보듯 핵무기 개발은 그 나라의 과학기술 수준보다는 그 정부의 정치적 의지에 달린 문제라고 보아야 한다.

핵무기 기술의 발전은 제2차 세계대전과 따로 떼어놓고 이야기할 수는 없다. 1938년 히틀러의 나치 독일이 체코슬로바키아를 점령하고 폴란드 국경을 넘어가던 바로 그 시기에 독일의 과학자들이 우라늄의 원자핵에 중성자를 부딪치면 원자핵이 핵분열하면서 큰 에너지가 발생한다는 사실을 실험을 통해 발견했다. 덴마크의 물리학자 닐스 보어(Niels Bohr)는 미국 콜롬비아 대학의 엔리코 페르미(Enrico Fermi)에게 이 최초의 핵분열 실험 소식을 전했고, 콜롬비아 대학의 물리학자들은 1939년 1월 미국 최초의 핵분열 실험에 성공한다.

당시의 핵물리학자들에게도 이 핵분열 실험의 성공이 가진 정치적 · 군사적 함의는 명백한 것이었다. 제2차 세계대전 초기부터 미국, 영국, 독일, 일본 등은 모두 핵무기 개발 경쟁에 뛰어들었다. 독일의 핵무기 개발 계획은 양자역학의 "불확정성 원리"로 유명한 베르너 하이젠베르크(Werner Heisenberg)가 총괄하고 있었지만 그다지 성공적이지 못했다. 반면 미국 정부는 맨해튼 프로젝트(Manhattan Project)라 이름 붙인 핵무기 개발 계획에 유례없을 정도의 막대한 재정과 세계적 수준의 과학자들을 투입하여 결국 개발에 성공했다. 첫 핵무기 실험은 1945년 7월 16일 미국 뉴멕시코 주의 사막에서 실시되었다. 비록 독일은 이미 두 달 전인 5월 8일에 항복했지만 트루먼 대통령은 계속 저항하고 있던 일본에 대한 핵무기 사용을 지시했고, 결국 인류 역사상 최초의 핵무기는 일본의 히로시마에 1946년 8월 6일 투하되었다. 이어 3일 후 나가사키에 두 번째 핵무기가 사용되었다. 이 두 도시에서 핵무기로 인해 즉각적으로 사망한 사람의 숫자만 10만 명 정도로 추산되고 있으며, 이들 대부분은 민간인이었다. 그리고 그보다도 훨씬 많은 수의 사람들이 방사능 피폭으로 인해 장기간 고통받거나 암 등의 질병으로 사망했다.

핵무기의 개발과 사용은 전쟁과 국제정치의 양태를 본질적으로 변화시켰다. 이제 전통적인 국가 간 세력균형의 개념은 깨어지고, 핵무기 보유 여부가 국제정치 권력관계의 핵심으로 등장한 것이다. 즉 "핵무기 보유는 비핵국가들의 심리를, 결과적으로 행동을 통제하는 권력을 의미"하게 되었다(박건영, 2011 : 3). 1949년에 소련이 자체적 핵실험에 성공하여 두 번째 핵보유국이 될 때까지 핵무기는 미국이 독점하고 있었다. 그러나 소련이 핵보유국이 된 이후에도 60년대 말에 이르기까지는 미국이 핵전력에서 소련에 대한 우위를 확보하고 있었으며, 양 강대국 간 핵능력의 균형이 이루어지지 않았던 이 시기는 인류가 핵전쟁의 위험에 가장 가깝게 다가간 시기이기도 했다. 아이젠하워 정부는 소련의 지상군이 서유럽을 침공할 경우 핵무기를 즉각적으로 사용하여 소련의 주요 도시를 파괴한다는 "대가치 타격"(countervalue targeting)의 핵전략을 수립했다. 핵무기를 최후의 수단이 아닌 최초의 수단(first resort)으로 사용할 것을 천명한 미국의 대량보복 전략은 핵무기가 "적은 비용으로 큰 효과"(a bigger ban for the buck)를 볼 수 있는 효율적 무기라는 시각을 반영하고 있었다(박건영, 2011 : 8).

미국과 소련 사이의 긴장이 최고조에 달한 것은 1962년 10월의 쿠바 미사일 위기 사건이었다. 1961년 당시까지 미소 간 핵 집중률은 미국이 70%로서 여전히 소련을 압도하고 있었다(하영선, 1991 : 50-52). 이에 따라 소련은 미국에 비해 뒤떨어지는 핵균형을 보완하고 새롭게 수립된 쿠바의 카스트로 정권을 보호하기 위해 약 4만 5천 명의 병력을 파견하는 한편 중거리 핵미사일 기지를 쿠바에 설치하려 시도했다(이석호 외, 2002). 뒤늦게 소련의 시도를 알게 된 미국의 케네디 대통령은 함대를 파견하여 쿠바를 봉쇄하는 한편 미사일 기지의 건설을 선전포고로 받아들일 것이며, 제3차 세계대전도 불사하겠다는 강경한 공식성명을 발표했다. 결국 이 위기는 미국과 소련 양국이 필사적으로 외교적 노력을 벌인 끝에 평화적으로 종결되었지만 실제로 인류가 핵전쟁에 가장 가깝게 근접했던 사건으로 평가

되고 있다.

1960년대 말에 이르러 소련의 핵능력이 미국에 근접하면서 양국의 군사적 대치상태는 이른바 "공포의 균형"상태를 맞게 되었다. 핵우위를 잃은 미국은 대량보복 전략을 포기하고 "상호확증 파괴"(Mutually Assured Destruction : MAD) 전략을 채택했다. 이는 소련이 미국을 먼저 핵으로 공격한다고 해도 미국이 소련을 궤멸시킬 수 있을 정도의 핵공격을 자동적으로 실시할 수 있다면 소련이 감히 선제 핵공격을 감행하지 못할 것이라는 이론에 기반하고 있었다(박건영, 2011 : 12-16). 1960년대 말까지의 핵 군비경쟁 결과 미국과 소련은 서로를 50번 이상 파괴할 수 있는 핵무기를 보유하게 되었고, 이러한 핵능력의 균형상태는 역설적으로 미소 양국이 서로를 인정하고 직접 충돌을 피하고자 하는 "장기적 평화"(The Long Peace)의 상태를 가져왔다(Gaddis, 1989).

1980년대 말 냉전이 종식된 이후 핵무기로 인해 지구 전체가 파멸될 수도 있다는 공포는 상당히 줄어들었다. 그러나 21세기 핵무기 관련 기술이 일반화되면서 핵무기의 확산을 막는 것이 시급한 문제로 새롭게 대두했다. 과거 핵무기는 높은 수준의 과학기술과 막대한 자원을 투입할 수 있는 여력을 갖춘 국가들만 개발할 수 있는 기술이었지만, 이제는 어떤 국가라도 일단 마음만 먹으면 핵무기를 개발하는 것에는 그다지 큰 기술적 어려움이 없어졌기 때문이다. 전 세계에서 가장 가난한 국가 가운데 하나인 북한이 핵실험을 감행한 것에서 보듯이 이제 어느 나라도 정치적 의지만 있다면 핵무기를 생산하는 것이 가능한 시대가 되었다. 1970년 발효된 "핵확산금지조약"(Nuclear Non-Proliferation Treaty)에서는 미국과 러시아 이외에 영국과 프랑스, 중국이 핵을 보유하는 것을 인정하고 있다. 하지만 이후 인도와 파키스탄이 핵무기를 개발하고 공식적으로 핵보유 국가임을 선언했으며, 아직까지 공식적으로 인정한 바는 없지만 이스라엘 또한 상당량의 핵무기를 보유하고 있다는 것은 공공연한 사실이다.

신흥 핵보유국 중 가장 심각한 문제로 받아들여지고 있는 것은 이란과 북한이다. 이 중 이미 핵실험을 실시하여 사실상의 핵보유국의 반열에 올라선 북한의 문제는 지금 한반도의 평화에 대한 가장 큰 위협이 되고 있다. 이미 핵을 보유한 국가들 이외에도 현재 핵무기 개발을 시도하고 있지는 않으나 경제적 · 기술적 역량에서 충분히 정치적 결단만 내린다면 매우 빠른 시기에 핵을 보유할 수 있는 국가들이 많이 존재한다. 핵 재처리 시설과 우라늄 농축 시설을 이미 갖추고 있는 일본 및 미군 철수로 인한 군사력 공백을 메우고자 이미 1970년대에 핵개발을 시도했던 한국도 잠재적 핵무장 가능 국가로 분류된다.

한국의 경우에는 1991년의 "한반도 비핵화에 관한 공동선언"으로 공식적으로 핵무기의 보유 가능성을 부인한 바 있다.[9] 그러나 한국의 원자력 관련 기술은 단시간 내 핵무기 개발이 충분히 가능한

---

9 1991년 12월 31일 채택된 "한반도 비핵화에 관한 공동선언" 제1조는 "남과 북은 핵무기의 시험, 제조, 생산, 접수, 보유, 저장, 배비, 사용을 하지 아니한다"라고 선언했다. 하지만 2조에서 "남과 북은 핵에너지를 오직 평화적 목적에만 이용한다"라고 함으로써 평화적 목적의 핵개발을 배제하지는 않고 있다.

수준이며, 더욱이 1970년대 후반부터 가동되기 시작한 한국의 발전용 원자로에서는 핵무기의 원료가 되는 플루토늄 추출이 가능한 사용후 핵연료가 계속 생산되고 있다. 한국에는 2011년 현재 총 20기의 원자로가 가동되고 있으며, 원자력 발전량은 국내 전체 발전량의 약 31.1%를 차지하고 있다(한국원자력산업회의, 2011 : 61). 이 중 16개는 플루토늄 추출이 사실상 불가능하다고 평가되는 가압경수로형 원자로인 반면, 플루토늄 추출이 가능한 가압중수로형 원자로 4기가 월성 원전에서 가동되고 있다. 이 가압중수로형 원자로에서는 연간 약 389톤의 사용후 핵연료가 발생하고 있으며, 2009년 현재까지 저장된 사용후 핵연료는 5,481톤에 달한다(한국원자력산업회의, 2009 : 293-4).

21세기 들어 중국, 인도, 브라질 등이 새로운 경제강국으로 떠오르면서 핵문제는 새로운 상황으로 접어들고 있다. 석유나 석탄, 천연가스 등의 화석연료 생산량이 한계에 달한 상태에서 이들 신흥공업국들이 경제발전을 위해 엄청난 양의 화석 에너지를 사용하고 있기 때문이다. 이에 따라 1990년대 이후 전 세계 유가(油價)는 큰 폭으로 오르고 있으며, 이것이 각국의 경제에 큰 압력으로 작용하고 있다. 이런 상황에서 석유를 대신할 에너지원으로 원자력발전소에 대한 관심이 증가한 것은 자연스러운 일이었다.

그러나 2011년 3월 일본에서 발생한 대규모 지진과 참사는 핵발전소의 안정성에 대한 의문을 다시금 증폭시켰다. 일본 동부의 태평양 연안에 위치한 후쿠시마 원자력발전소는 2011년 3월 11일 발생한 지진과 해일에 의해 원자로 냉각시설이 파괴당하는 큰 피해를 입었다. 이로 인해 원자로를 제어하지 못하게 되고 대규모로 방사성 물질이 대기, 토양, 바다, 지하수에 노출되는 사태가 벌어졌다. 사건 발생 후 1년이 넘도록 일본 정부는 후쿠시마 사태에 대한 확실한 해결책을 내놓지 못한 상황에서 일본을 비롯 전 세계에서 원자력발전소 정책에 대한 재검토가 이루어지고 있다.

총 54기의 원자로를 보유하고 있던 일본은 후쿠시마 사태 이후 원자력 발전에 대한 의존을 줄여야 한다는 여론이 비등하면서 2012년 5월에는 잠정적이나마 모든 원자로의 가동을 중지하는 이른바 "원전 제로" 상태를 맞게 되었다. 17기의 원자로를 갖고 있던 독일 또한 후쿠시마 사태 이후 8기의 원자로 가동을 중단하고 2022년까지 원자력 발전을 완전 중지할 것을 선언했다. 이어 벨기에, 이탈리아, 스위스, 덴마크 등도 원자력 발전에 대한 의존도를 대폭 낮추거나 아예 포기하는 쪽으로 정책을 검토하고 있다. 이 국가들은 원자력 발전 대신 풍력, 태양력 등 재생 가능 에너지원에 대한 의존도를 높이는 방향으로 에너지 정책을 수정하고 있다.

지금까지 살펴본 바와 같이 궁극적인 물질의 근원을 탐구하던 인간의 호기심은 결국 핵무기 개발로 이어졌고, 여기서 인간이 개발해낸 기술과 과학지식이 인간 스스로를 파멸해 버리지 않을까 하는 우려가 비롯되었다. 냉전 이후에도 핵무기의 공포는 아직 사라지지 않았을 뿐만 아니라, 북한과 이란의 핵개발에서 보듯 오히려 핵확산 방지는 더욱 어려운 과제가 되고 있다. 핵은 국제안보와 에너지 자원 확보, 그리고 환경보호라는 측면에서 우리가 당면한 가장 복잡하고도 까다로운 문제이다. 따라서 국제적인 공동 노력과 상호 감시없이는 핵은 21세기에도 여전히 인간에게 가장 공포의 대상으로 남아 있을 가능성이 크다.

5. 21세기의 과학과 정치

20세기는 인류 역사상 그 어느 때보다도 빠른 과학 및 기술의 발전이 이루어진 세기였다. 과학사를 연구하는 학자들은 20세기의 과학발전을 크게 세 가지 정도의 특징으로 설명하기도 한다(심광현, 2009 : 91-93). 첫째, 20세기는 무엇이 과학이며 과학이 어떻게 발전하는가 그 자체에 대한 논의가 활발하게 이루어지면서 과학 이론의 전체 틀이 격동하는 시기였다. 물리학계를 지배해 오던 뉴턴의 세계관이 상대성 이론과 양자역학의 등장으로 부정되면서 비트켄슈타인, 칼 포퍼, 토마스 쿤 등이 과학철학을 발전시켰다. 둘째, 복잡계(complex system)를 연구하는 학문들이 자연과학과 사회과학 전 영역에서 크게 각광을 받으면서 생태학, 사이버네틱스, 프랙탈, 카오스 이론 등이 등장했다. 셋째, 정부 주도 하에 기업, 연구소, 대학, 군부 등이 서로 유기적으로 연계되어 연구활동을 하는 이른바 "산학연 체제"가 확립되었고, 이에 따라 과학 연구에 엄청난 인력과 자본이 투입되는 "거대과학"(김영식 외, 2007)이 발전했다.

이러한 20세기의 과학발전은 이른바 오늘날의 "지식정보사회"의 등장을 가져왔다. 그렇다면 21세기의 과학은 어떠한 양태의 발전을 보일 것인가? 많은 예측이 있지만 자주 인용되는 것 중 하나로 미래학자 레이 커즈와일(Ray Kurzweil, 2005)의 "GNR 혁명"이 있다. 그는 21세기 전반부에 세 개의 과학기술혁명이 우리의 삶을 바꿀 것이라고 예측하는데, 즉 유전학(genetics), 나노 기술(nanotechnology), 로봇 공학(robotics)의 혁명이 동시적으로 진행되면서 21세기 중반이 되면 인간의 지능을 수십억 배 이상 초월한 인공지능이 탄생할 것이라고 주장한다.

이러한 미래의 과학기술에 대한 예측은 종종 우리의 상상력을 넘어서서 허무맹랑하게 들릴 때조차 있다. 하지만 아인쉬타인조차 맨해튼 프로젝트가 성공하기 전에는 인류가 핵분열 반응을 조절하여 원자력을 이용할 수 있을 것이라는 데에 의구심을 표시했던 적이 있을 만큼 눈부신 속도로 발전하는 과학과 기술의 방향을 예측하는 것은 쉽지 않은 일이다. 그러나 20세기의 역사가 우리에게 가르쳐 준 것이 있다면 정치와 윤리, 인간의 존엄에 대한 진지한 고려가 결여된 과학의 발전은 우리 스스로를 파멸시킬 수 있는 치명적인 무기가 될 수 있다는 점이다. 이런 이유로 1990년대부터는 과학기술의 민주적 통제에 대한 논의가 심도 있게 진행되고 있다. 즉 "현대 사회에서 민주주의를 성찰하는 데 있어 과학기술의 문제를 빼놓을 수 없다"(백영경, 2010 : 40-41).

과학과 기술이 정치 및 사회와는 직접적 연관성 없이 자체의 논리로 발전한다는 주장과, 이와 반대로 과학지식 또한 사회적 합의의 산물이며 객관적이고 외생적인 과학 혹은 기술이란 존재할 수 없다는 주장이 계속 대립하고 있다. 아마도 답은 그 중간 어디쯤 존재할 것이다. 과학자들이 무엇을 연구대상으로 삼고 어떠한 방식으로 연구하는지, 그리고 어떤 연구가 중요하다고 인정받는지를 결정하는 데 정치와 사회, 특히 20세기 이후로는 시장의 역할을 빼놓고 이야기하는 것은 불가능하다. 하지만 모든 과학적 지식이 결국은 사회적 합의이며 주관적 진실일 뿐이라는 것도 지나친 논리이긴 마찬가지이다. 결국 스노우의 주장대로 "두 문화" 사이의 화해를 모색하는 것에 21세기의 우리 삶이 얼마나 행복할 수 있는가가 달려 있다고 할 수 있을 것이다.

11장/ 지구화 시대의 국제정치 비판

구갑우

1. 문제 제기

한국에서 국제정치 또는 국제정치학을 공부한다는 것이 어떤 의미가 있을까? 예를 들어 한국 정치에 대한 공부와 과학적 분석은 한국 사회에서 좀 더 좋은 정치적 삶의 실현에 이바지할 수 있을 것이다. 우리는 국제적 차원에서 좀 더 좋은 정치적 삶을 만들기 위해 국제정치를 공부하는 것일까? 우리가 언론을 통해 보는 국제정치의 세계에서는 힘(power)이 모든 것을 지배하는 것처럼 보인다. 예를 들어 현재의 패권국가인 미국의 일방주의를 제어할 수 있는 대안을 찾기란 쉽지 않다. 따라서 국제정치를 지배하는 것은 힘이라는 주장이 직관일 수 있지만 많은 부분 진실에 근접해 있다고 평가할 수 있다. 국내세계에서도 힘이 정치를 결정하는 중요한 요인이기는 하지만 민주적 과정을 통해 다양한 정치세력의 힘이 제어될 수 있다. 반면 국제세계에서는 민주주의가 작동하지 않는 것처럼 보인다. 많은 학자들이 지적하는 것처럼 국제정치의 세계는 민주적으로 선출된 중앙정부를 매개로 공공성의 실현을 도모하는 국내정치의 세계와 달리 중앙정부가 결여된 '무정부 상태'(anarchy)라고 할 수 있다. 따라서 국제정치 공부에서는 바람직한 국제사회 건설이라는 규범적 목표가 실종되곤 한다.

국제세계에서 다른 국가를 제압할 군사적 · 경제적 힘을 가지고 있지 못한 한국과 같은 개방형 소국(小國)에서 국제정치를 공부하는 것은 권력정치 또는 힘의 정치(power politics)에 순응해 가며 사는 방법 또는 강대국이 경쟁하는 와중에서 우리의 이익을 챙기는 책략(策略)을 익히는 것이 될 수도 있다. 북한과 미국이 핵문제를 둘러싸고 대립할 때 한국이 두 국가를 중재할 수 있을까?

친미(親美)성향의 학자가 아니더라도 한국이 할 수 있는 일의 한계가 있다는 생각을 떨쳐버리기는 쉽지 않을 것이다. 그렇다면 소국의 입장에서 국제정치의 세계는 자율성이 극히 제한된 대단히 우울한 세계가 될 수밖에 없다. 이른바 지구화(globalization) 시대에 우리의 생존과 발전을 위해서는 국제어인 영어를 공용어로 사용해야 한다는 주장도 개방형 소국의 한계를 돌파하기 위한 고육지책(苦肉之策)이라고 할 수 있다. 영어 공용화론을 둘러싼 논쟁이 세계주의와 민족주의의 대립이 아니라 실용적 민족주의와 원리민족주의의 대립이라는 진단도 나름의 설득력이 있다.[1] 영어 공용화를 추구하는 세력도 '우리 민족'의 생존과 발전을 고려하고 있기 때문이다. 즉 국제정치는 그 정의상 복수(複數)로 존재할 수밖에 없는 국민국가 또는 민족국가(national states) 사이의 게임이라고 할 수 있다. 이 국가의 심리적 기초가 민족적 정체성 또는 민족적 일체감이다. 한반도에 하나의 민족적 정체성이 존재하는지의 여부도 논쟁의 대상이지만, 위의 기준에 따른다면 한반도에는 여전히 온전한 형태의 민족국가는 존재하지 않는다고 할 수 있다. 이른바 통일로 표현되는 민족국가의 완성이 우리에게 주요한 과제처럼 인식되는 것도 부분적으로는 이 국제정치의 효과라고 할 수 있다.

국제정치의 세계에서 국제기구나 다국적 기업이나 계급과 같은 국가 이외의 행위자가 존재하지 않는 것은 아니다. 그러나 국제정치 학계의 주류는 국가를 가장 중요한 행위자로 인식하고 있고, 이 인식은 상당 정도 우리의 상식을 벗어나지 않는다. 현대 세계를 묘사하는 새로운 담론 가운데 하나인 이른바 '지구화'는 이 국가중심적 세계에 대한 강력한 문제 제기일 수 있다. 지구화로 인해 '정치적 경

---

1 복거일과 같은 자유주의적 지식인과 과거 주체사상을 학생운동에 도입했던 세력이 영어 공용화론을 제창하고 있다는 점은 매우 흥미롭다. 복거일, 『국제어 시대의 민족어』(서울 : 문학과 지성사, 1998) ; 김영환, "영어 공용화는 사회발전의 피할 수 없는 요구이다," 『시대정신』, 창간호(1998) 참조. 복거일, 남영신, 한영우, 이윤기 등이 참여한 논쟁을 민족주의 내부에서의 대립으로 평가한 간략한 글은 정과리, 『문명의 배꼽』(서울 : 문학과 지성사, 1998), pp. 34-37.

계' 의 중요성이 감소하고 있기 때문이다.

인류는 이제 민족국가가 아닌 새로운 형태의 '정치공동체'를 찾고 있는지도 모른다. 따라서 "지구화 시대의 국제정치 비판" 이라는 이 글의 제목은 모순일 수 있다. 국제(國際, international 또는 interstate)라는 용어 자체가 국가들 '사이' 라는 의미를 지니고 있기 때문이다. '지구정치'(global politics)라는 용어가 사용되기도 하지만 아직은 시민권을 획득한 것처럼 보이지는 않는다. 이 인식의 한계를 고려하면서, 더불어 국제정치에 대한 설명이 강대국 중심적 또는 서구중심적일 수밖에 없는 현실을 인정하면서 현대 국제정치의 세계를 설명하고 새로운 대안을 모색해 본다.

2. 세 개의 삽화와 국제정치 이론

우리의 시각에서 국제정치를 바라보는 것은 쉽지 않은 일이다. 우리는 종종 주위에서 미국의 고민을 대신해 주는 학자와 정치가들을 보기도 한다. 만약 우리의 시각을 강조하면 세계에는 국가 수만큼의 시각이 있음을 인정해야 한다. 그렇다면 그들 사이의 소통은 어떻게 이루어질 수 있을까? 소통이 이루어지지 않는다면 서로의 차이를 절대화하는 힘의 정치가 나타날 수밖에 없다. 다른 한편으로 우리는 인류가 공유할 수 있는 보편적 가치를 설정할 수도 있다. 그러나 국제정치의 장에서 그 보편은 힘으로 나타나곤 한다. 그리고 항상 그 보편은 특정 국가의 보편이 되기도 한다. 패권국가인 미국이 자신들의 이익을 위해 다른 국가의 문제에 개입할 때 그들은 민주주의의 수호와 같은 보편적 가치의 깃발을 내세우곤 한다. 그렇다면 이 보편과 특수의 대립을 넘어서서 희망의 원리를 간직한 국제세계를 만들 수 있는 방법은 없을까? 이 질문은 "인간은 자신이 풀 수 있는 문제만을 제기한다"는 맑스(K. Marx)의 언명에 부합하는 것이 될 수 있을까?

위와 같은 질문을 던지는 순간 우리는 국제세계의 변화를 가정하게 된다. 그러나 모든 국제정치학자가 국제세계의 변화 가능성에 동의하는 것은 아니다. 인간은 현실과 마주할 때 통상 세 가지 정도의 입장을 보인다. 기존의 현실을 인정하고 유지하려는 '보수적' 시각, 기존 현실의 점진적 변화를 도모하는 '개혁적' 시각, 기존 현실의 근본적 변혁을 꿈꾸는 '혁명적' 시각 등이 그것이다. 국제정치 이론에서도 이 세 가지 시각이 경쟁하고 있다. 현실주의가 보수적이라면 자유주의는 개혁적이고, 맑스주의 계통 이론은 비판적이며 혁명적이다. 그러나 모든 국제정치 이론이 반드시 이 세 범주로 정확하게 정리될 수 있는 것은 아니다. 이 세 범주 '사이에' 위치지울 수 있는 절충적 이론들도 있다. 예를 들어 현실주의와 자유주의, 자유주의와 맑스주의 사이에 일정한 공통분모가 있는 것도 사실이다. 또한 맑스주의는 현실에 대한 과학적 분석에 의거해 변혁적 실천을 기획한다고 주장한다는 점에서 또 다른 의미의 현실주의로 분류될 수도 있다. 이 글에서는 국제정치 이론을 인간의 의식적 실천을 통해 세계 평화의 가능성을 희구하는 '이상주의'와 힘의 정치를 중시하는 '현실주의', 그리고 이상과 현실 사이에서 점진적 개혁을 추구하고자 하는 '개혁주의'로 구분한다.[2] 헤겔의 말처럼 "현실적인 것이 이

---

2 국제정치 이론의 분류기준은 학자마다 상이하다. 이상주의, 현실주의, 개혁주의의 삼분법이 주어진 현실의 변화 여부와 관련되어 있다면, 라카토스적 과학철학에 입각하여 각 이론들의 핵심 가정에 주목하여 자유주의, 맑스주의, 현실주의로 분류할 수도 있다. 자유주의는 개인들을 주요한 행위자로 간주하고, 개인들이 합리적인 행위자이며 효용을 극대화하는 행위자라고 생각한다. 그리고 개인들은 재화의 교환을 통해 효용을 극대화한다고 가정한다. 반면 맑스주의는 계급을 지배적 행위자로 간주하고, 계급이 자신의 물질적 이익을 극대화하는 행위자라고 생각한다. 그리고 자본주의 경제의 기초는 자본에 의한 노동의 착취라고 가정한다. 현실주의는 국민국가를 지배적 행위자로 간주하고, 국민국가는 권력을 극대화하는 행위자라고 생각한다. 그리고 국민국가는 자유주의자들이 개인을 합리적 행위자로 생각하는 것과 마찬가지의 의미에서 국민국가를 합리적 행위자로 가정한다. J. Frieden and D. Lake, "International Politics and International Economics," C. Goddard, J. Passé-Smith and J. Conklin, eds., *International Political Economy : State-Market Relations in the Changing Global Order*(Boulder : Lynne Rienner, 1996).

다른 한편 국제정치에서 작동하는 '주요 변수'를 기준으로 국제정치 이론을 분류할 수도 있다. '힘'에 주목하는 현실주의, '이익'에 주목하는 자유주의, '정체성'에 주목하는 구성주의의 삼분법이 이 분류다. 그러나 정체성이 힘과 이익을 정의하는 변수가 될 수 있다고 생각한다면 이 분류는 적절하지 않을 수도 있다. 즉 구성주의는 하나의 국제정치 이론이라기보다는 현실주의와 자유주의를 세련되게 보완하는 철학적 조류로 간주될 수 있다. 특히 미국적 구성주의는 현실주의와 자유주의 가운데 한 이론적 흐름과 접목되곤 한다. 구성주의와 관련해서는 알렉산더 웬트, 박건영 · 이옥연 · 구갑우 · 최종건 옮김, 『국제정치의 사회적 이론 : 구성주의』(서울 : 사회평론, 2009) ; 미국적 구성주의 비판은 구갑우, 『국제관계학 비판 : 국제관계의 민주화와 평화』(서울 : 후마니타스, 2008) ; 현실주의, 자유주의, 구성주의라는 삼분법에 기초하여 한반도 국제정치를 분석한 사례로

상적인 것인가" 아니면 "이상적인 것이 현실적인 것인가?"

(1) 존 레논의 〈이매진〉과 이상주의

산업혁명 벨트의 왼쪽에 위치한 영국의 리버풀(Liverpool)은 전형적인 노동자계급의 도시이다. 이 도시의 자랑 가운데 하나가 그들의 애환을 함께 했던 록밴드 비틀즈이다. 비틀즈의 구성원 가운데 한 명인 반전(反戰) 평화운동가 존 레논(J. Lenon)이 부른 〈이매진〉(*Imagine*)은 개혁적 · 혁명적 이상주의를 담고 있는 노래 가운데 하나다. 존 레논은 천국, 국가, 종교, 소유가 없는 세계를 노래하고 있다. 스스로 꿈꾸는 사람이 될 수 있음을 알면서도 언젠가는 다른 사람들이 새로운 세계를 만드는 작업에 동참함으로써 세계가 하나가 될 날을 그리고 있다. 주목할 만한 것은 그가 꿈꾸는 국가 없는 세계이다. 레논은 민족국가로 분할된 세계야말로 전쟁을 야기하는 원인이라고 생각했다. 찰리 채플린(C. Chaplin)의 영화 〈위대한 독재자〉에서도 전쟁을 없애기 위해서는 국경이 없어져야 한다는 연설을 들을 수 있다. 이상주의자들에게 전쟁은 인간 본성에도 위배되는 정치현상이다. 그들은 민족적 정체성에 기반을 두고 만들어진 국제체제를 전복할 때 비로소 평화가 올 것이라고 생각한다.

는 서재정, 『한미동맹은 영구화하는가 : 군사동맹과 군사력, 이해관계 그리고 정체성』(파주 : 한울, 2009) 참조.

그렇다면 민족국가들이 각축하면서 형성되는 무정부 상태를 어떻게 극복할 수 있을 것인가? 가장 먼저 떠오르는 대안은 민족국가들을 하나의 국가로 만드는 것이다. 즉 세계정부의 건설이 하나의 대안일 수 있다. 그렇다면 실제로 세계정부의 건설이 가능할 수 있을 것인가, 가능하다면 어떤 경로로 만들어질 수 있을까? 그리고 그 세계정부는 어떤 형태일까라는 질문을 제기할 수 있다. 이 질문들은 인간의 역사가 신(神)과 같은 외부적 힘에 의해 주어지는 것이 아니라, 인간의 목적의식적 실천을 통해 만들어질 수 있다는 인식을 전제할 때만 성립될 수 있는 것들이다. 이와 더불어 평화에 대한 열망이 없다면 이 질문들은 제기될 수 없다. 지금은 너무나 당연한 것처럼 간주되는 질문의 성립요건이지만 서양 역사에서 이 두 요건은 중세에서 근대로의 이행과정에서 '발명'된 것이다. 이 인식의 전환을 이끈 주요한 사상가가 바로 18세기 철학자 칸트(I. Kant)이다.

칸트 이전에는 전쟁이 평화와 정의를 실현하기 위해 필수불가결한 것으로 간주되었다.[3] 4세기의 신학자인 성 아우구스티누스(St. Augustine)는 전쟁을 신국(神國)의 시민이자 동시에 세속왕국의 시민인 타락한 인간이 감내해야 하는 것으로 생각했다. 기독교 세력 내부의 전쟁 및 기독교적 세계를 유지·확대하기 위한 이교도와의 전

---

3 칸트 이전의 서구의 국제정치 사상에 대해서는 C. Brown, T. Nardin and N. Rengger eds., *International Relations in Political Thought : Texts from the Ancient Greeks to the First World War*(Cambridge : Cambridge University Press, 2002) ; 최상용, 『평화의 정치사상』(서울 : 나남, 1997) 참조.

쟁이 불가피했기 때문이다. 따라서 이른바 정의의 전쟁(just war)은 교회가 승인한 자연적인 질서의 일부였다. 16세기 초의 종교개혁과 1648년 웨스트팔리아(WestpHalia) 평화 등을 계기로 교회권이 군주권으로 대체되고 새로운 제도로 등장한 '국가들'—국가들의 체제(system of states)—이 대내외적 '주권'을 가지게 되면서 정의의 전쟁의 주체는 국가로 바뀌게 되었다. 주권국가는 필요하다면 언제든지 전쟁할 권리(jus ad bellum)를 가지게 되었다.[4] 국가의 생존을 최우선의 가치에 두는 마키아벨리적(Machiavellian) '국가 이성'(raison d'état)이 신의 목소리를 대체하게 된 것이다.

칸트는 국가의 정당한 권리를 제한하고 평화를 획득하기 위해서는 전쟁을 삶의 자연스러운 부분으로 인식하게 만드는 군주와 귀족 중심의 정치체제를 혁파하고 모든 국가를 '공화정'으로 만들 수 있어야 한다고 생각했다. 그리고 영구평화를 위한 여정의 다음 단계로 국제체제의 무정부 상태를 제거하고 개별적으로 처리되고 있는 안보문제를 집단적으로 해결할 수 있는 '국제연맹'(League of Nations)의 창설을 제안했다. 그리고 영구평화의 최종 단계로 "보편적 세계시민 상태"의 도래를 희망했다. 칸트는 평화를 성취하는 과정이 매우 지난하고 사실상 불가능할 수도 있다고 느꼈지만 그에게 평화는 인간 이성에 기초한 도덕적 정언명령이었다.[5] 사실 칸트의 이 평화사상은

---

4 마이클 하워드, 안두환 옮김, 『평화의 발명 : 전쟁과 국제질서에 대한 성찰』(서울 : 전통과 현대, 2002).

5 임마누엘 칸트, 빌헬름 바이셰델 엮음, 손동현 · 김수배 옮김, 『별이 총총한 하

군주 및 귀족을 제치고 새로운 지배계급으로 부상하던 부르주아지의 이해를 반영한 것이었다고 할 수 있다. 즉 '자본주의 생산양식'이 등장하면서 부의 극대화 논리가 전쟁의 논리를 압도하게 되었고, 따라서 전쟁은 부의 극대화에 기여할 때만 그 유용성을 인정받았다. 즉 평화사상은 중세의 기독교적 질서에 대한 비판이면서 동시에 새로운 부르주아 사상의 윤리적 정당화를 위한 무기였다. 평화는 부의 극대화에 복무하는 또 다른 질서였다.[6]

칸트의 이상주의는 프랑스 대혁명과 그 이후의 전쟁을 거치면서 19세기 후반에 "민족과 국가의 결합"으로 형성된 민족국가 체제가 군주적 질서를 대체한 '큰 전쟁'(Great War)인 제1차 세계대전 이후 본격적으로 실험되기 시작했다.[7] 유럽 국가들과 달리 식민지에 의존

늘 아래 약동하는 자유』(서울 : 이학사, 1992), 78-86쪽 ; I. Kant edited with an Introduction and Notes by H. Reiss, *Kant's Political Writings*(Cambridge : Cambridge University Press, 1970).

6 그러나 평화가 새로운 질서로 정착되는 것은 쉽지 않았다. 극단적 사례이기는 하지만 수학자이자 종교철학자인 베른하르트 볼차노(B. Bolzano) 프라하 대학교 교수는 '1824년' 대학 강의에서 평화를 설교했다는 이유로 교수직을 떠나야 했다. 개인적인 원한 등이 개입된 문제이기는 했지만, 당시만 해도 전쟁이야말로 국가 간 문제를 해결하는 유일한 방법이라는 생각이 지배적이었기 때문이다. 애머 악첼, 신현용 · 승영조 옮김, 『무한의 신비』(서울 : 승산, 2002), pp. 74-75.

7 민족이 어떻게 형성되었는가를 둘러싸고는 다음 세 가지 견해가 있다. 첫째, 민족은 책이나 신문과 같은 매체를 발행하는 인쇄자본주의를 매개로 '상상'되었다는 주장이 있다. 베네딕트 앤더슨, 윤형숙 옮김, 『상상의 공동체』(서울 : 나남, 2002). 둘째, 민족은 국기나 국가와 같은 상징들을 통해 '발명'되었다는 견해가 있다. 에릭 홉스봄, 강명세 옮김, 『1780년 이후의 민족주의』(서울 : 창작과비평

하지 않던 미국의 입장에서 보면 민족자결권 보장은 미국의 이익에 부합하는 정책이었음을 부정할 수는 없다. 그러나 1918년 미국의 윌슨(W. Wilson) 대통령을 비롯한 칸트의 후예라고 스스로를 생각했던 사람들은 제1차 세계대전 직후 평화로운 세계질서의 핵심이 식민지를 폐지하고 식민지 국가의 독립을 보장하는 '민족자결권'에 있다고 생각했다. 그리고 민족국가들의 '공동 이익'인 집단안보를 실현할 수 있는 보편적 국제기구인 국제연맹(League of Nations)을 창설하고자 했다. 국제연맹의 창설은 세계정부에 버금가는 국제기구 건설을 통해 국제체제의 무정부 상태를 제어할 수 있다면 평화를 실현할 수 있다는 자유주의적 신념의 실험이었다. 그러나 새로이 부상하던 패권국가인 미국 의회가 국제연맹 규약을 비준하지 않자 그 온건한 실험조차 실패로 돌아갔다. 영국의 역사학자이자 국제정치학자인 카(E. H. Carr)가 지적하는 것처럼 이상주의의 실패는 엄격한 경험적 분석이 수반되지 않은 '소망적 사고'(wishful thinking) 때문이었다고 할 수

사, 1998). 셋째, 민족은 인종적 기원을 매개로 재구조화되었다는 주장이 있다. A. Smith, *The Ethnic Origins of Nations*(London : Blackwell 1987). 5,000년의 역사와 전통을 자랑하는 이른바 '단일민족론'에 워낙 길들여진 한국인에게 첫 번째와 두 번째 주장은 매우 생소할 수도 있다. 그러나 최근 들어 한국의 민족도 상상되거나 발명되었다는 주장이 개진되고 있다. 고미숙, 『한국의 근대성, 그 기원을 찾아서』(서울 : 책세상, 2002) ; 이성시, 『만들어진 고대 : 근대 국민국가의 동아시아 이야기』(서울 : 삼인, 2001) ; 전재호, 『반동적 근대주의자 박정희』(서울 : 책세상, 2000) ; 조현범, 『문명과 야만 : 타자의 시선으로 본 19세기 조선』(서울 : 책세상, 2002) 등을 참조.

있다.[8]

현재의 국제연합을 세계정부라고 할 수는 없지만 자유주의 계열의 이상주의자들은 국제연합을 매개로 한 세계정부 구상을 제출하고 있다. 헤겔류의 목적론임을 인정하면서도 인류의 파국을 막기 위해서는 세계국가가 불가피할 수밖에 없다는 논리이다. "전쟁의 파괴력의 증대와 군사적 기술의 전파로 인해 전쟁비용을 감당하기가 부담스러워졌을 뿐만 아니라, 이제는 강대국조차도 타국에 대한 승인을 보장하는 글로벌 차원의 헌법적 규제를 거부하면 엄청난 대가를 치러야 하기 때문"에 세계국가가 현실로 다가올 수밖에 없다는 것이다.[9] 이 주장에는 국제관계의 진보를 생각하는 자유주의적 고려가 담겨 있다.

다른 한편 자유주의 계통의 이상주의자들이 평화를 설계하는 동안 맑스주의자들도 대안적인 이상적 평화안을 내놓았다. 1917년 러시아 혁명을 이끈 레닌(V. I. Lenin)은 전쟁의 원인, 즉 민족국가들의 갈등원인이 자본주의적 착취와 그것의 전 세계적 확장으로 발생한 자본주의 초강대국들의 영토 분할에 있다고 주장했다.[10] 국제체제에서 전쟁의 원인을 찾지 않는다는 점에서 자유주의자와는 사뭇 다른 인식이라고 할 수 있다. 칸트가 공화정을 평화의 전제조건으로

8 에드워드 카, 김태현 옮김, 『20년의 위기』(서울 : 녹문당, 2000).

9 A. Wendt, "Why a World State is Inevitable," *European Journal of International Relations*, 9 : 4(2003).

10 블라디미르 레닌, 남상일 옮김, 『제국주의론』(서울 : 백산서당, 1988).

설정한 것처럼 레닌을 비롯한 맑스주의자들은 자본주의 체제가 소멸할 때 평화가 가능하다고 생각했다.

그 과정은 전 세계적 차원에서의 연속적인 사회주의 혁명이었다. 마치 중세 기독교 세력이 구상했던 정의의 전쟁처럼 맑스주의자들은 사회주의를 달성하기 위해서는 혁명전쟁이나 식민지 국가의 민족해방 전쟁이 불가피하다고 생각했다. 사회주의 혁명이 달성되면 과도기적으로 부르주아지 독재국가와 유사한 프롤레타리아트 독재국가가 유지되겠지만 점차적으로 국가가 사멸할 것이고, 따라서 평화로운 세계질서가 도래할 것이라고 믿었다. 그러나 맑스주의자들이 꿈꾸던 세계혁명은 이루어지지 않았고, 사회주의 혁명에 성공한 소련은 '일국사회주의'의 길을 걷기 시작했다. 또 다른 이상의 좌절이었다.

현재 맑스주의자들은 세 갈래의 길을 가고 있다. 지구화 시대임에도 불구하고 일국적 차원의 혁명이 여전히 유효하다고 주장하는 세력과 민족국가의 사멸을 추진하고자 하는 세력이 분기되고 있다. 후자를 대표하는 이론가들은 자유주의처럼 헤겔류의 목적론을 견지하면서 "국가와 자본을 통제하지 않으면 우리는 이대로 파국의 길을 걷고 말 것"이기 때문에 "각국에서 군사적 주권을 서서히 국제연합에 양도하도록 하여" "국가를 지양"해야 한다고 주장하고 있다.[11] 다른 한편 국가와 자본을 넘어서려 하지만 그 대안으로 세계국가가 아닌 '작은 공동체들의 연합'을 생각하는 맑스주의 계통의 이론가들도

---

11 가라타니 고진, 조영일 옮김, 『세계공화국으로』(서울 : 도서출판b, 2007).

있다.[12]

(2) 9·11과 현실주의

2001년 9월 11일, 미국 뉴욕의 세계무역센터 건물과 워싱턴의 국방부 건물에 미국 국내선 항공기가 돌진했다. 이 두 건물은 세계 자본주의와 미국의 군사적 패권을 상징하는 목표물이었다. 거의 3,000명에 달하는 민간인이 사망한 이 사건은 전쟁에 버금가는 재앙임이 틀림없다. 이 사건이 발생하자 미국 정부는 즉각 전쟁상황을 선포했다. 미국 독립전쟁 당시 영국군의 공격을 받은 이후로 한 번

12 W. 워런 와거, 『인류의 미래사 : 21세기 파국과 인간의 진전』(서울 : 교양인, 2006)에서는 '2044년' 파국 이후의 세계질서로 두 경로를 제시하면서 각각의 경로의 한계를 지적하고 있다. 하나는 칸트-맑스적 길인 사회주의적 '지구공화국' 시대이다. 이 세계연방은 통합, 평등, 민주주의, 자유에 입각했지만 우리에게 "남은 자유는 오직 자유의 상실을 슬퍼할 권리뿐"이었다. 다른 하나는 니체-맑스적 경로로 정부 없는 지배의 세계이다. 사람들이 소규모 공동체 생활과 참여민주주의를 향유하는 세계였다. 정치의 과잉과 비자유주의가 문제가 된 이 세계는 "우리가 원하는 일을 하며 살 수 있는 권리가 있(지만), 빈틈없이 짜인 사회에 적응하지 못하는 사람들에게 공동체는 규모가 작을수록 감시의 시선을 벗어나기 더 힘든 것 또한 사실이"었다. 작은 공동체들의 연합은 그 한계를 절감하면서 "연방 저변에 깔린 역사적 인간 통합의 상징 겸 합류점 역할을 할 수 있는 소박한 부활"을 꿈꾸게 된다. 국제관계의 진보와 관련된 이 논의들에 대한 나름의 검토로는 구갑우, 『국제관계학 비판』, 5장 참조.

도 본토에서 전쟁을 경험하지 않았던 미국인들에게는 엄청난 충격이었다. 9·11은 1941년 일본군의 진주만 기습보다 미국인에게 훨씬 더 큰 충격이었을 것이다. 따라서 전쟁선포에 대해 미국인이면 어느 누구도 이의를 제기할 수 없는 분위기가 조성되었다.

이제 특정한 날짜를 지칭하는 '9·11'은 21세기 국제정치를 설명하고 예측하고자 할 때 반드시 언급될 수밖에 없는 고유명사가 되었다. 그만큼 9·11은 국제정치학적 분석이 필요한 사건이다.[13] 9·11에 대해서는 아직도 많은 질문이 미결로 남아 있다. 예를 들어 다음과 같은 질문들이다. 누가 공격의 배후인가? 누가 9·11을 일으켰는지 어떻게 증명할 것인가? 비행기 납치범은 누구였는가? 9·11에서 얼마나 많은 다른 목표물이 있었는가? 그들은 어느 정도의 피해를 주고자 했는가? 왜 9·11을 명령했는가? 비행기 납치범들은 매우 운이 좋았는가? 서방의 정보기관이 실패했는가? 미국은 9·11에 대한 이슬람 세계의 반응을 이해했는가?

이슬람의 '비국가적' 조직인 알카에다(al-Qaeda)가 9·11의 주범이라는 확실한 증거는 제출되고 있지 않지만 미국과 미국의 동맹세력은 9·11이 알카에다가 주도한 테러임을 의심하지 않는 것처럼 보인다. 9·11이 국가와 비국가적 행위자 사이의 충돌이라는 점에서 전

---

13 9·11을 다양한 국제정치학적 시각에서 분석한 책으로는 K. Booth and T. Dune, *Worlds in Collision : Terror and the Future of Global Order*(New York : Palgrave Macmillan, 2002) 참조. 이하의 언급에서는 이 책의 여러 논문을 참조했다. 지면의 제약으로 각각의 주석을 달지는 않았다.

통적 의미의 전쟁이 아닐 뿐만 아니라, 좀 더 중요하게 9·11은 미국적 또는 서구적 합리성(rationality)과 이성을 수용하지 않는 다른 세계인 이슬람 세계가 미국과 서구를 바라보는 시각, 그리고 근본적으로는 그 세계에서 살아가는 사람들의 정신을 이해하지 않고는 설명될 수 없는 사건이다.

그럼에도 불구하고 미국 국제정치학의 주류(主流)인 현실주의는 그 시각 및 이론이 가지는 장점처럼 9·11을 매우 '단순하게' 해석한다. 현실주의자들은 9·11의 '근본 원인'에 대해 고민하기보다는 9·11이 야기한 결과에 주목한다. 9·11이 무정부 상태에서 국가들이 자신들의 힘과 이익을 극대화하기 위해 벌이는 게임인 국제정치의 근본구조를 바꾸지 못했고, 결과적으로 미국의 패권과 군사적 힘을 증대시켰다는 것이다. 또한 그들은 9·11을 패권국가로서 미국이 국제평화를 위해서 세계의 보안관 역할을 해야 한다는 것을 입증한 사건으로 해석하기도 한다. 우리는 9·11 이후 미국이 벌이고 있는 이른바 '테러와의 전쟁'을 통해 군사주의적 담론 및 정책이 더욱 강화되면서 국제세계에서 힘의 불균형이 심화되고 있음을 보았다. 이 점에서 현실주의적 직관의 위력을 볼 수 있다.

고전적 현실주의자인 모겐소(H. Morgenthau)는 국제정치가 힘으로 정의되는 국가이익에 기초한 객관적 법칙에 의해 지배된다고 생각했다.[14] 이 법칙은 인류가 등장한 이래로 불변이라는 것이 현실주

14 H. Morgenthau, *Politics among Nations : The Struggle for Power and Peac*(New York : McGraw-Hill, 1985).

의자들의 생각이다. 즉 국제정치의 핵심 행위자인 국가는 미시경제학의 행위자처럼 자기 이익을 극대화하기 위해 노력한다는 것이다. 따라서 국가의 도덕적 의무가 있다면 그것은 자기 이익을 극대화하는 것이다. 이 국가의 합리적 행위는 그것이 설사 인류를 파괴할지라도 거역할 수 없는 정언명령이 된다.[15]

현실주의자들이 고려하는 힘의 원천은 상황에 따라 변화하기는 하지만 현실주의자들은 군사력을 가장 중요하게 여긴다. 그 이유는 군사력이 국가의 사활적 이익인 안보를 보장하기 때문으로, 이 법칙은 그 국가가 민주국가든 독재국가든 종교국가든 상관없이 모든 국가에 관철되고 있다는 것이다. 17세기 영국의 철학자 홉스(T. Hobbes)가 지적한 자연상태, 즉 만인의 만인에 대한 투쟁이 국가를 매개로 해소되면서 만국의 만국에 대한 투쟁이 벌어지는 곳이 바로 국제정치의 장이다. 이 국가들 사이의 갈등을 표현하는 대표적 개념이 '안보 딜레마'이다. 한 국가가 방어적 이유에서 군비증강을 한다 해도 상대방 국가는 침략의 위협을 느껴 군비증강을 하게 된다는 것이다. 즉 국제세계에서 국가들 사이의 신뢰를 형성하기 어렵다는 것이 현실주의자의 주장이다.

따라서 현실주의자들은 이상주의자들과 달리 국제세계의 평화

---

15 국제정치학과 미시경제학의 근본 가정인 국가와 개인의 합리성에 대해 불편함을 느끼는 사람은 그 가정에 대한 훌륭한 비판서인 노벨경제학상 수상자 아마티아 센(A. Sen)의 『윤리학과 경제학』(서울 : 한울, 1999) 참조. 합리성의 가정에서 출발하지만 그 합리성의 진화의 결과 이타성이 출현할 수 있음을 보여주는 연구서로는 최정규, 『이타적 인간의 출현』(서울 : 뿌리와이파리, 2004) 참조.

가 국가들 사이의 협력으로 달성될 수 있다고 생각하지 않는다. 사실 현실주의자들은 국제평화의 가능성을 부정한다. 그들이 생각하는 평화는 전쟁이 없는 상태로서의 평화, 즉 소극적 평화이고, 그 평화는 세력균형(balance of power)을 통해 달성될 수 있을 뿐이다. 18세기 유럽 사회에서 국가가 탄생하면서 발명된 세력균형의 개념은 우주의 질서가 행성들 사이의 관계에 따라 유지되듯 국제질서는 국가들 사이 힘의 관계에 따라 유지된다는 뉴턴적(Newtonian) 개념이다. 이 균형을 조정하는 기제가 바로 전쟁이다.[16]

세력균형은 냉전 시대의 평화를 설명하는 주요 개념이기도 하다. 현실주의자들에게는 핵무기를 통한 전쟁 억지가 평화이다. 여기서 더 나아가 힘의 불균형이 존재하는 국제세계에서 강대국(great powers)은 세력균형 유지보다는 그 균형을 파괴하여 영향력을 확대하고자 하는 동기를 가지고 있다는 '공격적'(offensive) 현실주의의 시각에서 평화란 있을 수 없게 된다.[17] 혹 평화가 도래한다면 그것은 패권국가가 관리하고 부과하는 질서로서의 평화이다. 비극적 현실이 정상상태가 된다. 9·11 이후 미국의 일방주의적 행태를 설명함에 있어 강대국의 평화파괴적 행위에 주목하는 공격적 현실주의가 득세했다.

---

16 마이클 하워드, 『평화의 발명』, p. 38.

17 케네스 월츠, 박건영 옮김, 『국제정치 이론』(서울 : 사회평론, 2000) ; J. Mearsheimer, *The Tragedy of Great Power Politics*(New York : W. W. Norton & Company, 2001).

(3) 조명록과 올브라이트 그리고 미국적 제3의 길 : 개혁주의

2000년 10월 조선민주주의인민공화국 국방위원회 제1부위원장인 조명록 인민군 차수가 미국을 방문하고, 그에 대한 답방형식으로 미국 국무장관 올브라이트(M. Albright)가 북한을 방문했다. 1950년 전쟁 당사국들이었고 또한 전쟁 이후 지속적으로 적대관계를 유지했던 두 국가의 고위 책임자가 서로의 국가를 방문하는 모습은 세계의 주목을 받기에 충분했다. 조명록 차수는 인민군복 차림으로 클린턴(B. Clinton) 대통령을 만났다. 조명록이 군복을 입은 것에 대해 북한군의 화해의지를 표명한 것이라는 해석과 북한이 미국과 여전히 정전상태임을 강조하기 위한 것이라는 해석도 있었다. 올브라이트 국무장관이 북한을 방문했을 때 김일성 주석의 시신이 안치된 금수산기념궁전을 찾았다. 올브라이트가 김일성 주석의 시신 앞에서 경의를 표했다는 보도가 있기도 했지만 실제로 그녀가 시신 앞에서 어떤 행동을 취했는지는 알려져 있지 않다. 어쨌든 우리는 힘의 정치가 난무하는 국제세계에서도 적대국가들이 화해의 외교를 수행하는 것을 보곤 한다.

조명록이 미국을 방문했을 때 발표된 '조선민주주의인민공화국과 미합중국 사이의 공동 코뮤니케'는 이 화해의 구체적인 내용을 보여주는 중요한 문건이다. 그 주요 내용은 다음과 같다. (1) 정전협정의 평화보장 체계로의 대체, (2) 자주권에 대한 상호 존중과 내정불간섭, (3) 호혜적인 경제협조와 교류, (4) 북한의 미사일 실험 중지, (5) 한반도의 비핵평화와 안정, (6) 북한에 대한 인도주의적 지원. 한반도의 평화를 위해 획기적 전환점이 될 수도 있었던 이 공동 코뮤니케는 불행히도 실현될 시간이 없었다. 곧이은 미국 대통령 선거에서 공화당이 집권하면서 클린턴의 북한 방문도 이루어지지 못했고, 결국 이 공동 코뮤니케는 휴지조각이 되어버렸다. 현실주의자들에게 이 삽화는 자신들의 이론을 증명하는 사례가 될 수 있다. 망치를 가진 사람에게는 세상이 못처럼 보이기 때문이다. 그러나 우리는 이 화해의 공간이 열리게 된 '과정'에 관심을 가질 수도 있다. 그리고 어떻게 하면 힘의 정치를 제어할 수 있을지 물을 수 있다.

이상주의의 쇠퇴와 현실주의의 발흥은 국제정치학이 미국적 사회과학이 되는 과정과 밀접하게 연관되어 있다. 미국이 패권국가로 부상하면서 국제정치학은 미국의 외교정책을 정당화하는 이론적 도구가 되었다. 고대 그리스의 역사학자 투키디데스(Thucydides)의 언명처럼 강자인 미국은 자기 힘으로 할 수 있는 것을 하고자 했고, 이를 뒷받침하는 이론이 현실주의였다. 그러나 사람이 사는 곳에서는 항상 그런 것처럼 현실주의에 대항하는 이론적 실험이 없는 것은 아니다.

제2차 세계대전 이후 기능주의(functionalism)라는 새로운 이름의 이상주의는 폭력이 없는 정태적인 상태로서의 평화가 아니라 일하는 평화(working peace), 즉 살아 있는 동태적 평화체계를 구축하고자 했다. 기능주의자들은 비정치적인 영역, 특히 경제영역이나 복지와 인도주의적 분야에서의 협력을 바탕으로 공통의 이익을 추구하는 국가 간 협동망이 구축되고, 이 기능망이 정치군사적 영역으로 점진적으로 확산된다면 지구촌의 갈등과 분쟁을 해결할 수 있다고 생각했다.[18] 이들이 그리는 궁극적 평화의 세계는 이 점진적 진화를 통해 국가주권이 국제적 또는 초국가적 권위체로 이전된 세계이다. 특히 이들은 기능망의 구축과정에서 국제기구, 노동조합, 정당, 경영자 단체, 시민운동 등의 비국가적 행위자의 능동성과 그 행위자들의 이익과 가치와 행동의 공동체를 평화를 위한 동력으로 고려하고 있다. 이 기능주의적 실험 사례가 유럽공동체와 유럽연합, 국제연합(United Nations) 경제사회이사회 산하의 다양한 전문기구 혹은 기능적 기구들이라고 할 수 있다.

그러나 1970년대 이후 국가 간 갈등이 다시 국제정치 무대에서 주요한 쟁점으로 부상하게 되면서 지구적 공공선을 추구하는 비판적 경향의 기능주의 이론은 쇠퇴하고 현실주의의 기본 가정—국제체제의 무정부 상태, 국가 중심성, 국가의 합리성 등등—에 동의하는 국제정치학의 신자유주의적 제도주의가 등장했다. 기능주의가 자유주의와 맑스주의 사이에 위치하는 제3의 길일 수 있다면 신자유주의는 현실주의와 자유주의 사이에 위치한 제3의 길이다. 국제제도를 매개로 국제협력의 가능성을 모색하는 신자유주의는 현실주의의 기본 가정을 완화된 형태로 수용한다.

신자유주의는 비국가적 행위자를 고려하고 국가의 합리성을 인정하면서도 신현실주의가 수용하는 미시경제학적 합리성과 달리 행위자인 국가가 완전한 정보를 가지고 있는 것으로 가정하지 않으며, 국가의 자기 이익이 선험적으로 주어지는 것이 아니라고 가정한다는

---

18 구영록, 『한국과 햇볕정책』(서울 : 법문사, 2000).

점에서 신현실주의와 차이를 보인다. 사실 이 미국적 제3의 길도 나름의 사상적 전통을 가지고 있다. 이들은 자신의 계보를 17세기 네덜란드의 국제법학자인 그로티우스(H. Grotius)의 자연법 사상과 세속화된 정의의 전쟁론에서 찾고 있다. 즉 보편적 도덕원칙에 입각한 의무를 인정하면서도 도덕적 선택의 실천적 결과를 중시하려는 것이다. 이 제3의 길은 국가주권을 불가침의 권리로 인정하면서도 대량학살이나 인류의 도덕적 양심에 큰 충격을 줄 수 있는 행위에 대해서는 인도적 개입(humanitarian intervention)이 가능하다고 본다. 또한 최소한의 인권을 보장하지 않는 무법국가(無法國家)에 대한 제재와 그 무법국가의 팽창주의적 정책이 야기할 수 있는 안보 위협을 극복하기 위한 전쟁을 허용하고 있다.[19]

미국 클린턴 행정부의 북한 정책에서는 이 제3의 길의 모습을 볼 수 있기도 하다. 클린턴 행정부도 미국이 북한에 갖는 최우선의 정책적 관심, 즉 미국의 국가이익이 북한의 미사일 생산과 수출 금지, 그리고 검증 가능한 핵사찰에 있음을 부정하지 않았다. 즉 미국 민주당의 대북정책도 사실 공화당의 그것과 목표의 측면에서는 큰 차이가 없다. 또한 북한을 바라보는 근본적 시각에서도 미국 민주당과 공화당의 차이는 없다. 그들이 보기에 북한은 위험한 장난을 하는 무법국가이고 깡패국가일 것이다. 그러나 미국 민주당과 공화당은 정책목표를 달성하는 방법에서는 차이를 보인다. 경제관계의 진

---

19 J. Barry, *The Sword of Justice : Ethics and Coercion in International Politics*(London : Praeger, 1998).

전이 평화의 진전을 가져온다는 '상업적(commercial) 자유주의', "민주국가는 서로 싸우지 않는다"는 이른바 '민주평화론', 평화의 도구로서 국제제도론 등의 이론적 자원에 기초한 외교정책을 구사했던 클린턴 행정부는 포용을 통해 북한의 위협을 제거하고자 했다.

2000년 북한과 미국의 공동 코뮤니케는 미국적 제3의 길 정책과 북한의 벼랑끝(brinkmanship) 외교정책의 타협의 산물이었다. 그러나 우리가 유의해야 할 것은 미국적 제3의 길이 가지고 있는 또 다른 칼인 정의의 전쟁론이다. 민주평화론은 북한과 같은 국가를 정의의 전쟁을 통해 민주화할 때 비로소 전쟁의 위협이 사라진다는 논리로 사용될 수도 있다. 1994년 한반도에서 미국이 생각하는 그들만의 정의의 전쟁을 수행하려 했던 주체는 바로 클린턴 행정부였다. 우리는 이 사건을 되새기면서 현실주의와 신자유주의의 차이를 무시할 수도 있다. 그러나 한반도의 평화를 고민하는 이들에게는 미국 공화당과 민주당의 작은 차이는 매우 크게 다가올 수밖에 없다.

3. 지구화와 국제정치의 미래 : 비판적 제3의 길의 가능성?

(1) 냉전, 탈냉전, 지구화

지구화는 정의상 국제정치 구조의 근본적 변화를 함의하는 담론이다. 많은 학자들이 지적하는 것처럼 지구화는 인간의 삶을 조직하는 원리로서 '영토성'(territoriality)이 약화되는 과정이기 때문이다. 영토성의 약화는 민족국가의 영토적 경계가 가지는 중요성이 감소됨을 의미한다. 특히 인터넷을 비롯한 정보통신기술의 발전에 따라 우리는 물리적 국경의 한계를 넘어서서 지구촌 곳곳과 실시간(real time)으로 접속할 수 있게 되면서 시공간 압축을 경험하고 있다. 사이버 공간은 마치 서양 중세 시대에 발명된 연옥처럼 우리의 삶을 규정하는 새로운 공간으로 등장해 있다.[20] 따라서 담론으로는 분명 실재하고 또한 우리 삶에 깊숙이 침투해 오는 지구화가 우리가 살아가는 세계의 '존재론적 전환'을 의미하는지를 둘러싸고 논쟁이 전개되고 있다. 대략 지구화에 대해서는 세 가지 견해가 경쟁하고 있다.[21] 첫째, 과대 지구화론(hyperglobalization)이다. 과대 지구화론자들은 민족국가가 더 이상 존립이 불가능한 단위가 되어버린 새로운 시대가 도래하고 있다고 주장한다. 둘째, 회의론(懷疑論)이다. 회의론

---

20 자크 르 고프, 최애리 옮김, 『연옥의 탄생』(서울 : 문학과지성사, 1995) ; 마거릿 버트하임, 박인찬 옮김, 『공간의 역사』(서울 : 생각의 나무, 2002) ; 알버트 바라바시, 강병남 · 김기훈 옮김, 『링크 : 21세기를 지배하는 네트워크 과학』(서울 : 동아시아, 1995).

21 데이비드 헬드 · 앤터니 맥그루 · 데이비드 골드블라트 · 조너선 페라턴 외, 조효제 옮김, 『전 지구적 변환』(서울 : 창작과비평사, 2002). 지구화에 관한 다양한 해석들과 다양한 분야에서 나타나고 있는 지구화 현상에 관한 글 모음으로 6권으로 편집된 R. Robertson and K. White eds., *Globalization : Critical Concepts in Sociology*(London : Routledge, 2003)을 참조할 수 있다.

자들은 지구화가 신화이고 사실상 현대 세계에서 진행되고 있는 변화는 국가들 사이의 상호작용이 심화된 국제화라고 주장한다. 셋째, 변환론이다. 변환론자들은 지구화가 세계질서의 근본적 변환을 추동하고 있음을 인정하면서 지구화의 향후 궤적에 대한 전망에는 주의를 기울인다.

이 삼각의 대립구도는 국제정치 이론을 둘러싼 자유주의, 현실주의, 제3의 길의 대립과 유사하다. 이 세 견해 사이에는 대단히 복잡한 논쟁점—지구화의 기원 및 인과적 역학, 지구화의 의미, 지구화의 경험적 증거, 지구화의 진보성, 지구화의 미래 등등—이 있다. 이 글에서는 지구화가 국제정치 구조를 변화시키고 있는가, 또는 지구화가 민족국가의 위상에 변화를 초래하면서 민족국가를 대체할 수 있는 새로운 정치적 공간을 창출하고 있느냐는 쟁점에만 주목한다. 과대 지구화론은 정보통신기술의 발전과 그에 기초한 초국가적 생산, 무역, 금융의 확산과 같은 경제적 지구화로 인해 민족국가의 역할이 감소되고 있고, 결국에는 민족국가가 사멸할 것이라고 주장한다.

회의론은 현실주의와 유사하다. 회의론자는 국제화가 민족국가들 사이의 게임 결과라고 주장한다. 특히 회의론자는 패권국가인 미국이 국제화를 주도하고 있다고 생각한다. 지구화는 '미국화'—코카콜라화 또는 맥도날드화—의 다른 이름일 수 있다. 미국의 이익과 관련되지 않은 지역들은 지구화의 소외지대가 되어가고 있다. 따라서 회의론에 따르면 지구화는 적확한 표현이 아닐 수 있다. 변환론은 지구화로 말미암은 국가 기능의 재편에 주목한다. 변환론은 과대 지구화론과 회의론의 중간 지점에 서 있다. 과대 지구화론자처럼 민족국가의 사멸을 주장하지는 않지만 유럽연합이나 세계무역기구, 국제통화기금과 같은 국제기구, 또는 민족국가의 하부단위인 지방정부로 민족국가의 주권이 이전되는 현상이 발생하고 있다는 것이다. 이 대립구도는 기존의 좌우 균열을 넘어서고 있다. 예를 들어 좌파 가운데서도 과대 지구화론자가 있고, 이들은 지구화에서 세계혁명의 가능성을 읽는 반면에 좌파 회의론자는 여전히 일국 차원에서의 변혁이 중요하다고 주장한다.

사실 지구화가 국제정치의 모든 것을 변화시켰다는 주장이나 아무것도 변화시킨 것이 없다는 주장 모두 지구화의 한 측면만을 바라보는 입장이라고 할 수 있다. 절충적이지만 변환론이 설득력이 있는 것도 이 때문이다. 국제정치학자들이 동의하는 시대구분 하나가 냉전 시대와 탈냉전 시대의 구분이다. 현실주의자들은 예나 지금이나 힘의 정치가 여전히 관철되고 있다고 주장하지만 냉전 시대와 탈냉전 시대의 국제정치가 일정한 차이를 보이고 있음은 사실이다. 냉전 시대에는 미국과 소련 두 초강대국의 대립 속에서 지구상의 국가들 대부분이 미국 또는 소련을 선택하든지, 또는 어느 한편의 강제에 따라 미국 또는 소련과 동맹을 체결함으로써 비교적 안정적인 세력균형을 유지했다. 이것이 이른바 양극체제이다.

현실주의자들은 국제정치의 지배적 행위자가 둘뿐인 양극체제를 대단히 안정적인 체제로 생각했다. 그 균형은 미국과 소련이 서로를 확실히 파괴할 수 있는 '물질'인 핵폭탄과 상호확증 파괴를 가능하게 할 수 있다는 '관념'에 의해 유지되는 '공포의 균형'이었다.

그 균형이 불완전하지만 '차악'(次惡)의 평화였다는 것이 현실주의자의 주장이다. 그러나 냉전 시대가 평화의 시대였다는 해석은 올바르지 않을 뿐만 아니라 '서구 중심적'이고 '강대국 중심적'이다. 과거와 같은 세계대전이 유럽과 미국에서 발생하지는 않았지만 한반도, 베트남, 아프가니스탄, 앙골라, 니카라과 등지에서는 수백만의 사람이 전쟁으로 희생되었다. 한 통계에 따르면 현실주의자들이 평화의 시기라고 말하는 1960년부터 1982년까지 전쟁으로 희생된 사람이 무려 1,100만 명이었다. 이 많은 희생을 보고도 냉전 시대를 비교적 안정된 평화의 시기라고 묘사한다는 것이 그저 놀라울 뿐이다.

냉전 시대는 1989년 베를린 장벽이 무너지고 같은 해에 미국과 소련이 냉전의 종식을 선언하고 1991년 소련이 붕괴되면서 끝이 났다.[22] 미국 학자 후쿠야마(F. Fukuyama)는 인류가 이제는 더 이상 자유민주주의와 자본주의 이외의 대안을 찾을 필요가 없다고 주장하면서 '역사의 종언'이라는 과감한 테제를 제출하기도 했다.[23] 달리

---

22 소련은 군사력을 유지한 채 붕괴되었다. 따라서 힘의 정치를 중시하는 현실주의는 냉전의 해체에 대한 적절한 설명을 제공하지 못할 수 있다. '관념'의 역할에 주목하는 구성주의적 정향을 가진 연구자들은 소련의 국내정치, 즉 1985년 집권한 고르바초프의 '신사고' 외교정책에서 냉전 해체의 동인을 찾으려 한다. V. Kubálková, "Soviet "New Thinking" and the End of the Cold War : Five Explanations," in V. Kubálková ed., *Foreign Policy in a Constructed World*(London : M. E. Sharpe, 2001). 냉전의 역사에서 군사력 이외의 다른 힘의 역할에 주목하는 연구서로는 존 루이스 개디스, 박건영 역, 『새로 쓰는 냉전의 역사』(서울 : 사회평론, 2003) 참조.

23 프랜시스 후쿠야마, 이상훈 옮김, 『역사의 종말 : 역사의 종점에 선 최후의 인

표현하면 미국적 문명을 대체할 어떤 문화나 문명도 존재하지 않는다는 것이다. 탈냉전 시대 미국의 단극패권은 후쿠야마에 의해 절대정신의 옷을 입게 되었다. 그러나 역사는 끝이 나지 않은 것처럼 보인다. 탈냉전 시대에 미국 단극패권에 대한 시험은 계속되고 있다.[24] 이라크의 쿠웨이트 침공으로 촉발된 1990년 걸프(Gulf) 전쟁은 미국의 단극패권 아래에서도 국제연합을 매개로 한 국제협력의 가능성을 여는 것처럼 보였다. 그러나 유고슬라비아 연방 해체 이후 발생한 여러 전쟁에서 국제연합은 제 기능을 발휘하지 못했고, 코소보 전쟁에서 미국과 북대서양조약기구(NATO)의 이른바 인도적 개입은 국제연합의 승인 없이 이루어졌다. 인도적 개입이 정의의 전쟁이라고 하더라도 그 정의가 패권국가에 의해 일방적으로 정의될 때, 그것은 정의의 전쟁이 아니라 패권국가가 자기 이익을 극대화하기 위해 벌이는 전쟁으로 전락할 가능성이 크다. 미국의 이라크 침공, 아프가니스탄에서 미국이 벌이고 있는 테러와의 전쟁은 그 사례들이라 할 수 있다.

2001년 9·11을 계기로 미국은 잠재적 적을 실제의 적으로 간주할 수 있게 되었고, 대외정책에 있어서도 다자주의적(multilateral) 접근에서 일방주의적(unilateral) 접근으로 전환하기 시작했다. 냉전종언

간』(서울 : 한마음사, 1992).

24 단극체제의 안정성에 관한 간략한 논의로는 함택영 · 백창재 · 구갑우, "국제관계," 김세균 · 박찬욱 · 백창재 편, 『정치학의 대상과 방법』(서울 : 박영사, 2005), pp. 436–440 참조.

이후 미국의 유력한 정치학자인 헌팅턴(S. Huntington)은 탈냉전 시대에는 경제적 · 이데올로기적 대립이 아니라 인종적 · 종교적 신념의 차이에서 발생하는 문명의 '충돌'이 갈등의 원천일 것이라고 예견한 바 있다.[25] 대표적 문명이 기독교-서구 문명과 이슬람 문명, 그리고 유교 문명이다. 미국이라는 단극 패권국가가 만약 후쿠야마가 주장한 것처럼 자본주의와 자유민주주의를 보편적 가치로 내세우고 그것을 힘으로 강제하고자 한다면 이 충돌은 현실로 나타날 수밖에 없다. 후쿠야마는 심지어 '이슬람적 파시즘'이라는 용어까지 사용했다. 미국은 적이 사라진 탈냉전 세계에서 새로운 적을 만들어 왔다. 부시 대통령이 이라크, 이란, 북한을 악의 축으로 규정한 것도 이와 같은 맥락에서 이해할 수 있다. 이 새로운 적의 존재는 패권국가인 미국이 자신의 영향력을 확대할 좋은 명분이기도 했다.

9·11 이후 미국이 전개했던 테러와의 전쟁은 탈냉전 시대에 나타나고 있는 안보 딜레마의 새로운 모습이었다. 미국은 가시적인 '깡패국가'뿐만 아니라 비가시적인 네트워크 형태로 존재하는 테러 조직과도 전쟁을 수행하고자 했다. 따라서 안보 딜레마의 강도가 높아질 수밖에 없었다. 스톡홀름국제평화연구소(SIPRI)의 자료에 따르면 미국의 군사비는 2001년 3,130억 달러에서 2007년 5,570억 달러로 증액되었다. 2005년 불변가격으로 계산하면 2001년은 3,450억 달러였고, 2007년은 5,250억 달러였다. 2007년 현재 미국이 지

---

25 사무엘 헌팅턴, 이희재 옮김, 『문명의 충돌』(서울 : 김영사, 1997).

출하는 군사비는 세계 군사비의 45% 정도이다.[26] 군사비 지출 2위인 영국이 세계 군사비의 5%, 3위인 중국이 5%, 4위와 5위인 프랑스와 일본은 각각 4% 정도이다. 군사비 지출 11위인 한국은 2%를 차지하고 있다. 세계 모든 국가들의 국방비를 합친 것보다 미국의 국방비가 더 많아질 날이 도래할 수도 있다. 또한 미국 국방비의 증가에 따라 미국의 적국뿐만 아니라 동맹국의 군사비도 증가할 가능성이 있다.

그렇다면 미국의 국방비가 증가하면 할수록 미국의 안보 및 세계 안보의 상태가 좋아지는 것일까? 그렇지 않을 것이다. 미국의 미사일 방어계획은 세계적 차원에서 군비경쟁을 가속화할 수 있는 요인이다. 미국의 미사일 방어계획이 러시아와 중국과 같은 대국들의 핵전력을 증강하게 만들고, 그에 따라 인도나 파키스탄과 같은 국가가 그에 상응할 정도로 핵 경쟁에 참여한다면 미국이 지불해야 할 실질적 비용은 엄청나게 증가할 것이다. 또한 총알을 총알로 막겠다는 미사일 방어계획의 기술적 가능성도 그렇게 크지 않다. 미국의 상대국들은 완벽하게 작동하는 미사일 방어계획을 무력화할 수 있는 새롭고 완벽한 공격용 무기를 만드는 일에 착수할 것이다. 탈냉전 시대에 벌어지는 군비경쟁은 미국의 안보에도 세계 안보에도 이

---

26 GDP 대비 미국의 군사비는 1988년 5.7%에서 1999년 3%까지 낮아졌으나 그 이후 다시 상승하기 시작해서 2007년에는 GDP의 4%가 군사비로 지출되었다. 이 통계자료들은 www.sipri.org에서 찾을 수 있다.

롭지 않을 것이다.

그렇다면 미국은 왜 그렇게 군사력 증강에 집착하는 것일까? 현실주의자들은 힘의 정치 논리로 설명하려 할 것이다. 지구화를 둘러싼 논쟁에서 볼 수 있듯이 회의론자나 현실주의자들은 정치영역이 경제영역으로부터 분리된 자율적 영역이라고 생각하고 있다. 따라서 군비증강의 경제적 이익은 그들의 논의대상이 아니다. 그러나 현실주의와 마찬가지로 직관을 사용해 본다면 경제적 손실을 야기하는 군비증강이란 있을 수 없다. 즉 자본주의의 이윤 극대화 논리를 고려하지 않고 민족국가들 사이의 게임을 설명하는 것은 어려울 수 있다. 이 둘의 연관을 해명하는 것이 자본주의와 자유민주주의의 최종적 승리가 운위되는 탈냉전 시대 국제정치학의 과제일 수 있다. 1961년 미국의 아이젠하워(D. Eisenhower) 대통령이 퇴임식에서 경고했던 것처럼 군산복합체(Military-Industrial Complex)의 영향력을 고려하지 않고 미국의 군사적 팽창을 설명하기란 어려울 것이다. 다른 한편 우리는 지구 경제에서 생산요소의 자유로운 이동을 보장하기 위해서도 안보가 필요하다는 사실을 생각해야 한다. 지구경제를 주도하고 있는 미국 자본의 입장에서 안보는 지구 경제를 위한 필수적 전제조건일 수 있다. 9·11의 효과 가운데 하나는 미국적 지구화를 계속 추진하기 위해서도 안보가 필요하다는 교훈일 것이다.

그러나 미국 패권의 기초인 경제력과 군사력의 쇠퇴가 가시적이다. 2008년 미국에서 서브프라임 모기지의 부실로 시작된 금융위기는 금융화로 요약되는 미국적 지구화, 즉 신자유주의적 자본주의 모델이 한계에 부딪히고 있음을 보여주는 지표이다.[27] 테러와의 전쟁의 한 계기인 아프가니스탄에서의 전쟁에서도 미국은 탈레반 세력을 제압하지 못하고 있다. 전쟁의 장기화는 미국발 금융위기와 더불어 미국의 패권을 위협하고 있다. 미국 패권의 위기는 역설적으로 세계 경제에서 미국 경제의 압도적 영향력을 보여주는 것일 수 있다.[28] 앞서 언급한 것처럼 미국의 군사력은 패권국가의 지위를 유지하기에 충분한 상태이다. 그럼에도 미국 패권이 기로에 서 있음을 부정하기는 힘들 것이다. 미국의 오바마 정부는 이 이중 위기의 시기에 등장했다. 오바마 정부의 외교정책은 향후 국제경제질서와 국제안보질서를 재구조화하는 핵심 변수가 될 것이다.

오바마 정부의 외교정책은 전임 부시 정부의 일방주의와 달리 다자주의적 모습을 보이고 있다. 글로벌 금융위기를 해결하기 위한 'G20 회의'와 '핵무기 없는 세상' 정책이 오바마 정부 다자주의의 두 축이다. G20 회의의 쟁점은 금융규제의 강화, 보호무역주의의 방지, IMF 개혁 등과 더불어 글로벌 무역 불균형의 해소와 출구전략에 대한 국제공조 등등이다. 특히 G20 회의에서는 G2로 불리는 미국과 중국의 경쟁이 두드러지고 있다. 미국과 유럽은 중국의 무역수지 흑자를 시정하기 위해 위안화의 평가절상을 요구하고 있다.

---

27 정하용, "'금융화'와 미국의 금융위기," 『민주사회와 정책연구』, 16호, 2009. 글로벌 금융위기에 대한 서로 다른 대응은 이 잡지에 실린 한영빈, "글로벌 금융위기와 독일의 대응"; 권형기, "세계경제위기에 대한 아일랜드의 대응"; 배병인, "글로벌 금융위기의 도전과 유럽연합의 대응" 등을 참조.

28 백창재, 『미국 패권 연구』(고양 : 인간사랑, 2009).

그러나 중국은 미국 달러화의 패권적 지위를 위협하는 대안을 제시하는 방식으로 맞서고 있다. 미국의 재정적자와 무역적자를 동아시아 국가들이 외환보유고의 형태로 보전하는 이른바 '태평양 수지균형'이 작동하는 상황에서 미국의 발언권은 줄어들 수밖에 없는 상황이다. 미국이 G20 회의에서 미국적 자본주의 모델을 수정할 수 있는 대안에 동의하느냐의 여부가 중요할 것이다.

다른 한편 오바마 정부는 냉전 시대와 같은 '상호확증 파괴'가 작동하지 않는 세계에서 핵무기와 핵물질이 자신들의 안보를 위협한다는 생각을 기초로 핵군축과 핵철폐를 추구하는 핵무기 없는 세상 정책을 추진하고 있다. 핵무기 없는 세상 정책을 제기한 인물들은 공화당 정부에서 국무장관을 지낸 키신저(H. Kissinger)와 슐츠(G. Shultz), 민주당 정부에서 국방장관을 역임한 페리(W. Perry) 그리고 전 민주당 상원의원 넌(S. Nuun)이다. 핵무기 없는 세상 정책이 민주당과 공화당, 자유주의자와 현실주의자의 지지를 받을 수 있는 정책일 수 있다. 그러나 미국이 핵 억지력을 포기하려는 것은 아니다. 오바마 대통령은 핵무기를 가진 국가가 단 하나라도 존재한다면 핵 억지력을 유지할 것이라고 밝힌 바 있다. 오바마 정부의 핵무기 없는 세상 정책을 둘러싸고도 미국과 중국 사이에 미묘한 긴장이 발생하고 있다. 중국은 북핵문제를 고려하면서 미국이 핵을 보유하지 않은 국가에 대한 소극적 안전보장을 해야 한다고 주장하고 있다. 더불어 재래식 군사력과 관련하여 2010년 1월 미국이 대만에 무기판매를 재개하면서 G2의 긴장이 높아지고 있다. 2010년 4월의 핵 정상회의와 2010년 5월의 핵확산금지조약(NPT) 재검토 회의는 오바마 정부의 핵무기 없는 세상 정책의 시험대가 될 것이다.

(2) 대안

평화를 위해 전쟁이 필요하다는 논리를 어떻게 이해할 수 있을까? 평화를 얻기 위해서는 전쟁을 하는 것 이외의 방법은 없는 것일까? 만약 다른 대안이 있다 하더라도 세계의 유일 패권국가인 미국의 힘, 특히 군사주의적 논리를 제어하는 것이 가능할 것인가? 그러나 힘이 곧 전지전능한 신은 아니다. 우리는 힘을 제어할 수 있는 방법을 개발해 왔다. 그것이 바로 민주주의이다. 국제세계에서 민주주의를 도입하는 것은 쉽지 않은 일이다. 국제세계에서의 민주주의는 근본적으로 불가능하다고 생각하는 연구자들도 있다. 그럼에도 국제사회에서 민주주의를 상상할 수 없다면 국제세계는 홉스적 자연상태가 유지되는 비극의 세계가 될 수밖에 없다. 힘의 정치를 벗어날 수 있는 몇 가지 대안을 제시해 본다.

첫째, 미국 내부의 변화야말로 미국의 군사주의적 논리를 제어할 수 있는 중요한 힘이다. 우리는 클린턴 정부 시절 한계가 있기는 했지만 미국이 국제기구를 매개로 국제협력을 도모했음을 알고 있다. 미국적 제3의 길이다. 클린턴 행정부는 빈곤한 국가들을 지원함으로써 그들이 평화에의 여정에 동참하게 하는 것이 힘의 정치보다 더 적은 비용이 드는 정책이라고 주장한 바 있다. 9·11이 미국 내부에 강한 민족주의와 애국주의 정서를 심화시켰음은 사실이다. 희생자의 논리는 미국의 군사주의화를 정당화하는 힘이었다. 다자주의적 정책을 추진하고 있는 오바마 정부가 국내적 지지를 획득하지 못한다면 다자주의적 정책은 좌초할 수도 있다. 미국판 적극적 평화의 한 요소일 수 있는 의료보험 개혁에서 성공하지 못한다면 오바마 정부의 외교정책은 한계에 직면할 수도 있다.

다른 한편 우리는 미국의 시민사회에도 주의를 기울일 필요가 있다. 미국의 진보적 시민사회단체들은 부시 정부가 석유업계와의 유착관계 때문에 이라크를 침공하려 한다고 비난한 바 있다. 미국식의 보편적 가치에 깔린 경제적 이해관계에 대한 비판이다. 9·11 테러 유가족들이 결성한 평화운동 단체인 '평화로운 내일'(Peaceful Tomorrows)은 미국의 이라크 침공이 "이미 억압 속에 고통받고 있는 사람들에게 더 많은 죽음과 불행, 좌절을 안겨줄 것"이라고 경고하면서 "자신의 이름으로 전쟁을 하지 말라"고 호소하기도 했다.[29] 미국 내부에서 평화적인 방법으로 지구적 문제를 해결하고자 하는 세력에게 힘을 실어줄 수 있는 방안을 강구할 필요가 있다.

둘째, 국제기구의 민주화를 비롯한 세계주의적 대안을 적극적으로 모색해야 한다. 이 대안은 자유주의와 맑스주의 사이의 제3의 길이라고 할 수 있는 사회민주주의와 급진적 민주주의의 국제화라고 할 수 있다. 이 세계주의적 해결책은 다양한 민주주의—자유민주주의, 직접민주주의, 참여민주주의—를 국제사회에 적용하는 것이다. 이 세계주의적 해결책은 '위로부터', 그리고 '아래로부터' 전개

---

29 www. peacefultomorrows.org 참조.

될 수 있다. 세계질서를 관리하는 국제기구의 민주화 및 개혁은 위로부터의 대안이다. 국제기구가 권력정치의 도구임을 부정할 수는 없지만 다른 한편 지구적 의제를 다루는 공론장(公論場)의 역할을 한다. 미국의 외교정책과 국제연합의 정책을 동일시할 수는 없다. 국제연합이 미국의 입김으로부터 자유롭지는 못하지만 미국의 도구는 아니다. 국제연합이 설정한 인류의 보편적 가치와 미국이 설정한 보편적 가치는 차이를 보일 수밖에 없다. 국제연합을 비롯한 국제기구의 정책결정 과정에서 주권의 평등과 상호 인정을 실현하는 것은 미국의 일방주의적 정책을 제어할 수 있는 중요한 힘이 될 수 있다.

지구화의 전개와 더불어 우리는 '자율적 행동의 영역으로서 지구 시민사회가 형성되고 있음을 본다. 이 시민사회는 강대국과 자본이 지배하는 국제정치를 전복시킬 수 있는 대항 헤게모니의 진지가 될 수 있다. 이 지구 시민사회의 운동은 세 가지 형태로 범주화할 수 있다.[30] 첫째로 평화, 인권, 환경, 민주주의와 같은 보편주의적 가치에 기반을 둔 사회운동이 있다. 둘째로 자본주의적 세계질서가 야기하고 있는 사회적 불평등—실업, 빈곤, 부채—을 제거하고자 하는 사회운동이다. 셋째로 생산의 영역에서 나타나는 불평등을 제거하고자 하는 노동운동이 있다. 이 사회운동들의 접합 및 연대야말로 21세기 국제정치의 목표인 세계 민주주의 실현을 위한 원동력일 것

30 Robert Cox with M. Schechter, *The Political Economy of a Plural World : Critical Reflections on Power, Morals and Civilization*(London : Routledge, 2002), ch. 6 ; 구갑우, 『국제관계학 비판』, 3부 참조.

이다. 2001년부터 브라질의 포르투 알레그레(Porto Alegre)에서 "다른 세계가 가능하다"(Another World is Possible)는 구호를 내걸고 시작된 '세계사회포럼'(World Social Forum)은 다양한 사회운동의 접합과 연대를 실험하는 장이기도 하다.[31] 우리는 미국의 이라크 침공 가능성이 점점 커지고 있던 2003년 2월, 세계인의 50% 이상은 "어떤 상황에서도 (전쟁을) 반대한다"는 의사를 밝히기도 했다. 수백만의 세계 시민이 미국의 이라크 침공을 반대했던 것이다. 지구적 문제에 대한 대중과 엘리트 사이의 의견 차이를 보여주는 부분이다. 우리는 냉전시대의 세력균형이 사라진 자리에 새로운 세력균형이 아니라, 미국의 일방주의적 정책에 반대하는 전 지구적 대중의 연합체와 미국의 군사주의적 성향을 가진 엘리트의 대립이 들어서고 있음을 본다.

셋째, 새로운 대안 모색을 위해서는 국제정치의 인식적 기반을 전복하는 혁신적 사유가 필요하다. 헌팅턴의 문명충돌론에서 적나라하게 나타나듯 주류 국제정치학의 저변에는 오리엔탈리즘(orientalism)이 잠재해 있다. 오리엔탈리즘은 서구와 비서구를 구분하고 비서구에 좋은 것을 서구는 알고 있고, 따라서 비서구는 서구로부터 가르

31 브라질 노동자당이 시정부를 구성했던 포르투 알레그레는 시민이 직접 참여하여 예산을 결정하는 모형을 만들어낸 도시이다. 9·11 직후 영국의 파이낸셜 타임즈는 9·11이 지구화에 반대하는 대중운동을 중단시켰다고 보도했지만 9·11 테러에도 '불구하고' 지구 시민사회의 지구화 비판은 지속되고 있다. 헬무트 안하이어 · 메어리 칼도어 · 말리스 글라시우스, 조효제 · 진영종 옮김, 『지구시민사회 : 개념과 현실』(서울 : 아르케, 2004).

침을 받아야 하는 대상으로 전락시키는 인식의 논리이다.[32] 헌팅턴이나 후쿠야마에게 기독교 문명 이외의 문명은 야만일 뿐이다. 따라서 다양한 문화와 문명을 관용할 수 있는 인식의 혁명이 발생하지 않는 한, 문명의 충돌을 빌미로 한 현실주의적 국제정치가 계속될 수밖에 없다. 또한 우리는 안보와 평화와 같은 국제정치의 주요 개념에서도 인식의 전환을 수행해야 한다.[33] 현실주의 이론에 따르면 안보의 대상, 즉 "안전하게 보호되어야 하는 대상"은 영토적으로 정의되는 정치공동체이고, 그 목적을 추구하는 행위자는 국가이다. 그러나 국가안보를 절대화하는 것은 수단과 목적을 혼동하는 것이다. 안보의 궁극적 대상은 "사회 속에 존재하는 개인"이고, "구체적 장소에 존재하는 구체적 사람"이어야 한다. 따라서 인간의 해방과 안보는 불가분의 관계를 맺게 된다. 더불어 정치군사적 안보와 경제적 안보, 그리고 인간 안보를 결합한 '포괄적(comprehensive) 안보'의 개념도 새로운 안보 인식에 도움이 된다. 평화는 전쟁이 없는 상태로서의 '소극적 평화'와 정치경제적 · 사회문화적 불평등이 제거된 상태로서의 '적극적 평화'로 구분할 수 있다. 현실주의자들은 소극적 평화만을 고려한다. 우리는 진정한 평화를 가능하게 할 수 있는 근본적 조건을 탐구해야 한다.

32 에드워드 사이드, 박홍규 옮김, 『오리엔탈리즘』(서울 : 교보문고, 1991) ; 강상중, 이경덕 · 임성모 옮김, 『오리엔탈리즘을 넘어서』(서울 : 이산, 1997).

33 구갑우, 『비판적 평화연구와 한반도』(서울 : 후마니타스, 2007), pp. 17-32.

4. 한반도의 국제정치 : 평화를 위하여

2002년 6월 월드컵 열풍이 한반도 남단을 휩쓸었다. 이 월드컵을 계기로 민주화와 사회변혁을 위한 전장(戰場)이 축제의 광장(廣場)으로 변모했다. 전장과 밀실(密室)의 세대들도 소망했던 변화이기는 했지만 그들은 다른 것도 아닌 축구를 통해 그렇게 갑자기 광장이 가까이 다가올 수도 있음을 상상하기는 어려운 세대였다. 그러나 축구의 역사를 보면, 또는 좀 더 친숙한 우리 주변의 지역 연고를 가진 프로 야구를 보면 스포츠가 다양한 계급과 계층이 서로의 이해관계를 초월하여 국민적 또는 민족적 정체성 또는 지역적 일체감을 공유하게 하는 중요한 도구 역할을 하고 있음을 알 수 있다.

월드컵이나 올림픽과 같은 '국가 대표' 대항전이야말로 신문과 방송에서는 항상 '혈전'(血戰)과 같은 전쟁의 수사가 사용되기는 하지만, 전쟁이 아닌 평화적인 방법으로 국민과 민족을 상상하고 내면화하게 하는 근대적 발명품이다. 즉 민족적 정체성을 자극하는 월드컵은 평화적 방법으로 진행되는 근대 국제정치의 한 측면이라고 할 수 있다. 2002년 6월 한반도 남단의 광장에서는 과거처럼 민족이 엄숙하게 상상되지는 않았다. 독립운동의 비장함도 국립묘지나 국기게양대와 같은 조형물의 낯섦도 없이 국민의 축제가 진행되었다는 점에서 2002년 6월의 광장은 한반도 남단에서 특별한 의미를 가질 수 있다.

2002년 11월 그 광장에서 '촛불시위'가 벌어졌다. 촛불시위의 주제는 주한미군 장갑차에 의해 희생된 여중생을 추모하고 미국의 반성을 촉구하는 것이었다. 월드컵의 열기에 놀란 세대에게는 더더욱 큰 충격이었다. 감히 반미(反美)라니! 한국과 미국에서 이 시위에 불편한 심기를 드러내는 사람도 있었다. 미국은 1950년 전쟁과 경제개발의 시기에 한국은 '아버지'가 필요하지 않았는가라는 고압적인 질문을 던지기도 했다. 힘의 정치가 모든 것을 결정한다는 현실주의를 신봉하는 이들에게 이 질문은 당연한 것처럼 보일 것이다. 그러나 현실주의자들은 현실을 잘못 읽고 있는 것처럼 보인다. 촛불시위의 광장에서 한국 국민이 요구하는 것은 주권의 평등과 상호 인정에 기반을 둔 한미관계이다. 보수층이 걱정하는 것처럼 반미일 수도 있지만 좀 더 중요한 것은 이제 한국 국민이 미국에 대한 '객관적 인식'을 시작했다는 점이다. 한반도의 국제정치가 몇몇 엘리트에 의해 주도되지 않을 수 있음을 보여주었다는 점에서 2002년의 촛불시위는 한국의 국제정치사에서 획기적인 전환점으로 기록될 수 있을 것이다.[34] 문제는 2002년의 월드컵과 촛불시위를 통해 촉발된 국

34 2008년 5, 6, 7월의 촛불시위'도' 한미관계가 촉발요인이었다. 미국산 쇠고기의 수입을 둘러싼 한국 정부의 졸속 협상에 대해 한국의 시민사회는 다시금 촛불시위로 저항했다. 그러나 2008년의 촛불시위는 2002년의 촛불시위처럼 국제관계와 국내정치가 연계되어 있음을 보여주었지만 2002년의 촛불시위와는 질적으로 구분되는 다른 '사건'일 수 있다. 2008년의 촛불시위는 보수 · 우파의 시대, 즉 진보 · 좌파의 위기의 시대에 등장한 누구도 예측하지 못한 사건이었다. 진보 · 좌파의 위기에 걸맞게 2002년의 촛불시위와 달리 이른바 '배후'를 찾기도 어렵다. 다음 아고라에 뜬 글처럼 "계몽은 독이다. … 독이 퍼지면 촛불은 서서히 숨을 거"둘 수 있다. 이 사건은 전위와 대중, 지식인과 민중, 활동가

제적 · 국내적 맥락의 시민적 · 국민적 정체성이 소수자 및 다른 국민과의 열린 대화를 가능하게 하는 '우리' 라는 일체감의 확인으로 발전할지의 여부이다. 이것은 우리의 시민사회와 정치사회에 부과된 중요한 과제 가운데 하나이다.

2002년 11월의 촛불시위에 대한 국내외의 우려는 한반도가 여전히 냉전을 벗어나지 못했음을 말해주는 것이었다. 한반도의 분단, 즉 한반도 문제는 국제문제이다. 한반도에 여전히 잔존하고 있는 냉전적 적대관계는 한반도의 두 '국가' 에 대한 주변 국가의 상호 인정

와 시민의 이분법을 폐기하게끔 한다. 2008년의 촛불시위는 국가권력에 저항하는 다중(多衆)의 축제이자 '다중 지성'의 실재를 증명한 '사건'이었다. 촛불시위 속에서 '차이'를 가진 대중은 '하나'가 되었다. 사건의 의미는 하나로의 호명이었다. 즉 2008년 촛불시위는 다름의 인정에 기초한 같음을 만들었다. 인터넷은 다중의 집합적 창발성을 창출한 매개체였다. 웹 2.0 시대의 구호인 개방, 공유, 연대가 촛불시위에 담겨 있었다. 그러나 다중(우리)은 다중(우리)의 이름을 가지고 있지 않다. 왜 다중인가. 왜 국민, 시민, 계급이라는 전통적 호칭이 아니라, 그리고 촛불시위에서 불려졌던 '대한민국 헌법 제1조'는 분명 국민을 이야기하고 있는데 왜 다중일까라는 질문이 제기될 수밖에 없다. '주체'의 형성과 관련한 쟁점이다. 이 쟁점은 촛불시위의 '해석자들'이 촛불시위에서 대의제 민주주의의 위기와 삶 정치의 의제화를 읽는 것과 연관되어 있다. 해석자들은 촛불시위 '그 다음'에서 차이를 보인다. '그 다음'을 이어갈 주체의 문제이다. 정당정치의 재활성화를 통해 민주주의의 진전을 요구하는 세력과 국가를 경유하지 않는 민주주의를 탐색하는 세력의 분기이다. 2008년의 촛불시위는 한편으로 보수 · 우파 헤게모니의 위기를 상징한다. 다른 한편으로 진보 · 좌파는 2008년 촛불시위에서 자신의 위기를 미봉하지 않으면서 자신의 길을 물어야 한다. 1987년의 민주화만큼이나 2008년 촛불시위는 한국의 역사에서 분수령적 사건이었다.

이 아직 이루어지지 않고 있는 데서도 명확히 드러난다. 미국과 일본은 북한을 국가로 승인하지 않고 있다. 북한은 냉전의 고도(孤島)이고, 한반도는 정전(停戰)상태이다. 한반도 평화과정을 설계하는 과정에서 미국을 배제할 수 없는 현실이다. 세력균형론이나 세력전이론에 따르면 중국의 부상과 더불어 한반도의 미래는 미중관계에 의존적이 될 수도 있다. 다음으로 남북한 관계의 특수한 이중적 성격을 이야기할 수 있다. 통일장전이라 불리는 「남북기본합의서」에 따르면 남북한 관계는 국가 대 국가의 관계가 아니라 통일을 지향하는 과정에서 잠정적으로 형성된 특수한 관계이다. 즉 남북한 관계는 국가 대 국가의 관계이면서도 민족적 정체성을 공유하는 특수한 관계일 수 있다. 남북한 관계의 역사를 보면 현실주의자들이 국가 대 국가의 관계에서 나타나는 보편적 현상이라고 주장했던 안보 딜레마가 반복되고 있음을 본다. 남북한은 입으로는 평화통일을 이야기하면서도 군비경쟁을 지속해 왔다.

한반도의 평화과정을 설계하기 위해서는 한반도를 둘러싼 국제정치와 한반도 내부의 국제정치를 동시에 고려해야 한다. 의식적이든 무의식적이든 어떤 국제정치 이론에 입각해 한반도 현실을 바라보는가가 한반도 평화과정의 설계에서 중요한 의미를 가질 수밖에 없다. 현실주의에 입각할 때 한반도의 평화는 군사력 균형을 통한 억지 이상의 의미를 가지기 힘들다. 또는 단극 시대 패권국가인 미국의 힘의 우위를 바탕으로 미국과 균형을 이룰 만한 국가의 등장을 사전에 방지하려는 위협적 · 일방적 정책의 지속으로 전쟁 없는 상태를 유지하는 것이다. 한국판 중국위협론을 전제로 한미동맹의 강화와 한미자유무역협정을 추진하는 정책도 세력균형론에 입각해 있다고 볼 수 있다. 사실 김대중 정부의 대북 화해 · 협력정책 이전까지만 해도 현실주의가 남북한 관계 및 한반도를 둘러싼 국제정치를 바라보는 지배적 시각이었다. 김대중 정부의 햇볕정책은 남북한 관계를 둘러싼 논쟁을 야기했다. 그 논쟁은 미국적 국제정치 이론에서 현실주의와 자유주의의 논쟁과 유사한 주제를 가지고 전개되었다.

현실주의와 자유주의 논쟁 가운데 남북한 관계에서 의미를 가질 수 있는 주제는 다음과 같다 : 남북 협력의 역전 가능성, 상대 이득 대 절대 이득, 국가 목표의 우선성, 의도 대 능력, 상호주의.[35] 현실주의자는 국가 간 협력이 그것이 언제든지 역전될 수 있다고 생각한다. 예를 들어 남북한의 군사적 충돌이 발생하면 경제협력이 이루어지더라도 그것이 폐기될 수 있다는 것이다. 현실주의자는 국가 간 협력으로 이득이 발생하더라도 국가들은 그 이득의 분배에 더 많은 관심을 가진다고 본다. 반면 자유주의자는 협력을 통해 발생한 절대 이득에 주목한다. 국가 목표와 관련하여 현실주의자는 안보를 최우선의 목표로 설정하지만 자유주의자는 안보의 중요성을 인정하면서도 경제적 이득의 증진이 국가 목표로 설정될 수 있다고 생각한다. 현실주의자는 아무리 좋은 의도가 있더라도 결국은 군사적 능력에 의해 국가 간 관계가 결정된다고 생각한다. 상호주의에 있어서도 현실주의자는 엄격한 교환형태의 상호주의를 가정한다. 반면 자유주의

---

35 D. Baldwin ed., *Neorealism and Neoliberalism : The Contemporary Debate*(New York : Columbia University Press, 1993).

자는 일정한 시간적 지체가 발생하는 상호주의를 인정하고 더불어 평화와 같은 비가치재와 식량이나 비료와 같은 가치재가 교환될 수 있다고 생각한다.

자유주의적 시각이 한반도 평화를 위해 좀 더 바람직한 대안을 제공해 줄 수 있다. 그러나 현실주의자의 비판처럼 좋은 의도가 반드시 좋은 결과를 가져오는 것은 아니다. 남북한 관계에서 간헐적으로 발생하는 군사적 충돌은 남북한의 화해와 협력을 방해하는 요인이기도 하다. 남한의 변화에 조응하는 북한의 변화가 일어나지 않을 경우 자유주의적 평화과정이 중단될 수 있다. 남한의 국내정치가 자유주의적 평화과정을 지지하지 않는다면, 즉 남남(南南)갈등이 폭발한다면 또한 그 평화과정이 중단될 수 있다. 탈냉전 · 민주화 이후 '중견국가'(middle power)로서 한국의 자율성은 제고되어 왔다. 미국의 대한반도정책, 그리고 미중관계 또한 한반도 평화과정의 중요 변수들이다.

한반도 평화과정의 방정식은 북한 변수, 국내 변수, 미국 변수, 미중관계의 변수 등등을 고려해야 하는 다원 고차방정식이다. 우리가 분단체제의 현상유지를 넘어서는 평화를 추구하고자 한다면 우리는 이 복합적 변수의 제약 속에서 행위자의 자율성을 극대화하는 방안을 모색해야 한다. 행위자의 선택이 결국은 한반도를 둘러싼 국제정치 구조를 변경시킬 수 있는 힘이기 때문이다. 여기서 행위자의 선택은 구체적 상황에서 구체적 문제의 해결을 위해 자원을 동원할 수 있는 능력이다. 이 능력을 물질적 능력으로 환원할 수는 없다. 우리는 힘의 비대칭이 분명한 상황에서도 지혜로운 행위자의 능력이 발휘되는 것을 보기도 한다. 남북한 관계가 북미관계에 종속적일 수 있지만 우리의 선택에 따라 남북한 관계의 미래는 바뀔 수도 있다.

한반도 평화과정과 평화체제(peace regime)의 수립과정에서 우리는 한국 사회에서 신성시되어 있던 한미동맹의 구조조정을 포함한 다양한 쟁점들에 직면하게 될 것이다.[36] 쟁점들의 해결과정은 단순히 전쟁이 없는 상태로서의 소극적 평화를 얻는 것 이상이어야 할 것이다. 적극적 평화의 개념이 제시하듯 한반도 두 국가 내부에서 정치 경제적 · 사회문화적 불평등을 제거하는 것이야말로 한반도 평화를 위한 필수조건이라는 인식의 전환이 필요하다. 자유주의에서 한 걸음 더 나아갈 필요가 있다. 이를 위해서는 무엇보다도 한반도의 평화와 미래를 논의할 수 있는 공론장의 건설이 중요한 의미를 지닐 수 있다. 이제까지 이 공론장은 국가와 자본이 주도했다. 다양한 시민사회의 행위자들이 국내적 불평등과 한반도의 평화를 연계하는

---

36 한반도 평화체제를 둘러싼 쟁점들은 다음과 같다 : 한반도 비핵화와 평화체제의 선후관계, 남북한 및 동북아에서 군축과 군비통제, 정전협정의 평화협정 또는 평화조약으로의 대체, 평화협정의 당사자, 미국의 남한에 대한 핵우산 제거 및 주한미군의 지위변화를 포함한 한미동맹의 구조조정, 유엔군사령부의 해체 여부, 한반도 평화체제와 동북아 다자간 안보협력의 관계, 한반도 평화체제와 통일의 관계. 이와 더불어 평화체제의 국내적 토대도 논쟁의 대상이 될 것이다. 국내적으로는 안보 담론의 평화 담론으로의 전환, 남북한 관계의 정의, 헌법의 영토조항 및 평화통일 조항과 국가보안법의 개폐 여부 등등이 논쟁의 주제다. 한반도 평화체제는 우리에게 자주냐 동맹이냐는 이분법을 넘어설 수 있을 것인가를 묻고 있다.

담론들을 제공할 때 비로소 이 공론장을 통해 한반도의 평화와 미래를 여는 '새로운 역사적 주체'의 형성이 가능할 것이다.

마지막으로 한반도의 평화과정은 보편적 가치인 세계 민주주의의 확산에 기여하는 것이어야 한다는 점을 지적하고 싶다. 우리의 국제정치학은 대부분의 사회과학이 그러하듯이 수입된 언어로 우리의 이야기를 해왔다. 우리는 처음에는 일본이 번역한 언어로, 이후에는 미국이 발명한 용어로 공부해 왔다. 우리가 쓰는 대부분의 개념어들은 일본이 서구의 용어를 번역한 것들이다. 우리에게 번역의 고투는 없었다.[37] 세계 민주주의를 이야기하면서 이 언어의 수입을 지적하는 이유는 이 언어가 우리를 알게 모르게 서구를 잘못 읽게 만들었고, 다른 한편 서구를 숭배하고 모방하는 오리엔탈리즘의 덫에 빠지게 만들었기 때문이다.

우리의 조상들에게 조선은 야만이었고 서구는 문명이었다. 서구는 우리를 오리엔탈리즘의 시각으로 바라보고 있고, 우리는 예를 들어 북한이나 제3세계를 오리엔탈리즘의 시각으로 바라보고 있다. 남한에 들어와 있는 외국인 노동자나 탈북자를 대하는 우리의 태도를 보라. 우리 스스로 이 오리엔탈리즘의 한계를 넘어서야 한다. 한반도의 국제정치에서 이 오리엔탈리즘을 넘어서는 작업은 한반도 평화과정을 세계적 수준에서의 반전 · 반핵 평화운동, 군축운동의 한

---

37 일본의 고투는 야나부 아키라, 서혜영 옮김, 『번역어 성립사정』(서울 : 일빛, 2003) ; 마루야마 마사오 · 가토 슈이치, 임성모 옮김, 『번역과 일본의 근대』(서울 : 이산, 2000) 참조.

부분으로 자리매김하는 것이기도 하다. 평화를 위한 국제연대를 형성할 때 한반도의 평화과정은 국제정치의 진보를 위한 중요한 구성요소가 될 수 있을 것이다.

12장/ 세계화의 도전

백창재

1. 세계화의 의미

일상생활이나 언론에서 최근 가장 많이 쓰이는 말 중 하나가 '세계화' 이다. globalization을 우리말로 번역한 용어인데 '지구화' 혹은 '전 지구화'로 쓰이기도 한다. 세계화는 말 그대로 지구 곳곳으로 무엇인가가 확산되고 전 세계가 하나로 묶이는 것을 의미한다. 보는 측면에 따라 전 세계 시장이 하나로 통합되는 현상이 될 수도 있고, 특정한 대중문화가 지구촌 구석구석까지 퍼지는 현상일 수도 있다. 또는 삶의 방식이나 의식구조가 하나로 통일되어 가는 현상이나 정보의 흐름이 전 세계를 하나로 묶어가는 현상일 수도 있다.

우리가 목도하고 있는 세계화는 이 모든 현상을 합한 것이다. 정보통신기술의 발전에 따라 사고와 문화가 교류 · 확산되고, 경제활동이 점차 국경에 구애받지 않고 일어나고 있으며, 궁극적으로는 정치 · 경제 · 사회 · 문화적으로 전 세계가 한 가지 모습이 될 것으로 예측되기도 한다.

그러나 세계화의 가장 중대한 측면은 경제적 세계화이다. 즉 국가 간 상품과 돈의 자유로운 이동이 급속히 확산되고 있는 현상, 시장에 대한 규제가 완화되면서 시장경제가 전 세계적으로 확산되는 현상이다. 맥도날드의 간판이 뉴욕은 물론 모스크바와 자카르타에까지 걸리고, 칠레의 포도가 지구 반대편에 있는 서울의 슈퍼마켓에서 팔리며, 월스트리트(Wall Street)의 돈이 코스닥 시장에까지 막대한 규모로 투자되고 회수되는 현상이다. 요컨대 현재 진행되고 있는 경제적 세계화의 핵심적 성격은 질적 · 양적으로 시장이 확대되고 있는 데 있다. 양적으로는 지금까지 시장경제에 편입되지 않았던 많은 지역들과 경제활동의 영역들까지 상품과 돈의 자유로운 이동이 확산되고 있고, 질적으로는 이 흐름에 대한 여러 가지 규제와 장애가 급속히 사라지고 있는 것이다. 세계정치경제 질서의 이러한 개방화 및 자유화로 인해 각국들의 경제도 보다 시장중심적으로 변해왔고, 궁극적으로 거의 규제되지 않는 시장경제가 세계 곳곳까지 확산될 것으로 전망된다. 세계화를 '신자유주의화'라고 부르는 까닭이 여기에 있다.

경제적 세계화가 세계화의 가장 중대한 측면으로 간주되는 까

닮은 두 가지이다. 하나는 인류의 삶에 미치는 효과가 너무도 크기 때문이다. 유례없는 수의 기업들이 도산하면서 수많은 사람들이 일자리를 잃고 가정까지 깨어졌던 IMF 사태를 상기해 보라. 당시의 표현대로 '6·25 이래 최대의 국난'을 당하게 된 것이 전적으로 세계화에만 책임이 있는 것은 아니다. 정부의 경제정책이 실패했던 탓이 있음은 물론이다. 그러나 막대한 외국 자본이 자유로이 국내에 투자되었다가 한순간에 떼지어 몰려나갈 수 있는 구조, 즉 금융세계화가 아니었다면 그러한 규모의 경제위기는 초래되지 않았을 것이다. 자본이동의 자유화라는 세계화의 폭풍이 IMF 사태와 같은 금융위기의 근원적 원인이었던 것이다. 실제 우리뿐 아니라 태국이나 인도네시아, 멕시코, 아르헨티나 등 개발도상국들은 물론 영국, 프랑스 등 선진국에 이르기까지 세계화는 각국의 경제구조를 바꾸었음은 물론 사람들의 일자리와 생활관습과 사고까지도 바꾸었고, 심지어 정치권력을 교체하기도 했다.[1]

둘째, 지구촌이 점차 하나가 되어가는 세계화 현상의 추동력이 경제적 세계화에 있기 때문이다. 사람들의 이동이 빈번해지고 문화적 교류가 증대되며 삶의 많은 측면에 전 세계적 표준(standard)이 형성되는 것을 가능하게 한 직접적 원인으로는 기술의 발전, 특히 정

---

1 이러한 현상은 이전에도 일어났다. 역사적으로 세계정치경제 질서의 변화로 인해 초래된 각국들의 정치·경제 변동에 대해 Peter Gourevitch, *Politics in Hard Times*(Cornell University Press, 1986), ch. 3[박건영 외 편역, 『국제관계론 강의』 제2권(한울, 1997), pp. 162–231에 번역되어 있음]를 참조하라.

보통신기술의 발전을 들 수 있다. 그러나 뒤에서 논의하듯이 전 세계적 규모의 교류와 세계적 표준을 형성하려는 동기는 시장의 확대라는 경제적 필요에 기원을 두고 있다. 시장이 전 세계적으로 확대될 필요에 따라 지구 구석구석까지 상품과 돈과 사람과 문화의 교류가 확산되고 있고, 또 이에 필요한 기술의 개발이 가속화되고 있는 것이다. 경제적 세계화가 중단 혹은 역전된다면 정보통신기술의 발전속도도 훨씬 완만해질 것이며, 인적 교류와 문화적 교류도 축소될 것으로 예측된다.

이와 같이 인류의 삶에 지대한 영향을 미치고 있는 경제적 세계화 현상이 지난 10여 년간 가속화됨에 따라 이에 대한 많은 논란이 벌어져 왔다. 세계화에 대한 논의 중 다음 두 가지 문제가 핵심이다. 첫째, 세계화는 바람직한 것인가? 즉 시장이 확산되고 시장경제의 단일한 경제원칙으로 전 세계가 묶이게 되면 어떤 결과가 벌어질 것인가? 둘째, 세계화는 불가피한 것인가? 즉 세계화의 원인은 무엇이며, 이 원인에 의해 시장의 확산은 필연적인 것이었는가? 그렇다면 앞으로도 세계화는 계속 진전될 것인가?

세계화의 찬성론자들은 세계화가 가져다 주는 이익을 앞세운다. 시장이 확대되고 개방화와 자유화가 진전되어 궁극적으로 전 세계가 하나의 표준이 통용되는 단일시장이 될수록 세계경제 전체의 부가 증진된다는 것이다. 시장의 작동을 방해하는 비효율적 장애들이 제거되어 경제적 효율성이 극대화되기 때문이다. 나아가 이들은 세계화를 필연적인 것으로 본다. 시장은 지속적으로 확대되어 가는 속성을 지니고 있는 데다가 기술의 발전으로 인해 시장에 대한 규제와 장애들이 극복될 수 있게 되었다는 것이다.

반면 반세계화론자들은 세계화의 해악을 강조한다. 이들은 무엇보다도 규제되지 않은 시장이 가져오는 부익부, 빈익빈 현상을 규탄한다. 세계화의 결과 세계경제 전체의 효율성과 부가 증대된다 하더라도 국가 간에, 그리고 국내의 계층 간에 소득격차는 훨씬 악화되고 있다는 것이다. 궁극적으로 세계화는 20대 80의 사회, 즉 20%는 세계화의 덕택으로 잘 살게 되지만 80%는 세계화 때문에 일자리를 잃고 보다 빈곤하게 살 수밖에 없는 사회가 될 것이라고 전망한다. 또한 반세계화론자들은 세계화가 불가피한 것이 아니며, 정치적 노력에 의해 세계화 이전의 세계정치경제 질서로 돌아갈 수 있다고 믿고 있다. 그렇지 않더라도 최소한 세계화의 해악을 완화하는 보완장치들이 마련될 수 있다고 본다.

상반된 견해 중 어떤 것이 옳을까? 그 해답을 제시하는 것이 이 장의 일차적 목적이다. 이 작업의 연장선상에서 우리가 세계화의 물결을 어떻게 헤쳐갈 수 있을지 모색할 수 있을 것이다. 이를 위해서는 세계화의 진행과정을 추적해 보아야 한다. 세계화가 진전되기 이전의 세계정치경제 질서의 성격은 어떠했으며, 어떤 문제들 혹은 어떤 구조적·우발적 요인들 때문에 변화가 이루어지게 되었는지를 역사적으로 고찰해야 하는 것이다. 흔히 잘못 주장되고 있듯이 시장이 지난 세기 동안 지속적으로 확대되어 오다가 최근 급속히 세계화가 이루어지고 있는 것이 아니기 때문이다.

2. 세계화 이전의 세계정치경제 질서

20세기 후반 세계화가 진행되기 이전의 세계정치경제 질서는 시장에 대한 다양한 통제와 규제가 제도화되어 있었다. 이러한 질서가 무너지면서 시장이 질적 · 양적으로 확대하는 세계화 과정이 시작된 것이다. 따라서 세계화가 시작된 원인과 과정을 이해하기 위해서는 제2차 세계대전 이후 20세기 후반까지 지속되었던 세계정치경제 질서의 성격을 파악해야 한다.

똑같은 이유 때문에 제2차 세계대전 직후 수립된 세계정치경제 질서에 선행했던 19세기 세계정치경제 질서의 성격과 문제점을 먼저 살펴볼 필요가 있다. 제2차 세계대전 이후의 질서가 시장에 대한 통제를 제도화했던 이유가 19세기 질서의 문제점들 때문이었기 때문이다. 나아가 시장에 대한 통제가 없었던 19세기 세계정치경제 질서의 문제점들은 오늘날의 세계화가 지니고 있는 문제들을 파악하는 데도 큰 도움이 된다.

(1) 19세기 자유방임적 세계정치경제 질서

자유무역과 금융자유화의 경제적 세계화는 20세기 후반에 처음으로 나타난 것이 아니다. 한 세기 전의 세계경제도 최소한 지금 정도로 자유주의적 · 개방적 질서 속에 놓여 있었다. 자유방임적 자유주의 혹은 고전적 자유주의라고 부르는 세계정치경제 질서로 19세기 후반부터 1920년대까지 지속되었다. 이 질서 속에서는 상품과 자본의 국제적 이동을 방해하는 어떠한 수단도 정당화되지 못했고, 국내적 필요에 따라 국가가 시장에 개입하는 것이 허용되지 않았다. 19세기의 개방적 질서는 상당 기간 유지되었으나 20세기 초부터 거듭된 경제파탄과 정치적 혼란, 그리고 대규모 전쟁들 속에서 무너지게 되었다.

고전적 자유주의 세계정치경제 질서는 시장이 자율적으로 움직이도록 국가의 개입을 최소화한다는 원리에 기반을 두고 있었다. 이 원리는 두 가지 영역에 구현되었다. 하나는 자유무역 질서의 확대이다. 국제무역에 대한 국가 간 장벽을 낮추어 무역이 증대되면 이에 참여한 국가들 모두의 부가 증대된다는 믿음에 따라 19세기 후반부터 빠른 속도로 자유무역이 확산되었다. 19세기 전반까지만 해도 수입을 규제하고 수출을 증진함으로써 국부의 유출을 막는 것이 부국강병에 유리하다는 중상주의(mercantilism)가 지배적이었다. 그러나 산업혁명에 앞섰던 영국이 19세기 중반 자국의 시장을 개방하면서 자유무역의 확대를 추구하자 프랑스 등 여러 나라들이 자유무역 질서에 참여하게 되었다.

다른 한편 19세기 자유주의 질서는 금본위제의 통화질서 아래 국가 간 자본의 이동에도 장애가 없었다. 국가들 간에 무역이 활성화되기 위해서는 상품의 경제수단인 각국의 통화가 안정되어 있어야 한다. 각국의 통화가치가 수시로 바뀐다면 무역대금의 결제가 어렵고 결국 무역이 일어나기 어렵기 때문이다. 금본위제는 각국이 보유하고 있는 금의 양에 따라 통화량이 조절되게 함으로써 각 통화의 가치를 안정되게 유지했던 제도였다. 각국 통화의 가치는 곧 금이라는 귀금속으로 고정되어 있으므로 각국 정부가 자의적으로 평가절하 또는 절상할 수 없고 대단히 안정적이었다.

요컨대 고전적 자유주의 세계정치경제 질서는 국가 간 상품과 돈의 흐름이 시장원리에 따라 자유롭게 흐르도록 방임하며 각국 정부들이 시장에 개입할 여지를 최소화했던 것이다. 이 질서의 목적은 시장경제의 정상적 운용이며, 국가 간 무역과 투자가 자유롭게 일어날 수 있도록 자유무역 질서와 국제통화금융 질서를 안정되게 유지하는 것이었다.[2]

이러한 자유주의 세계정치경제 질서는 19세기 중반에서 후반까지 기대했던 결과를 가져왔다고 평가된다. 자유무역으로 시장이 확대되면서 각국들이 빠른 속도로 산업화를 진전시킬 수 있었고, 국가 간의 왕성한 투자는 산업화의 밑거름이 되었던 것이다. 당시 영국은 세계의 시장이자 은행의 역할을 하면서 자유주의적 세계정치경제 질서가 안정되게 유지되도록 이끌었다. 영국을 선두로 프랑스와 독일, 미국, 일본 등 여러 나라들이 성공적으로 산업화를 이루었고, 식민지 지역들이 원료 공급처와 시장으로 개발되면서 세계가 시장에 의해 묶이게 되었다.

---

2 19세기 자유주의 질서의 수립-유지과정과 성격에 대해서는 조홍식, "고전적 자유주의 질서의 붕괴," 국제정치연구회 편, 『20세기로부터의 유산 : 세계경제와 국제정치』(서울 : 사회평론, 2000), pp. 17-42 참조.

그러나 자유방임적 세계정치경제 질서는 오래 지속되지 못했다. 현실적으로 시장 자체가 아무런 규제 없이도 완벽하고 효율적이고 안정적으로 운용되지 못하기도 했지만 19세기 세계정치경제 질서는 두 가지 중대한 문제를 안고 있었다. 우선 19세기 중반부터 민족주의가 대두되면서 이에 따른 국가 간 경쟁이 심화되었다. 국제체제에서 각국이 국력을 키우기 위해서는 산업생산력이 필수적인 요소였으므로 각국은 저마다 자국의 산업을 일으키고 이 산업을 위한 시장을 확보하려 했다. 비교우위론에 따른 국가 간 분업은 경제논리일 뿐, 국제질서의 냉엄한 경쟁적 현실에는 통하지 않았던 것이다. 결국 19세기 후반부터 여러 나라들이 자국 산업을 보호하기 위해 자유무역을 포기하기도 했고, 1930년대 대공황에 직면해서는 자국시장을 폐쇄하거나 무역블록을 결성하기도 했다.

보다 중대한 문제는 자유주의 질서가 확대되면서 초래된 각국의 국내 경제적 피해와 이로 인한 국내 정치적 문제였다. 자유무역은 세계경제 전체의 부를 증대시키고 무역에 참여한 국가들 각자의 부도 증대시켰을 수 있다. 그러나 이 과정에서 각국 내에는 큰 희생을 감수해야 하는 집단들이 있었다. 수입품과의 경쟁에서 뒤처지는 국내 산업들과 이에 종사하는 사람들이다. 예컨대 19세기 후반 신대륙의 곡물들이 싼 값으로 유럽시장에 쏟아져 들어오게 되면서 유럽 각국의 농민과 지주들은 설 자리를 잃게 되었다. 심지어 영국에서조차 19세기 말이 되면 후발 산업국들의 저가 공산품에 밀려 제조업의 상당수가 도산의 위기에 처하게 되었다.

금본위제 역시 각국의 경제운용과 정치적 안정에 중대한 문제를 야기했다. 금본위제의 국제통화금융 질서 하에서 각국 정부는 국내 경제적 필요에 따른 경제정책을 할 수 없었고, 다만 시장원칙에 따라 균형이 이루어질 수 있도록 방임해야 했다. 따라서 국제적인 통화의 안정과 돈과 상품의 자유로운 이동은 확보될 수 있었으나 각국의 국내 경제적 어려움은 악화되었고, 그 대가는 고스란히 각국의 노동자와 농민 등 민중들이 담당해야 했다. 예를 들어 한 나라의 경제상황이 악화되고 국제경쟁력이 떨어져서 국제수지 적자가 발생하면 이 나라의 통화량(금)은 자동적으로 줄어들게 된다. 경제상황은 더욱 악화되는 것이다. 그 결과 원료(일차산품)의 가격과 임금이 하락하게 되고 농민과 노동자들이 희생을 치르게 되었던 것이다. 중장기적으로 이 나라는 가격경쟁력을 회복하게 되고 국제수지 흑자로 돌아설 수 있을지 모르나 그때까지 민중들의 삶은 고통에 처하게 된다. 각국 정부는 이에 대해 아무런 역할을 할 수 없었다. 이 당시에는 정부가 시장에 개입하여 경기부양을 할 수 있다는 개념도 없었을 뿐만 아니라, 설령 경기부양을 시도한다 해도 이로 인해 대규모 자본유출이 발생하여 상황을 더욱 악화시킬 가능성이 컸다.

폴라니(Karl Polanyi)의 지적대로 시장의 자율적 조절에 모든 것을 맡겨두었던 고전적 자유주의의 세계정치경제 질서와 국내 경제체제는 '사회파괴적'이고 '역사일탈적'이었던 것이다.[3] 효율성과 개방, 그

---

3 Karl Polanyi, *The Great Transformation : The Political and Economic Origins of Our Time*(Beacon Press, 1944), 박현수 역, 『거대한 변환 : 우리 시대의 정치적 · 경제적 기원』(민음사, 1991) 참조.

리고 세계정치경제 질서의 안정을 위해 임금과 고용이 무시되고 대부분의 국민들의 경제적 안정과 복지는 희생되었다. 이러한 질서에 대해 노동자와 농민들의 정치적 저항이 거세지게 되었고, 이에 따라 자유방임주의와 자유무역, 그리고 금본위제의 기반은 붕괴될 수밖에 없었다. 19세기 말부터 보통선거권이 확대되고 노동과 농민의 대중정당들이 대두되면서 고전적 자유주의가 지속될 수 있는 정치적 조건은 사라지게 되었던 것이다.

(2) 제2차 세계대전 이후의 제한적 자유주의

이러한 자유방임적 자유주의 질서가 완전히 붕괴된 직접적 계기는 대공황과 두 차례의 세계대전이다. 제1차 세계대전 이후 자유주의 세계정치경제 질서의 복구가 시도되었으나 성공적이지 못하다가 1930년대 대공황의 수렁에 빠지게 되었으며, 이는 다시 각국들의 무역전쟁과 블록화를 심화시켰고, 결국 제2차 세계대전이 발발함으로써 세계정치경제 질서는 붕괴했던 것이다.

전쟁이 끝나가면서 대두된 중대한 과제는 전후 각국의 경제를 어떻게 복구하고 어떠한 세계경제질서를 수립하는가 하는 문제였다. 과연 자유주의 세계정치경제 질서가 복구될 수 있을 것인가? 아니면 전전과 같이 각국의 자국중심적 정책들이 충돌하는 상황이 재현될 것인가? 혹은 전혀 새로운 세계경제질서가 태동할 것인가?

전후의 세계경제질서를 수립하는 데는 다음 두 가지 상황이 결정적인 영향을 미쳤다. 첫째는 전전의 경험이다. 자국산업을 보호하기 위한 보호무역 정책은 다른 나라들의 보복을 가져오고, 이러한 무역전쟁은 세계경제는 물론 자국경제까지 몰락시킨다는 뼈저린 교훈을 1930년대의 경험으로부터 얻었던 것이다. 따라서 각국이 이러한 근린궁핍화 정책(beggar-thy-neighbor policy)을 되풀이하지 않고 호혜적으로 무역을 할 수 있게 해주는 세계경제질서의 필요성을 모두가 공감하게 되었다. 나아가 전후 경제를 복구하고 성장을 이루기 위해서도 자유주의 질서가 필요불가결하다고 인식되었다.

정치적 상황 역시 전후 자유주의 질서의 수립에 커다란 영향을 미쳤다. 제2차 세계대전으로 파시즘이 패퇴한 이후의 국제질서는 자본주의와 사회주의의 양 진영이 대치하는 구조로 이루어지게 되었고, 자본주의의 최대의 적은 사회주의임이 명백해졌다. 소련과 동구권 국가들이 서구에 대한 직접적인 안보적 위협이 되었을 뿐만 아니라, 전후의 폐허 속에서 여러 나라에서 좌파정당의 세력이 확대되고 있었다. 이러한 상황에서 자본주의 진영 내의 각국의 경제를 복구하고 결속을 다지기 위해서는 자유주의 질서의 수립이 시급하게 되었던 것이다. 자유주의 질서 하에서 확대될 국가 간 경제교류는 곧 각국의 경제복구를 앞당겨 줄 것이고, 경제교류의 확대 속에서 각국 간의 결속이 강화될 수 있다고 판단되었다.

사회주의와의 대치가 확산되고 냉전이 굳어지던 당시의 상황 속에서 이러한 안보적 고려는 대단히 중요하게 작용했다. 무엇보다도 미국이 전통적인 보호주의 정책에서 벗어나서 자유주의 질서의 강력한 리더십으로 나서게 된 데는 안보적 고려가 중시되었다. 예컨대 미국 무역정책을 자유무역으로 변화시킨 주역은 외교정책을 담당하는 국무부였다. 당시 국무장관 헐(Cordell Hull)은 "보호주의는 빈곤과 전쟁을 가져오고 자유무역은 번영과 평화를 가져온다"는 전형적인 자유주의적 상호 의존론을 거듭 강조했던 바 있다. 이러한 안보적 동기는 중국의 공산화와 한국전쟁으로 냉전이 심화되면서 더욱 강화되었고, 이에 따라 서구 자본주의 진영 내에 자유주의적 유대를 강화하려는 시도가 가속화되었다.

그러나 제2차 세계대전 이후 미국의 주도 하에 수립된 자유주의 세계정치경제 질서는 자유방임적인 고전적 질서로의 복귀는 아니었다. 경제위기와 국가들 간의 갈등이 주기적으로 반복되고 국내정치적 혼란과 대공황, 그리고 두 번의 세계대전을 잉태한 고전적 자유주의로 되돌아갈 수는 없었던 것이다. 제2차 세계대전 후 수립된 새로운 자유주의 질서는 1920년대까지 지속된 고전적 질서와 근본적으로 달랐다.

새로운 자유주의 질서는 제한적이고 관리되는 자유주의였다. 앞에서 살펴보았듯이 고전적 자유주의 세계정치경제 질서는 자유무역과 국제통화 질서의 안정만을 중시했고, 이를 위해 성장과 고용, 임금 등 국내 경제적 필요는 희생되는 질서였다. 상품과 자본의 국제적 이동을 방해하는 어떠한 수단도 정당화되지 못했고, 국내적 필요에 의한 국가의 개입이 배제되었다. 이러한 자유방임주의는 개방적 세계정치경제 질서를 구축한다는 이상에는 부합되었으나 1930년대의 경험에서 드러나듯이 더 이상 실현되기 어려웠다. 희생이 강요되던 노동과 농민의 정치적 힘이 성장하면서 국내적으로 각국의 국가-사회관계가 근본적으로 변화했기 때문이다.

폴라니의 지적대로 제1차 세계대전과 전간기를 거치면서 시장의 사회파괴적 성격이 심화되고 이에 대한 정치적 저항이 더욱 거세지면서 이를 통제하기 위해 공적 권위, 즉 국가가 시장에 다시 개입하게 되는 '대변혁'(great transformation)이 이루어지게 되었던 것이다. 구체적으로 말하자면 대공황 이후 서구 각국은 수요관리와 복지국가를 내용으로 하는 케인즈적 개입주의 정책을 추진하게 되었고, 이는 각국의 국내 정치적으로 양보될 수 없는 것이었다. 이러한 국내 경제정책에 부합하는 한도 내에서 자유주의적 세계정치경제 질서가 수립되어야 했던 것이다.

일단 수립된 자유주의 질서가 유지되기 위해서도 이 질서는 제한적이고 관리되어야 했다. 자유주의 세계정치경제 질서에 참여하는 각국의 국내적인 경제적 · 정치적 필요가 희생되면 각국이 더 이상 참여할 수 없는 상황이 벌어지고, 결국 1930년대의 상황이 되풀이될 수 있기 때문이다. 예컨대 19세기 금본위제에서처럼 국제통화 질서의 안정에 국내 경제정책이 종속될 경우 국내 경제적 필요가 충족되지 못하고, 이에 대한 정치적 저항을 각국이 감당할 수 없게 된다. 이는 곧 각국이 국제통화 질서에서 벗어나는 결과를 초래할 것이며, 결국 국제질서의 붕괴로 귀결될 것이다. 따라서 국내 경제적 필요를 충족시킬 수 있도록 국가의 개입이 허용되는 한에서 자유주의적 세계정치경제 질서가 수립될 수밖에 없었다. 이를 '내장형 자유주의'(embedded liberalism)라고 부르기도 하는데, 국내 경제의 필요에 토대를 두고 이를 '내장'한 자유주의적 세계정치경제 질서라는 의미

이다.[4]

3. 제한적 자유주의의 내용

이와 같은 성격이 구현된 제2차 세계대전 이후의 제한적 자유주의 세계정치경제 질서의 구체적인 내용을 살펴볼 필요가 있다. 세계화는 바로 제한적 자유주의의 통화 · 금융 · 무역 질서가 무너지면서 시작된 과정이기 때문이다.[5]

(1) 통화금융 질서

자유주의적 세계정치경제 질서가 수립되기 위해서는 무엇보다도 안정적 국제통화 질서가 마련되어야 했다. 이를 위해 미국과 영국은 종전 이전부터 실무작업을 시작하여 1944년 7월 미국 뉴햄프셔 주의 휴양지 브레튼우즈에서 44개국이 새로운 국제통화 질서를

---

4 John G. Ruggie, "International Regimes, Transactions, and Change : Embedded Liberalism in the Postwar Economic Order," *International Organization*, 36 : 3, pp. 379–415.

5 이에 대한 보다 상세한 설명은 백창재, "미국의 패권과 제한적 자유주의 질," 국제정치경제연구회 편, 『20세기로부터의 유산』, pp. 43–64 참조.

수립하는 협정에 서명했다. 이를 브레튼우즈 체제라고 한다.

고전적 자유주의와는 달리 새로운 국제통화금융 질서는 제한된 자유주의의 성격을 그대로 구현하고 있었다. 두 가지 핵심적 측면을 살펴보자. 첫째, 새로 수립된 통화질서는 미국의 달러를 기축통화로 한 '조절 가능한' 고정환율제라는 특성을 지니고 있었다. 즉 전전의 가치로 달러의 가치를 고정하여 금태환을 보장하고, 각국 통화의 가치를 달러에 고정하면서 동시에 각국의 국제수지 불균형을 해결하기 위한 환율조정을 허용했다. '달러 중심'의 '조정 가능'한 '고정환율제'라는 성격은 다음 세 가지로 파악할 수 있다. 첫째, 고정환율제를 유지함으로써 각국 통화가치가 안정되어 국제무역의 안정을 도모했다는 점이다. 둘째, 그러나 이 고정환율제를 금본위제와는 달리 조절 가능하도록 함으로써 각국이 국제수지 적자의 문제를 자율적으로 해결할 수 있도록 허용했다. 국제수지의 균형을 회복하기 위해 환율을 유지한 채 모든 부담을 각국의 국내 경제가 지게 되던 19세기 금본위제의 문제를 시정하려 했던 것이다. 셋째, 그럼에도 불구하고 다른 통화들의 가치가 고정되어 있는 미국의 달러화는 일정한 가치를 확고히 유지해야 했다. 즉 미국이 국제통화의 안정을 책임져야 했고, 이를 위해 미국 경제는 달러화의 가치가 절하되지 않도록 건전성을 유지해야 했던 것이다.

브레튼우즈 체제의 제한적 자유주의를 구현한 또 다른 중대한 요소는 극히 제한적이고 비자유주의적인 국제금융 질서이다. 전후 세계정치경제 질서가 무역과 금융의 자유화를 추구했다는 고정관념은 잘못된 것이다. 브레튼우즈 협정에서 고안된 국제금융 질서는 기본적으로 국가 간 자본의 흐름을 통제하는 데 목적을 두었다. 즉 개별 국가들에게 자본의 유출입을 통제할 수 있는 권한을 주었을 뿐만 아니라, 자본유출국과 유입국의 상호협조적인 자본통제를 할 수 있도록 인정했고 외환의 통제도 허용했던 것이다. 이같이 자본 및 외환통제가 도입된 데는 1930년대 경제위기를 심화시킨 급속한 자본유출과 투기자본의 공격과 같은 경험이 작용했다. 예컨대 당시 미국 재무부 장관이었던 모겐소(Henry Morgenthau)는 브레튼우즈 협정의 목적이 "국제금융이라는 성전으로부터 고리대금업자들을 몰아내는 것"이라고까지 말했었다.[6]

제한적 자유주의의 세계정치경제 질서를 실현하는 데는 국제금융의 규제, 즉 국가 간 돈의 흐름을 막는 것이 필수적이었다. 우선 자본의 자유로운 국제적 이동은 케인즈적 거시경제정책에 장애로 작용할 수밖에 없다. 예컨대 국제수지가 악화되고 경제가 불황에 빠지는 상황에서 정부는 환율을 평가절하하거나 재정지출을 늘리고 이자율을 낮추어 통화량을 늘림으로써 수요를 진작시키려 하게 된다. 그러나 환차손이나 조세와 인플레이션을 회피하기 위해 자본유출이 막대한 규모로 일어날 경우 이러한 정책들은 오히려 역효과를 거둘 수밖에 없다. 이를 막기 위해서는 강력한 자본통제가 필요했던 것이다. 둘째, 자본의 자유로운 이동 하에서는 국제통화 질서의 안정과 이를 기반으로 한 자유무역 질서가 위협을 받는다. 대규모 자

---

6 Eric Helleiner, *States and the Reemergence of Global Finance : From Bretton Woods to the 1990's*(Ithca : Cornell University Press, 1994), p. 4.

본의 빈번한 이동은 환율체제의 변동을 가져오게 되고, 각국의 무역수지에 중대한 위협을 초래하여 결국 보호주의의 정치적 압력을 가중시키는 것이다. 요컨대 국가의 거시정책적 자율성과 안정적 통화질서 및 국제금융의 자유화는 동시에 추구될 수 없으므로[7] 경제정책의 자율성과 국제통화 질서의 안정을 위해 자본의 국가 간 이동을 규제했던 것이다.

(2) 무역질서

전후 국제무역 질서에 대한 구상 역시 전쟁이 끝나기 이전부터 시작되었는데, 우여곡절 끝에 GATT 체제가 수립되었다. GATT 체제는 무차별(non-discrimination) 원칙과 호혜주의(reciprocity) 원칙 하에 참여국들 간의 관세를 대폭적으로 인하하여 무역의 확대를 이끌어냈다. 1979년의 도쿄 라운드까지 7차례의 무역협상 라운드(다자협상)를 통해 평균 관세율이 5% 이하로 인하되어 더 이상 관세가 국가 간 무역의 장애로 작용할 수 없는 정도로 자유무역 질서가 심화되었던 것이다. 이에 따라 세계 총교역량은 1950년대에 연평균 6.1%, 1960년대에는 8.9%의 놀라운 속도로 증대되었다.

---

7 이에 대해 Benjamin Cohen, "The Triad and the Unholy Trinity : Lessons for the Pacific Region," in R. Higgot et al., eds., *Pacific Economic Relations in the 1990s : Cooperation or Conflict*(Boulder : Lynne Reinner, 1993).

그러나 GATT 체제의 목표는 완전히 자유로운 무역(free trade)이라기보다는 '보다 자유로운'(freer) 무역이었으며, 이런 점에서 전후의 무역질서 역시 제한적 성격을 지니고 있었다. 우선 자유무역은 상품무역에만 적용되었고, 농산물과 서비스, 국제투자는 제외되었다. 또 상품무역 중에서도 섬유업은 제외되어 별도의 협약에 의해 무역이 규제되었다. 이는 고용안정을 위한 정부 역할의 필요성을 인정했기 때문이며, 또한 이 부문들의 무역 자유화에 대한 각국의 국내 정치적 저항이 거셌기 때문이다. 이 부문들이 포함된 자유무역 질서는 수립되기 어려웠을 것이며, 설사 수립되었다 하더라도 각국 내의 저항 때문에 장기간 지속되지 못했을 것이다. 고용효과가 큰 섬유업, 서비스업, 농업 등의 부문이 자유화될 경우 경쟁력이 떨어지는 국가들의 이 부문들은 도태될 것이고, 이에 따른 구조조정 비용과 정치적 저항 및 사회적 불안정은 막대할 것이며, 결국 자유무역 질서에서 이탈하는 국가들이 속출했을 것으로 판단되었다.

나아가 GATT는 여러 가지 예외규정들을 설정했다. 모든 회원국들에 대해 동등한 무역상 혜택을 부여할 것을 의무화했으면서 동시에 기존의 모든 특혜협정을 인정했고, 자유무역지대나 관세동맹도 허용했다. 또한 국제수지 불균형의 상황에서 일시적으로 수입을 제한할 수 있도록 허용했다. 더욱이 특정 산업이 수입으로 인해 막대한 피해를 볼 경우에는 긴급수입제한조치(safeguard)가 허용되었다. 요컨대 GATT 하의 국제무역 질서는 이 같은 예외규정들에 의해 관리되고 제한된 자유무역 질서였던 것이다.

4. 제한적 자유주의 질서의 붕괴와 세계화

전후 미국의 패권 하에 수립된 브레튼우즈와 GATT의 세계정치경제 질서는 1970년대 초까지 지속되었다. 이 제한적 자유주의 질서 속에서 서구와 일본은 전쟁의 폐허를 딛고 빠른 성장을 이룰 수 있었고, 각국은 국내 경제적 목표를 달성함과 동시에 자유주의적 세계정치경제 질서에 참여할 수 있었다. 그러나 1960년대 말부터 제한적 자유주의 질서는 붕괴의 조짐을 보이기 시작했다. 케인즈주의 경제정책의 한계에 도달한 데다가[8] 전후 세계정치경제 질서의 두 가지 취약점, 즉 미국에 대한 과도한 의존과 제한적 자유주의의 무역 및 통화금융 질서가 지니고 있던 내재적 모순이 터져나오기 시작했기 때문이다.

(1) 통화금융 질서의 변화

브레튼우즈의 제한적 국제금융 질서는 1960년대까지 비교적 성공적으로 유지되었다. 서구 각국과 일본은 급격한 단기 자본의 유출입을 막기 위해 직간접적 자본통제를 강화했고, 국가들 간의 협조체

8 이에 대해 구춘권,『지구화, 현실인가 또 하나의 신화인가』(서울 : 책세상, 2000) 참조.

제도 가동되었다. 예컨대 1960년의 달러위기나 1963, 1964년의 위기 등 단기적 불안정이 국제협력으로 극복될 수 있었다. 그러나 제한적 국제금융 질서는 점증하는 시장의 압력에 노출되면서 약화되어 갔다. 무엇보다도 브레튼우즈 통화질서의 내재적 문제와 특히 이에 대한 미국의 대응이 제한적 금융질서의 붕괴를 가져온 근본 원인이었다.

브레튼우즈 통화체제는 소위 '트리핀 딜레마'(Triffin dilemma)[9]라는 근본적 모순을 지니고 있었다. 즉 준비자산으로의 달러는 미국의 국제수지 적자에 의해 지속적으로 해외로 유출되어야만 세계경제에 유동성을 공급할 수 있다. 반면 미국의 지속적 국제수지 적자는 달러에 대한 신뢰성을 떨어뜨려 준비자산으로서의 역할을 위협한다. 역으로 달러의 신뢰도를 지키기 위해 달러의 유출이 축소되면 국제유동성의 부족이라는 모순에 빠지게 된다.

유럽 각국이 전쟁의 폐허에서 복구되는 1950년대 말까지 세계경제는 달러의 부족에 시달렸고, 미국은 마샬 플랜 등 여러 가지 수단을 통해 달러를 해외로 유출시킴으로써 국제유동성을 공급했다. 그러나 1960년대에 들어서면서 상황은 역전되어 달러의 과잉유출이 큰 문제가 되었다. 미국의 무역수지 흑자폭이 줄어든 데다가 EC 결성 이후 미국 기업들이 유럽에 대한 직접투자를 대폭 늘림으로써 자본이 유출되었다. 더욱이 베트남 전쟁 등을 통해 미국의 군사비 지

---

9 Robert Triffin, *Gold and the Dollar : The Future of Convertibility*(New Haven : Yale University Press, 1960).

출은 상황을 더욱 악화시켰다.

전형적인 트리핀 딜레마이다. 즉 미국의 국제수지 적자가 누적되면서 자연히 달러에 대한 신뢰도가 추락되었던 것이다. 또 상대적으로 달러가 고평가되어 있었기 때문에 미국 산업의 경쟁력이 저하되고, 이는 다시 미국의 국제수지를 악화시키는 결과를 가져왔다. 달러의 가치를 고정한 브레튼우즈의 원칙을 바꾸지 않는 한, 달러의 고평가가 가져오는 악순환은 해결될 수 없었다. 한편 각국의 통화들을 평가절상하면 상대적으로 달러 고평가의 문제는 해결될 수 있었지만, 이는 각국의 경쟁력을 훼손하는 결과를 가져오므로 미국과 서구 각국 간의 갈등이 커지게 되었다. 달러의 유출을 제한하기 위한 각종의 직 · 간접적 자본통제나 금풀제와 같은 국제협력 체제에 의해서도 달러 과잉유출의 문제는 해결되지 않았고 더욱 심화되어 갔다.

결국 1970년대에 접어들어 달러의 신뢰도가 무너지면서 브레튼우즈 통화체제의 붕괴가 임박하게 되었다. 곧이어 단행된 달러의 두 차례 대폭 평가절하에도 불구하고 달러 투매가 확산되고 외환시장이 폐쇄되는 혼란 속에서 1973년 EC 국가들이 변동환율제를 공식 채택함으로써 브레튼우즈 통화체제는 공식적으로 막을 내렸다. 미국에 의해 달러의 고정된 가치(1달러=금 35oz.)가 지탱되고 다른 통화들의 가치가 달러에 고정되었던 안정적 통화질서가 무너지고, 각국 통화의 가치가 시장에 의해 결정되는 변동환율제의 국제통화 질서가 도래한 것이다.

변동환율제는 브레튼우즈 체제가 제한했던 국제금융을 되살리는 결과를 가져왔다. 우선 변동환율제로 인해 외환시장이 생겨나고,

이 시장의 규모가 엄청나게 증대되었다. 환율의 불안정이 전제되는 상황 속에서는 당연히 국제투자와 거래에 있어서 환율 및 실질이자율이 관건이 되었고, 이를 대상으로 하는 국제투기자본이 급격히 팽창하게 되었다. 또한 자산가치의 안전성과 투자위험의 회피 및 부채의 효율적 관리를 위해 다양한 금융 거래 방법이 생겨나고 그 규모가 급증하게 되었다. 이처럼 국제금융 시장이 급성장하게 되자 이는 다시 각국의 자본통제를 폐지하는 압력으로 작용하게 되었다.[10] 더욱이 유로시장(역외 금융시장)의 급성장, 오일쇼크와 인플레이션의 만연, 막대한 오일달러의 환류(recycling) 등은 국제금융의 규모를 더욱 증대시켰다. 따라서 한편으로는 자본통제를 계속하기가 더욱 힘들어졌고, 다른 한편으로는 자본통제의 폐지와 자유화를 위한 압력이 크게 증가하게 되었다.

이런 상황 속에서 브레튼우즈의 제한적 금융질서를 유지하던 자본통제는 속속 폐기되었다. 우선 미국은 1974년 공식적으로 모든 자본통제를 폐지했다. 1970년대 초의 달러위기를 해결하고자 서구와 일본이 협조적 자본통제를 추진했음에도 불구하고 미국은 오히려 일방적으로 자본통제를 폐기했던 것이다. 일찍부터 자본통제가 미치지 않는 유로시장을 유치했던 영국이 곧 뒤를 따랐고, 1980년대 초까지 독일, 일본, 프랑스, 이탈리아 등 주요국이 자본자유화와 금융자유화를 도입했다. 결과적으로 1980년대 이후 국제금융은 반

10 이에 대해 Susan Strange, *Casino Capitalism*(New York : Basil Blackwell, 1986) 참조.

세기 전의 자유주의 질서로 돌아가기 시작한 것이다.

(2) 무역질서의 변화

GATT의 제한적 자유무역 질서 역시 근본적 모순을 지니고 있었다. 이 질서가 지속되면서 교역량이 확대될수록 각국의 국내 경제적 · 정치적 충격은 커지는 것이다. 즉 성공적으로 유지될수록 그 붕괴의 씨앗을 키우게 되는 모순이다.

이러한 모순은 이미 1970년대 초부터 모습을 드러냈다. 1960년대까지 연평균 8%의 빠른 속도로 증가하던 세계 무역량은 1970년대 들어 3% 미만으로 증가속도가 둔화되었다. 또 각국의 무역제한적 조치들이 강화되었고, 새로운 형태의 보호주의 수단들이 고안되어 폭넓게 쓰여지기 시작했다. 자유무역 질서를 이끌던 미국의 경우 1970년대부터 노조가 공식적으로 반자유무역을 천명하면서 보호주의적 압력을 행사하기 시작했고, 결과적으로 1974년 무역법이 제정되면서 자국산업을 보호하려는 정책들이 강화되었다.

이런 상황 속에서 자유무역 질서가 지속되기 위해서 소위 '자전거 이론'(bicycle theory)의 가르침대로 자유무역 질서를 더욱 심화시키고 확산시키는 길이 선택되었다. 앞으로 달리지 않으면 쓰러지고 마는 자전거와 같이 자유무역 질서 역시 계속 심화 · 확산되지 않으면 보호주의의 도전에 의해 붕괴되리라는 것이다. 이런 맥락에서 케네디 라운드 이후 도쿄 라운드와 우루과이 라운드 등 일련의 다자협상들이 계속되어 왔다. 문제는 케네디 라운드 이후 더 이상 관세나 수량적 제한 문제가 자유무역의 장애가 되지 않았다는 데 있다. 즉 1970년대 들어서 관세는 이미 충분히 인하되어 있었으므로 자유무역의 심화를 위해서는 다른 처방이 필요하게 되었던 것이다.

따라서 도쿄 라운드부터 비관세무역장벽(Nontariff Trade Barriers : NTB)과 구조적 장애(structural impediments)들의 제거가 시도되었다. 통관기준에서부터 각국의 보건정책이나 각종 규제정책에 이르기까지 무역을 직간접적으로 제한할 수 있는 모든 관행과 정책들이 대상이 된 것이다. 이는 필연적으로 각국의 정책 자율성을 침해할 수밖에 없었고, 국내의 정치적 저항을 강화시키게 되었다.

전후의 제한적 자유무역 질서에 내재된 또 하나의 구조적 취약점은 이 질서에 의해 세계 무역구조 혹은 경쟁구조가 바뀌게 되었다는 점이다. 앞에서 설명했듯이 전후 GATT 질서는 당시 압도적으로 경쟁의 우위를 점하고 있던 미국의 주도 아래 미국 시장의 개방을 전제로 수립되었다. 그러나 이 질서가 성공적으로 무역을 확대시키면서 국제 무역구조에 두 가지 중대한 변화가 나타났다.

하나는 더 이상 미국의 패권적 지위가 지속될 수 없었던 점이다. 제2차 세계대전 직후 미국이 누렸던 압도적인 경제적 지위는 전쟁이라는 비정상적 상황 속에서 이루어진 것이므로 서구가 전쟁의 폐허에서 복구된 뒤 미국의 상대적인 경제적 힘이 약화되는 것은 당연하다고 볼 수 있다. 그러나 1970년대부터 미국 경제력은 이보다 훨씬 빠른 속도로 쇠퇴했다. 자유무역 질서 아래서 일본과 독일 등 서구 국가들이 상대적으로 빠르게 성장했고, 다른 선진공업국들이 가세하면서 국제 무역구조는 대단히 경쟁적이 되었다.

이와 연관된 또 다른 요인 역시 세계 무역구조를 더욱 경쟁적으로 만들었다. 1970년대에 미국과 서구 경제 간의 경쟁이 심화되고 이윤율이 하락하는 현상이 장기간 지속되는 데 대한 선진국 기업들의 대응은 임금이 낮은 저발전 지역으로의 이동이었다. 즉 생산시설을 저발전국가로 이전하여 저임을 기반으로 경쟁력을 높이려 했던 것이다. 금융자본 역시 성장 잠재력이 높은 이 지역으로 대거 이동했다. 이에 따라 많은 저발전국가들이 급속히 산업화되었다. 소위 신흥공업국가(Newly Industrializing Countries : NICs)라 불리우는 동아시아와 중남미 국가들이 등장한 배경이 여기에 있다. 이들은 수출에 의존한 발전전략으로 놀라운 속도로 세계시장을 잠식해 들어갔고, 궁극적으로 세계 무역구조는 더욱 경쟁적이 되었던 것이다. 이같이 경쟁이 심화된 세계 무역구조 속에서 자유무역의 국내 경제적 충격이 증폭될 수밖에 없었고, 제한적 자유주의 무역질서의 유지도 점차 어렵게 되었다.

이에 대한 대응은 GATT 체제 하에서 수립된 자유무역에 대한 제한을 풀고 국제무역 질서를 보다 자유화하는 방향으로 이루어졌다. 즉 무역적자가 천문학적 수준으로 증가하던 1980년대 중반에 미국의 주도 하에 새로운 다자협상이 시작되었고, 그 결과 WTO 체제가 출범했던 것이다.

이 변화는 GATT의 제한적 자유무역 질서와 본질적으로 다르다. 우선 지리적 · 산업적 · 영역적으로 무역자유화가 확대되었다. GATT 체제에 포함되지 않았던 농업, 서비스업, 투자 등이 개방의 대상이 되었고, 제3세계와 구사회주의권을 포함한 전 세계적으로 자유화가 확산되었으며, 무역의 확대를 위해 많은 새로운 이슈와 정책 영역들에서 각국의 자율성이 축소된 것이다. 이를 통한 시장의 확대로 경쟁의 심화를 완화시키고 미국을 비롯한 선진국들의 국내 경제적 충격을 완화하려는 것이다. 또한 WTO 체제는 공정한 무역(fair trade)과 평등한 경쟁구조(level playing field)에 초점을 두고 국제무역 질서를 재편했다. 각국의 불법적 무역제한 조치를 제거하고 분쟁해결 절차를 강화했을 뿐만 아니라, 경쟁기회의 평등을 위해 무역과 연관된 각국의 국내 정책들까지 규제하게 되었다. 결과적으로 각국의 발전수준이나 국내 경제적 · 정치적 목적에 따른 자율성이 그만큼 침해된 것이며, 국제무역에 있어서 시장의 논리가 보다 강화되었다. 요컨대 국제무역 질서 역시 전후 수립된 제한적 자유주의가 붕괴하고 보다 시장중심적 질서로 변화되었던 것이다.

5. 세계화의 도전

지금까지 살펴본 바와 같이 제2차 세계대전 이후의 세계정치경제 질서는 제한적이고 관리되는 자유주의적 질서였다. 경제적 약자의 생존권까지도 보호하는 사회적 공존의 틀 안에서 시장의 논리가 움직이도록 시장을 규제하고, 이러한 필요를 각국이 만족시킬 수 있도록 자율성이 상당 수준 허용되는 세계정치경제 질서가 수립되었던 것이다.

그 이유는 대공황과 두 차례의 세계대전, 그리고 각국 내의 심각한 정치적 갈등을 경험했기 때문이다. 시장이 사회를 황폐화시키고 세계정치경제 질서의 안정을 위해 국내 경제적 목표가 희생되었던 고전적 자유주의가 되풀이되어서는 안 되었던 것이다. 그러나 이러한 제한적 자유주의 질서는 불과 20여 년을 지탱하지 못했다. 1970년대부터 통화금융 질서가 붕괴되고 무역질서가 재편되면서 전후 세계정치경제 질서의 제한적 자유주의의 성격은 퇴색되고 보다 시장중심적인 질서가 급속히 자리 잡아 가고 있는 것이다. 여기서는 우선 세계화가 초래하고 있는 문제들을 짚어보고, 이러한 도전에 직면하여 무엇을 할 수 있을지 생각해 본 뒤 세계화 과정에서 대두되고 있는 새로운 현상으로 "힘의 이동"을 분석한다.

(1) 세계화의 문제와 대응

세계화가 가져오는 경제적 재앙은 크게 두 가지로 진단된다. 하나는 세계경제의 불안정이다. 특히 금융부문에서 불안정성의 증대는 큰 우려의 대상이다. 1970년대 이래 세계금융이 부활하고 국제금융에 대한 통제가 사라지게 되면서 크고 작은 금융위기가 도처에서 발생하고 있다. 한국과 동남아, 중남미 국가들은 물론 영국, 프랑스, 이탈리아 등 선진국들도 금융위기를 겪었고, 그 충격은 점점 커지고 있다. 또한 2008년 시작된 금융위기와 유럽의 재정위기에서 드러나듯이 한 국가의 경제위기는 곧 주변 지역으로 확대되고 세계경제 전체로 확산될 가능성도 대단히 높다. 엄청난 규모의 자본이 세계 곳곳으로 순식간에 자유로이 이동하기 때문이다.

세계화로 인한 불안정성의 증대는 심각하게 인식되고 있다. 우선 IMF 사태를 겪은 우리로서는 금융위기로 인해 우리의 삶이 얼마나 피폐해졌는지를 여실히 깨닫고 있다. 이러한 경제적 비극은 지금도 아르헨티나를 비롯한 세계 도처에서 발생하고 있고, 앞으로도 그치지 않을 것이다. 또한 최악의 경우 금융위기가 전 세계로 확산되어 세계경제가 붕괴의 문턱에 다다를 수도 있고, 지역적으로 대립된 경제블록이 세계경제를 대치할 수 있다는 우려도 대두된다.

이에 못지않게 중대한 문제는 국가 간, 그리고 국가 내의 경제적 불평등의 확대이다. 세계화는 제한되지 않은 자유주의로의 복귀이다. 즉 돈과 상품의 이동이 자유로워지고 시장에 대한 그간의 규제가 완화 · 철폐되는 과정이다. 그 결과 시장에서의 승자, 곧 경제적 강자가 경제활동의 혜택을 보다 많이 차지하게 된다. 세계화된 경제에서 경제적 강자는 누구일까? 노동보다는 자본이고, 작은 자본보다는 큰 자본이며, 국내 자본보다는 초국적 자본이고, 산업자본보다는 국가 간 이동성이 높은 금융자본이며, 세계시장에서의 경쟁력이 큰 산업과 기업 및 이에 종사하는 사람들이 그들이다. 세계화의 패자는 그 역이다. 국제적으로는 이러한 존재를 보다 많이 가지고 있는 국가가 승자가 될 것이다.

그 결과 20대 80의 사회라고 불리는 불평등한 사회가 도래하게 될 수 있다. 세계화의 승자 소수가 사회의 부를 대부분 차지하고 나머지 다수는 생존권을 위협받게 된다는 것이다. 아무런 규제 없이 시장이 자율적으로 움직이던 19세기 자유방임적 자유주의를 관찰하고 폴라니는 '악마의 맷돌'(Satanic mill)에 인간의 삶이 갈리는 상황을 개탄한 바 있다. 유사한 상황이 벌어지고 있기 때문에 세계화가 진행되면서 시장에 대한 통제가 상실될수록 이러한 상황이 다가오고 있다는 우려의 목소리가 높다.

이처럼 세계화가 진전되고 이로 인해 야기되는 문제가 심각해지면서 세계화에 대한 반발과 저항이 거세지고 있다. 폴라니가 관찰한 19세기의 경험에 따르면 시장의 힘이 커질수록 시장을 통제하려는 힘도 커지는 것이다. 19세기 자유주의 질서의 경우 노동과 농민의 정치적 힘이 커지면서 국가가 시장을 통제하게 되었다.

현재 진행 중인 세계화도 각국의 선택에 따라 중단되거나 역전될 수 있을까? 대공황이나 세계대전과 같은 대재앙이 없는 한, 가능성이 높아 보이지 않는다. 국가의 힘, 보다 구체적으로 국가가 시장논리에서 벗어나 자율적으로 경제정책을 행할 수 있는 능력이 심각하게 훼손되고 있기 때문이다.

이는 '삼위불일치'(unholy trinity)라고 부르는 원리 때문이다. 즉 환율안정과 자본이동성 및 거시정책 자율성의 삼자는 양립 불가능한 것이다.[11] 예컨대 자본의 이동이 자유로운 상황에서 통화량을 늘리는 금융정책을 쓰면 낮은 이자율 때문에 자본의 유출이 생기고,

---

11 Benjamin Cohen, "The Triad and the Unholy Trinity : Lessons for the Pacific Region," in Richard Higgot, Richard Leaver, and John Ravenhill, eds., *Pacific Economic Relations in the 1990's : Cooperation or Conflict?*(Boulder : Lynne Reinner, 1993).

이는 평가절하의 압력으로 작용한다. 결국 평가절하를 받아들이거나 통화정책을 포기하거나 혹은 자본통제를 도입하는 대안만이 존재하게 된다. 자본통제를 선택한다면 세계정치경제 질서에서 완전히 고립되는 것이고, 평가절하를 받아들일 경우 급격한 환율의 불안정성과 이로 인한 자본의 대규모 유출이 초래될 것이다. 어느 경우나 그 비용을 감당하기 어렵기 때문에 통화정책을 포기할 수밖에 없다. 결국 대부분의 국가는 신자유주의적 경제정책으로 수렴될 것이고, 이탈자는 시장의 채찍을 맞을 수밖에 없다.

나아가 대부분의 국가들은 경제정책은 물론 규제정책을 비롯하여 임금정책, 노동정책, 세금정책, 복지정책 등 대부분의 공공정책을 신자유주의에 부합시키도록 압력을 받고 있다. 자본이 국가 간에 자유로이 이동할 수 있게 됨에 따라 이러한 정책에 대한 자본의 힘이 막강해졌기 때문이다. 전 시티은행장 리스튼의 말대로 "돈은 원하는 곳에만 가고", "대접받는 곳에만 머무른다." 그 결과 각국 간에는 보다 많은 자본을 유치하기 위해 국민들의 삶의 기준을 떨어뜨리는 '나락으로의 경주'(race to the bottom)가 벌어지고 있다. 국가의 일차적 역할이 국민들의 삶을 질을 향상시키는 것이 아니라 자본을 유치하고 경쟁력을 증진시키는 데 두는 '경쟁국가'(competition state)로 국가의 성격이 변화했다는 주장도 제기되고 있다.[12]

---

12 Philip Cerny, "The Infrastructure of the Infrastructure? Toward 'Embedded Financial Orthodoxy' in the International Political Economy," in Ronen P. Palan and Barry Gills, eds., *Transcending the State-Globe Divide : A Neostructuralist Agenda in Interna-*

이와 같이 국가의 힘이 줄어든 상황에서 각국이 세계화를 거스르는 선택을 하기는 대단히 어렵다. 국내 경제에서 자본이 빠져나가고 경제위기에 직면하게 될 것이기 때문이다. 실례로 세계화가 한창 진행되던 1980년대 초반 프랑스의 사회당 정부는 시장논리와는 정반대로 경기부양 정책을 추진했었다. 그러나 대규모의 자본유출과 프랑화 투매가 벌어졌고, 미테랑 정부는 결국 자본통제를 포기하고 통화량 감축과 자본시장 개방의 정반대로 정책방향을 바꾸었다. 시장의 보복을 감당할 수 없었던 것이다.

그렇다면 무엇이 가능할까?

개별국가가 아닌 국가들 간의 협력을 통해 시장을 통제할 수 있는 제도와 장치를 만드는 것이다. 공동의 노력으로 국제적 규제가 수립되면 시장의 보복이 발생할 수 없기 때문이다. 예컨대 국제 투기자본의 급격한 이동으로 인해 초래되는 금융위기를 상정해 보자. 이를 막기 위해 한 국가가 투기자본의 유출입에 대해 상당한 세금을 부과할 경우 이 국가는 경제위기에 내몰릴 가능성이 높다. 더 이상 해외자본이 국내에 투자되지 않을 것이고, 국내에 있는 자본도 서둘러 빠져나갈 것이기 때문이다. 그러나 모든 나라들이 동참할 경우 자본은 빠져나갈 곳이 없다. 이것이 논란이 되고 있는 토빈세(Tobin tax)의 개념인데, 효율적인 자원배분이라는 시장의 혜택은 희생되지만 빈발하고 있는 금융위기를 막는 데 도움이 될 수 있는 것이다.

---

tional Relations(Boulder : Lynne Reinner, 1994), 223–249.

(2) 힘의 이동

마지막으로 세계화 과정에서 진행되고 있는 힘의 이동(power shift)과 분산(dispersion)에 주목할 필요가 있다. 힘의 이동은 우선 세계화의 부수적 결과이다. 탈냉전과 세계화의 세계정치경제 질서에는 더 많은 행위자들이 편입될 수밖에 없다. 사회주의권의 붕괴로 더 이상 대안적 질서가 존재하지 않으며 세계화, 특히 생산 네트워크와 금융의 세계화로 인해 세계정치경제 질서가 전 세계적으로 확대되었기 때문이다. 이는 기존 권력구조의 분산 혹은 힘의 이동을 초래할 가능성이 높다.

더욱이 미국과 유럽의 경제적 쇠퇴가 가시화되면서 세계정치경제 질서에서 힘의 이동은 더욱 부각되고 있다. 테러와의 전쟁 이후 미국의 재정적자가 악화되고 고질적인 무역수지 적자가 확대되면서 미국 패권의 종언을 예측할 정도로 미국의 상대적인 경제적 우위는 쇠퇴하고 있다. 심지어 미국 국가정보위원회(National Intelligence Council)조차 2008년 발간한 보고서에서 15년 후 세계질서가 정치적 경제적으로 다극화될 것으로 전망한 바 있다.[13] 유럽의 경우도 현재 진행 중인 각국의 재정위기로 인해 유로존(Euro zone)의 붕괴가 임박할 정도의 혼란에 빠져 있다.

이러한 힘의 이동은 일차적으로 국가 간 관계에서 목도된다. 대표적으로 중국 경제의 눈부신 성장으로 인해 미국과 EU 국가들 및

---

13 National Intelligence Council, *Global Trends 2025*(USGPO, 2008).

일본과 중국 간의 경제력 격차가 현저히 줄어들거나 역전되었다. 중국뿐만 아니라 소위 BRICs로 불리는 인도, 러시아, 브라질 등 신흥경제들의 성장도 현저하여 이 국가들과 서구 국가들 간의 경제력의 분산도 진행되고 있다.

이와 더불어 주목되는 점은 경제력 분포의 변화가 단순히 주요 국가들 간의 관계에서만 이루어져 온 것이 아니라는 점이다. 19세기 이래 중심-주변 관계에서 주변부에 속해 있던 국가들, 즉 개도국들의 빠른 성장으로 인해 중심-주변 간의 경제력 격차가 크게 줄어들고 있는 것이다. 특히 동아시아 지역이 세계경제에서 차지하는 비중은 지속적으로 증가해 왔으며 가장 높은 성장률을 유지하고 있기 때문에 점점 그 비중이 커지고 있다. 일각에서 "아시아로의 힘의 이동의 불가피성"을 거론하는 근거가 여기에 있다.

이러한 힘의 이동은 두 가지 현상에 기인하고 있다. 하나는 중국, 러시아와 같은 구 사회주의 국가들의 개방과 이행경제가 성공을 거두고 있다는 점이다. 중국은 일찍부터 국가 주도의 개혁개방 정책을 통해 동아시아형 성장정책을 성공적으로 이끌어 왔고, 10%대의 높은 경제성장률을 20여 년간 지속해 왔다. 러시아 역시 풍부한 에너지 자원을 기반으로 냉전종식 후 이행경제의 어려움을 딛고 빠른 경제성장을 유지하고 있다.

다른 하나는 보다 구조적인 현상으로 1980년대 후반 이후 진행되어 온 세계화와 금융화의 결과이다. 기존의 세계정치경제에서 단순히 원료공급과 시장의 역할을 하던 주변부의 많은 경제들이 세계경제에 직접적으로 편입되게 된 것이다. 그 결과 생산 · 무역 ·

금융 · 투자 영역을 포괄하는 신중심－주변관계(new core－peripHery relationship) 혹은 신브레튼우즈 체제(new Bretton Woods)[14]가 이루어지게 되었다. 이 신중심－주변관계에서 주변부 국가들은 중심부의 자본을 투자받고 중심부에 대한 수출을 기반으로 빠르게 성장하며, 중심부 주요 통화를 준비자산으로 흡수한다. 중심부 국가들은 저성장을 유지하면서 투자소득과 국채발행을 통해 경제 수준을 유지한다. 이 구조로 전 세계적 불균형이 관리된다. 브레튼우즈 체제에서 서구와 미국 간에 이루어졌던 관계가 중심부와 주변주 간의 관계로 "지구화"된 것이다.

이와 같은 신브레튼우즈 체제가 얼마나 지속될 수 있는지 전망하는 것은 쉽지 않지만, 이 체제가 유지되는 한 주변부 개발도상국가들의 성장이 지속될 수 있다고 평가된다. 이렇게 본다면 중국이나 인도와 같이 새롭게 부상하고 있는 경제대국들과 신흥경제들, 그리고 개도국 일반, 특히 동아시아 지역으로의 힘의 이동이 지속될 것으로 예측할 수 있다.

그렇다면 힘의 이동의 결과 세계정치경제 질서에 어떤 변화가 초래될 수 있을 것인가? 20세기 후반부터 진행되어 온 신자유주의적 세계화라는 것이 미국과 유럽 등 서구 중심의 질서이기 때문에 이들이 지닌 경제력의 상대적 우위가 줄어들고 아시아와 BRICs 등의 경제적 비중이 증대하게 되면 새로운 질서를 모색하게 될 가능성

---

14 Barry Eichengreen, *Global Imbalances and the Lessons of Bretton Woods*(MIT Press, 2006).

이 높아질 수 있다. 예컨대 중국은 신자유주의에 대한 대안으로 각국의 독자적 발전 모델과 국가 주권을 중시하는 베이징 컨센서스를 확산시키려 하고 있다.

그러나 대공황과 같은 세계 경제위기가 도래하지 않는 한, 가까운 장래에 힘의 이동으로 인해 세계정치경제 질서의 근본적인 변화가 이루어질 것으로 전망하기는 어렵다. 우선 미국과 유럽의 쇠퇴와 중국 등 신흥경제의 부상이 계속될 것으로 속단하기 어렵다. 특히 미국의 경우 현재의 세계정치경제 질서를 관리하고 있는 패권국이므로 쉽게 쇠퇴할 것으로 전망할 수 없다. 1980년대에도 최근과 같은 미국 쇠퇴론이 크게 유행했으나 이후 신자유주의와 정보화의 신경제, 그리고 탈냉전 속에서 미국 경제는 초호황을 누리며 상대적 우위를 회복한 바 있다.

둘째, 세계정치경제 질서에서 힘은 단순히 물리적 능력, 즉 경제력만으로 구성되지 않는다. 세계정치경제 질서를 관리하는 다양한 국제제도들을 통해 발휘되는 제도적 권력이나 특정한 질서에 정당성을 부여하거나 박탈할 수 있는 구성적 권력 등 다양한 차원의 힘이 존재한다. 물론 세 차원의 힘은 밀접히 연관되어 있으나 동일한 속도로 변화되지는 않으며, 세계정치경제 질서는 이처럼 다양한 차원의 힘과 힘관계를 반영한다. 현재까지 진행되어 온 힘의 이동은 다분히 경제력 차원에서만 이루어졌을 뿐, 제도적 차원과 구성적 차원에서 상당한 수준의 힘의 이동이 이루어지지는 않았다. 따라서 경제력의 이동이 더욱 진척되고 궁극적으로 제도적 권력과 구성적 권력의 변화가 이루어지기 전에는 힘의 이동에 따른 세계정치경제 질서의 변화를 기대하기 힘들다.

셋째, 중국 혹은 BRICs나 동아시아 지역 등의 신흥경제들은 1990년대 이후 신자유주의적 세계화 속에서 성장해 왔다. 신자유주의 세계화 질서가 지닌 많은 문제점들에도 불구하고 이들이 현 질서의 근본적인 변화를 바라지 않는 이유가 있는 것이다. 이는 1950, 1960년대 브레튼우즈 질서에서 미국은 재정지출과 소비 수준을 유지하면서 유럽과 일본이 고속성장을 하던 "고통 없는 자유주의"(liberalism without tears)의 논리와 같다. 무한정 지속될 수 없고 주기적으로 위기가 도래할 수는 있으나 미국과 신흥경제 모두가 만족한 상태로 상당 기간 유지될 수 있는 것이다.

저자 약력

유홍림(柳弘林) honglim@snu.ac.kr
Rutgers University 정치학 박사
서울대학교 정치외교학부 교수
주요 저술_『현대 정치사상 연구』(인간사랑, 2003), 『현대 정치와 사상(역서)』(인간사랑, 2005), 『전쟁과 정의(역서)』(인간사랑, 2009) 등

임경훈(林炅勳)
시카고대학교 정치학 박사
서울대학교 정치외교학부 교수
주요 저술_『러시아 기업 지배구조의 형성』(세종연구소, 1999), "비교민주화 이행론과 러시아의 탈공산주의 이행," 『국제정치논총』(2003) 등

정병기(鄭柄基) byungkee@ynu.ac.kr
베를린 자유대학교 정치학 박사
영남대학교 정치외교학과 조교수
주요 저술_『기초 자료로 본 독일 통일 20년』(서울대학교출판문화원, 2011), 『제3의 길과 신자유주의』(서울대학교출판문화원, 2006) 등 다수

김남국(金南局) nkim98@gmail.com
시카고대학교 정치학 박사
고려대학교 정치외교학과 교수
주요 저술_*Deliberative Multiculturalism in Britain*(2011, Peter Lang), *Globalization and Regional Integration in Europe and Asia*(2009, Ashgate) 등 다수.

임혜란(林惠蘭) hrlim@snu.ac.kr
UC 데이비스 정치학 박사
서울대학교 정치외교학부 교수
주요 저술_"대변환기의 국제정치경제질서 : 패권과 신자유주의 질서의 변환," 『한국과 국제정치』 2012, 28권 1호, "Transformation of Developmental States : Political Economy of Economic Reform in Korea," *Journal of Contemporary Asia*, May 2010, 40(2) 등 다수

홍태영(洪泰永) tyghong@hanmail.net
파리 사회과학고등연구원 정치학 박사
국방대학교 안보정책학부 부교수
주요 저술_『국민국가의 정치학』(후마니타스, 2008), 『정체성의 정치학』(서강대학교출판부, 2011) 등 다수

이병택(李秉澤) caute@snu.ac.kr
Rutgers University 정치학 박사
서울대학교 정치외교학부 BK사업단 연구교수
주요 논문_“자유주의와 공동성”, “정파의 대립과 법치” 등

김범수(金範洙) bramhs@snu.ac.k
시카고대학교 정치학 박사
서울대학교 자유전공학부 교수
주요 저술_『인권의 정치사상』(이학사, 2010), 『전후 일본의 보수와 표상』(서울대학교 출판부, 2010) 등 다수

류석진(柳錫津) sjlew@sogang.ac.kr
예일대학교 정치학 박사
서강대학교 정치외교학과 교수
주요 저술_『스마트-소셜 시대의 민주주의와 거버넌스』(서울 : 정보통신정책연구원, 2011), “세계경제위기와 한국형 자본주의 모델 : 발전국가, 자본주의 모델 그리고 경로의존성을 중심으로,”『한국과 국제정치』 28권 1호(2012) 등 다수

이상신(李相信) sslee2310@gmail.com
아이오와대학교 정치학 박사
서울대학교 정치외교학부 BK21사업단 연수연구원
주요 저술_“정치심리학 : 역사와 현황,”『현상과 인식』(2009), “정부신뢰의 위기 : 천안함 사건을 중심으로,”『한국정치학회보』(2010) 등 다수

구갑우(具甲祐) kwkoo@kyungnam.ac.kr
서울대학교 정치학 박사
북한대학원대학교 교수
주요 저술_『비판적 평화연구와 한반도』(후마니타스, 2007), 『국제관계학 비판 : 국제관계의 민주화와 평화』(후마니타스, 2008) 등 다수

백창재(白昌宰) cjbaik@snu.ac.kr
UC 버클리 정치학 박사
서울대학교 정치외교학부 교수
주요 저술_『미국 패권 연구』(인간사랑, 2009), 『현대 미국 정치의 이해』(서울대학교 출판부, 2001) 등 다수

근대 탈근대 정치의 이해

발행일 초판1쇄 2012년 9월 20일
2쇄 2017년 3월 5일
엮은이 백창재
펴낸이 여국동

펴낸곳 도서출판 인간사랑
출판등록 1983. 1. 26. 제일-3호
주소 경기도 고양시 일산동구 백석동 1178-1번지 2층
전화 031)901-8144(대표) | 977-3073(영업부) | 031)907-2003(편집부)
팩스 031)905-5815
전자우편 igsr@naver.com | igsr@yahoo.co.kr
블로그 http://blog.naver.com/igsr
인쇄 인성인쇄 **출력** 현대미디어 **종이** 세원지업사

값 19,000원
ISBN 978-89-7418-065-2 93340